취업면접
기출질문
300

취업면접
기출질문
300

초판 1쇄 발행 2013년 4월 30일
초판 9쇄 발행 2023년 10월 20일

지은이 · 표형종
발행인 · 강혜진
발행처 · 진서원
등록 · 제 2012-000384호 2012년 12월 4일
주소 · (121-887) 서울 마포구 동교로 44-3 진서원빌딩 3층
대표전화 · (02) 3143-6353 / 팩스 · (02) 3143-6354
홈페이지 · www.jinswon.co.kr / 이메일 · service@jinswon.co.kr

책임편집 · 김선유 / 편집진행 · 성경아 / 표지 및 내지 디자인 · 디박스 / 일러스트 · 강동헌, Kmos / 인쇄 · 보광문화사 / 제본 · 정성문화사 / 마케팅 · 강성우

ISBN 979-11-950176-0-7 13320
진서원 도서번호 13001
값 18,000원

「이 도서의 국립중앙도서관 출판시도서목록(CIP)은 서지정보유통지원시스템 홈페이지(http://seoji.nl.go.kr)와
국가자료공동목록시스템(http://www.nl.go.kr/kolisnet)에서 이용하실 수 있습니다.(CIP제어번호: CIP2013002521)」

취업면접
기출질문
300

300 Questions from previous Job Interview

표형종 지음

진원

면접장은 인사담당자보다 실무담당자에게 힘이 실리고 있는 추세

인사담당자와 실무담당자가 보는 채용시장은 다르다. 전자는 스펙을, 후자는 실력을 보는 편이다. 최근 회사는 일 잘하는 사람이 최고라는 결론을 내리고 있다. 실무담당자가 주도적으로 신입사원을 채용하고 있으니 취업 준비생들은 눈여겨보길 바란다. 이를 간파한 책이 나왔다니 기대가 된다.

GS칼텍스 지식경영팀 이우승 팀장

경영혁신은 채용에서 시작, 취업장사꾼의 책은 이제 그만!

국내 주요 기업 경영혁신에 큰 역할을 해온 표형종 대표의 책이 나왔다. 그런데 취업책? 의아했지만 곧 이해가 되었다. 모든 경영혁신은 인재에서 시작된다. 평소 이 점을 중요하게 생각하는 저자의 책이니 믿어도 좋다. 취업장사꾼의 책이 아니라 진짜 필요한 책이 나왔다.

LG화학 경영기획팀 송석훈 부장

적극 추천! 저자에게 교육받은 학생은 나를 실망시키지 않았다!

취업난이라고 하지만 막상 면접장에 가면 뽑을 사람이 없다. 구직자들은 이상한 취업컨설팅을 듣고 와서 면접장에서 쇼맨십을 보이기에 급급하다. 적어도 저자에게 교육받은 학생들은 그렇지 않았다. 이젠 일대일 컨설팅에서 벗어나 책으로 많은 학생들을 만나게 된다니 다행이다. 적극 추천한다.

SK플래닛 마케팅팀 권순종 팀장

구인, 구직자를 제대로 연결하는 게 진짜 컨설팅!

저자는 일찍이 직무 중심 채용시장을 예측하고 경영진에게 스펙보다 직무 역량으로 사람을 뽑아야 한다고 설득했다. 구인, 구직자를 제대로 연결시켜주는 게 진정한 경영컨설팅이라고 말한 그가 책을 썼다. 채용자의 마음을 잘 아는 사람이 쓴 책이다. 취업을 준비하는 사람들에게 필독서가 될 것이다.

범한판토스 경영혁신팀 이종찬 팀장

기업의 채용기준을 제시한 책, 헤매지 말고 이 책을 들자!

제너시스와 오랫동안 일해온 저자는 기업이 필요한 인재를 잘 아는 사람이다. 인재와 경영혁신 방향에 대해 조언해주었고 많은 도움이 되었다. 수많은 취업교육기관이 있는 것으로 안다. 그들은 기업이 필요한 기준보다 자신이 만든 기준으로 취업준비생들을 헛갈리게 한다. 제대로 된 취업서가 나왔다. 헤매지 말고 이 책을 들기 바란다.

제너시스 비비큐 원칙경영팀 노수돈 상무

이 책을 읽고 달라진 구직자들의 모습을 기대한다!

면접장은 지금까지 자신이 어떻게 살아왔는지 보여주는 곳이다. 들어오는 모습만 봐도 뽑을 사람인지 아닌지 감이 온다. 이 책을 읽고 달라진 구직자들의 모습을 기대해본다. 다음 신입사원을 뽑을 때 직무 중심으로 단련된 사람들이 몰려와서 누구를 뽑을지 고민하면 좋겠다.

현대자동차 박종락 부장

우리처럼 이 책 읽고 합격하시길~

회사구성? 업무현황?
백지 상태인 나를 일깨운 책!

LG디스플레이 김○○(서울시립대)   회사가 어떻게 구성되는지, 부서별로 어떤 업무를 하는지 아무것도 모르던 제가 대표님을 만난 것은 정말 행운이었습니다. 실제 면접장에 들어서니 모의면접대로 진행되는 것은 아니었습니다. 하지만 질문의 유형이 달라져도 저 자신을 객관적으로 판단하고 분석한 후였기에 최선을 다해 자신감 있게 답할 수 있었습니다. 조언에 따라 산업과 기업분석에 많은 시간을 할애했고 직무 중심으로 경험을 쌓는 데 집중했습니다. 여러분도 이 책을 통해 취업에 성공하길 응원합니다.

면접 때 자신감이 중요!
저의 답변사례 참고하시길~

삼성증권 손○○(경북대)   스펙, 즉 토익점수, 자격증, 자원봉사활동 등은 이제 확실히 변별력을 갖지 못하는 것 같습니다. 면접장에서 번번이 떨어져서 대표님을 찾게 되었습니다. '정답을 찾지 말고 너 자신을 찾아라'는 조언을 받았습니다. 자신감이 없는 게 패인이라는 얘기도 함께요. 제가 할 수 있는 것은 직무분석, 회사분석, 그리고 나와 궁합이 맞는 기업을 찾는 것이었습니다. 당장 취업하지 못한다고 불안해하지 말고 착실히 준비하자 마음먹었더니 의외로 좋은 결과를 얻었습니다. 저의 답변도 이 책에 나옵니다. 여러분도 힘내세요!

취업 목전에 사춘기?
즉문즉답으로 잘할 수 있는 일 찾아……

유니클로 김○○(전북대)   열심히 공부했고 대학에 들어왔지만, 하고 싶은 일이 딱히 없어서 계속 방황했습니다. 진짜 사춘기가 왔나 싶을 정도로요. 그러다 교육과정에서 모의면접에 참여했고 선생님께서 해주신 말, "좋아하는 일을 해야 한다는 강박을 버리고 잘할 수 있는 일을 해보라"는 조언에 눈이 번쩍 뜨였습니다. 면접 때 "기회를 주신다면 일을 잘해낼 자신이 있습니다. 인정을 받으면 일이 더 좋아질 것 같습니다"라고 답변한 것이 합격으로 이어졌다고 생각합니다.

은행 취업을 목표로,
마케팅과 서비스교육 집중 이수!

KEB하나은행 조○○(성신여대)   오래전부터 은행권 취업을 준비해왔습니다. 남들과 다른 강점을 가지려면 어떻게 해야 하나 고민한 끝에, 마케팅과 서비스교육을 중점적으로 받았고, 꾸준히 직무에 대해 공부했습니다. 원하는 일을 찾으면 반드시 길이 보입니다. 여러분도 그런 일을 찾기를 바랍니다.

가고 싶은 회사도 없는데 웬 취업?
따끔한 충고가 기쁨으로!

한국소셜네트워크사업부 김○○(순천향대)   실제 면접관으로 활동하셨다는 대표님의 촌철살인 질문을 받고 처음엔 너무 고통스러웠습니다. 뭐 하나 제대로 답변하지 못하는 저 자신이 한심스러울 정도였으니까요. 입사하고 싶은 기업을 3군데만 얘기해보라고 하셨을 때 아무 말 못하던 저에게, 아직 모의면접할 단계가 아니라며 직무분석부터 해오라던 말씀. 그 이후 제 꿈에 대해, 제가 가고 싶은 회사에 대해 치열히 고민하게 되었습니다.

기업이 원하는 다양한 직무 경험,
취업의 성공 요인!

현대종합금속 문○○(인하대)   저는 목표기업을 정했고, 이에 따른 직무교육 필요성을 느껴 한국커리어개발원의 교육과정을 이수했습니다. 6시그마 자격증을 취득했는데, 면접 과정에서 큰 도움을 받았다고 생각합니다. 저처럼 구체적으로 직무를 이해하고 그에 따른 교육과정을 이수한 신입사원은 처음이라며 팀장님께 칭찬받은 기억이 생생합니다.

* **입사서약 때문에 합격생의 실명을 적지 못한 점 양해 바랍니다.**

**학벌 좋은 사람만 채용한 기업, 대기업 브랜드만 보고 입사한 사람,
이들의 미스매칭이 채용시장을 바꾸고 있다!**

오랜 시간 동안 기업경영 컨설팅을 해오면서 가장 많이 들은 얘기는 기업의 경우 실무에 필요한 인재를 뽑기가 하늘에 별따기라는 것과, 직원의 경우 막상 들어왔더니 원하는 일을 선택한 게 아니라는 불만들이었다. 지금껏 좋은 학벌을 가진 사람들만 채용한 기업과, 대기업 브랜드만 보고 입사한 사람들……. 이제 서로가 한계에 달했다.

학벌보다 직무 중심으로 채용할 것을 주장

필자는 채용시장의 미스매칭을 해결하고자 오래전부터 학벌이 아닌 직무 중심으로 채용방식을 바꿔야 한다고 주장했다. 인사팀 중심으로 채용을 하게 되면 아무래도 스펙을 볼 수밖에 없기에, 신입사원과 함께 일할 실무팀 중심으로 면접관을 재배치해서 채용방식을 바꿔야 한다고 말이다. 이들을 위한 면접교육은 물론이고 직접 면접관으로 참여하면서 직무와 연관된 역량 중심으로 인재를 발굴해야 한다고 조언해왔다.

최근 많은 기업들이 1차면접을 실무진이 진행하고 있으며 2차, 3차면접에서는 임원과 경영진들이 실무진들의 면접 결과를 존중하는 수순으로 마무리하고 있다. 이런 추세는 결국 직무적성에 맞는 실무형 인재를 뽑아야 글로벌경쟁에서 기업이 살 수 있다는 절박함 때문이라고 생각된다.

목표설정 → 직무와 산업 이해 → 마지막이 기업 선택!

지난 10여년 동안 채용에 대해 기업 경영진과 논의하는 한편, 대학에서는 취업컨설팅을 병행하며 많은 학생들을 만나왔다. 에스컬레이터를 타듯 초중고등학교 때부터 주입식교육을 받은 학생들은 자신이 원하는 일이 무엇인지 진지하게 고민조차 하지 못한 채 대학에 들어왔고, 별다른 고민 없이 대기업 취업을 준비하고 있었다. 이래서는 안되겠다 싶어서 학생들을 위해 구체적인 목표의식을 세우도록 조언하며 기업의 직무별 조직구성과 산업에 대한 이해부터 정립시켜나갔다. 그런 다음 마지막에 기업을 선택하도록 안내했다.

'하고 싶은 일 찾기?' No! '잘할 수 있는 일을 찾자' Yes!

취업교육을 시작하자 대부분 학생들은 자신이 하고 싶은 일을 찾기 시작했다. 하지만 하고 싶은 일을 찾는다고 어디 쉽게 나타나겠는가? 이런 고민에 빠진 학생들 중 일부는 건설적인 결론을 내리지만, 대부분 학생들은 쉽고 재미있는 일만 찾는 경향이 생겼다. 자신의 생계를 책임질 뿐 아니라 정신적 성장을 돕는 직업 본연의 역할은 무시한 채 뜬구름만 잡는 결과가 많아지자 경계할 필요가 있다고 생각했다.

필자는 학생들에게 지금 자신이 처한 환경(전공, 적성, 산업분포 등) 속에서 특별히 잘할 수 있는 일을 찾도록 했으며, 그에 따른 직무를 선택하도록 조언했다. 그런 다음 마지막으로 자신의 눈높이에 맞게 기업을 선별하도록 했다.

취업에 성공하려면 → 현실이 1순위, 이상이 2순위!

좋아하는 일과 잘할 수 있는 일이 일치하면 누구보다 행복한 인생을 살 수 있다. 하지만 그것은 행운이고 모두에게 찾아오지는 않는다. 학생들을 만날 때마다 이런 얘기를 했다. "일에 대한 호불호를 따지기 전에 너 자신을 알아라", "남보다 조금이라도 잘할 수 있는 일을 찾게 되면 물질적, 정신적 보상은 물론 만족감과 행복도 동시에 찾아온다", "현실은 1순위, 이상은 2순위" 등.

요즘 방송과 책을 통해 다양한 멘토가 등장하고 있다. 그들 모두 중요하고 가치 있는 이야기를 한다. 하지만 대부분 '이상'을 최우선순위로 이야기하고 있어서 좀 편중되었다는 생각을 하게 되었다. 그래서 나라도 일부러 현실적이고 실용적인 조언을 해야 하지 않을까 생각했고, 그 결과 이렇게 책까지 내게 되었다.

수년간 주요 기업 면접장의 역량별 질문 수집,
수백명의 취업준비생과 즉문즉답 사례 총정리!

이 책은 수년간 주요 기업의 면접장에서 등장하는 역량별 질문사례를 수집하고, 수백명의 취업준비생과 모의면접을 해오면서 즉문즉답 사례를 총정리한 것이다.

취업이라는 현실적 문제를 앞두고 어떻게 해야 합격이라는 결과를 받을 수 있을지 기업의 실무를 담당하는 면접관 입장에 서서 가감없이 조언했다. 때로는 눈물 찔끔 흘리도록 혹독하고 아픈 얘기도 했다. 하지만 많은 학생들이 자신을 되돌아보게 되었다며, 합격의 결과를 가져왔다. 그럴 때마다 필자는 무척 보람찼던 기억이 난다. 아무쪼록 이 책을 통해 합격한 선배들의 경험을 여러 독자들과 나누기를 원한다.

즉문즉답 사례를 허락한 학생들과, 함께해온 한국커리어개발원 임직원들, 그리고 사랑하는 가족(수민, 민성)에게 감사의 말을 전하고 싶다.

북한산 아래에서 표형종

차례

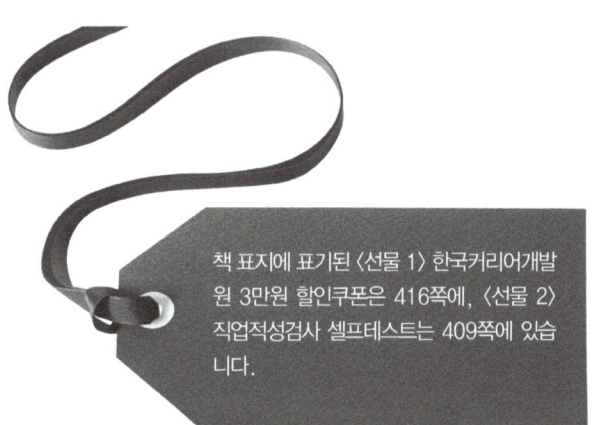

책 표지에 표기된 〈선물 1〉 한국커리어개발원 3만원 할인쿠폰은 416쪽에, 〈선물 2〉 직업적성검사 셀프테스트는 409쪽에 있습니다.

면접 전에
꼭 알아야 할
7가지

◆ 면접 전에 꼭 알아야 할 7가지 ◆

1.

최신 취업 트렌드 : 스펙은 지고 면접이 뜬다!

2.

기업이 필요한 사람은 실무형 인재!

3.

가고 싶은 회사를 정하기 전에 산업분석, 기업분석부터!

4.

전공과 적성을 고려한 직무분석은 필수!

5.

인성면접, PT면접, 토론면접까지! 이게 다 뭐지?

6.

면접관은 과연 어떤 사람인가?

7.

취업전략 10단계, 이 것만 따라하면 성공!

◆ 전문가의 한마디 ◆

최근 주요 기업의 입사 트렌드가 바뀌었다. 스펙보다 면접의 비중이 높아진 것이다. 이제 더이상 스펙만으로 인재를 선별할 수 없다는 결론이 내려졌다. 오히려 면접장에서 지원자의 인생과정을 점검하며 기업의 인재상과 맞는지 검토하는 것이 좋은 인재를 찾는 방법이 되었다.

기업이 원하는 인재는 업종의 성격에 맞게 실무를 곧바로 수행할 수 있는 사람이다. 따라서 취업을 준비하는 사람들은 대기업만 공략하는 '묻지마취업'보다는, 전공과 적성을 감안해 직무를 선택한 후 그에 걸맞는 경험을 차근차근 쌓아가는 것이 중요하다.

최신 취업 트렌드 :
스펙은 지고 면접이 뜬다!

스펙은 무용지물, 기업의 채용문화를 점검하라!

과거의 취업기준은 간단했다. 좋은 학벌 하나면 원하는 곳에 얼마든지 취업할 수 있었다. 이후 여러 산업이 생겨나고 인재유형도 다양해지면서 '스펙'이라는 게 등장하게 되었다. 하지만 스펙 역시 학벌 중심의 채용기준이다. 스펙 5종세트인 토익점수, 자격증, 인턴경력, 봉사활동, 어학연수는 학벌을 중심으로 소소한 변별력을 행사해왔다.

하지만 최근 들어 기업의 채용기준이 조금씩 달라지고 있다. 갈수록 치열해지는 글로벌경쟁 속에서 주입식교육으로 만들어지는 학벌과 스펙은 점점 무용지물이 되고 있기 때문이다.

삼성, SK, KT, 한국전력공사 등 면접에 큰 비중을 두는 추세

삼성은 최근 지방대 출신을 35% 정도 뽑았다. 그 이유는, SKY 출신들을 뽑은 후 수년간 추적조사를 해봤더니 기대만큼 성과를 보이지 않더라는 것이다. SK그룹과 카페베네는 면접관들이 선입견이나 자의적인 해석으로 인재를 놓치지 않도록, 학벌을 비롯한 모든 정보를 가린 상태에서 '블라인드면접'을 시행하고 있다. SK는 신입사원 중 최대 15%를 이런방식으로 뽑는다고 한다.

최근 많은 기업이 서류전형을 간결화하고 면접 비중을 높이는 추세도 눈여겨볼 만하다. 몇몇 대기업의 경우 채용설명회나 인턴제, 공모전 등을 통해 서류전형 과정을 면제하고 곧바로 면접을 보게끔 함으로써, 점차 면접 중심으로 채용과정이 변화하고 있다. KT는 스토리텔링 방식의 '자기홍보(PR) 전형'을 도입했으며, 한국전력공사는 아예 전공시험을 폐지하고 면접을 강화할 방침이라고 한다.

현대자동차는 2013년부터 사진은 물론 스펙 항목 일부를 없앨 계획이며, 이랜드는 전공점수, 공인 영어점수 없이도 지원할 수 있게 되었다. 한화와 한솔은 아예 인적성검사*를

인적성검사

수학, 추리력 등의 능력을 종합적으로
검사하는 것. 삼성은 GSAT, NH농협
은 NHAT 등 회사별로 시행하고 있다.
하지만 한솔과 한화는 2013년부터 인
적성검사를 폐지하고 면접의 비중을 높
였다.

시행하지 않는다는 방침이다.

진짜 입사시험은 면접부터 시작된다!

이처럼 스펙은 지고 면접이 뜨는 이유는 2가지다. 기업들이 과거와 달리 실무능력을 겸비한 인재를 찾기 때문이다. 기업은 실무에 곧바로 투입할 수 있도록, 지원자의 학점이나 토익점수보다 실무경험과 실전회화 능력을 눈여겨보고 있다. 따라서 아주 허접한 수준만 아니면 요즘은 대기업도 서류전형은 대부분 통과시키는 분위기다. 따라서 진짜 입사시험은 면접부터라고 할 수 있다.

특히 회사와 코드가 잘 맞는 인재는 이직률도 낮고 장기적 측면에서 큰 성과를 낸다는 판단하에, 지원자의 인성은 물론 기본역량까지 면접에서 꼼꼼히 확인하려는 의도가 강하다. 이렇듯 실무능력과 인성, 기본역량까지 면접장에서 제대로 어필하려면 자신만의 경험과 스토리가 필요하다.

기본적인 소양을 보는 KB국민은행

KB국민은행은 인문학적 소양을 겸비한 '통섭형 인재'를 채용한다고 발표했다. 이 역시 스펙을 지양하고 그 사람의 기본역량을 보겠다는 의지로 확인된다. KB국민은행이 인문학에 관심을 두는 이유는, 모든 비즈니스가 인간의 내면을 모르면 성공할 수 없기 때문이라고 한다.

간혹 용모, 이미지 등에 너무 많은 시간을 할애하는 사람들이 있는데, 이 역시 취업에 큰 변별력이 없음을 인지하면 좋겠다. 호감 가는 정도의 인상을 유지하되, 내면의 가치와 사고력, 판단력과 문제해결 능력 등 실무능력과 인성, 기본역량이 뛰어나면 학벌이 아쉽고 스펙이 모자라도 대기업에 합격하는 경우를 자주 본다.

기업이 필요한 사람은
실무형 인재!

지금 기업은 실무형 인재를 찾기 위해 노력 중

기업의 채용문화가 바뀐 것은 실무능력을 갖춘 인재를 선호하게 되었기 때문이다. 한마디로 경력사원 같은 신입사원을 원하는 것이다. 기업은 이를 검증하기 위해 심층면접 기술을 발전시키고 있다.

면접관 개인의 취향에 의존해 사람을 뽑던 비구조화면접에서, 동일한 질문, 공동의 평가기준을 갖는 구조화면접으로 바뀌고 있는 추세다. 구조화면접은 결국 실무능력, 즉 직무수행 능력을 평가하기 위한 질문으로 집중된다.

직무수행 능력을 평가하기 위해서 지원자가 어떤 공부를 했는지, 인턴 경험은 어떤지, 외국어 실력은 어떤지뿐만 아니라, 문제해결 능력과 커뮤니케이션 능력, 인성과 인간관계도 알아본다.

직무수행 능력의 밑바탕은 결국 지원자의 역량에 좌우되는데, 이 책에서는 역량을 〈첫째마당〉 잠재적 역량, 〈둘째마당〉 조직관계 역량, 〈셋째마당〉 업무실행 역량으로 구분한후, 기업에서 질문한 내용을 바탕으로 하위항목을 일목요연하게 정리했다. 면접장에 들어가기 전에 꼭 점검하길 바란다.

직무별 질문
직무별로 주로 어떤 질문들이 나오는지는
47쪽 〈취업, 한걸음데〉를 참고하라.

회사마다 필요한 직무별 역량은 조금씩 다르다. 자세한 것은 아래 내용을 참고하자.*

전기전자, IT정보통신

전기전자 업종은 연구직과 생산직, 고객관리직 중심으로 채용이 많다. 연구직은 전공 관련자 중심으로 채용하고 있어서 이공계 구직자들이 노릴 만하다. 채용시 전공과 직무의 관련성을 중요한 기준으로 삼고 있다. 특히

전기전자 업계에서 중국 등 해외진출을 앞둔 곳이 많아 영어나 중국어 실력을 갖춘다면 특화될 수 있다. 고객관리직은 전공에 상관없이 수시채용한다. 서비스마인드를 갖춘 지원자라면 가능하다.

금융업

금융업은 전기전자, IT정보통신보다 전공장벽이 낮다. 하지만 상경계, 법학을 전공했다면 참작이 될 것이다. 금융3종 자격증*이 기본스펙이라고 하지만, 실제로 큰 변별력은 없는 듯하다. 은행의 경우 기업문화에 차이가 있

금융3종 자격증
펀드투자상담사, 증권투자상담사, 파생상품투자상담사 자격증을 말한다.

으니 지원동기를 확실히 연관지어 밝히는 것이 좋다. 경제시사 이슈에 밝으며, 서비스마인드가 강하고 고객관리를 위해 좋은 인성을 갖춘 사람을 선호하는 편이다.

자동차, 조선, 중공업

이들 업종은 해외업무가 많아 글로벌경쟁력을 보여줄 수 있는 인재를 선호한다. 외국어에 능통하면 가산점을 받는다. 또한 생산현장에서 다양한 배경을 가진 근로자들과 조화를 이룰 수 있는 조직관계 역량을 중요시한다. 영업직은 고졸 또는 전문대졸 이상이면 지원가능하며, 자동차 관련 자격증을 갖추면 유리하다.

항공, 운수업

이 업종은 서비스업이기에 자사 홈페이지에 채용관을 두고 지속적으로 채용하고 있다. 따라서 빠른 정보수집 능력이 필요하다. 또한 서비스 업종 특성상 인상과 말투, 자세 등이 중요하다. 영어는 필수항목이며 제2외국어를 구사한다면 가산점을 얻을 수 있다.

건설업

건설업은 건설 전공자를 중심으로 채용한다. 관련 기사 자격증 취득이 필수이며, 현장직이 많은 업계 특성상 지방근무를 꺼리지 않는 사람을 우선적으로 채용한다. 면접시 건축 실무경험을 묻는 경우가 많기 때문에 단순 아르바이트 경험보다 건축과 관련된 경험을 말하는 것이 유리하다.

유통 · 식음료 · 외식 업계

서비스업은 전공 가산점이 없고 관련 분야의 다양한 실무경험이 중요하다. 지원자는 취업하려는 회사의 매장에서 아르바이트 경험을 해보고 지원하는 것이 유리하다. 특히 성실성과 서비스마인드를 중요시한다는 점도 기억하자.

3

가고 싶은 회사를 정하기 전에 산업분석, 기업분석부터!

산업분석, 기업분석을 한 지원자가 합격률이 높다

아직 진로가 정해지지 않았는가? 그렇다면 가고 싶은 회사부터 정하지 말고 자신의 전공과 관심사에 따라 앞으로 10년, 20년 이후에도 주축일 것 같은 산업을 선택해보자. 그런 다음 해당 산업에 속하는 기업을 3개만 선택한 후, 그 기업에 지속적으로 관심을 갖도록 하자. 그렇게 해서 가고 싶은 회사가 생기면 막연히 생각만 하지 말고 기업에 대한 관심을 실행에 옮기자. 먼저 그 회사에 대해 아래 사이트를 참고해서 정보를 수집한 다음 자기소개서를 작성한다면 좀더 합격에 가까이 갈 수 있을 것이다.

▶ 기업분석에 참고할 사이트

산업, 기업동향	산업동향, 뉴스	www.kisline.com
	상장기업 분석/순위	comp.fnguide.com
	기업주가, 공시	paxnet.moneta.co.kr
	금융감독원	www.fss.or.kr
	전국은행연합회	www.kfb.or.kr
각 기업별 경제연구소	삼성경제연구소	www.seri.org
	LG경제연구원	www.lgeri.com
	현대경제연구원	hri.co.kr
	포스코경영연구원	www.posri.re.kr
산업별 정보	한국소비자원	www.kca.go.kr
	바이킹	www.buyking.com
	디시인사이드	www.dcinside.com
	현대자동차그룹 글로벌경영연구소	kari.hyundai.com/Public/default.aspx
	소재정보은행	www.matis.or.kr
	소재부품 종합정보망	www.mctnet.org

산업별 정보	정보통신산업진흥원	www.nipa.kr
	한국산업기술진흥원	www.kiat.or.kr
	한국건설산업연구원	www.cerik.re.kr
	한국식품연구원	www.kfri.re.kr

▶ **2020년 우리나라 유망산업(자료 : KIET산업경제)**

산업군	산업	유망산업분야
주력산업	자동차	지능형자동차, 연료전지자동차, 친환경자동차(소형디젤엔진 등)
	기계, 플랜트	지능형 유연생산시스템, 스마트모듈(나노형 공정장비, 고기능 공작기계, Micro-factory), 고효율발전설비(차세대 원자로 등), 고효율열교환기
	정밀기기	초정밀측정기기, 초미세공정기기, MEMS
	조선	고부가가치선박(초고속 Wig선 등), 디지털기반 조선콘텐츠, 해양부체강구조물
	철강	고성능금속, 나노스틸, 차세대 수송기계용강재, 청정·친환경제강
	석유화학	신기능복합화·응용수지(엔지니어링 플라스틱 등), 생분해성 플라스틱, 인공지능 폴리머(전자, 로봇, 바이오메디컬용)
	정밀화학	촉매(바이오촉매 등), 전자정보용 정밀화학 소재(금속, 세라믹접착제 등), 친환경 화학소재(기능성 나노소재 등)
	섬유패션	나노섬유, 기능성 염색가공 소재제품, 인텔리전트 의류
	반도체	텔레매트릭스용 칩, 무선네트워크용 칩, 고주파칩, 차세대 메모리, 게임산업용 칩
	디지털가전	디지털TV, 디지털셋톱박스, DMB, 홀로그램네비게이터
	NIT부품소재	LCD, OLED, 첨단센서, 고휘도 LED, 2차전지, e-paper, 태양전지
미래산업	정보통신기기	텔레매틱스, 차세대 이동전화, PDA, Wearable 컴퓨터, 고성능 지능분산 컴퓨터(GRID)
	미래네트워크	홈네트워크, 유비쿼터스 컴퓨팅
	전자의료기기	실버의료기기, 모바일 헬스케어기기, 영상진단기기, 한방의료기기
	바이오	차세대 GMO제품, 바이오신약(면역, 유전자, 세포치료제산업, 난치병치료제산업), 바이오(기능성)식품산업, 바이오장기
	BIT융합	바이오칩, 바이오센서
	환경, 에너지	비점오염원 제어·관리기기, 환경복원시스템, 수소에너지, 재생재활용제품(리매뉴팩처링 포함)
	항공우주	다목적헬기, 무인항공기, 중소형여객기, 인공위성·발사체, 차세대전투기
	로봇	극한작업용 로봇, 의료지원용 로봇, 가정용 로봇, IT서비스 로봇, 산업용 로봇
지식기반 서비스산업	지식·정보서비스	원격/재택의료서비스, 난치병 예방치료서비스(암, 심혈, 뇌질환 등), 노인성질환 치료서비스, 건강·유전정보 네트워크, 안전·재난방재서비스
	제조업지원서비스	연구개발·엔지니어링, 광고, 산업디자인, 지능형 종합물류시스템
	문화서비스	문화콘텐츠(영상, 음반 등), 관광, 게임

4

전공과 적성을 고려한
직무분석은 필수!

직무분석을 한 지원자가 합격률이 높다

스펙이 지고 면접이 뜨는 시대에, 진정 하고 싶은 일이 명확한 지원자라면 오히려 다양한 기회가 주어졌다고 볼 수 있다. 이런 때일수록 자신의 전공과 적성을 고려해서 직무를 분석하는 과정이 꼭 필요하다. 대부분 지원자들이 기업부터 정하는데, 이는 잘못된 방법이다. 면접관들도 기업 브랜드만 보고 지원하는 사람은 원하지 않는다.

기업은 대부분 주요 업무 부서를 두고 그에 따라 직무를 분류하고 있다. 회사가 어떻게 돌아가는지 기업의 조직구성을 알고 그에 따른 직무를 이해하는 지원자가 합격할 가능성이 높다. 회사는 크게 사람, 생산, 마케팅, 재무, 이렇게 4가지로 움직인다. 사람에서 파생된 부서는 인사 등이며, 생산에서 파생된 부서는 생산, 기술, 연구 등이다. 마케팅에서 파생된 부서는 영업, 마케팅, 자재 등이며, 재무에서 파생된 부서는 재무, 총무 등이다. 각각 파생된 부서별로 세부업무가 분류된다. 자세한 내용은 다음 페이지의 표를 참고하고, 제대로 직무선택을 하길 바란다.

인사

- 노무관리 : 회사 입장에서 노동조합과 원만한 관계를 유지하기 위해 행하는 업무
- 조직/인력 : 인력운영 계획, 채용, 재배치 등 조직을 효과적으로 운영하기 위한 인력운영 업무
- 교육 : 종업원이 직무 필요조건을 충족시킬 수 있게 교육프로그램을 개발, 실행하는 업무
- 급여 : 근태관리, 급여관리, 퇴직금관리, 연말정산관리 등의 업무
- 복리후생 : 기숙사관리, 국민연금/의료보험 등 직원 개인과 관련된 복리후생 관련 업무
- 평가/승진 : 인사고과관리, 승진/승급 작업 등의 업무

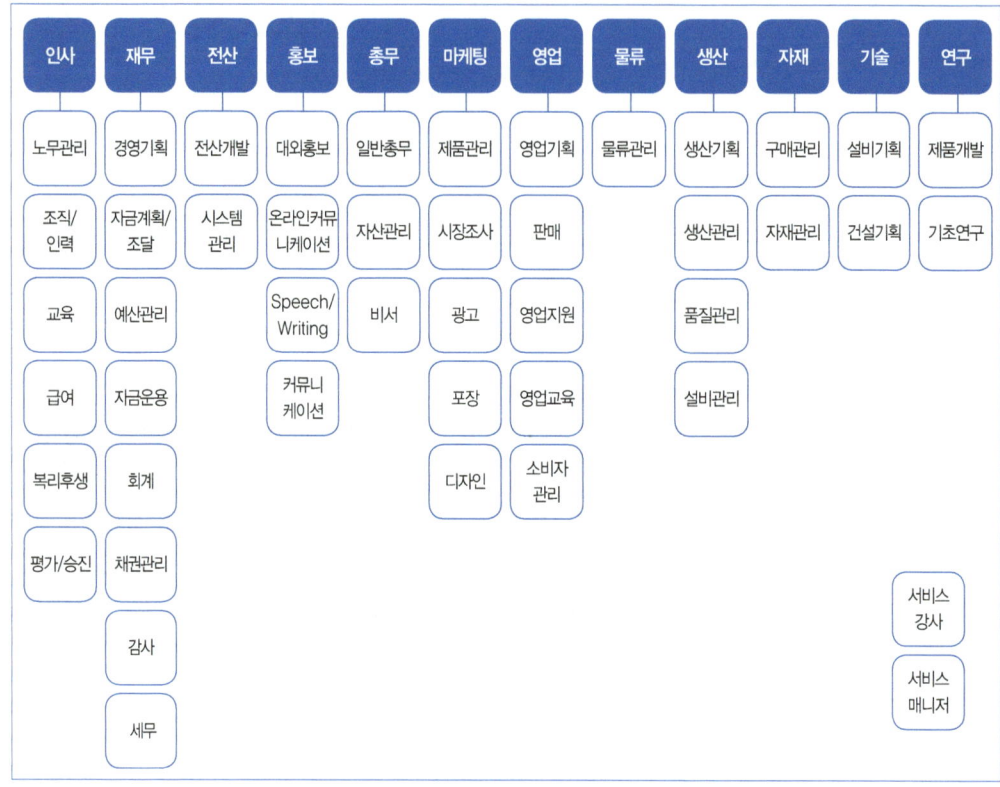

인사	재무	전산	홍보	총무	마케팅	영업	물류	생산	자재	기술	연구
노무관리	경영기획	전산개발	대외홍보	일반총무	제품관리	영업기획	물류관리	생산기획	구매관리	설비기획	제품개발
조직/인력	자금계획/조달	시스템관리	온라인커뮤니케이션	자산관리	시장조사	판매		생산관리	자재관리	건설기획	기초연구
교육	예산관리		Speech/Writing	비서	광고	영업지원		품질관리			
급여	자금운용		커뮤니케이션		포장	영업교육		설비관리			
복리후생	회계				디자인	소비자관리					
평가/승진	채권관리										
	감사								서비스강사		
	세무								서비스매니저		

재무

- 경영기획 : 손익분석, 경영실적 분석을 통해 사업계획을 수립/전파하는 일련의 업무

- 자금계획/조달 : 회사가 필요로 하는 자금수요를 예측해 자금을 조달하는 업무

- 예산관리 : 예산수립, 추가예산 신청 등의 예산 관련 업무

- 자금운용 : 대내외 지불과 관련한 업무

- 회계 : 비용정산, 재무제표 작성/분석 등의 회계 관련 업무

- 채권관리 : 부실채권관리, 채권추심 등의 채권 관련 업무

- 감사 : 영업장 업무감사 등 일반감사와 관련된 업무

- 세무 : 부가세, 지방세, 법인세 등 세금 관련 업무

- 주주관리 : 우리사주관리, 주주총회, 배당 등 기업의 주주관리 관련 업무

홍보

- 대외홍보 : 언론사 관련된 홍보 업무
- 온라인 커뮤니케이션 : 온라인 매체를 통한 홍보 업무
- Speech/System Writing : 경영진의 연설 등과 관련된 홍보 업무
- 커뮤니케이션 : 사보제작, Annual Report 제작 등의 인쇄매체를 통한 홍보 업무

마케팅

- 제품관리 : 특정제품(군)의 모든 마케팅 활동을 기획/조정하는 업무
- 시장조사 : 시장환경을 조사, 분석해 시장변화 예측(안)을 마련하는 업무
- 광고 : 광고매체 선택, 에이전시 간의 커뮤니케이션을 통해 광고개발/제작/방송 관련 업무
- 포장 : 제품포장의 효율성 향상을 위해 행하는 일련의 업무
- 디자인 : 고객이 느끼는 미적 만족도를 증진시키는 일련의 업무

영업

- 영업기획 : 영업의 손익관리, 예산관리, 사업계획 등의 업무
- 판매 : 제품의 실제 판매활동, 영업소 목표관리, 조직관리 등의 판매활동 관리 업무
- 영업지원 : 제품 판매증진을 위해 행해지는 지원 성격의 업무
- 영업교육 : 관리자 양성교육, 정규교육 등의 영업직 교육 관련 업무
- 소비자관리 : 소비자를 직접 상대해 소비자 클레임을 접수/해결하는 등 일련의 업무

생산

- 생산기획 : 생산의 목표생산량, 일정 등을 기획하는 일련의 업무
- 생산관리 : 생산일정관리, 인원관리 등의 제품생산 활동과 관련된 업무
- 품질관리 : 제품의 품질기준을 충족시키기 위해 행해지는 일련의 업무
- 설비관리 : 기계, 전기, Utility, 영선 등의 설비와 관련된 기술적 유지/보수 업무
- 노무관리 : 생산현장 직원의 사기진작과 근무의욕 고취를 위한 일련의 업무

품질관리

- 품질검사 : 품질문제를 사전에 예방하고 품질 요구사항을 충족시키기 위한 제품/공정에 대한 업무
- 품질개선 : 품질검사 결과 부적합 사항을 해당 부서에 통보하고 품질협의를 통해 원인분석과 대책수립
- 품질유지 : 품질관리 활동으로 편차 없고 안정된 품질, 표준화된 규격을 유지하는 업무

연구

- 제품개발 : 신제품 콘셉트 개발/연구, 신제품 개발
- 기술지원 : 제품개선/품질향상 등을 위한 기술적 지원과 연구 업무
- 기초연구 : 제품개발을 지원하는 분석, 원료연구 업무, 국내외 벤치마킹 업무

서비스강사

- 서비스교육 : 기업서비스의 질적 향상을 위한 조직원의 서비스마인드와 고객응대 스킬 등 서비스수준 향상 교육
- 서비스평가 : 대기업/금융/호텔/유통/백화점 등 기업 서비스수준을 평가하고 진단하는 업무
- 교육기획 : 기업의 서비스 문제점을 도출하고 그에 맞는 서비스교육을 기획하는 업무

서비스매니저

- 서비스평가 : 서비스리더십과 고객응대 스킬 능력으로 전반적인 CS관리자로서의 업무
- 서비스관리 : 기업의 고객서비스 접점의 문제점을 해결하기 위한 개선안 도출 업무
- 접점직원교육 : 기업의 접점평가/관리를 위한 전반적인 직원교육과 코칭 업무

5

인성면접, PT면접, 토론면접까지! 이게 다 뭐지?

진짜 입사시험은 면접부터라는 말이 생겼을 정도로 최근 면접의 비중이 높아졌다. 대기업은 서류전형에서 합격하면 자체 인적성검사를 치르고 크게 3단계의 면접을 거치는데, ① 인성면접, ② 프레젠테이션(PT)면접, ③ 토론면접이 있다. 보통 3가지 면접을 다 치르는 경우가 많다. 최근 삼성이 토론면접을 없애고 '창의성면접' 등 새로운 면접을 도입하고 있어, 다른 기업 역시 기존 면접방식에서 벗어난 방법을 채택할 가능성이 높아졌다.

1 | 인성면접

인성면접은 주로 최종 면접 단계인 임원진 면접 때 진행된다. 하지만 최근에 실무진 면접이 강화되면서, 실무진 면접에서도 조직에서 잘 융화하며 지낼 수 있는 인성을 가진 사람인지 묻는 경우가 많아졌다. 인성면접의 형식은 일대일 개별면접, 집단면접으로 나뉜다. 면접 맨 마지막에 진행되는 경우가 많다. 업무와 직장생활을 하는 데 필요한 다양한 인성을 평가한다. 인성면접 역시 구조화면접 형식을 선호하면서 직무수행 능력을 알아보는 역량 중심 면접으로 변화를 꾀하고 있다. 실무면접에 비해 질문은 다소 가벼워서, 따로 준비할 것 없이 평상시 생각을 담담히 말하면 된다. 질문 내용은 학창 시절, 동아리 경험, 가정생활 등 개인적인 항목이 많다. 이 책의 질문 항목들을 주로 참고하면 좋을 것이다.

2 | 프레젠테이션(PT)면접

주어진 주제에 대해 지원자가 자신의 의견, 경험, 지식 등을 발표하는 방식이다. 주제는 기업지원 또는 직무별로 발생할 법한 상황이 주어지며, 구체적이고 시사적인 내용이 많다. 직무별로 면접볼 경우 전공 관련 주제가 나오기도 한다. 이 면접은 사고력과 표현력, 발표력은 물론 전문적인 지식과 기획력, 분석력을 파악하는 데 도움이 된다. 프레젠테이션이 끝나면 개별질문이 이어지므로 자신이 발표한 내용을 기억해두는 것이 필요하다.

〈프레젠테이션면접 체크리스트〉	Yes	No
• 반드시 주어진 시간 안에 발표하는가?	☐	☐
• 지원하는 회사에 대한 사전조사가 되어 있는가?	☐	☐
• 개요와 요약을 정리했는가?	☐	☐
• 본론의 핵심을 3개 키워드로 분류했는가?	☐	☐
• 결론을 먼저 말하고 이유와 근거를 덧붙이는가?	☐	☐
• 면접관 한명한명과 눈을 맞추며 발표하는가?	☐	☐
• 산만한 제스처와 공간활용을 하지 않는가?	☐	☐
• 정확하고 적당한 크기의 목소리로 발표하는가?	☐	☐
• 실수할 때 당황하지 않는가?	☐	☐

3 | 토론면접

보통 5~10명 정도의 지원자가 한 팀이 되어 진행한다. 주제에 대해 지원자들이 토론하는 과정을 지켜보며 개별평가가 이루어진다. 토론면접에서 사회자를 맡는 경우도 있는데, 이때는 중립을 지키는 것이 중요하다. 또한 토론시 본인의 생각을 피력하기보다는 토론자 의견을 존중하고 협의점을 찾는 것이 중요하다.

〈토론면접(집단토론) 체크리스트〉	Yes	No
• 토론에는 정답이 없다. 정답을 찾고 있지는 않은가?	☐	☐
• 자신의 견해를 먼저 밝히고 있는가?	☐	☐
• 내 주장만 강조하고 있지는 않은가?	☐	☐
• 다른 응시자의 이론을 반박하고 있지 않은가?	☐	☐
• 다른 응시자의 말을 자르고 끼어들지 않는가?	☐	☐
• 다른 응시자의 말을 경청하고 있는가?	☐	☐
• 필기구를 준비하고 메모할 준비를 하는가?	☐	☐
• 첫 번째 발언자가 되려고 애를 쓰지 않는가?	☐	☐

취업, 한걸음더!

주요 대기업의 프레젠테이션면접 주제 살펴보기

경영지원/경영기획

- 전사적 자원관리에 대해 설명하시오. (삼성물산)
- KTX 여승무원의 파업에 대한 생각을 발표하시오. (삼성물산)
- 임직원 단합대회 프로그램 준비, 실행방안을 제시하시오. (삼성전자)
- 업계 1위 로봇회사. 경영난으로 1위를 내놓아야 하는 상황에서 대안은?
- STX 경영이념 중 속도경영에 대해 정의하시오. (STX)

인사

- 노력하는 인재를 뽑을 것인가, 아니면 게으르지만 똑똑한 인재를 뽑을 것인가? (삼성전자)
- 고령화에 따른 인사전략을 설명하시오. (삼성전자)
- 비정규직 운용방안과 인건비 절감방안을 도출하시오. (삼성에버랜드)
- 노조전임자 급여지급 금지와 복수노조 허용에 대해 의견을 제시하시오. (현대오토에버)

재무

- 스톡옵션에 대해 설명하시오. (두산)
- 국제회계기준을 설명하고 국제회계기준이 기업에 미칠 영향을 설명하시오. (삼성전자)

영업마케팅

- D세대 부흥에 따른 새로운 고객유치 마케팅전략을 수립하시오. (삼성전자)
- 실버산업에서의 마케팅전략과 신제품 콘셉트에 대해 발표하시오. (삼성전자)
- 신상품이 나왔을 때 제품의 가치를 어떻게 고객에게 전달할 것인가? (LG전자)
- 호텔과 항공업을 연계시킨 상품을 만들어보고 제시하시오. (대한항공)
- 콘텐트/단말 통합 Business Model을 접목한 상품 활성화 방안을 제시하시오. (KT)

금융

- 글로벌 시장개척을 위한 상품 마케팅전략에 대해 제시하시오. (삼성화재)
- 자기자본비율을 높이고 수익성을 높이기 위한 대책은? (IBK기업은행)
- 펀드의 불안전판매를 없애는 방법은? (우리은행)
- 협동조합과 주식회사의 차이점은? (NH농협)
- 다수의 은행이 밀집한 도심지역에서 고객유치 방안을 논하시오. (신한은행)
- 마이너스 수익율을 내고 있는 고객에 대한 대응방안을 내보시오. (동부증권)
- Call금리란 무엇이며 알고 있는 Call금리에 대해 설명하시오. (한국투자증권)

서비스

- 롯데백화점의 경쟁 백화점과의 장단점을 찾고 개선방안을 제시하시오. (롯데백화점)
- 같은 구역 내의 백화점 사이에서 경쟁우위를 위한 전략을 제시하시오. (AK플라자백화점)

IT

- 다음(Daum)과의 차이점과 네이버 서비스의 문제점, 보완점을 설명하시오. (네이버주식회사)
- 인터넷실명제에 대해 자신의 생각을 제시하시오. (네이버주식회사)
- SK C&C에서 펼칠 수 있는 나만의 역량과 미래 커리어패스를 제시하시오. (SK C&C)
- 국내외 포털사이트의 장단점을 논하고 네이트의 발전방향을 제시하시오. (SK C&C)

생산/연구

- TFT-LCD에 관해 아는 대로 설명하시오. (LG디스플레이)
- OLED에 대해 아는 대로 설명하시오. (LG디스플레이)
- 차세대 이동통신 기술의 미래를 논하라. (LG전자)
- P/N 접합 트랜지스터에 대해 설명하시오. (삼성전자)
- 에어컨 실외기의 포장 내구성을 높이는 방법에 대해 설명하시오. (삼성전자)
- 당신이 우리 회사에 와서 적용시킬 수 있는 기술에 대해 논하시오. (삼성전자)
- 우리 회사 제품에 적용시킬 수 있는 기술을 논하고, 단점과 장점은 무엇인가? (삼성전자)
- 제품수명주기에 대해 설명하시오. (삼성전자)
- 플랜트사업이란 무엇이고, 근황과 미래 비전에 대해 논하시오. (STX중공업)
- 열역학 제2법칙에 대해 사례를 들어 설명하시오. (STX중공업)
- 열량의 단위 베르누이의 원리를 설명하시오. (STX중공업)

건설

- 유도전동기의 속도조절 방법을 설명하시오. (SK건설)
- 우리나라를 랜드마크할 교량을 설계하시오. (GS건설)
- 대주단 가입 문제에 대한 의견은? (동부건설)
- 공사진척율이 35%다. 야간공사를 하면 사고율이 60% 증가한다. 이 논거를 토론하시오. (동부건설)
- 케비테이션과 NPSH의 상관관계에 대해 논하라. (삼성엔지니어링)
- 토압으로 건물이 상승하는 것을 예방하는 방법에 대해 논하시오. (포스코건설)
- EPC 수주방식과 턴키 수주방식의 차이점은? (STX중공업)

전산

- VPN에 대한 정의와 구성요소를 설명하시오. (삼성전자)
- 가상메모리와 스레싱에 대해 설명하시오. (삼성전자)
- DBMS의 발전 역사에 대해 설명하시오. (롯데정보통신)

면접관은 과연 어떤 사람인가?

대규모 공개채용을 하는 대기업의 경우 면접관은 크게 2가지 유형으로 구분된다. 1차 면접은 실무부서 팀장이나 대리, 과장급이 참여하고, 2차면접은 부장 이상의 임원급이 참여한다. 회장 면접까지 보는 경우도 있다.

1차면접은 실무진, 2차면접은 임원진으로 구성

1차면접인 실무진 면접은 주로 직무 중심으로 질문이 들어온다. 아르바이트 경험, 전 공지식 등이 주된 내용이다. 이들은 지원자가 합격하면 함께 일할 사람들이다. 따라서 지 원자가 들어오면 팀에 실질적으로 도움이 될 것인지, 자기들이 일을 가르쳐주고 싶을 만 큼 호감이 있는지 등을 탐색한다.

최근 역량 중심의 면접을 보게 되면서 지원자의 과거행적을 집요하게 묻는 경향이 많 다. 이는 과거를 통해 미래를 보기 위함이니 구체적인 사례 중심으로 성실히 응하면 된다.

이들에게 호감을 사야 2차면접으로 올라갈 수 있다. 면접시 첫인상이 중요하다고 말한 다. 하지만 그 첫인상은 면접장부터 시작되지 않고 회사의 문을 열 때부터 시작된다. 한 지원자는 면접 전 대기실에서 발을 꼰 채 큰소리로 사적인 통화를 했다. 그 모습을 본 1차 실무 면접관들은 불합격 딱지를 붙였다. 지각하는 사람도 합격하기 힘들다. 함께 일할 사 람이 매일 지각한다고 상상하게 되기 때문이다.

면접관들은 자신의 관점 외에 다른 사람의 관점을 참고하기도 한다. 면접장 밖에서 면 접관 외의 사람들이 봤을 때 인상은 어떠한지, 태도는 어떠한지 묻는 경우도 많다. 따라서 매순간 행동과 언행을 단정히 하고 면접에 집중하는 것이 필요하다.

간혹 실무진들이 자기 형, 누나 같은 느낌이 들어서 허물없이 답하거나 질문하는 경우 가 있는데, 이 역시 감점 요인이 되므로 주의하도록 하자.

만약 2차면접까지 올라갔다면 어느 정도 자신감을 가져도 될 것이다. 실무진으로부터 '이 정도면 우리와 함께 일해도 됩니다'라는 사인을 임원진이 받은 상태이고, 당신에게 어느 정도 호감을 가지고 있는 상태이기 때문이다. 따라서 이 분위기를 어그러뜨리지 않고 잘 이끌어가는 것이 중요하다. 다만 임원 면접이기 때문에 너무 떨지 않고 답하길 바란다.

지원자가 회사에 들어가고 싶은 것만큼, 면접관들도 마음에 드는 신입사원을 뽑고 싶어한다. 최근 모의면접 등을 통해 준비가 잘된 지원자들이 많다. 하지만 간혹 면접장에서 자신감이 넘쳐서 일방적으로 자기 말만 많이 하는데, 이는 면접관이 가장 싫어하는 행동이므로 자제하는 것이 좋다. 되도록 면접관의 공감을 살 수 있도록 질문을 잘 경청하고 결론 중심으로 간결하게 답하도록 하자. 가장 중요한 것은 면접관도 사람이라는 사실. 면접관이 계속 되묻고 싶은 사람이 되도록 답변하는 것이 중요하다.

취업전략 10단계,
이것만 따라하면 성공!

취업 과정에서 매번 반복되는 실수를 하지 않도록, 자신에 대해 온정적인 시각보다 객관적인 시각을 갖는 것이 중요하다. 이력서에서 학벌·학점·영어·경력·자격증·가족 관계 등, 면접관이 보기에 흠이 될 수 있는 것이 무엇인지 살피고, 경쟁자들과 비교해 무엇이 부족한지 스스로 인정하고 대책을 세우는 것이 가장 중요하다.

자기소개서에서 구체적인 입사지원 동기와 포부, 그리고 자신의 역량과 인생관, 삶의 철학 등을 구체적인 경험과 사실을 중심으로 잘 표현했는지 점검하자.

그리고 면접에서는 질문에 대한 핵심을 파악하고 논리적인 답변을 통해 입사에 대한 의지와 열정을 보여주는 것이 중요하다. 〈첫째마당〉부터 진행될 면접질문 답변사례와 전문가 조언 등을 참고하도록 하자. 먼저 질문을 보고 자신만의 답변을 글로 써본 다음, 본문의 답변사례와 전문가 조언을 참고해 설득력 있는 내용으로 보충해보는 작업이 도움이 될 것이다.

자신을 객관적으로 돌아보다 자칫 자괴감에 빠지는 취업준비생들을 종종 본다. 분명 여러분에게는 차별적 우위 요소가 있을 것이다. 그것이 무엇인지 찾아내고 구체적인 대책을 수립해야 할 것이다.

하고 싶은 일이 명확한 사람은 취업준비에 있어서 50%는 달성한 셈이다. 방향이 정해지면 그다음은 열심히 뛰기만 하면 된다.

다음은 취업에 성공하기 위한 구체적인 방법을 10단계로 나눈 것이다. 1단계인 '진로 선택' 과정을 치열하게 해보자. 그런 다음 단계별로 성실히 이행한다면 취업의 기쁨은 여러분에게 훌쩍 다가올 것이다.

1단계, 진로선택

자신의 진로를 고민해본다. 취업을 할 것인지, 대학원에 진학할 것인지도 고민해보자.

2단계, 산업분석

전공을 고려해 향후 10년 후 성장가능한 산업을 선택하고, 산업에 대한 자료수집과 분석을 실행한다. 전공과 관련이 없는 분야일 경우 어떻게 자신의 직무 관련 경험을 보강할 것인지 고민한다.

3단계, 직무분석

전공과 관심사항 등을 고려해 입사지원하고자 하는 직군에서 구체적인 핵심직무 사항을 이해하고 학습한다.

4단계, 기업분석

해당 산업에서 가장 유망한 기업, 성장성이 높은 기업, 또는 문화적 코드가 자신과 맞는 기업을 선택하고 경쟁사와 차별성을 분석하고 이해한다.

5단계, 이력서 작성

지원하는 회사와 직군에 맞는 요소를 중심으로 경력, 교육, 연수, 자격증, 아르바이트, 인턴 등의 항목을 빠짐없이 기록한다.

6단계, 자기소개서

기업분석을 토대로 지원동기와 포부를 논리적으로 명확히 하고 직무와 관련한 경험과 역량에 대해 사실을 바탕으로 스토리텔링으로 구성한다. 일반적인 자기소개서보다 직무 중심으로 작성된 자기소개서 사례를 참고하는 것도 좋을 것이다.

7단계, 면접 준비

기출 · 예상질문에 대한 답변서를 작성해 모의면접을 준비하고, 토론 · PT면접에 대해서는 최근 이슈와 트렌드, 전공 중심으로 준비한다.

8단계, 면접

지금까지 준비한 내용을 중심으로 답변 내용을 반복해서 읽고 마음에 새기며 철저히 준비한다. 너무 긴장하지 않도록 마인드컨트롤 훈련도 필요하다.

9단계, 신체검사

신체검사 전에는 음주, 흡연 등을 자제하고 되도록 충분한 휴식과 수면을 통해 최상의 컨디션을 유지한다.

10단계, 최종합격

신입사원 연수에서 좋은 평가를 받기 위해 직장예절과 기업환경을 이해하고 직무능력을 쌓는 데 중점을 둔다.

취업, 한걸음 더!

주요 기업 연봉 정보

기업의 연봉을 정리했다. 본 정보는 실제와 차이가 있을 수 있으며, 직원 우대 순으로 정렬한 것이다. 해당 자료는 2009년 기준으로, 2009년 이후 기업명이 바뀐 기업은 이름을 수정했으며 합병되거나 사라진 기업은 삭제했다.

▶ **100대 기업 연봉**(단위 : 만원)

	기업명	대졸 신입	직원 평균 대우조건			
			연봉	복리후생비	근속연수	가중평균
1	SC제일은행	3,800	6,200	1,634	17.6	87.3
2	S-Oil	3,800	6,370	1,180	15	84.0
3	신한은행	3,700	5,960	2,917	14.8	80.7
4	KT&G	3,800	6,510	501	16.5	78.3
5	KT	3,400	5,455	1,394	19.9	78.0
6	현대중공업	4,200	7,282	269	18.4	77.7
7	기업은행	3,500	5,700	1,016	17.3	76.3
8	GS칼텍스	3,500	6,648	818	12.6	76.0
9	삼성중공업	3,600	6,970	947	10.7	75.7
10	우리은행	3,800	5,638	1,585	14.5	74.7
11	한국씨티은행	3,700	6,850	1,160	10.2	74.7
12	현대모비스	3,400	6,220	853	13.3	74.0
13	삼성물산	3,600	6,680	1,358	9.9	73.0
14	한화케미칼	3,300	7,258	294	14.4	72.3
15	포스코	3,000	5,691	602	19.1	71.7
16	한국전력	3,000	6,645	267	16.7	71.3
17	대우건설	3,500	6,800	794	10.5	70.7
18	두산인프라코어	3,400	6,000	528	16.1	70.3
19	SK텔레콤	4,000	6,200	1,423	10.5	69.3
20	한진해운	3,200	5,972	2,300	11	69.0
21	두산중공업	3,600	6,350	346	14.8	68.0
22	대림산업	4,400	6,919	436	11.5	67.7
23	현대자동차	4,300	6,800	205	16.1	67.3
24	SK에너지	3,500	5,901	593	14.4	66.7

	기업명	대졸 신입	직원 평균 대우조건			
			연봉	복리후생비	근속연수	가중평균
25	금호타이어	3,100	6,603	257	14.7	66.7
26	대우조선해양	4,400	6,740	223	15.8	66.7
27	SK브로드밴드	3,200	6,369	1,746	7.2	63.3
28	한온시스템	3,500	6,769	1,746	7.2	63.3
29	LG유플러스	3,100	5,886	813	11.4	61.3
30	한화토탈	3,000	6,500	225	14.3	61.3
31	대한항공	3,160	6,000	356	13.7	60.7
32	금호석유화학	3,000	6,468	473	10.3	60.3
33	현대미포조선	3,800	6,424	231	13.8	60.0
34	롯데케미칼	3,500	5,997	308	14.4	59.7
35	기아자동차	3,850	6,386	200	14.6	59.0
36	LG화학	3,000	6,431	273	12.1	59.0
37	현대건설	3,400	5,660	553	12.7	58.7
38	자일자동차판매	3,000	4,860	1,546	11.2	57.0
39	대한유화	3,200	6,100	131	17.7	57.0
40	한국가스공사	3,100	6,236	257	13.1	57.0
41	삼성SDI	2,800	6,400	398	10.4	57.0
42	SK가스	3,400	5,280	869	11.3	56.7
43	LG전자	3,100	6,445	465	8.5	54.7
44	삼성엔지니어링	3,800	7,313	5,480	5.4	54.0
45	세아제강	3,000	6,200	188	14.1	53.3
46	GS건설	3,800	6,846	455	6.1	52.3
47	두산건설	3,600	6,060	502	8.9	51.7
48	삼성전자	3,000	6,040	773	7.2	51.0
49	포스코대우	3,400	4,000	1,137	11.5	50.3
50	포스코건설	4,100	5,849	570	9	50.0
51	삼천리	3,800	5,007	990	9	49.0
52	현대제철	3,000	6,091	188	13.1	48.7
53	팬오션	3,800	6,140	355	9	48.3
54	KEB하나은행	3,800	4,600	1,143	9.6	47.7
55	KPX케미칼	3,200	5,208	261	13.5	47.7

	기업명	대졸 신입	직원 평균 대우조건			
			연봉	복리후생비	근속연수	가중평균
56	OCI	3,000	6,230	247	10.5	47.7
57	동국제강	3,000	5,700	250	12.1	46.7
58	고려아연	3,000	4,548	486	12.5	45.7
59	현대상선	3,200	5,566	324	10.6	45.0
60	삼성전기	3,000	5,628	693	7.5	45.0
61	현대산업개발	4,500	5,520	446	9.3	44.3
62	현대종합상사	3,400	5,303	650	8.2	44.0
63	쌍용건설	3,500	6,270	201	10.2	44.0
64	코오롱	3,200	5,000	167	15.1	43.7
65	한진중공업	3,300	5,298	247	12.6	43.0
66	동국제강	3,000	4,900	117	17.3	42.3
67	세아베스틸	3,000	5,933	57	13.2	42.3
68	LG상사	3,400	4,980	1,286	5.6	41.7
69	두산	3,360	5,210	564	8.2	41.0
70	아시아나항공	3,100	5,800	320	8.6	41.0
71	삼성카드	3,500	4,800	947	6.9	40.3
72	쌍용자동차	3,200	5,116	152	13.2	38.3
73	삼성테크윈	2,800	5,660	123	11.9	38.3
74	STX조선해양	4,100	6,694	105	7.8	38.3
75	아모레퍼시픽	3,000	4,670	694	7.8	38.0
76	SK네트웍스	3,400	4,559	1,033	6.3	37.3
77	신한카드	3,500	3,900	1,378	6.5	37.0
78	CJ제일제당	3,100	5,082	432	7.4	34.3
79	STX	3,800	4,800	834	2.2	34.0
80	롯데쇼핑	3,100	3,710	740	6.6	30.0
81	대한전선	2,700	3,800	259	11.2	29.7
82	현대글로비스	3,800	4,333	738	2.6	29.0
83	대한해운	3,400	5,032	332	6.5	29.0
84	한국타이어	2,870	4,240	191	11.8	28.0

	기업명	대졸 신입	직원 평균 대우조건			
			연봉	복리후생비	근속연수	가중평균
85	효성	3,700	4,300	119	12.6	27.7
86	KCC	3,200	4,518	250	9.6	27.3
87	농심	2,850	3,860	201	11.8	27.0
88	경남기업	3,600	4,874	284	5.9	24.3
89	동부제철	3,000	3,568	275	8.8	24.0
90	금호산업	2,900	4,606	224	8.7	23.7
91	동부건설	4,000	4,920	229	6.6	21.7
92	신세계	3,400	2,850	359	5.7	18.7
93	CJ대한통운	2,000	3,487	150	8.4	13.0
94	태광산업	3,200	3,945	75	7.6	10.7
95	SK하이닉스	3,200	3,891	116	6.6	8.3
96	LG디스플레이	3,200	4,470	77	4.4	6.7

'잠재적 역량'을
살펴보는
기출질문

◆ '잠재적 역량'의 5가지 항목 ◆

가치관	성취동기와 의욕	스트레스 관리	창의성과 혁신성	학습의지
삶의 우선순위 가치가 무엇인지 알아보는 항목	목표를 성취하려는 동기가 뚜렷한지, 자기 일에 열정을 가지고 임하는지 알아보는 항목	스트레스 상황에서 책임을 다하는지 알아보는 항목	기존 방식에 안주하지 않고 새로운 방법을 선택하는지 알아보는 항목	새로운 기술을 습득하기 위해 노력하는지 알아보는 항목

◆ 전문가가 분석한 기출질문 경향 ◆

최근 면접은 비구조화면접에서 구조화면접으로 바뀌고 있다. 비구조화면접에서는 면접관마다 질문항목이 달랐고 평가항목도 들쭉날쭉했지만, 이제 질문도 평가도 표준화된 구조화면접으로 바뀌고 있는 것이다.

또한 스펙이 평준화되면서 면접장에서 어떻게 처신하는지가 취업의 당락을 좌우하고 있다. 세부적인 지식과 전문성보다 근본적인 개인의 역량에 집중해 질문을 던지고 있는 추세다.

〈첫째마당〉에서는 수많은 역량 중 '잠재적 역량'에 관한 질문들을 모았다. 잠재적 역량은 〈둘째마당〉에서 정리한 '조직관계 역량'과 〈셋째마당〉에서 정리한 '업무실행 역량'을 추동하는 기본적인 역량이다. 세부항목으로는 ① 가치관, ② 성취동기와 의욕, ③ 스트레스 관리, ④ 창의력과 혁신성, ⑤ 학습의지가 있다.

매년 빠지지 않고 나오는 질문은 실패극복 경험, 몰입 경험, 성공 경험, 문제해결 경험 등이며, 최근에는 행복에 대한 생각을 묻는 질문이 자주 등장하고 있다. 이는 조직 중심에서 개인 중심으로 동력이 분산되면서 일어나는 현상이라고 보인다.

그밖에도 최근에 부각된 질문은, SNS를 통한 정보습득과 이에 대한 비판적 시각 등이다. 북한 핵실험, 노령화, 특검, 비자금 등 시사·경제이슈도 자주 등장하니 신문기사를 꾸준히 챙겨읽는 습관이 필요하다.

행복이란
무엇이라고 생각하는가?

답변사례

지금은 취업이 되면 행복할 것 같습니다

사람마다 원하는 게 다르기 때문에 행복도 여러 가지 모습으로 찾아온다고 생각합니다. 저의 경우 행복을 경험했을 때는 대학 합격 소식을 들었을 때입니다. 시험을 앞두고 합격이 절실했고, 이를 위해 최선을 다한 결과 좋은 결과를 얻었습니다. 그때 무척 행복했던 기억이 있습니다.

저는 지금 또다른 도전에 직면해 있습니다. 취업이란 목표에 최선을 다하고 있으며, 긍정적인 마음을 가지고 될 거라고 생각하면서 하루하루를 보냅니다. 만약 취업에 성공한다면 대학 합격 때보다 더 큰 기쁨과 행복을 얻을 것 같습니다. 그리고 또다른 행복을 맛보기 위해 취업 후 최선을 다해 일할 것 같습니다.

전문가의 조언
★★★☆

 외부요인보다 자기 자신에 대한 얘기부터!

면접 때 편하다 싶은 질문은 대부분 '잠재적 역량'을 평가하는 항목 중 '가치관'에 해당하는 것이 많다. 그런데 편한 질문으로 당락이 좌우되는 경우도 있으니 주의하도록 하자.

현대자동차의 한 면접관이 "행복하려면 뭐가 필요한가?"라고 질문했다. 이에 한 지원자가 "세상을 어떻게 바라봐야 하는지 잘 결정하는 게 필요하다"고 답했고, 합격했다. 면접관은 이 지원자가 행복의 중심을 외부가 아닌 자기 자신의 내부에 두고 있으니, 뭘 시켜도 잘해내리라는 생각에 뽑았다고 한다.

다시 앞의 사례로 돌아가자. 대학 입학을 위해 최선을 다했고 그래서 좋은 결과를 얻어 행복했다는 말은 면접관에게 큰 저항 없이 다가갈 수 있는 내용이다. 최선을 다했다는 말로 과정을 중시한다는 인상을 줄 수도 있다. 하지만 큰 감흥은 없다. 어쩌면 면접관은 합격해야 행복하고 그렇지 않으면 행복하지 않다는 것인지 의문을 갖게 되어 재질문을 할 수도 있다. 여러분이 면접관 입장이 되어보자. 취업이 되면 행복할 것 같다는 지원자와 세상을 어떻게 봐야 할지 잘 결정해야 한다는 지원자 중 누구를 뽑을 것인가?

직업관은 무엇인가?

기출 기업 KB국민은행, KT&G, 국민체육진흥공단, 롯데백화점

답 변 사 례

직업관은 정신적, 물질적으로 독립하기 위해 필요합니다

성인이 되면 부모님에게서 정신적, 물질적으로 독립해야 한다고 생각합니다. 저의 직업관은 여기서 시작됩니다. 저는 대학교 때부터 풍족하지 못한 가정환경 탓에 아르바이트, 인턴 등을 통해 경제적으로 자립하려고 노력했습니다. 정규직으로 직장에 취업하면 저 자신뿐 아니라 미래의 가장으로서 부양할 가족의 생계를 책임져야 합니다. 따라서 더욱더 책임감을 가지고 일을 해야 한다고 생각합니다.

전문가의 조언
★★☆

연륜이 있는 면접관일수록 중요하게 생각하는 부분

일을 통해 얻고자 하는 가치와 직업관 여부를 알아보기 위한 것이다. 이 질문은 '잠재적 역량 중 '가치관'에 해당하는 것으로, 이 항목이 확고하고 건강한 사람은 입사 후 환경의 변화와 시련 속에서도 흔들리지 않고 일할 수 있다. 임원 면접시 자주 나오는 질문이며, 인생의 경험이 많은 면접관일수록 중요하게 보는 대목이니 주의하자.

일을 통해 얻는 가치 중 가장 중요한 것은 생계유지 목적일 것이다. 위 지원자의 답변은 이 목적에 충실할 뿐 아니라 절실해 보인다. 사실 이런 지원자는 면접관의 눈에 잘 들어온다. 쉽게 회사를 그만둘 것 같지 않기 때문이다.

하지만 일을 통해 자신이 성장하고자 하는 자아실현 의지, 그리고 사회발전에 도움이 되겠다는 포부 등이 함께 어우러지면 좋을 것 같다. 너무 생계유지만 강조하면 면접관의 심적부담이 커질 수 있다. 안쓰러우니까 뽑아줘야겠다 하는 면접관은 없으니 말이다. 이렇게 이 질문의 답변은 뻔하다. 하지만 노련한 면접관은 답변하는 지원자의 진심을 파악할 가능성이 높다.

잠재적 역량 ▶ 가치관

직장인으로서 중요하게 생각하는 덕목이 있다면?

 기출기업   SC제일은행, 중소기업진흥공단, 한국수자원공사, 한국정보화진흥원

답변사례

금융인은 도덕성과 책임감, 신뢰와 배려가 중요합니다

금융인으로서 가져야 할 덕목은 높은 도덕성과 책임감이라고 생각합니다. 고객의 피 같은 돈을 내 돈처럼 생각해야 하기 때문입니다. 저는 자신이 금융인으로서 적합한지 끊임없이 고민해왔습니다. 물론 지금도 많이 부족합니다. 하지만 도덕성과 책임감만큼은 살아오면서 어느 누구보다 철저했다고 자신합니다.

뿐만 아니라 고객을 상대로 돈이 오가는 일을 해야 하기 때문에 신뢰와 배려는 필수라고 생각합니다. 저는 통통 튀는 신세대다운 면은 적습니다. 하지만 뒤에서 묵묵히 남을 챙기고 도와주는 일에는 적임자라고 생각하므로, 은행이 원하는 사람이 될 수 있으리라고 자신합니다.

전문가의 조언
★★★☆

기업마다 다른 인재상, 그에 걸맞는 덕목이 필요하다

최근 대기업 인재상의 공통점은 '창의'다. 하지만 업종별로 더 중요하게 생각하는 덕목이나 인재상이 따로 있게 마련이다. 금융권은 아무래도 도덕성과 책임감이 강한 사람을 선호한다. 면접관도 지원자에게 이런 덕목이 있는지 궁금했을 것이다.

위 지원자는 아주 적절하게 대답했다. 오랫동안 도덕성과 책임감이 있는지 스스로 고민해왔다고 한 점도 좋다. 하지만 고민하게 된 계기나 사례 등이 추가되지 않아서 면접용으로 준비한 멘트란 생각이 들 수도 있겠다. 그럴 경우 면접관은 추가질문을 하게 될 것이니 준비해두면 좋을 것이다.

또한 뒤에서 배려하는 면은 은행원으로서 진중하고 신뢰감을 준다. 하지만 신입사원의 특장점인 창의력이나 아이디어가 없어 보인다. 이에 대한 보완이 이루어져야 할 것이다.

금융권 면접관의 조언 "배려가 몸에 밴 지원자라면 OK!"

SC제일은행의 면접관 중 한 임원은 은행 면접시 남을 배려하려는 자세를 어필하는 것이 중요하다고 강조했다. 특히 집단면접이나 토론면접 때 남의 말을 자르거나, 무조건 남보다 앞서려 하는 사람이 있는지 유심히 본다고 한다. 왜냐하면 은행이 원하는 인재상은 분위기를 확 잡는 행동은 못하더라도 뒷정리나 동료를 배려하는 양보 등이 몸에 밴 사람이기 때문이다.

그런 측면에서 앞의 지원자는 적절한 답변을 했다고 본다. 은행업이 국가경제에 미치는 영향을 고려할 때, 수익성은 물론 도덕적 책임과 공정성에 대한 인식을 겸비한 사람이 필요하다.

면접관은 이런 말도 했다. "시대적 상황이 아무리 경쟁을 강요하더라도 조직생활에서 모두가 악바리같이 내 어깨를 타고 누르려 할 때 상대방을 끌어내려 한 발 올라서기보다 차라리 한쪽 어깨를 내밀어주는 용기 있는 사람이 은행에는 필요하다."

004

존경하는 사람은 누구이며, 어떤 영향을 받았나?

기출기업 SC제일은행, 금융감독원, 금호타이어, 삼성물산, 한국서부발전, 한국은행, 한국전력공사, 한국환경공단

답변사례

비호감 동료를 이끈 리더십의 대가 유재석을 존경합니다

제가 존경하는 사람은 유재석입니다. 우리나라 최고의 진행자이지만 늘 겸손합니다. 항상 초심을 잃지 않습니다. 동료 연예인은 물론, 스태프들을 대할 때도 희생정신으로 똘똘 뭉쳐 있습니다. 유재석의 특징은 다른 MC들이 가진 모든 장점을 승화시킨 능력이라고 할 수 있습니다. 일단 자신의 전문성으로 진행능력을 밑바탕에 두고 있으며, 위트는 물론 리더십까지 발휘하고 있습니다. 특히 《무한도전》에서 비호감인 정준하, 박명수를 존중했으며, 후배인 노홍철, 하하, 정형돈을 성장시킨 점은 직장생활을 앞둔 저 역시 배울 만하다고 생각합니다. 이런 모든 면이 직장생활을 앞두고 어떻게 행동해야 할지 저에게 가장 큰 영향을 끼쳤습니다.

전문가의 조언
☆

취업컨설팅 답변을 그대로 얘기하다간 감점!

국내 한 대기업 인사담당 임원을 만난 적이 있다. 그는 면접에서 존경하는 인물이 유재석이라고 말한 지원자를 하루에 3명이나 봤다고 했다. 그럴 수 있다. 하지만 문제는 답변 내용이 똑같았다는 사실. 그래서 마지막 지원자에게 혹시 취업컨설팅을 받은 것 아니냐고 캐물었더니 사실을 실토해서, 모두 감점 처리했다고 한다.

존경하는 사람을 부모님이라고 답하는 사람도 있다. 이 질문의 의도는 롤모델을 통해 지원자의 인생관을 살펴보기 위한 것이다. 부모님이 어떻게 살았는지 면접관은 확인할 수가 없지 않은가.

지원자가 진지하게 자신을 돌아보고 인생철학을 정립하는 과정을 경험했다면 당연히 닮고 싶은 사람을 찾을 수밖에 없다. 그 과정을 담담히 얘기하면 된다. 하지만 정리해준 답변만 앵무새처럼 반복하는 지원자에게 스스로 적성이나 일을 탐색할 기회가 있었을까? 이제라도 진지하게 자신을 돌아보고 취업과정을 통해 인생철학을 정립하는 계기로 삼자. 다소 시간은 걸리더라도 소중한 경험이 될 것이다.

005

인생에서 가장 중요한 3가지는 무엇인가?

기출 기업 KT, LG CNS, 금융결제원, 노루페인트, 롯데스위트랜드, 삼성증권, 한국전력공사, 현대캐피탈

답변사례

가족, 사랑, 행복이 가장 중요합니다

인생에서 가장 중요한 것은 가족입니다. 그다음이 사랑과 행복입니다. 가족이 있기 때문에 제가 있게 되었고, 가족이니까 서로 사랑하고 행복해져야 한다고 생각합니다. 저는 제 인생에서 가족을 가장 사랑하고 의지합니다. 모든 힘이 여기에서 나온다고 생각합니다. 가족과 사랑과 행복, 이 3가지가 있으면 사회문제도 많이 해결되리라고 생각합니다.

전문가의 조언
★★★

구체적인 경험과 생각을 버무려 가치관을 전달

맞는 말이다. 면접관도 특별한 기대는 하지 않았을 수도 있다. 인생에서 가장 중요한 것들은 대부분 비슷하니까.

이 질문은 지원자의 가치관과 의사전달 능력을 보기 위한 것이다. 대동소이한 답변이 나올 법한 질문이지만, 지원자만의 구체적인 경험과 생각을 버무려 얘기한다면 차별화될 수 있다. 건강이 중요한데, 건강을 잃은 경험이 있어서 더 절실하다든지, 가족과 떨어져 산 경험이 있어서 가족이 소중하다든지, 테레사 수녀님처럼 상대가 날 미워해도 계속 사랑하는 마음을 가지고 싶다든지, 경제적으로 힘들어하는 부모님을 보며 품위 있는 노후를 위해 경제적 자유를 얻고 싶다든지……

구체적이고 그 사람만 할 수 있는 얘기를 면접관은 듣고 싶다. 그리고 지원자의 가치관이 회사와 얼마나 어울리는지 살펴보는 것도 이 질문의 또다른 의도다.

무인도에 가져가고 싶은 것 3가지는?

기출 기업 아워홈, 한국무역보험공사, 한국소비자원, 한국전력공사, 한국투자신탁운용

답변사례

스마트폰, 비상식량, 친구입니다

저는 스마트폰, 비상식량, 오래된 친구 1명을 데려가고 싶습니다. 그 이유는 먼저, 외부와의 연락을 위해 스마트폰이 필요할 것 같고요, 생존을 위해 비상식량을 가져갈 것 같습니다. 그리고 혼자서 이 힘든 상황을 해결하는 게 어려울 것 같아 저의 가장 친한 친구 1명을 데려가고 싶습니다. 함께 의논하고 문제를 해결하다 보면 무인도 탈출을 해낼 수 있을 것 같습니다.

전문가의 조언
★★★

비슷한 질문 속에서 일관성과 순발력을 유지하라

이 질문은 바로 앞의 질문인 "인생에서 가장 중요한 3가지는 무엇인가?"와 비슷하다. 어떤 기업은 "타임캡슐에 넣을 것 3가지는?"이라는 질문을 하기도 한다.

면접에 들어가면 비슷한 유형의 질문을 여럿 받기도 한다. 그래서 한 말을 또 하는 듯한 느낌도 든다. 이럴 때 주의할 것은 일관성과 순발력이다. 질문 유형만 바뀌었을 뿐인데 답변 내용이 달라진다면 면접관은 계속 확인질문을 할 것이다. 면접관은 답변 자체만 보는 게 아니라 답변하는 과정 속에서 일관성, 진실성, 태도 등을 보기 때문이다.

만약 이 지원자가 인생에서 가장 중요한 3가지로 '가족, 사랑, 행복'이라고 답한 그 지원자라고 하자. 그런데 무인도에 가져갈 것이 '스마트폰, 비상식량, 친구'라면 왜 가족이 없느냐고 물어볼 때 어떻게 답하겠는가? 기지가 넘치는 지원자라면, 무인도는 힘든 곳이니 사랑하는 가족은 데려갈 수 없노라고 할 것이다. 그렇다면 면접관은 친구는 힘들어도 괜찮느냐는 질문을 또 할 것이다.

면접관은 당신이 어떤 사람인지 질문을 통해 집요하게 파헤친다. 꾸미지 말고 있는 그대로 성의껏 답변하라. 모범답안은 없다. 자신감 있게 여러분의 생각을 답변하도록 하자.

좌우명이나 생활신조는 무엇인가?

기출기업 롯데백화점, 한국보훈복지의료공단, 현대모비스

답변사례

어릴 적부터 자원봉사활동을 많이 했습니다

저는 어릴 적부터 독거노인을 도와드리는 부모님을 따라 자원봉사를 했습니다. 학창 시절에는 적십자사 활동을 비롯해 자원봉사활동을 하면서, 어렵고 힘든 이웃을 돕고 평소 생각을 실천에 옮겼습니다. 요즘 들어와 적십자모금운동이 잘 안된다고 합니다. 이는 무척 안타까운 일이라고 생각합니다.

전문가의 조언
★★★

핵심내용부터 먼저 말하고 부연설명은 나중에!

면접관의 질문에 답변할 때는 핵심내용을 먼저 말하고 부연설명을 하도록 하자. 사례에서는 답변 초반에 핵심내용이 나오지 않았다. 이때 면접관은 지원자가 동문서답하고 있다고 오해할 수 있다. 사람의 말귀를 잘 못 알아듣는 것 아닌가 생각할 수도 있다.

이렇게 답변하면 어땠을까? "제 좌우명은 '더불어 함께 살자'입니다. 저는 어렸을 때부터 독거노인을 도와드리는 부모님을 따라 자원봉사를 시작했습니다. 자연스럽게 중고등학교에서도 자원봉사 동아리에서 활동하게 되었으며……."

비록 면접장이고 가치관을 묻는 질문이지만, 서로 공을 주고받듯 자연스럽게 대화가 이어질 수 있도록 하자. 질문을 신중하게 듣고, 3초 정도 차분히 호흡을 조절한 후 답변하자. 그렇다고 침묵이 길어지면 어색한 정적이 흐르게 되니, 주의하자.

당신에게
성공의 의미는 무엇인가?

롯데백화점, 한국보훈복지의료공단, 현대모비스

답변사례

성장하는 사람이 되는 게 성공입니다

저는 꿈이 이뤄지면 성공했다고 봅니다. 저의 꿈은 최상의 서비스를 고객에게 제공하는 백화점에 취직하는 것입니다. 이를 위해 오늘도 열심히 노력하는 중입니다.

최근에《언니의 독설》을 읽었습니다. 거기서 저자 김미경님이 꿈은 '성공'이 아니라 '성장'이라고 했습니다. 그 말을 듣고서, 만약 꿈이 이뤄지지 않더라도 내가 성장했다면 그것이 성공이란 생각을 했습니다. 저는 성공이란 끊임없이 성장하는 것이라고 생각합니다. 성장한 자신을 보고 만족하고 기쁨을 얻는 게 가장 큰 성공이자 행복이라고 생각합니다.

전문가의 조언
★★★★

 추상적인 질문에 추상적인 답변? No!

성공의 기준을 외부시선에 두는 사람과 내부시선에 두는 사람은 다르다. 내적 성숙도에서 차이가 난다. 위 지원자의 경우 당장의 꿈은 취직하는 것이고, 그것이 단기적 성공이라고 말하며 목표를 명확히 했다. 하지만 더 나아가 진정한 성공은 자신의 끊임없는 성장이라고 답했다.

면접관은 지원자가《언니의 독설》이라는 책을 읽고 저자의 얘기를 인용하며 성공의 의미를 얘기한 것에 흥미를 느낄 것이다. 여성 지원자가 사회진출에 앞서 고민하고 노력하고 있다는 사실을 구체적으로 전달한 셈이다.

성공에 대한 질문은 추상적이어서 답변도 추상적일 때가 많다. 하지만 면접관은 누구나 알고 있는 성공이 아니라 당신만의 얘기를 듣고 싶어한다.

면접에서 탈락하고 싶지 않다면, 이것만은 꼭!

1 | 질문의 요지를 파악하려면 잘 들어야 한다

많은 지원자들이 의외로 면접장에서 동문서답을 많이 한다. 제대로 답하려면 질문의 요지부터 파악해야 한다. 지금이라도 남의 말 듣는 습관부터 갖도록 노력하자.

2 | 만연체가 아닌 간결체를 사용하자

많은 지원자들이 면접 전에 예상질문에 대한 답변 시나리오를 짠다. 이때 말이 길어지면 외울 게 많아지고 면접장에 가면 정신이 혼미해지기 쉽다. 되도록 핵심과 결론만 짧게 말하는 습관을 갖자.

3 | 카피 뽑듯 키워드를 만들자

수많은 지원자를 만나는 면접관에게 당신이란 존재를 확실히 자리매김시켜야 한다. 그러려면 자신을 나타내는 말을 광고 카피 뽑듯 키워드로 만들어보자. 키워드 몇 개만 암기하고 면접장에 들어가면 자신감이 생길 것이다.

4 | 뭐니뭐니해도 진실성이 최고

남의 얘기 말고 자기 얘기를 하자. 면접장에 들어가면 드라마틱한 얘기를 하려다 자기도 모르게 허언증에 걸리는 지원자를 종종 보게 된다. 면접관은 귀신이다. 지원자가 자기 얘기를 하는지 남의 얘기를 하는지 직감으로 알 수 있다.

5 | 해도 그만, 안 해도 그만인 얘기는 빼자

"성실한 부모님 밑에서 자랐으며", "친구들과 사이좋게 생활했고"…… 이런 얘기는 하나마나한 얘기다. 구체적인 얘기를 하자.

6 | 면접관과 싸우려 들지 마라

간혹 성격, 성적, 학벌 등으로 압박면접이 들어오는 경우가 있다. 이럴 때 발끈하면 지는 거다. 인정할 것은 인정하고, 감정에 휘둘리지 않도록 하자.

7 | 비언어적 표현도 신경쓸 것!

면접관과 눈을 마주칠 때 피한다면 백퍼센트 탈락이다. 째려볼 필요는 없지만 가볍게 눈맞춤하고 미소띤 얼굴로 대하자. 다리를 떤다거나 손을 주체하지 못하는 지원자도 종종 있다. 면접 영상을 스스로 찍어보고 체크하자.

친구를 사귈 때
어떤 면을 보는가?

기출기업 LG엔시스, 삼성SDS, 유통물류진흥원, 한국주택금융공사

답변사례

천진난만하고 순수한 사람인지 봅니다

아낌없이 주는 나무처럼, 친구란 아낌없이 자신의 것을 내어줄 수 있는 사람을 뜻합니다. 그런 사람은 마음이 어린 아이처럼 순수합니다. 저는 친구를 사귈 때 마음이 천진난만하고 순수한 사람인지 먼저 봅니다.

얼마 전 신문에서 삼성의 한 연구원이 간경화에 걸린 친구를 위해 자신의 간을 기증하는 사연을 보았습니다. 그 모습을 보고 진짜 친구란 이런 사람이라는 생각을 했습니다. 저는 먼저 아낌없이 주는 친구가 되고 싶습니다. 그리고 저 역시 그런 친구를 갖게 되면 인생 최고의 행운이라고 생각할 것 같습니다.

전문가의 조언
★★★★★

지원하는 회사 선배의 사례를 들어 우정관 피력

그 사람을 알고 싶으면 친구를 보라는 말이 있다. 그래서 이런 질문은 면접장에서 자주 등장한다. 모든 것을 내주는 게 우정이라고 말하지만, 사실 쉽지 않다. 위 지원자가 친구란 이런 거라며 원론적인 얘기만 했다면 면접관은 실제 생각도 그런지 보강질문을 했을 것이다.

하지만 지원자는 지원하는 회사의 선배직원 사례를 들며, 자신이 먼저 그런 우정을 베푸는 사람이 되고 싶다고 말했다. 이 점은 지원자가 들어오고 싶은 회사에 대해 적극적으로 임하고 있음을 표명하는 것일 뿐만 아니라, 자신이 받는 것에 그치지 않고 무언가를 줄 수 있는 사람임을 어필했다는 점에서 장점이 있다.

여러분은 어떤 친구를 두고 있는가? 친구란 자신의 거울과도 같다. 딱 여러분이 베푼 만큼 친구도 베풀고 있을 것이다.

돈을 빌린 적이 있는가?
돈 문제는 어떻게 처리하나?

기출
기업 KT&G, LG화학, 신한금융투자

답변사례

친구 사이 돈 문제는 신중해야 합니다

지갑을 안 가져와서 친구들에게 밥값이나 차비 혹은 경조사비를 빌린 적이 있습니다. 신용이 중요하다고 배웠기 때문에 하루 이내에 돌려주는 것을 원칙으로 합니다. 만약 다음날 얼굴 보기 힘들 것 같으면 꼭 문자를 보내 상대가 돈 때문에 신경쓰지 않도록 조심합니다.

친구 사이에 돈 문제는 신중해야 합니다. 친구가 큰돈을 꿔달라고 하면, 저는 제가 감당할 수 있는 범위 내에서 그냥 줍니다. 우정을 지속할 수 있고, 제 마음도 편하기 때문입니다.

전문가의 조언
★★★★

 ## 신용을 중시하는 태도 보여줘야

이 질문은 돈에 대한 지원자의 생각과 태도, 그리고 가치관을 살펴보기 위한 것이다. 돈에 대해서는 관계정립이 명확할수록 좋다. 자칫 인간관계가 깨질 수도 있기 때문이다. 또한 신용을 중시하는 태도를 보여주는 것도 필요하다.

대부분 면접관은 친구가 큰돈을 빌려달라고 하면 어떻게 하느냐고 되묻는다. 그럴 때는 말하는 태도가 중요하다. 친구 사이에 돈 거래는 안 한다며 매몰차게 말하는 사람과, 안타까움을 담아 말하는 사람은 아 다르고 어 다른 법이다. 같은 말이라도 자칫 냉정한 사람으로 보일 수 있으니 조심하자.

내부고발자에 대해 어떻게 생각하는가?

답변사례

좋은 취지를 살려 제대로 운영해야 합니다

많은 기업들이 윤리경영 차원에서 내부신고제도를 두고 있는 것으로 알고 있습니다. 건전한 회사발전을 위해 꼭 필요하다고 생각합니다. 하지만 불필요한 내부고발이 남발해 기업의 주요 업무에 방해가 된다면 그 역시 문제라고 생각됩니다.

모든 제도에는 명암이 있습니다. 좋은 취지를 살려 제대로 운영하는 게 중요하다고 생각합니다.

전문가의 조언
★★★★★

굳이 기업에 적대적인 발언을 할 필요는 없다

이 질문은 <u>삼성</u>의 김용철 변호사 사건* 이후 몇몇 그룹 계열사에서 등장하고 있다. 사실확인은 어렵지만, 지원자들의 수기를 참고하면 김변호사를 옹호하는 쪽으로 답변한 지원자는 모두 떨어지고, 배신자라고 말한 이들만 합격했다는 증언도 있다.

취업을 앞두고, 민감한 질문이 들어오면 자신의 생각에 따라 답변하는 게 좋을지, 오히려 장애가 될지 고민될 것이다. 하지만 이런 자리에서 굳이 기업에 적대적인 발언을 할 필요는 없다. 원칙적인 얘기로 위 지원자와 같이 답변하면 좋을 것이다.

김용철 변호사 사건

검찰 출신인 김용철 변호사는 삼성 법무팀장 출신으로, 본문에서 언급한 사건은 2007년 《삼성을 생각한다》란 책을 통해 삼성의 비자금을 폭로한 사건을 말한다.

좋아하는 인간형과
싫어하는 인간형은?

기출 기업 NH농협, STX조선해양, 유통물류진흥원, 한국수력원자력

답변사례

끊임없이 성찰하는 사람을 좋아합니다

소크라테스가 한 말이 있습니다. "너 자신을 알아라." 저는 이 말처럼 자신을 탐구하고 성찰하는 사람을 좋아합니다. 하지만 자신이 어떤 사람인지 관심조차 없는 사람이라면 좋아하기 힘들 것 같습니다. 자신을 알게 될수록 장단점을 파악하게 됩니다. 그래서 장점은 살리되 단점은 고쳐나갈 수 있다고 생각합니다. 저 역시 그런 사람이 되고 싶습니다. 자신감은 있지만 겸손한 사람이 되고 싶습니다.

전문가의 조언
★★★★★

기존의 직원과 잘 어울릴 수 있는지 확인하려는 질문

위 지원자의 답변을 보니, 감정에 쉽게 휘둘리지 않고 생각이 깊은 사람이라는 느낌을 준다. 업무가 주어지면 침착하게 잘 받아들일 것 같다.

좋아하는 사람과 싫어하는 사람을 묻는 질문에 대답하다 보면 은연중에 자신의 성향을 드러내게 된다. 이 질문과 유사한 질문으로는 "이상형은 어떤 사람인가?", "사람을 볼 때 어떤 것으로 평가하는가?" 등이 있다.

이런 질문에 간혹 외모(옷을 잘 입거나, 키가 크거나, 목소리가 좋거나 등)를 얘기하거나, 개인적인 취향으로 싫다 좋다 떠벌이듯 얘기하는 지원자가 있다. 하지만 이 질문의 의도는 그게 아니니 주의하자.

면접관이 이 질문을 하는 이유는 선배직원들과 잘 어울릴 수 있는 성향의 사람인지 확인하기 위해서다. 사람들은 자신과 비슷한 사람을 선호하는 경향이 있다. 그것이 기업문화를 이루기 때문이다. 그래서 때로 면접관은 자신과 가치관이 비슷한 사람에게 공감효과를 느껴 점수를 더 주기도 한다.

73

새벽의 건널목 앞이다. 빨간 신호등인데 건널 것인가, 말 것인가?

기출 기업 우리은행, 한국소비자원, 한국은행

답변사례

급한 약속이 있다면 건널 것 같습니다

저는 큰 문제가 없다면 파란 신호등으로 바뀔 때까지 기다린 다음 건널 것입니다. 하지만 급한 약속이 있거나 차 시간을 놓칠 수 있다면 전후를 살핀 후 빨간 신호등 상태에서 건널 것 같습니다.

전문가의 조언
★★

공기업에서는 규칙을 준수하는 답변이 필요하다

비슷한 질문으로 한국소비자원의 "면접 오는 길에 10만원을 주웠다. 어떻게 할 것인가?" 등이 있다. 주로 공무원이나 공기업 면접에서 나오는 질문이다. 금융권에서도 비슷한 질문이 나온다.

기업의 이익을 위해서 일하는 사기업이라면 유연성을 발휘하면서 답해도 큰 무리는 없을 것이다. 하지만 공공기관에서는 직원의 품위나 법률 준수, 공정성 유지를 중요하게 생각한다. 따라서 그런 모습을 보여주는 것이 필요하다.

위 답변은 지원자가 불필요하게 융통성을 보여준 것 같다. 공공기관 면접장에서는 이러면 안된다. 빨간 신호등인데도 빨리 건너고 싶은 마음이 있었다고 솔직히 표현한 후, 되도록 원칙을 준수하겠다는 말을 하자. 그외 경우에 대한 얘기는 먼저 꺼내지 않는 것이 좋다. 물론 면접관이 집요하게 재질문을 하겠지만 말이다.

014

노조와 노동운동에 대한 견해는?

기출 기업 금호타이어, 삼성전자, 서울주택도시공사, 중소기업진흥공단, 축산물품질평가원, 한국수출입은행, 한국에너지기술연구원, 한국환경공단

답 변 사 례

경영자, 노동자가 상생하는 방향이 필요합니다

우리나라 일자리 중 10만개가 중국으로 옮겨갔다는 보도를 보았습니다. 현재 외국투자자들이 우리 기업에 투자하는 것을 꺼리고 있다고 합니다. 이런 상황에서 노동자, 경영자 양측으로 갈라져서 대결구도가 되는 것은 국제경쟁 사회에서 경쟁력을 잃을 수 있다고 봅니다. 그러므로 경영자는 노동자의 고충을 이해하고, 노동자는 경영자의 경영 이념을 이해해 서로 상생하는 관계가 되는 것이 중요하다고 봅니다. 노조가 노동자들이 자기계발을 하기 위한 커뮤니티가 되도록 배려하고 육성하는 기업문화가 되었으면 합니다.

전문가의 조언
★★★☆

 ### 노조 문제는 '무색무취, 팩트 중심' 답변으로!

노조나 노동운동에 대한 답변은 사실 어렵다. 지원자들은 저마다 다른 생각을 갖고 있겠지만, 면접장에 온 이상 경영자의 입장을 고려하지 않을 수 없을 것이다.

제안하고 싶은 것은 '무색무취, 팩트 중심'의 답변이다. 위 지원자처럼 일자리가 중국으로 옮겨지는 추세이고, 경영자와 노동자의 분쟁으로 외자유치가 어려우니, 서로 사이좋게 지내는 것이 좋겠다는 결론이 가장 무난하다.

적극적으로 찬성하거나 적극적으로 반대하는 답변은 피하도록 하자. 간혹 적극적으로 반대하는 지원자가 있는데, 그렇다고 반드시 가산점이 추가되는 것은 아니다. 면접관도 저마다 다른 생각을 가진 사람임을 인지하자.

촛불시위 등 시위문화를
어떻게 생각하는가?

**기출
기업** 대한항공, 포스코, 포스코대우, 현대건설

답 변 사 례

국민의 뜻은 국회로 모으는 것이 바람직합니다

저는 촛불시위에 대해 찬성한다, 반대한다 관점보다는 이런 일들이 일어나지 않도록 재발방지를 하는 게 중요하다고 생각합니다. 먼저, 국회를 통해 국민들의 의사가 정확히 표출되었으면 합니다. 국회의원도 촛불시위에 참여하던데, 이는 별로 바람직하지 않다고 봅니다. 국민의 뜻이 국회에 제대로 반영된다면 퇴근 후, 방과 후 집회하는 수고도 없을 것이고, 주변 상인들의 영업피해도 일어나지 않을 것입니다. 또한 불필요한 공권력이 행사되는 일도 없을 것입니다.

전문가의 조언
★★★☆

면접장에 가기 전에 최근 사회이슈를 꼭 챙기자!

사회이슈를 이해하고 있는지, 사회문제에 어떤 가치관을 가지고 있는지 물어보는 질문이다. 이 역시 노조에 대한 질문처럼, 찬성과 반대라는 이분법적인 답변보다는 원칙적인 답변을 하는 게 좋다.

여기서는 지원자가 장외집회보다는 국회를 통해 국민의 의사를 반영하고 집행하는 민주주의를 실현하자는 답변을 했는데, 무난해 보인다.

이 책은 기출질문을 다루고 있기에 과거 이슈로 촛불시위가 나왔지만, 여러분이 면접장에 가는 시점에는 다른 이슈가 등장할 것이다. 따라서 면접을 보러 가기 전에 뉴스를 훑어보고 비슷한 이슈가 있는지 살펴보자.

월드컵 4강 진출 선수들의 병역혜택을 어떻게 생각하는가?

 기출 기업 한국소비자원, 현대자동차

답변사례

시혜성 혜택보다 기준을 두고 허용하는 것이 좋겠습니다

우리나라는 올림픽이나 월드컵에서 메달을 획득하면 병역혜택을 주는 경우가 종종 있습니다. 저 역시 국위를 선양하고 국민을 하나로 화합시킨 공로를 생각하면 병역혜택을 주는 게 당연하다고 생각합니다.

하지만 최근 현역입대를 앞둔 남자 동기, 후배 얘기를 들어보니 저와 생각이 좀 달랐습니다. 병역혜택을 주는 종목이 인기종목에 한정되어 있으며, 예전에는 스포츠로 한국을 알리는 게 중요했지만, 지금은 굳이 그럴 필요가 없어졌고, 스포츠를 엘리트체육 중심이 아닌 생활체육 중심으로 바꿔야 한다는 것이었습니다.

또한 현역입대를 앞둔 국민들한테는 형평성 차원에서 많은 반발심을 준다는 것도 알았습니다. 따라서 스포츠선수의 병역혜택 문제는 재검토될 시점이 되었다고 생각합니다. 하지만 아예 없애자는 의견에도 반대합니다. 분명 그들이 스포츠를 통해 기여한 게 있기 때문입니다. 따라서 즉흥적인 시혜성 병역혜택보다는 엄격한 기준을 두고 부분적으로 허용하는 게 좋을 것 같습니다.

전문가의 조언
★★★★

 ## 의견개진 방식이 자사와 맞는지 알아보려는 질문

이 질문은 어떤 이슈에 대한 지원자의 의견과 가치관을 엿보기 위한 것이다. 국가든 기업이든 어떤 결정이 내려지면 따라야 하는 문제가 있다. 하지만 다양한 의견이 존재하고 이를 개진하는 과정에서 문제점을 좁히는 작업도 필요하다. 최선의 해결책보다 차선의 해결책이 대부분이다. 따라서 의견이 양립하는 상황에서는 이를 조정하는 방안을 내는 것이 합리적이다.

기업에 따라 의견개진 방식이 다르고 선호도가 다르다. 인재상과 기업문화를 살펴보고 자신의 가치관과 코드가 맞는 곳인지 알아보자. 그런 다음 의견을 정리하고 진중히 개진한다면 좋은 결과를 얻을 것이다.

학생의 책임과
직장인의 책임은 뭐가 다른가?

기출 기업 대원제약, 대한항공, 동아제약, 부산항만공사

답변사례

학생은 자기만, 직장인은 부양가족까지 책임집니다

학생은 취업을 목적으로 공부를 하고, 직장인은 밥벌이를 위해 일하는 게 다르다고 생각합니다. 따라서 성적은 학생이 얼마만큼 책임을 다했는지 묻는 기준이자 척도이므로 성실하게 성적관리를 하는 게 필요합니다. 반면 직장인은 일을 통해 경제적으로 자립해야 하고, 회사의 성장에 도움이 되어야 하며, 더 나아가 사회적으로도 일익을 담당해야 할 책임이 있다고 생각합니다. 학생은 자신만 책임지면 되지만, 직장인은 자신은 물론 부양해야 할 가족까지 책임져야 합니다. 그래서 더욱 성숙하고, 실력도 있어야 합니다.

전문가의 조언
★★☆

가치관 묻는 질문에는 상식적인 선에서 답하면 된다

이 질문은 지원자가 직장인이 되어 책임감을 가지고 사회의 일원이 될 수 있는지 묻는 것이다. 상식적인 선에서 답하면 무난하게 넘어갈 질문이다.

위 지원자의 답변 중 학생은 취업을 목적으로 한다는 말은 자칫 반박질문이 들어올 수 있다. 취업을 목적으로 하면 대학교육이 아니라 직업교육을 받아야 하는 것 아닌가, 학생은 성적만으로 책임을 물어야 하는가, 대외활동을 하다 보면 소홀해질 수 있는데, 그것은 학생의 책임을 방기한 것인가 등등.

생각나는 대로 솔직히 얘기한 것이겠지만, 가치관과 관련된 질문에 답할 때는 논란의 여지가 될 말은 피하는 게 좋다. 질문이 들어오면 곧바로 답할 필요는 없다. 말하기 전 3~5초 정도 생각한 후 말해도 큰 문제는 없다.

취업, 한걸음더!

스펙이 지고 면접이 뜨는 이유는?

최근 스펙이 지고 면접이 뜨는 이유는, 대다수 지원자가 저학년 때부터 스펙에 올인하면서 스펙이 평준화되고 변별력도 없어졌기 때문이다. 주입식교육 같은 스펙 쌓기에 몰두한 사람은 변화무쌍한 글로벌경쟁에서 살아남기 힘들다. 창의적인 해결력이 부족하기 때문이다.

기업은 올해 들어 속속 구조화되고 복합적인 면접방식을 도입하고 있다. 대표적인 것이 역량면접, 심층면접이다. 지원자가 살아온 얘기들을 묻고 답변을 들으면서 어떤 사람인지 파악하는 것이다.

질문의 유형은 큰 차이가 없다. 다만 통과의례 같던 예전과는 달리, 누가 더 참신하고 차별화된 답을 할 수 있는지에 따라 당락이 판가름날 정도로 면접의 중요도가 높아졌다. 이 책 역시 면접시 답변을 조언해주고 있지만, 유형에 대한 중요도 분석만 해줄 뿐, 결국 여러분 자신이 자기만의 얘기로 뚫고 나가야 한다.

면접관은 지원자가 제한된 시간에 질문의 의도를 잘 파악할 줄 아는지 제일 먼저 살펴볼 것이다. 질문의 의도만 제대로 파악해도 그들의 레이더망에 걸릴 것이다. 그다음 중요한 것은 답변 단계. 질질 끌지 말고 결론만 짧게 얘기한 후 부연설명하도록 하자. 이때 너무 떨거나 너무 담담해도 감점이니 주의하자. 적절한 균형점을 유지하면서 자신감 있게 답한다면 합격에 가까워진다.

여기에 말하는 태도, 단어 선택, 논리성, 바디랭귀지 등이 결합되어 호감도 있게 답한다면 이 지원자는 합격할 가능성이 높아진다. 이런 답변 과정은 한순간에 완성되지 않는다. 논리성과 품성, 그리고 호감은 지나온 세월을 어떻게 살아왔는지를 보여주기 때문이다. 따라서 최근 대기업들은 이런 전인적인 인재를 뽑기 위해 면접에 사활을 걸고 있다. 이런 분위기에 인문학적 소양을 가진 인재를 선호하는 것은 당연한 추세로 보인다.

《무한도전》의 '무한상사' 면접 장면

018

4대강 문제를
어떻게 생각하는가?

기출 기업 금융감독원, 아시아나항공, 현대중공업

답변사례

찬반논란 뜨거운 이슈에 온 국민이 지혜를 모아야 합니다

대부분 국가는 경제가 어려우면 대규모 토목공사를 해서 경제활성을 기대합니다. 4대강 공약을 내세운 이명박 정부 역시 이런 의도였을 것입니다. 하지만 예상보다 불어난 천문학적인 투자비용, 갈수록 심해져가는 양극화와 실업률, 취업의 어려움 등으로 국민의 세금을 더 중요한 곳에 쓰지 못하고 있는 게 아니냐는 의구심이 들고 있습니다.

최근 감사원에서도 4대강 부실공사를 언급했고, 국토종합개발부는 이를 반박하고 있는 상황입니다. 5년 전 4대강 사업을 결정했을 때는 의미가 있었지만, 지금도 그러한지 점검해야 할 시점이라고 생각합니다. 세금이란 자원은 한정되어 있는데, 써야 할 곳은 많습니다. 4대강에 과잉투자되었다면 이제라도 사업을 축소해서 더 긴급한 곳에 돈을 써야 할 것입니다. 온 국민이 지혜를 모아 신속하고 정확한 결정을 내려야 할 문제라고 생각합니다.

· ·

전문가의 조언
★★★★

정치나 경제 분야 질문은 객관적 사실 중심으로 답할 것

정치와 경제 분야 질문이 들어오면 깊이 파고들수록 대처가 어려운 것이 사실이다. 면접을 앞둔 사람이라면, 신문 톱기사는 꼼꼼히 챙겨서 보자. 한미FTA도 자주 등장하는 질문이다. 이런 질문은 당시 이슈가 되는 주제를 선별해 흔히 집단면접에서 찬반토론으로 진행된다. 하지만 일대일면접에서도 불쑥 튀어나올 수 있다.

이런 질문은 면접관을 고려하면서 답해야 한다. 찬반 의견이 팽팽한 이슈를 어느 편에 서서 얘기하든 논리적으로 자신의 입장을 개진하면 합격점을 받을 수 있지만, 공기업이나 친정부 성향 면접관 앞에서는 얘기가 달라진다. 되도록 객관적인 입장에서 답변하되(팩트 중심, 뉴스 인용), 자신의 성향을 드러내면서까지 얘기하는 것은 자제하자.

이 나라는 자신의 주장을 자유롭게 말할 권리가 헌법에 보장되어 있다. 하지만 면접장에서는 약간의 유연성이 필요하니 이 점 기억하도록 하자.

019

기업의 사회적책임, 사회적공헌에 대해 말한다면?

KT&G, NH농협, 삼성생명, 삼성화재, 유한킴벌리, 하이트진로

답변사례

사회적책임과 환원은 이제 필수조건입니다

변화하는 경제구도에서 기업의 사회적책임은 선택이 아니라 필수조건으로 바뀌고 있습니다. 소비자 주권의식이 높아진 지금, 도덕적 결함이 있는 기업은 퇴출되기 십상입니다. 제가 알고 있는 기업의 사회적책임은 윤리적 회계경영, 제품안전, 고용창출 등이 있으며, 자선사업 등으로 사회환원을 할 수 있습니다.

전문가의 조언
★★★☆

지원하는 회사가 사회적책임에 어떤 태도를 갖고 있는지 체크하자

기업의 사회적책임(Corporate Social Responsiblity)은 최근 자주 나오는 질문이니, 꼭 체크하고 면접장에 들어가길 바란다. 일반적으로 기업의 사회적책임은 4단계로 구분된다. 1단계는 경제적인 책임으로 이윤극대화와 고용창출 등이다. 2단계는 법적 책임으로 회계의 투명성, 성실한 세금납부, 소비자의 권익보호 등이다. 3단계는 윤리적 책임으로 환경, 윤리경영, 제품안전, 여성·현지인·소수인종에 대한 공정한 대우 등을 말한다. 4단계는 자선적인 책임으로 사회공헌 활동, 자선활동, 교육·문화·체육활동 등에 대한 기업의 지원을 말한다.

특히 자신이 지원한 기업이 사회적책임과 환원에 각별히 관심을 기울이는지 확인하자. KT&G의 경우 2006년 기업의 사회적책임을 공개했다. 위해상품인 담배를 판매하는 곳이지만, 그에 비례해 사회적책임을 다하겠다는 의지로 표명된다.

최근 피죤은 회장의 60억 횡령, 직원 청부폭행 등으로 시민들의 불매운동이 진행되었으며, 결국 섬유유연제 시장에서 1위 자리를 빼앗기게 되었다. 이런 사실을 봤을 때, 기업의 사회적책임은 기업의 이익과 깊이 연관되어 있음을 알 수 있다.

저출산에 대한 의견을
말한다면?

대한항공, 삼성SDS, 한국도로공사, 한화테크윈

답 변 사 례

정부가 장기플랜을 세워야 합니다

저출산의 원인은 양육비와 교육비 부담, 여성의 사회참여 등이 이유입니다. 인간수명이 늘어나자 저출산과 고령화 문제가 맞물려 큰 사회문제가 되고 있습니다. 일할 수 있는 젊은이들이 줄어들면 소비력이 약해지고 내수시장이 위축되어 경제적 악영향을 끼칩니다.

정부도 기업도 저출산, 고령화 문제를 대비해 장기플랜을 세워야 한다고 생각합니다. 국가 전체의 생존이 달려 있는 문제이기 때문입니다. 저 역시 저출산을 해결하기 위해 일조할 것입니다. 먼저 귀사가 저를 합격시켜주신다면, 빠른 시간 안에 여자친구와 결혼해서 아이를 셋 이상 낳을 것입니다. 둘이 만났는데 둘을 낳으면 본전이니, 꼭 셋 이상 낳을 것입니다.

전문가의 조언
★★★☆

무거운 질문에도 유머와 위트를 잊지 말자

저출산, 고령화 문제를 얘기하다 보면 정부와 기업을 성토하기 십상이다. 여성 지원자의 경우 더 할 말이 많을 것이다. 저출산과 고령화 관련 질문이 들어오면 문제점을 분석하고 대안을 제시하는 순서로 얘기하면 무난하다. 위 지원자는 말미에 저출산 문제를 해결하려면 자신을 뽑아야 한다며 유쾌하게 면접관을 압박했다. 면접관들 역시 즐겁게 응수했을 것이다.

TV 프로그램 《청춘불패》에서 소녀시대 효연이 모의면접 중 저출산 관련 질문을 받았다. 효연은 "한국 여성이 자신의 일에 매진하느라 2세 계획에 신경쓸 겨를이 없었다"고 답하며 해결책으로 "집에 일찍 들어가면 된다"고 말했다. 효연의 예상치 못한 답변에 면접관들은 웃음을 터뜨렸다. 간단하지만 명쾌한 효연의 저출산 해결법을 답변에 참고하는 건 어떨까? 면접장에서 무거운 질문이 들어와도 유머와 위트를 버무리는 여유를 잊지 말자. 단, 상황에 맞게 과하지 않게 응용하도록 하자.

환경과 경제성장이 상충할 때
어떻게 해야 할까?

기출 기업 한국동서발전, 한국수력원자력

답변사례

환경보호와 산업발전은 상반된 개념이 아닙니다

먼저, 환경보호와 산업발전은 상반된 개념이라는 고정관념부터 바꾸는 게 필요할 것 같습니다. 우리나라가 힘든 시기, 국민들은 환경운동은 사치라고 생각했습니다. 하지만 지금은 다릅니다. 자원고갈, 지구온난화 등으로 소비자의 친환경 선호도가 높아지고 있습니다.

미국 자동차산업이 경쟁력을 잃은 것은 환경규제 때문이 아니라 자동차 연비를 개선하지 못해 소비자가 떠났기 때문입니다. 이제는 환경을 보호하는 일이 기업을 성장시키는 것입니다. 지구가 없이는 경제도 발전도 없습니다. 이를 제대로 알고 실천하는 기업이 고객충성도를 높이며 성장하게 될 것입니다.

전문가의 조언
★★★★☆

 ## 주요 이슈는 항상 체크하고, 주장에 따른 근거 수집에 공들일 것

지원자의 가치관과 소양을 살펴보기 위해 사회이슈, 북한, 경제, 환경, 국제 관련 질문이 종종 등장한다. 분야별로 중요한 이슈는 그때그때 신문에서 챙겨보고 팩트, 생각, 대안을 정리해보자. 사안에 따라 원인, 문제점, 해결책, 장점, 단점, 찬성·반대입장 등을 정리해두면 좋을 것이다.

위 지원자는 한국동서발전에서 위와 같은 질문을 받았다. 회사의 특성상 들어온 질문이지만, 다른 기업에서도 PT면접 때 자주 등장하는 주제다.

위 지원자는 환경과 경제성장은 상반된 개념이 아니라고 못박았다. 딜레마 상황에서 빠져나와 새로운 대안을 얘기하는 모습이 신선하다. 하지만 두 개념이 상반된 것이라고 가정하고 질문을 던진 면접관이 민망해하지 않도록 공손하게 답하자. 미국의 자동차산업 몰락을 사례로 들며 자신의 주장에 근거를 제시한 것은 고개를 끄덕일 만하다. 주요 이슈에 대한 자신의 생각을 정립한 후 꼭 근거를 수집하도록 하자. 여러분을 돋보이게 만들어줄 것이다.

북한 핵실험을 어떻게
생각하는가? 쌀 지원은 해야 하나?

기출 기업 IBK기업은행, NH농협, 만도, 삼성SDS, 한국무역보험공사, 한국은행, 한국투자신탁운용, 현대자동차, 현대중공업

답 변 사 례

당근과 채찍 정책을 쓰고, 쌀은 지원하되 엄격히 감시해야 합니다

얼마 전 한 신문사의 설문조사에 의하면 국민 80%가 북한은 핵을 포기하지 않을 것이라고 답했다고 합니다. 한반도가 비핵화되는 게 현실적으로 어렵다고 보는 것 같습니다. 하지만 언젠가는 북한이 핵을 포기하게끔 해야 합니다. 이를 위해서 정부는 당근과 채찍 정책을 능숙하게 써야 할 것입니다.

북한이 이렇게 핵실험을 하지만, 쌀 지원은 인도주의 정책에 맞춰 시행해야 한다고 생각합니다. 하지만 우리나라가 지원한 쌀이 북한 고위층이나 군량미로 흘러간다고 하니, 엄격히 감시하는 게 필요합니다.

전문가의 조언
★★★☆

북한 관련 이슈도 단골 질문이니 반드시 체크하자

북한 관련 이슈도 면접장에서 항상 등장한다. 찬반 의견이 갈라지는 이슈이며 입장에 따라 일리가 있어 양자토론에 적합하다. 하지만 어느 한쪽으로 결론에 도달하기는 어려운 주제다.

위 지원자는 신문기사를 인용해 답변을 시작했다. 찬성이든 반대든 자신의 의견을 개진할 경우 쉽게 반박질문이 들어올 여지가 있는데, 적절히 피해갔다. 그리고 북한이 핵을 포기하도록 당근과 채찍을 잘 써야 하며, 쌀은 지원해야 하지만 군량미로 흘러가지 못하게 막아야 한다고 보완책을 말했다. 이 정도면 무난한 답변이라고 생각한다.

참고로, 기업별로 질문의 포인트가 조금씩 다르니 주의하자. NH농협이라면, 북한 쌀 지원에 대한 질문이 들어올 경우 쌀의 용도를 얘기한 후 농민의 쌀 수매에도 초점을 맞추면 좋다. 즉, 대북지원 중단 이후 정부의 쌀 수매가 줄어들었고 농민의 경제적 어려움을 야기시킨 측면이 있다. 따라서 북한에 대한 쌀 지원은 농민의 쌀 수매와 연관되어 있으니 재개하면 좋지만, 군량미나 고위층으로 흘러들어가지 않도록 감시해야 한다는 식으로 얘기하면 좋을 것이다.

한미FTA에 대한 생각을 말한다면?

GS칼텍스, 금호타이어, 대우건설, 삼성중공업, 한국지엠, 현대모비스, 현대자동차

답변사례

준비가 미흡한 산업과 종사자에게 관심을 쏟아야 합니다

얼마 전 한미FTA 때문에 미국의 일자리 16,000개가 사라졌다고 합니다. 한미FTA로 한국이 이득을 얻었다는 보

무역수지

일정기간 동안에 상품의 수출입거래로
생기는 국제수지. 무역외수지와 함께
국제수지의 경상계정을 구성한다.

고서도 나왔습니다. 무역수지* 측면에서 한미FTA가 도움이 된 듯합니다. 주요 수출상품인 전

자, 자동차 등이 관세철폐로 혜택을 입었기 때문입니다.

하지만 미국이 우위를 갖고 있는 농업, 축산업, 제조업, 서비스업, 금융업 등이 국내에 들어오

면 관련 산업이 초토화될 것으로 예상합니다. 양극화시대에 내수는 살아남기 힘들어질 것이란

우려가 생기고 있습니다.

대외수출 70%인 우리나라에서 FTA는 거스를 수 없는 흐름입니다. 하지만 국내에서도 반대가 많았던 이유는, 손

해보는 업종에 종사하는 사람들에 대해 보호장치가 제대로 마련되지 않고 진행되었기 때문입니다. 대기업은 FTA

를 받아들일 준비가 되었는데 중소기업, 자영업자들은 준비가 덜 되어 있습니다. 이런 점은 정부가 꼼꼼하게 짚고,

대처방안을 마련해야 할 것입니다.

전문가의 조언
★★★★☆

 뉴스 인용과 적절한 대안 제시, 적극적인 사람이라는 인상을 준다

기업 10곳 중 4곳은 사회이슈에 대한 질문을 한다. 2012년 발효된 한미FTA는 면접

장에서 꾸준히 등장하는 주제다. 특히 수출입 관련 기업은 민첩하게 대응해야 할 문제이

므로, 다양한 질문에 대한 준비를 해두는 게 필요하다.

위 지원자는 한미FTA 질문에 대한 준비를 꼼꼼히 한 듯하다. 한미FTA 때문에 미국의

일자리가 줄었다는 정보를 얘기하는 것으로 보아, 평상시에도 뉴스를 꼼꼼히 챙겨보는 적

극적인 사람이라는 인상을 준다. 한미FTA로 이득을 보는 산업과 손해를 보는 산업을 나

누어 정부가 추가로 지원해야 할 사안도 잘 짚어주었다.

면접관은 왜 정치이슈 질문을 할까?

면접장에서는 지원자의 정치적 견해와 가치관, 그리고 관련 지식 여부를 묻는 질문을 종종 한다. 기업 중에서도 대기업이 중소기업보다 이런 질문을 2배 이상 많이 하는 편이다.

이런 질문이 빠지지 않는 이유는 지원자의 정치적 소신을 알기 위해서고, 지원자의 논리력도 파악하기 위해서다. 더불어 세상 돌아가는 소식에 관심을 기울이는 적극적인 성향인지도 살펴본다. 뿐만 아니라 기업의 인재상과 부합하는지도 알기 위해서다. 공기업이나 공무원을 지원한다면, 불필요하게 반정부적인 발언을 할 필요는 없을 것이다.

지원자는 면접관의 정치이슈 관련 질문에 어떻게 대답해야 할까? 면접관들 대부분은 성향에 상관없이 논리적으로 답변하는 지원자를 선호한다고 한다. 자유로운 분위기를 가진 기업에서는 개인의 정치적 소신을 확실히 드러내는 답변도 선호한다니 참고하자.

정치이슈는 사실 민감하다. 얼굴 붉히기 쉬운 주제이고 정답이 없기 때문이리라. 하지만 사회적 영향력이 큰 만큼, 고객을 상대로 제품을 생산하는 기업이라면 간과할 수 없다. 평소 뉴스를 통해 쟁점이 되는 정치, 사회이슈를 파악하자. 또한 자신의 견해를 논리적으로 정리하고 근거를 제시할 수 있도록 팩트를 수집하는 것도 필요하다.

024

노사가 충돌한다면
어느 편에 설 것인가?

기출 기업   KBS, 한국릴리

답 변 사 례

먼저 양측의 입장을 꼼꼼히 살펴보겠습니다

노조와 회사가 충돌했다는 것은 어떤 문제에 대해 서로 입장이 달랐기 때문입니다. 저는 먼저 양측의 입장을 꼼꼼히 살펴볼 것 같습니다. 때로는 노조가 억지스럽게 대응할 때도 있을 것이고, 그 반대의 경우도 있을 것입니다. 중요한 것은, 서로의 입장 차이를 좁히고 합의를 이뤄내는 것입니다. 그래야 서로 상생할 수 있으며 시너지를 발휘할 수 있는 길이라고 생각합니다.

전문가의 조언
★★★☆

사실에 의거하되 중립을 지키며 논리적으로 답변

면접 때는 노사 관련 질문이 종종 나온다. 질문을 하는 면접관은 자신의 생각이 어떻든, 결국 사측 입장에 선 사람이다. 따라서 사실에 의거하되, 중립을 지키며 논리적으로 답하는 게 필요하다. 위 지원자는 그런 측면에서 적절히 답했다고 보인다.

최근 KBS가 파업과 노조에 대해 신입사원 면접시 위와 같은 내용의 질문을 했고, 이것은 지원자들의 사상과 양심의 자유를 침해한 것 아니냐는 비판에 제기되었다.

위 질문뿐 아니라 "노조위원장을 시키면 어떻게 할 것인가?", "파업을 하고 있는 친구를 만나면 어떤 대화를 하겠는가?", "파업 때문에《1박2일》을 못 봤는데, 시청자로서 어땠는가?"란 질문도 나왔다고 한다.

미네르바

2008년 서브프라임위기 때 박대성씨가 다음 아고라에서 사용한 닉네임. 그는 국내에 금융위기가 도래할 것이라고 했고, 이 주장은 사회적 신드롬으로 이어졌다. 허위사실유포 혐의로 구속되었지만, 결국 무죄로 판명되었다.

2008년 금융위기 때 미네르바*가 활동하던 시절, 포털사이트 다음의 '아고라'가 이슈였다. 면접장에서 한 임원이 "자네도 다음 아고라 회원인가?"라는 질문을 던지자 한 지원자가 "아고라는 회원제가 아니므로 저 역시 회원이 아닙니다"라고 답변했다고 한다.

면접관의 질문이 사상검증 아니냐며 민감하게 반응할 필요는 없다. 아고라는 회원제가 아니라는 답변처럼, 유연하면서도 위트 있게 대처하는 것도 지원자의 역량을 엿볼 수 있게 한다.

양심적 병역거부를
어떻게 생각하는가?

기출 기업 현대자동차

답변사례 ## 병역기피, 상대적 박탈감 등으로 시기상조라고 생각합니다

개인적 소신에 따른 양심적 병역거부는 심정적으로 이해가 갑니다. 하지만 국내 조사에 따르면, 국민 절반 이상은 양심적 병역거부자를 위한 대체복무제 도입에 반대했다고 합니다. 또한 대체복무가 병역기피 수단으로 악용될 수 있기 때문에 제도화하는 것은 시기상조라는 의견이 많습니다. 저는 현역으로 군제대를 했습니다. 양심적 병역거부가 제도화된다면 현역제대를 한 사람들은 박탈감이 생길 것 같습니다.

전문가의 조언 ## 평소 사회이슈에 관심을 갖고 입장을 정리해보자
★★★☆

양심적 병역거부자는 대다수가 여호와의증인 신도로, 종교적 신념에 따라 총을 들기를 거부한다. 현재 이들은 군대 대신 감옥행을 택하고 있으며, 대체복무를 요청하고 있지만 정부가 허락하고 있지 않은 상태다.

떠오르는 사회이슈를 들여다보면 서로 다른 가치관, 그에 따른 입장이 상충하고 있다. 이런 질문이 들어왔을 때 무조건 '나는 싫다, 상대가 잘못했다'고 답하기보다는, 자신의 입장에 대한 논리적 근거를 제시하는 것이 중요하다.

위 지원자는 양심적 병역거부자들의 심정은 이해가 가지만 국민 대다수가 병역기피, 군 사기저하 등의 이유로 반대하고 있다는 팩트를 제시하면서 대체복무제 도입은 시기상조라는 입장을 개진했다. 무리 없는 답변이라고 생각한다.

이런 식으로 답변하려면 평상시 사회이슈에 관심을 갖고, 그에 따른 자신의 입장을 정리하며 성숙한 시민의식을 키워나가는 것이 무엇보다 중요하다. 이런 사람이 좋은 기업에 들어가는 게 당연하지 않은가? 면접관은 정답을 원하는 게 아니다. 하나의 입장과 생각을 갖게 된 계기와 사고과정을 엿보기 위해 이런 질문을 하는 것이다. 회사 내에서도 비슷한 상황이 펼쳐질 것이고, 순간순간 현명한 처신을 할 사람을 뽑으려고 하는 것이 당연하다.

일, 돈, 명예를 중요하게 생각하는 것 순서대로 답한다면?

KB국민은행, 롯데백화점, 삼성전자, 신한은행, 이스타항공, 한국지역난방공사

답변사례

지금 가장 중요한 것은 일입니다

저는 지금 가장 중요한 게 일입니다. 일을 통해 성장하고 전문가가 되면 돈과 명예는 얻을 수 있으리라고 생각하기 때문입니다. 자신의 일을 통해 경제적으로 자립하지 못한다면 돈과 명예는 꿈꿀 수 없습니다. 저는 현실에 발을 붙이고 차근차근 꿈을 향해 나가고 싶습니다.

전문가의 조언
★★★☆

자신의 가치관을 솔직하게 말하되, 차별화시키자

이 질문을 받고 나서 여러분은 '내가 어떤 답변을 하면 면접관이 좋아할까? 일이라고 답할까?' 이런 생각을 하기보다, 있는 그대로 자신이 지금까지 생각해온 것들을 솔직하게 답하되, 대신 차별화시키도록 노력하자. 면접 내내 당신이 어떤 사람인지 감을 잡고 있는데 뜬금없이 연관성 없는 얘기를 한다면 오히려 솔직하지 못한 사람이라고 생각하게 될 것이다. 위 질문자는 그런 면에서 거창하게 얘기하지 않았지만 허심탄회하게 자신의 심정을 얘기했다고 생각된다.

하지만 기업문화도 체크하고 면접장에 들어가자. 이랜드의 인사담당자는 "돈보다 일, 일보다 사람 중심의 사고"가 중요하다고 하며 "돈(Money)보다 의미(Meaning), 의미보다 사명(Mission)을 가진 사람을 선호"한다고 말했다. 대부분의 기업이 비슷한 생각을 표방하고 있으니 참고하길 바란다.

성공한 사람들을 인터뷰해보면, 사명의식을 가지고 일에 몰입했더니 돈과 명예가 따라오더라고 답한 경우가 많았다. 기업은 이렇게 될 사람을 찾는다. 그리고 기업 나름의 채용 노하우가 있다. 당신이 그런 인재라면 면접관은 스펙이 부족해도, 학벌이 떨어져도 당신을 선택할 것이다.

최근에 가장 기뻐한 일은
무엇이었나?

**기출
기업** SK하이닉스, 대한항공, 삼성생명, 세아상역, 아시아나항공, 한독

답 변 사 례 **라디오 프로그램에서 선물이 당첨된 일입니다**

저는 《굿모닝 팝스》를 열심히 청취합니다. 아침 6시 본방송도 듣고 팟캐스트를 통해 재방송도 듣습니다. 《굿모닝
팝스》 25주년 기념으로 문자로 응모하면 커피 기프티콘을 받는 이벤트가 있었습니다. 그런데 제가 난생 처음 응모
란 것을 하고, 운 좋게도 선물을 받게 되었습니다. 어리둥절하고 신기하기도 하고 해서 친구들에게 자랑한 경험이
있습니다.

전문가의 조언
★★★☆   **면접관도 한 템포 쉬어가자고 한 질문, 되도록 공감할 수 있는 주제로**

인생의 역경이나 위기에 어떻게 대처했는지에 대한 질문은 면접장에서 꼭 나오기 때문
에 많은 지원자들이 따로 준비를 해둔다. 하지만 기뻤던 일, 좋아하는 것 등은 언뜻 쉬워
보이지만 따로 정리해두지 않으면 의외로 답변하기 힘든 것들이다.

보통 "살면서 기뻤던 일과 화났던 일을 말한다면?"처럼 2가지를 한꺼번에 묻기도 한
다. 만약 기쁜 일만 따로 묻는다면 면접관이 지원자에 대해 어느 정도 판단한 상태에서 묻
는 것일 경우가 많다.

면접관 역시 한 템포 쉬어가는 차원에서 질문하는 경향이 크다. 따라서 너무 진지하고
딱딱하게 답하기보다, 서로 공감하고 면접관도 즐거워할 수 있는 내용으로 답하는 것이
좋다. 그렇다고 남자친구가 이벤트를 해주었다느니, 여자친구한테 선물을 받았다느니 이
런 얘기를 한다면? 면접관은 세상에 기쁜 일이 그런 것밖에 없었을까, 혀를 끌끌 찰지도
모를 일이다.

028

최근에 눈물을 흘린
경험이 있는가?

기출 기업 리딩투자증권, 삼성에버랜드

답변 사례

어머님의 유방암 선고 때문에 펑펑 울었습니다

최근 어머님이 유방암 선고를 받으셨습니다. 지금까지 남부러울 것 없이 행복하게 받기만 하고 살았는데, 어머님이 돌아가실 수도 있다고 생각하니 하염없이 눈물만 나왔습니다. 빨리 취직해서 여행도 보내드리고 싶고 함께 쇼핑도 하고 싶은데, 효도할 기회가 사라질지도 몰라 가슴이 아팠습니다.

전문가의 조언
★★★☆

공감능력과 인성을 살펴보는 질문

이 질문은 지원자의 감성지수를 체크할 뿐 아니라 참을성, 스트레스 강도 등도 엿보는 질문이다. 대기업 인사담당자들이 이구동성으로 말하는 게 있다. 스펙, 학벌, 집중력은 우수하지만 공감능력, 인성 등이 떨어진다는 것이다. 한마디로 일은 잘할지 모르지만 인간미가 떨어진다는 말이다.

"부모에게 효도한 적이 있는가?"란 질문에 자신 있게 답하는 지원자가 드물고, 심지어는 "깊이 생각해본 적이 없다"고 답한 지원자도 있었다고 한다. 위 지원자처럼 면접장에서 눈물을 글썽이며 앞으로는 부모님께 효도하겠다고 참회하는 지원자를 발견해 높은 점수를 준 면접관도 있었다.

어차피 입사하면 각자 전공 분야가 있더라도 부서별 훈련을 통해 업무능력을 익혀야 하는 과정이 있다. 곧바로 실무에 투입될 수 있는 것은 아니란 얘기다. 따라서 회사를 좋아하고 오래 머물 수 있는 사람, 사람들의 감성에 공감을 표시할 수 있는 사람, 충성도 높은 사람이 면접장에서 가산점을 받는다.

운동을 좋아하는가?
어떤 운동을 잘하나?

기출기업 CJ헬스케어, CU, SC제일은행, SK건설, 교통안전공단, 만도, 미래에셋대우, 아시아나항공, 한국에너지기술연구원, 한독, 현대캐피탈

답변사례

건강을 위해 요가와 걷기운동을 합니다

저는 요가를 좋아합니다. 매일 꾸준히 하고 있습니다. 원래 움직이는 것을 좋아하지 않았지만, 건강과 미용을 위해 시작했고 지금은 재미있게 합니다. 최근 자기 최고심박수의 80%까지 뛰게 하는 걷기운동이 뇌 발전에 도움을 준다는 얘기를 듣고 학교까지 30분 거리를 걸어서 통학하고 있습니다.

전문가의 조언
★★★★

회사 분위기상 운동을 좋아하는 것이 필요할 때

운동 관련 질문은 몸을 많이 움직이는 회사나, 남자직원이 많은 회사에서 자주 나오는 편이다. 단합을 위해 축구나 족구를 많이 하기 때문에 지원자의 참여 여부가 궁금하기 때문이다. 아예 대놓고 우리 회사는 운동 잘하는 사람을 좋아한다고 말하기도 한다. 항공사의 경우 여승무원 지원자에게 체력을 체크하기 위해서 자주 한다.

그밖에 왜소해 보이는 지원자에게도 자주 질문하는 경향이 있다. 또는 두꺼운 안경을 껴서 눈이 나빠 보이는데, 일할 수 있겠냐며 압박질문이 들어오기도 한다.(한국에너지기술연구원) 이런 우려를 불식시키기 위해 운동을 꾸준히 하고 있어서 건강에 자신이 있다고 말하는 사람은 자기관리가 잘되어 있기에 어려운 일도 도전정신을 가지고 업무를 잘해내리라는 믿음이 있다.

최근에 야구관람 인구가 많아지면서 여성들도 야구에 대한 관심이 늘고 있다. 야구를 좋아한다는 지원자에게 후성그룹 퍼스텍의 면접관이 "왜 1, 2, 3루는 시계 반대방향으로 도는가?" 하고 물었다. 지원자는 "심장이 왼쪽에 있어서 몸 왼쪽을 축으로 도는 게 인체공학적으로 부담을 주지 않는다"고 답했고, 면접 내내 좋은 분위기가 유지되었다.

한 광고회사 면접 때 일이다. 면접관은 야구팀 중 어디를 좋아하느냐고 물었다. 센스 있는 지원자는 책상 위 LG 야구모자를 보고 LG라고 답했으며, 이후 합격통보를 받았다. 같은 야구팀을 응원했다고 해서 합격했을까? 전부는 아니지만 일부 기여를 했을지도 모르는 일이다.

대학 때 공부 말고
몰두한 것이 있는가?

이랜드, 한국산업단지공단, 한국석유공사, 한국안센, 한국전력공사

답변사례

학군단 예도 활동을 기획하며 보람을 얻었습니다

저는 ROTC 학군단 출신으로, 학군단 활동을 열심히 했습니다. 특히
선배님 결혼식 때마다 예도를 준비한 경험이 기억에 남습니다. 항상 똑
같은 예도를 하기보다 선배님 스타일에 따라 새롭게 기획하고 준비했습
니다. 선배님들이 기뻐하시는 모습에 무척 보람을 느꼈으며, 나중에는
다른 학교 학군단 선배님 예도까지 준비하게 되었습니다.

예도 중 꽃을 준비하거나, 선배님을 닮은 캐릭터를 제작해 하객에게 나
누어준다거나, 퇴장시 미션을 수행하거나, PT제작을 하는 등, 저의 노
력으로 일생 단 1번뿐인 결혼식이 빛나게 되어 기뻤습니다. 뿐만 아니
라 이후 끈끈한 선후배 관계를 맺게 된 것도 큰 결실이었습니다.

결혼식 예도 장면

전문가의 조언
★★★★

회사마다 원하는 사람이 다르므로 누구에게나 기회가 있다

위 지원자는 장교 출신 지원자를 상대적으로 많이 뽑는 이랜드에 지원했고 합격의 기쁨
을 얻었다. 지원자는 군생활에 몰입한 경험이 합격으로 이어진 것 같다고 말한다. 이 회사
가 장교 출신을 우대하는 이유는 리더십과 주도성 때문이다. 지원자는 스펙 쌓는 것과 무
관해 보이는 예도 활동을 열심히 했다. 다른 곳에서는 무심히 넘길 수 있는 일이지만, 이
회사는 이 점을 높이 샀다. 무보수에 취업에 도움되는 일도 아니지만 선배를 위해 창의적
인 아이디어를 내며 기쁜 마음으로 임했다는 것 자체가 남을 배려하고 봉사하는 사람으로
받아들여진 것이다.

직장 선택은 결혼과도 같다. 회사마다 원하는 사람이 다르기 때문에 여러분에게도 다
양한 기회가 있다. 직장 선택에 앞서 직무에 대한 관심, 회사의 가치관과 자신의 가치관이
맞는지 꼭 알아보길 바란다.

이랜드 면접관의 한마디 "고스펙자보다 리더십 경험자를 우대"

이랜드는 자기 또래의 20대 혈기왕성한 젊은이를 지휘, 통솔해본 경험을 높이 산다. 군생활에 몰입해서 성공한 경험이 있다면 점수를 더 준다. 영어와 스펙 쌓기에만 몰두한 사람은 원치 않는다. 장교 출신이 토익 950점이 넘는다? 그러면 오히려 의심한다.

그렇다고 이랜드가 무조건 장교 출신이라고 우대하는 것은 아니다. 군조직의 문화와 회사조직의 문화는 비슷하지만, 다르다. 장교 출신은 너무 경직되어 있다. 신세대다운 면이 부족하다. 극히 일부지만 시키는 것에 익숙해서 동기 신입사원인데도 자기도 모르게 지시하는 경우가 있다.

이랜드 채용의 기준은 장교 경험이 아니라 리더십 경험자를 우대하는 것이다. 책상에 앉아 스펙만 올린 사람은 합격하기 힘들다.

허드렛일도
할 수 있는가?

기출 기업 노루페인트, 롯데스위트랜드, 미래에셋대우, 수협중앙회

답 변 사 례

직장일도 가정일처럼 기분 좋게 하겠습니다

저희 부모님은 직장생활을 앞둔 저에게 직장을 가정이라고 생각하며 일하라고 말씀하셨습니다. 제가 집에서 부모님을 도와 설거지, 화장실 청소, 심부름 등을 하듯 직장생활도 그렇게 하는 게 당연하다고 생각합니다. 왜냐하면 가정이 저의 생활공간이듯, 회사도 마찬가지이기 때문입니다.

형제들과 함께 집안일을 하다 보면 누가 더 했다 덜 했다 얘기가 오갈 때도 있습니다. 하지만 서로 상의하고 협력해서 적절히 일을 나눈 경험이 있습니다. 회사 동료들과 함께 일할 때도 서로 상의하고 조율해서 기분 좋게 일을 분담하도록 하겠습니다.

전문가의 조언
★★★★

기분 좋게 일을 맡길 수 있는 현명한 사람

신입사원 중 몇몇은 사무실 책상에서만 일하려고 한다. 하지만 막상 입사하면 막내이기 때문에 회사 비품도 챙겨야 하고, 상사 뒤치다꺼리도 해야 하고, 회의 테이블 정리를 비롯해 점심 예약까지, 허드렛일도 많다. 면접관이라면 회사 시스템에 맞춰 기분 좋게 일할 수 있는 사람을 원한다. 이 질문은 지원자가 얼마나 회사에 들어오고 싶은지, 그리고 의욕적으로 쉬운 일, 힘든 일 가리지 않고 해낼 수 있는지 알아보기 위한 것이다.

그렇다고 무조건 다 할 수 있다, 시키는 대로 다 하겠다고 말하면 뭔가 줏대가 없고 우유부단해 보일 수 있다. 위 지원자처럼 동료들과 기분 좋게 분담하겠다는 말은 면접관에게 기분 좋게 일을 맡길 수 있을 뿐 아니라 현명한 사람이라는 느낌을 준다.

여성으로서 일과 가정생활을 양립할 수 있는가?

기출 기업　CJ헬스케어, 라이나생명, 삼성화재, 아모레퍼시픽, 축산물품질평가원, 한국에너지공단, 한국자산관리공사, 한국투자신탁운용

답변사례

둘 다 잘해낼 자신이 있습니다

저는 둘 다 잘해낼 자신이 있습니다. 공과 사가 분명한 성격이기에 개인적인 일로 회사에 누를 끼칠 일은 없을 것입니다. 무엇보다 지금까지 학급 임원, 학생회 임원으로 활동하면서 책임감이 몸에 배었다고 생각합니다. 맡은 바 일을 끝까지 마무리하는 습성이 있어서 2가지 모두 잘해낼 것으로 자신합니다.

전문가의 조언
★★★

의지 표명보다 구체적인 대안을 제시해야 한다

이 질문과 비슷한 유형으로 "결혼하면 애는 언제 낳을 건가?", "결혼하면 회사는 계속 다닐 것인가?" 등이 있다. 아직도 기업은 여성 지원자에 대해 부정적인 시각이 많다. 사회 시스템이 여성에게 불리하게 돌아가기 때문이다. 실제로 대기업 공개채용에서는 남자가 유리한 측면이 많다. 따라서 여성 지원자는 면접관들의 우려를 불식시킬 만한 의지를 표명하는 것은 물론이고, 자신의 가정생활과 사회생활을 양립하기 위한 구체적인 대책이 있음을 알려야 한다.

하지만 위 지원자는 의지만 나타냈다. 어떤 지원자는 육아에 대한 대안이 없다면 결혼할 계획도 없다고 답변했는데, 현 사회의 문제점을 혼자 떠맡는 것 같아 마음 한켠이 씁쓸했다. 결혼과 출산, 육아는 본인의 의지만 갖고 해결할 수 없다. 결혼할 사람과 육아를 분담하기로 약속했다든지, 부모님이 키워주기로 했다든지 구체적인 얘기를 언급하면 좋았을 것이다.

033

회사는 생계수단인가?
본인의 꿈과 어떤 관계가 있는가?

기출 기업 STX조선해양, 한국얀센

답변사례

해외영업 부문이 치열해서 마케팅 부문에 지원했습니다

제가 관심이 있는 분야는 중국 쪽 해외영업입니다. 하지만 경쟁률이 너무 치열해서 연관부서인 마케팅에 지원했습니다. 중국에 관심이 많아서 중국통이 되고 싶지만, 해외유학파도 아니고 토익점수를 비롯한 스펙이 좋지 못합니다. 하지만 마케팅 부서에 입사하게 된다면 제 중국어 실력을 발휘해서 도움이 되고자 노력하도록 하겠습니다.

전문가의 조언
★

 ### 회사를 자신의 꿈과 연결시키지 못하면 성장하기 어렵다

이 질문은 지원자가 회사의 연봉이나 복지 등 조건만 보고 지원한 것인지, 자신에게 맞는 업종과 직무를 고민하고 지원한 것인지 알기 위한 것이다. 즉 단순히 생계수단으로서 취업은 환영받지 못한다. 오래가지 못할뿐더러 성과를 내기도 힘들기 때문이다.

이런 질문을 받았다면 적극적으로 오해를 풀 수 있도록 자신의 지원동기를 설명해야 할 것이다. 위 지원자는 마케팅을 하고 싶다고 자기소개서에 썼지만, 종이를 채운 것은 중국 얘기뿐이었다. 마케팅 분야와 상관없는 내용을 쓴 것이다. 그 이유는 원래 하고 싶었던 '해외영업'의 미련을 버리지 못했기 때문이다. 해외영업 분야는 최고 학벌, 고스펙자가 모이는 곳이라 지레 겁을 먹고 시도조차 못했다. 그래서 희망부서를 마케팅으로 돌렸지만, 그 의도를 면접관이 모를 리 없다.

자신의 희망부서와 자기소개서를 제대로 써야 면접장에서 자신 있게 답할 수 있다. 모자란 실력은 경험으로 채우면 되고, 그래도 안되면 열정이라는 무기가 있지 않은가. 꿈과 속내를 숨기고 취업하려는 지원자를 기업은 눈여겨보지 않는다. 자신감 있고 적극적인 자세는 지원자의 마음속 성취동기에서 나오기 때문이다.

영업직은 어울리지
않는 것 같은데, 어떤가?

**기출
기업**   LG생활건강, 롯데스위트랜드, 삼성증권, 정보통신산업진흥원, 한국MSD, 한독, 현대자동차

답 변 사 례

공손하고 감성적인 영업인이 필요한 시대입니다

많은 분들이 저를 보면 영업인 이미지와 동떨어져 있다고 하십니다. 하지만 대형마트 아르바이트 경험과 교보증권 인턴 경험을 통해 제가 영업직에 적성이 맞다는 것을 알게 되었습니다. 저는 저돌적이지 않은 반면, 공손합니다. 목소리가 크지 않지만, 공손해서 신뢰감을 준다고 합니다. 저는 사람 만나는 것을 좋아하고, 사람을 통해 힘을 얻습니다. 사람들이 제가 권하는 상품을 믿고 구매해줄 때 성취감을 느낍니다.

최근 사람들이 점점 개인화되고 있고 예민해져 있습니다. 그에 걸맞게 감성적인 영업인이 필요하다고 생각합니다. 저는 이 시대에 필요한 '감성 영업인'으로 꼭 성공하고 싶습니다.

전문가의 조언
★★★☆

새로운 시대에 걸맞는 인재임을 어필

이 질문은 영업직 사원을 뽑을 때 단골로 등장하는 질문이다. 면접관들은 40대, 50대로 전형적인 영업인 스타일이 대부분이다. 남자답고 저돌적이며 확신에 찬 사람이 영업에 적합하다고 생각한다. 그래서 다소 유약해 보이는 지원자에게 이 같은 질문을 던졌을 것이다.

하지만 지원자는 자신이 사람을 좋아하고 신뢰감을 주며, 새로운 시대에 걸맞는 영업인이라고 설득한다. 그리고 영업인으로 성공하고 싶다는 의지를 적극적으로 표현했다. 이때 주의할 것은 말하는 태도다. 진심으로 자신이 잘할 수 있다는 것을 알린다면 면접관들도 선입관을 버리고 점수를 주게 될 것이다.

035

우리 회사를
지원한 동기는?

**기출
기업**

SK건설, SK하이닉스, 롯데마트, 롯데칠성음료, 매일경제, 메트라이프, 삼성생명, 서울주택도시공사, 우체국, 한국농어촌공사, 한국
수자원공사, 한국정보화진흥원, 한국조폐공사, 한국주택금융공사, 한화생명

답변사례

기업문화 1위, 존중하는 회사 분위기가 좋습니다

최근 신입사원들을 대상으로 한 설문조사에서 귀사가 기업문화 1위로 선정되었습니다. 얼마 전 귀사를 방문했을
때 평사원에게 존댓말을 쓰며 협조를 구하는 관리자를 보았습니다. 저는 그것을 보고 이렇게 서로 존중하는 회사라
면 평생 일할 만한 곳이란 생각이 들었습니다.

이후 저는 귀사에 들어가기 위해 많은 준비를 했습니다. 경영지원 분야 전공을 더 열심히 공부했을 뿐 아니라, 귀사
에 근무 중인 대학 선배님을 멘토로 삼아 조언을 구하고 있습니다. 현재는 귀사의 인턴으로 근무 중입니다. 이런 경
험을 자산으로 귀사에 입사한다면 최고의 사원이 되도록 열심히 일하겠습니다.

전문가의 조언
★★★☆

 ## 경쟁자와 차별화할 수 있는 지원동기 발굴이 중요

위 지원자는 입사의지를 잘 드러냈다. 학부 시절부터 이 회사에 들어오기 위해 많은 노
력을 했다는 것을 면접관도 잘 알게 되었을 것이다.

다른 지원자는 소비재를 생산하는 회사에 지원해서 "가족 모두 10년 넘게 귀사의 제품
을 쓰고 있고, 만족하고 있기에 지원했다", "귀사의 식품만 먹는다. 특히 ○○을 좋아한
다"는 얘기로 면접관에게 어필했다. 다른 지원자는 산학협동 프로그램으로 진행한 판매실
적 조사를 토대로 삼아 "귀사가 50%, ㅁㅁ사가 40%, △△, ◇◇가 각각 5%씩 점유했습
니다. 제가 입사하면 50% 점유율을 80%로 끌어올리겠습니다"고 얘기하기도 했다. 대안
제시형 지원자여서 눈길을 끌었다.

이렇듯 지원동기를 말할 때는 경쟁자와 차별화하는 작업이 중요하다. 준비를 많이 한
지원자, 보다 절실한 지원자에게 면접관은 점수를 준다.

면접관은 지원자의 거짓말을 어떻게 간파할까?

<u>금호타이어</u>의 인사팀 간부와 점심을 먹은 적이 있다. 그는 며칠 전 면접장에서 한 지원자가 "뽑아만 주신다면 무엇이든 하겠습니다. 타이어를 입으로 불라면 불겠습니다"라고 말했다며 한참을 웃었다.

면접관들이 뽑은 지원자들의 거짓말로는 '뽑아만 주면 무엇이든 하겠다', '돈보다 성취감이 중요하다', '야근, 주말근무도 상관없다', '사생활보다 회사가 우선이다', '귀사만을 목표로 하고 있다' 등이 있다. 주로 지원자의 마음을 구체적 사례로 증명하기 어려운 것들이다. 유머 감각을 곁들이거나 진심이 묻어 있다면 모를까, 마음에도 없는 말은 하지 않는 게 좋다.

금호타이어 홈페이지

면접관은 지원자들이 누구나 하는 형식적인 말을 할 때, 답변에 일관성이 없을 때, 추가질문에 답변하지 못할 때, 목소리에 확신이 없거나 표정이 불안해 보일 때 거짓말이라고 판단한다. 면접에서 거짓말은 부정적인 영향을 미칠 수밖에 없다. 진실된 마음으로 임하는 게 중요하다.

여자가 하기 힘든 일인데, 남자들과 잘 지낼 수 있나?

기출
기업
DB메탈, SK건설, SPP조선, 삼성중공업, 한국환경공단, 한독

답 변 사 례

엔지니어가 되기 위해 모든 노력을 쏟았습니다

저는 공대 출신으로, 과에서 여자가 4명밖에 없었습니다. 여자화장실이 위층에 있었기 때문에 남자화장실도 서슴지 않고 들어갔습니다. 물론 친한 남자 동기들이 망을 봐주기는 했습니다. 학교생활도 그렇고, 아르바이트 경험도 그렇고, 남자들과 어울리며 주욱 생활했습니다. 때로는 여자들보다 남자들이 편할 때도 많습니다. 자질구레한 것은 신경쓸 필요가 없기 때문입니다.

저는 엔지니어가 되기 위해 지금까지 자격증을 따고 현장경험을 했으며, 인턴 경험을 쌓았습니다. 남자들과 인간관계 맺는 것도 큰 어려움이 없습니다. 게다가 저는 여자이고 섬세하며 꼼꼼하다는 장점이 있습니다. 저는 귀사에서 최고의 엔지니어로 성장하고 싶습니다.

전문가의 조언
★★★☆

적극적인 의지를 표명하고 업무능력을 입증하는 게 관건

이 질문은 여성이 상대적으로 적은 건설회사, 중공업 관련 회사에서 여성 지원자에게 던지는 질문이다. 여성 지원자는 자신이 상대적으로 불리한 직종에서 남자 못지않은 강단이 있으며, 업무 측면에서 적합한 인재라는 것을 계속 부각시켜야 한다. 이를 위해 다른 남성 지원자들보다 입사의지가 강력하다는 것을 어필할 뿐 아니라 월등한 업무능력을 입증하는 게 관건이다.

미국 잡지 〈Woman Engineer〉 표지

신입사원의 자세는
어때야 하는가?

CJ헬스케어, KT&G, SK텔레콤, 한국환경공단

답 변 사 례

회사에서 월급도 받고 일도 배우니 일석이조입니다

귀사에 합격이 되고 신입사원이 된다면 배우는 자세로 임할 것입니다. 지금까지 취업준비를 하면서 토익, 자격증을
위해 학원에 다녔습니다. 돈 내고 학원도 다녔는데, 돈도 받고 회사도 다니고 일까지 배운다니, 일석이조라고 생각
합니다. 저는 제 몫을 하기 위해 최선을 다할 것입니다. 뿐만 아니라 부족한 저에게 조언해주시는 상사, 선배, 동료
를 존중하며 더욱 발전된 모습을 보여드릴 것입니다.

전문가의 조언
★★★★★

 ## 회사는 일을 가르쳐주고 싶은 신입사원을 원한다

이 질문은 지원자가 입사 후에 어떤 자세로 일할지, 그리고 잘 적응할 수 있을지 엿보
기 위한 것이다. 신입사원은 기업에서 큰 역할을 해내기 어렵다. 적어도 3년 정도는 회사
에서 투자할 수밖에 없다. 이런 상황을 인지하고, 필요 이상으로 당당해 보이거나 자기 권
리를 과도하게 주장하는 모습은 피하자.

면접관은 자신이 교육시킬 후배가 되도록이면 겸손하고 살갑게 다가오길 원한다. 이
세상에 후배를 모시면서 일하고 싶은 사람은 없다. 이런 질문이 들어올 경우 여러분은 배
우는 자세로 임하겠다고 답변하는 게 무난하다.

위 지원자는 돈 주고 학원도 다녔는데, 돈 받고 회사 다니면 기쁘겠다고 했다. 진심이
느껴지는 대목이어서 면접관의 관심을 끌 만한 대목이다.

다른 회사에 지원한 경험이 있나? 왜 안되었다고 생각하는가?

기출 기업 CJ오쇼핑, SGI서울보증, 고려아연, 대우조선해양, 서울주택도시공사, 주택도시보증공사

답변사례

나이가 많아서 안되었다고 생각합니다

한 공기업의 인턴 모집공고가 눈에 들어와 지원한 경험이 있습니다. 제가 취약한 부분이 토익이었고, 6달 동안 토익 공부에 몰입해 150점 올린 후 인턴으로 입사했습니다. 거기서 10시에 퇴근을 자청하며 야근했습니다. 정규직 전환의 꿈이 있었기 때문입니다. 하지만 결국 좌절되었습니다.

제가 입사하지 못한 이유는, 실력과 의지가 부족해서가 아니라 나이가 많아서라고 생각합니다. 이후 나이를 뛰어넘을 만한 강점이 필요하다고 생각했고, 저의 강점인 금융지식 강화에 집중했습니다. 그리고 저 같은 사람이 필요한 회사를 찾게 되었으며, 그 결과 귀사에 지원하게 되었습니다.

전문가의 조언
★★★★

실패경험 속에서 강점과 약점을 얼마만큼 보완했는지 확인

회사는 실패경험이 없는 백지 같은 지원자를 원하지 않는다. 이 질문의 의도는 지원자가 실패경험이 있는지, 그 경험 속에서 강점과 약점을 얼마만큼 보완했는지 확인하고 싶어서다.

지원자는 금융회사 영업직 경험이 있으며, 회계사 시험에는 불합격했지만 자산관리사(FP), 개인종합재무설계사(AFPK)* 자격증이 있다. 이런 경력에도 공기업을 지원한 것은 안정성 때문이었다. 하지만 1번 실패를 맛본 후 주택도시보증공사에 지원했고, 회계사 시험을 준비한 경험이 도움이 되어 필기시험에 합격했다.

AFPK

재무설계 서비스를 할 수 있는 자격증. 개인종합재무설계 업무에 대한 국내 자격증이며, CFP 시험을 볼 수 있는 자격증이기도 하다.

면접관은 시행착오 속에서 자신을 제대로 알고, 진취적으로 도전하는 사람에게 점수를 줄 수밖에 없다. 지원자는 면접에서도 실무경험을 바탕으로 "경제 1.0~4.0을 설명하라", "하우스푸어의 대책은 무엇인가?" 등 재무 관련 질문에 잘 대답했다. 그 결과 합격의 기쁨을 얻게 되었다.

039

고시준비를 하다가 취직하려는 이유는?

기출 기업 LG전자, 교원, 대교, 이마트, 천재교육

답변사례

임용고시 준비 중에 교사보다 출판이 적임임을 알았습니다

저는 교대 졸업 후 임용고시 1년을 준비하다가, 취업준비를 시작했습니다. 안정적인 직업인 교사를 희망하는 부모님 때문에 여기까지 왔지만, 정작 저 자신은 교사의 길에 확신이 없었기 때문입니다.

저는 학부 시절에 강의실습보다 교재연구에 흥미를 느꼈습니다. 또한 학회지 만드는 일을 2년간 하면서 적성에 맞다는 것을 알았습니다. 중고등학교 시절, 귀사에서 나온 참고서로 공부했고, 특히 수학을 쉽게 공부하게 되었습니다. 제가 귀사에 입사하면 후배들에게 쉽게 공부할 수 있도록 안내서를 펴내고 싶습니다.

전문가의 조언
★★★★

준비했던 고시와 연관이 있는 회사를 공략하자

고시도 여러 가지가 있다. 언론고시, 외무고시, 행정고시, 임용고시 등. 고시를 중도에 포기하고 전혀 관련이 없는 업무에 취업준비를 하다 보면 실패할 확률이 크다. 고시준비하다가 취업한다고 하면, 중도에 포기를 잘하고 어쩔 수 없이 밀려온 지원자라는 선입견이 있다.

위 지원자는 교대에서 수학을 전공했으며, 《해법 수학》을 펴내는 천재교육에 지원했다. 이 회사는 임용고시를 준비하다가 지원한 사람들이 많다. 지원자는 진로를 변경했지만, 전공 공부와 고시준비 경험이 지원한 업무와 무관하지 않음을 잘 전달했다. 자신 역시 지원한 회사의 참고서로 공부해서 도움을 받았으며, 앞으로는 자신이 받은 도움을 고객에게 주겠다고 의지도 표명했다. 입사지원 스토리로 손색이 없으며, 어려움 없이 합격의 결과로 이어졌다.

우리 회사에서 어떤 일을 하고 싶은가?

기출 기업

KT&G, SK이노베이션, 삼성물산, 신한은행

답 변 사 례

신소재 개발 업무 담당해서 부가가치 높이겠습니다

저는 귀사에서 신소재 개발 업무를 하고 싶습니다. 저는 어려서부터 화학에 관심이 많았습니다. 전공도 신소재공학입니다. 자원이 부족한 우리나라가 부가가치를 생산하려면 신소재 개발에 박차를 가해야 한다고 생각했습니다.

저는 일찍이 국내 1위 석유화학산업 회사인 귀사에 입사하기로 결심했습니다. 무엇보다 핵심소재 개발에 두각을 나타내는 SK이노베이션이 '혁신'을 중시하는 회사라는 게 마음에 들었습니다. 저는 날마다 새롭게 뭔가를 만들고 발견하는 것을 좋아합니다. 신소재 개발을 성공시켜 귀사의 혁신에 일익을 담당하겠습니다.

전문가의 조언
★★★★

 ### 전문가형 인재를 선호하는 회사에 적절한 답변

지원자에게 회사 직무분석을 제대로 하고 왔는지 묻는 질문이다. 특히 전문적인 직무일 경우 보다 구체적인 계획과 각오를 가진 지원자가 합격의 기쁨을 얻을 수 있다.

위 지원자는 TV광고에서 혁신을 내세우는 SK이노베이션의 비전이 자신과 걸맞다고 어필했다. 또한 핵심소재 개발이라는 구체적인 업무를 하고 싶다고 밝혔다. SK이노베이션은 전문가형 인재를 선호한다. 따라서 위 지원자는 적절한 답변을 했다고 본다. 참고로, SK이노베이션은 인턴십을 적절히 활용하는 회사다. 인턴의 70% 가까이 정규직으로 채용했으니, 참고하기 바란다.

041

우리 회사를 재차 지원한 동기는?
왜 떨어졌나?

 기출 기업   SGI서울보증, 대한항공, 삼성전자, 아시아나항공, 아워홈

답변사례

꼭 들어오고 싶은 회사라 부족한 점 보완해서 재지원했습니다

귀사를 2번 지원하게 된 동기는, 승무원이라면 누구나 입사하기를 원하는 국내 1위 항공사이기 때문입니다. 지난번 제가 떨어진 이유는 여러모로 부족했기 때문입니다. 머리가 짧아 단정한 모습을 보이지 못한 점, 토익점수는 낮지 않지만 자신감 있게 스피킹을 구사하지 못한 점, 긴장해서 제 진가를 발휘하지 못한 점 때문입니다.

하지만 그동안 저는 단점을 보완하고 장점은 극대화하기 위해 최선을 다해 노력했습니다. 귀사에서도 이런 저를 다시 봐주실 것으로 믿고 자신감 있게 다시 지원하게 되었습니다.

전문가의 조언
★★★★

기업은 재지원자에게 긍정적인 편

재지원했다고 해서 면접 때 불이익을 주는 회사는 별로 없다. 재지원했다고 주눅들기보다 당당히 밝히고 자신감 있게 면접에 임하자. 사실 기업의 인사담당자들은 60% 이상이 재지원에 대해 긍정적이라고 답했다. 그 이유는 끈기과 도전정신이 있을 것 같기 때문이다. 실제로 기업의 40% 이상이 재지원자를 최종합격시킨 경험이 있는 것으로 조사되었다.

위 지원자는 큰 무리 없이 잘 답변했다. 하지만 또다시 낙방했다. 그래도 여전히 대한항공에 입사하기 위해 준비중이다. 실제로 대한항공은 나이제한이 자유로워서 30대 전후 지원자도 입사가 가능하다. 주변에 9번 지원해서 합격한 사람도 있다. 부족한 면을 보완해 자신감 있게 면접에 임하길 바란다. 건투를 빈다.

042

여자친구랑 한 약속과 일 중에서 어떤 것을 선택할 것인가?

기출 기업 LG전자, 신한은행, 한국화이자제약

답변사례

평소에 여자친구한테 잘하고, 회사일에 집중하겠습니다

여자친구랑 한 약속은 미리 한 것이기에 깨지 않는 게 중요합니다. 하지만 저는 신입사원이고 회사일도 중요합니다. 따라서 신중하게 고민하고 결정을 내릴 것입니다. 상황에 따라 경중이 다를 것입니다만, 가능하면 여자친구에게 동의를 구하고 기분 좋게 회사일에 집중하도록 노력할 것입니다. 물론 이를 위해 평소에 여자친구에게 더 잘하고 배려하겠습니다.

전문가의 조언
★★★★

여자친구도 회사일도 존중하는 모습

회사일이 우선이라고 잘라 말했다면 과연 진심일까, 의문이 들 수 있다. 인간적으로도 매력이 없어 보인다. 회사는 무조건 말을 잘 듣는 사람보다 합리적이면서도 호감이 가는 사람을 원한다.

위 답변자는 여자친구도 회사일도 존중하는 모습을 보인다. 결국 신입사원의 위치에서 회사일을 택하겠지만, 여자친구와의 관계를 위해 평소에 좀더 노력하겠다는 발언은 믿음이 간다.

여성 지원자에게는 반대로 이런 질문이 들어오기도 한다. "남자친구와 선약이 있는데, 상사가 술 한잔 하자고 하면?" 물론 질문의 의도가 의심스럽기는 하지만 너무 당황하지는 말자. 직장문화에 융화될 수 있는지, 자기주장을 제대로 해낼 수 있는지 알아보기 위한 질문이라고 생각하고 재치 있게 응대하는 게 좋다. "상사가 허락하면 남자친구와 함께 가고 싶다"든지, "남자친구가 2시간은 기다려준다"고 말한다면 어떨까.

헝그리정신이
있다고 생각하는가?

답변사례

헝그리정신이 넘쳐납니다

저는 헝그리정신을 도전정신이라고 생각합니다. 헝그리정신만 있다면 힘들어도 포기하지 않으며 황무지도 개척할 수 있습니다. 저는 지난 1년간 취업준비를 하면서 여러 곳을 지원했지만 잘 안되었습니다. 면접장에서 그 나이 되도록 뭐했냐, 우리 회사와 맞지 않는다며 계속 거절당했습니다. 하지만 저는 포기하지 않았습니다. 오히려 취업준비를 통해 괜찮은 사람이 되어가고 있다고 자신합니다. 저는 취업준비를 하면서 자격증을 10개나 땄습니다. 남보다 뒤처진 대신 헝그리정신은 넘쳐납니다.

전문가의 조언
★★★★

명문대 고스펙자에게 잘 안 보이는 헝그리정신

면접관들을 만나다 보면, 요즘 젊은이들이 스펙은 훌륭할지 모르지만, 자신들 세대에 비해 헝그리정신이 약하다는 말을 많이 한다. 아쉬울 거 없이 여유 있게 자라서, 일을 맡기면 쉽게 포기하고 그만두는 경우가 많다. 그래서 종종 등장하는 질문이다.

위 답변자는 취업준비를 하며 정서적으로 불안정할 수 있음에도 긍정적으로 받아들이고 있다는 게 눈에 들어온다. 또한 취업준비를 하면서 자격증을 10개나 땄다는 것은 지원자가 절실하며 노력하고 있다는 증거다.

명문대 고스펙자에게 잘 안 보이는 게 헝그리정신이다. 만약 자신이 부족하다고 느낀다면 헝그리정신으로 채워보는 건 어떨까?

인사팀장의 공통적인 조언 "스펙보다 실력, 실력보다 헝그리정신!"

대기업의 지원요건인 학점 3.0이나 어학점수는 말 그대로 기본만 보겠다는 뜻이다. 세상은 학력, 직급, 나이에서 철저히 능력 위주로 바뀌고 있다. 명문대 출신이 아니어도 능력이 있으면 된다. 컴퓨터공학을 전공했으면서 코딩도 제대로 못하는 사람이 있는가 하면, 영문과 출신인데도 마케팅에 출중한 경우도 있다.

삼성전자의 경우 90% 이상의 매출이 해외에서 나온다. 따라서 언어능력을 중요하게 보는 경향이 커지고 있다. 하지만 최근에 주목하는 게 바로 도전정신이다. 아프리카나 중동, 인도 같은 열악한 곳에서도 일해보겠다는 개척정신이 필요하다. 그런데 요즘 신입사원은 예전에 비해 이런 정신이 부족하다. 따라서 '나는 아직 배고프다' 정신이 있는 지원자는 금방 눈에 들어온다. 그런 사람이 있으면 일단 뽑고 본다. 디테일한 것은 회사가 훈련시키면 된다고 생각한다.

최근 신입사원들의 역량이 성에 차지 않았는지, 많은 기업이 아예 사내대학을 만들어 자사에 걸맞는 인재를 육성하려고 한다. 이런 추세가 가속화되면 문을 닫는 대학이 많아질 것이라는 관측도 나오고 있다.

최근 고졸 채용을 장려하기 위해 교육과학부는 사내대학 인가를 활발히 내주고 있으며, 2013년 들어 4개 대학교가 개교했다. 교과부가 인정하지 않아서 정식 학위가 나오는 것은 아니지만, 기업이 맞춤형 인재를 양성하기 위해 기업대학을 만드는 곳도 많아졌다. 네이버주식회사의 NEXT학교, 한화의 기업대학 등이 그 예다.

▶ 국내 사내대학 현황

학교명	분야	정원	학위 구분
삼성전자공과대학	반도체	40	학사
삼성중공업공과대학	조선, 해양	40	전문학사
SPC식품과학대학	베이커리	25	전문학사
대우조선해양공과대학	조선, 해양	100	전문학사
현대중공업기술대학	조선, 기계전기	60	전문학사
KDB금융대학	금융	120	학사
LH토지주택대학	건설경영, 기술	40	학사
포스코기술대학	철강	50	전문학사

이것만큼은 질 수 없다고
생각하는 게 있다면?

답 변 사 례

저는 목소리가 큽니다

일본전산

일본전산은 장기불황 속에서 '모터' 하나로 성공한 회사다. 4명으로 시작해서 현재 직원 13만명을 거느린 매출 8조원의 기업이 되었다.

저는 목소리가 큽니다. 화통을 삶아먹었느냐는 소리까지 듣습니다. 일본전산*이란 회사는 면접 때 주어진 문장을 크게 읽는 사람을 채용한다고 합니다. 큰 목소리는 자신감에서 나오는 것이고, 그런 사람은 이 눈치 저 눈치 살피며 머리만 굴리기보다 적극적이고 진실되게 일처리를 하게 된다는 것입니다. 저 역시 그런 사람이란 생각에 무척 기분이 좋았습니다.

....

전문가의 조언
★★★☆

자신의 장점을 적극적으로 말할 수 있는지 여부

이 질문은 다른 사람에게 자신의 장점을 얼마나 자신감 있게 적극적으로 말할 수 있는지 엿보고 있다. 당신의 무기는 끈기인지, 체력인지, 성격인지 구체적으로 말하는 게 좋다. 어떤 사람은 숫자계산을 잘해서 암산능력이 뛰어나기에 회계 업무에 적합하다고 자신을 어필하기도 했다. 음식을 가리지 않고 잘 먹는다고 답한 사람도 있다.

위 지원자는 목소리 크다는 특징을 일본전산의 사례를 들어 재치 있게 설명했다. 일본전산은 특별한 채용으로 국내에서도 많은 관심을 끈 회사다. '면접시 점심 제공'을 내걸고 시험을 본 어느 해에는 면접자들에게 전형과정임을 미리 알리지 않고 딱딱한 밥과 맛없는 반찬으로 이루어진 점심을 줬다고 한다. 밥을 다 먹고 면접장소를 묻는 지원자들에게 시험은 끝났으니 돌아가라고 공지했다. 알고 보니 맛없는 밥이라도 맛나게 먹을 줄 아는 긍정성을 엿보는 과정이었고, 회사는 밥을 빨리 먹은 순서대로 직원을 채용했다고 한다.

인생을 열심히 산 사람은 무엇이든 남보다 잘하는 게 있게 마련이다. 그리고 그런 사람이 기업에 들어와서도 잘 적응하고 일을 잘해낼 가능성이 높다.

045

인생에서 가장 몰두한 일은 무엇인가?

기출 기업 LG CNS, 대신증권, 삼성전자, 신한금융투자, 아시아나항공

답변사례

주식투자 동아리활동으로 귀사의 주식을 샀습니다

저는 대학 때 주식투자 동아리에서 열심히 활동했습니다. 경제 전반적인 것을 파악하고 체험하기 위해서였습니다. 한번은 아르바이트를 해서 모은 돈으로 귀사 주식을 샀습니다. 처음에는 수익률이 마이너스 30%까지 갔지만 수개월 동안 기본적, 기술적 분석*을 해왔고 분명히 가능성이 있다

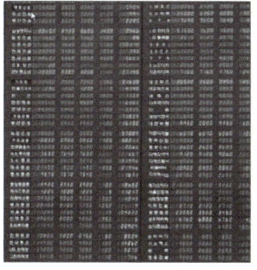

고 믿었기에 팔지 않고 추이를 지켜봤습니다. 주가가 떨어

기본적, 기술적 분석
기본적 분석은 주식투자를 할 때 기업 가치를 판단해 투자하는 것이고, 기술적 분석은 과거의 데이터, 주로 차트를 활용해 투자하는 것이다.

져도 뚝심을 갖고 오히려 싼값에 보석을 줍는다 생각하고 수입이 생길 때마다 샀습니다. 그러다가 지난해 수익률 10%를 유지하고 있습니다. 저는 앞으로 이 주식을 노후까지 가져갈 예정입니다. 그만큼 귀사의 가능성을 믿기 때문입니다.

전문가의 조언
★★★★☆

무언가에 미쳐본 사람만이 일에도 미칠 수 있다

살면서 무언가에 미쳐본 사람만이 똑같은 경지를 체험할 가능성이 높다. 대학 4년 내내 고스톱과 포커, 당구와 바둑을 파고든 김범수 의장은 한게임과 애니팡, 드래곤플라이트를 만들었다.

위 지원자는 금융권 지원자로, 주식투자 활동을 예로 들었다. 특히 지원한 회사의 주식을 오랜 기간 보유하고 있고, 앞으로도 보유할 것이라고 말했으며, 면접관에게 직접 보여줄 실제 투자 포트폴리오까지 만들었다. 열 마디 말보다 그 자료만으로 열정과 실력, 애사심의 가능성을 확인할 수 있었다. 이 지원자는 원하는 회사에 합격해서 잘 다니고 있다.

다른 사람 반대를 무릅쓰고 추진한 일이 있는가?

기출 기업   LG CNS, 금호석유화학

답 변 사 례

영어회화 동아리에서 영어연극 대회를 준비했습니다

저는 영어회화 동아리활동을 대학교 1학년 때부터 했습니다. 대학교 3학년 때 동아리 회장을 맡았는데, 주제에 맞게 영어회화 공부만 해오던 기존 방식을 버리고 영어연극대회를 동아리 역사상 최초로 개최했습니다. 회화 공부를 하러 왔는데 웬 연극이냐며 많은 반대가 있었지만, 1명씩 찾아다니며 침체에 빠진 동아리를 부활시키자고 설득했습니다. 주변 친구, 친지를 모시

고 진행한 영어연극대회를 마치자 다들 보람이 있었다며 좋은 평가를 해주었습니다. 지금까지 매년 진행되는 행사로 자리잡게 되었습니다.

전문가의 조언
★★★★☆

신속하게 의사결정을 내릴 수 있는지, 도전정신 엿보는 질문

이 질문은 지원자의 관심사가 무엇인지, 그리고 리더십과 적극성을 엿보기 위한 것이다. 다수의 반대에도 불구하고 좋은 결과를 이끌어낸 경험을 한 지원자가 면접관의 눈길을 사로잡을 수 있을 것이다.

위 지원자는 동아리 사기를 진작시키고자 과감히 연극이란 수단을 사용했다. 우유부단하지 않고 신속하게 의사결정을 해낼 수 있으며 추진력 또한 강하다는 것을 알 수 있다. 만약 연극 관련 사진까지 준비했다면 더욱 신빙성이 있었을 것이다.

다수의 반대에 처한 상황에서 자신이 옳다고 생각하는 일을 추진하는 것은 웬만한 자신감과 열정이 없으면 할 수 없는 일이다. 확률이 높은 일에 뛰어드는 것은 도전정신이 아니다. 기업은 패기와 도전정신으로 가득한 신입사원을 원한다. 여러분 인생을 되돌아보자. 자신에게 이런 패기와 열정이 가득한 적이 있었는지 말이다.

구체적으로 열정을
표출한 경험을 말한다면?

답변사례

국토대장정을 완주하고 자신감과 열정으로 충만했습니다

저는 작년 무더위 때 직사광선을 맞으며 땅끝마을 해남에서 임진각까지 1,400km 국토대장정에 참여했습니다. 취업을 앞둔 시점에서 마지막 여행이라 생각하고 과 친구 6명과 함께 갔습니다. 프로그램 기획부터 최종 마무리까지, 저와 다른 친구 1명이 주도적으로 진행했습니다. 발바닥에 물집이 나고 무더위에 허덕였지만, 이대로 포기하면 취업도 못할 것이란 생각에 이를 악물고 걸었습니다. 함께한 친구들도 이탈하는 사람 없이 완주했습니다. 임진각에 도착하는 순간 왠지 모를 기쁨과 성취감에 눈물을 흘린 기억이 있습니다. 취업이든 뭐든 다 해낼 수 있을 것 같은 열정과 자신감이 생겼습니다.

전문가의 조언
★★★☆

 ## 자기소개서 내용 중 부족한 부분은 미리 준비해가자

면접장에서는 자기소개서를 근거로 지원자에게 질문을 던진다. 면접관이 부족하다고 생각하는 부분을 툭 하고 던지는 경우가 있으니, 자기소개서에 기입한 내용 중 부족하다고 생각되는 것에 대한 답변을 따로 준비해가는 자세가 필요하다.

위 지원자는 국토대장정 구간을 구체적으로 얘기하며 힘들었던 심정을 얘기했다. 이를 통해 취업에 대한 의지를 다졌으며, 이를 완주했을 때 열정과 자신감이 생겼다는 말은 적절한 대답이라고 생각한다. 특히 프로그램 기획부터 진행을 총괄한 점, 친구들을 대신해 국토대장정을 준비한 점은 긍정적으로 다가왔을 것이다.

습관을 바꾼 경험이 있는가?

기출 기업 롯데카드

답변사례

장애인 오빠를 위해 생활습관을 바꾸었습니다

저희 오빠는 가벼운 지적장애를 갖고 있습니다. 부모님이 주로 오빠를 돕고 계시고, 저는 공부하느라 큰 도움이 못되었습니다. 하지만 대학에 들어오고 오빠뿐 아니라 다른 장애인을 돕기 위해 SK텔레콤 봉사단체 '써니'에서 장애인 봉사활동을 했습니다.

오빠를 돕기 위한 장애인 봉사활동이 이제는 제 인생의 일부가 되었습니다. 공부, 아르바이트, 취업준비를 위한 시간을 빼고 봉사활동을 하려면 아침 기상시간을 앞당기고 규칙적인 생활을 해야 합니다. 오빠를 돕기 위한 활동이 이제 저 자신의 습관을 바꾼 계기가 되었습니다.

전문가의 조언
★★★★★

 습관을 고친 경험은 자신을 발전시키기 위한 적극적 노력의 결과

습관이란 여러 번 되풀이함으로써 저절로 익숙해지고 굳어진 행동이다. 이런 질문을 던지는 이유는 습관을 고치기 힘들기 때문이다. 하지만 자신의 습관을 적극적으로 개선하고 보다 나은 인생을 위해 자신을 제어할 줄 아는 사람이라면 기업에서도 믿음이 가게 마련이다.

인사 잘하는 습관을 들이기 위해 노력했다든지, 아침에 늦게 일어나는 습관을 버렸다든지, 담배 피우는 습관을 과감히 버렸다는지 등 구체적인 사례를 솔직히 말하자. 작은 일이라도 자신을 발전시키기 위해 포기하지 않고 노력하는 태도가 호감을 얻을 수 있다.

위 지원자는 장애인 가족을 두었으며 봉사활동을 위해 생활습관을 재정립한 경험을 얘기했다. 왠지 숙연해지고 지원자의 내적성숙까지 엿보이는 대목이다. 이런 사람이라면 조직에서도 고개를 끄덕이며 모셔가고 싶을 것이다.

사실 요즘 지원자들은 실력으로 따지면 모두 월등하다. 그래서 면접까지 올라갔을 경우 변별점은 능력보다 태도다. 꾸준하게 더 열심히 배우고 개선하는 모습을 보여주자. 좋은 습관으로 무장된 당신을 당당하게 표현한다면 큰 문제 없이 합격의 기쁨을 맛볼 수 있을 것이다.

어떤 일에 적극적으로 임한 경험이 있다면?

KBS, SK커뮤니케이션즈, 고려아연, 롯데백화점, 홈플러스

답 변 사 례

온라인창업으로 등록금을 벌었습니다

저는 대학교 3학년 겨울방학 때 온라인창업을 한 경험이 있습니다. 친척분이 젓갈공장을 하시는데, 맛도 좋고 품질도 월등해서 옥션이나 페이스북에서 판매하면 좋을 것 같았습니다. 친척분께는 홍보를 해드린다고 하고 도매가격으로 젓갈을 매입했습니다. 온라인판매를 위해 사진을 찍고 홍보페이지를 편집한 후 배송업체를 물색하는 등 만반의 준비를 했습니다.

처음에는 지인을 통해 판매를 시작했지만 점점 판매량이 올라갔습니다. 나중에는 4학년 등록금을 마련할 수 있을 정도로 수익을 거두었습니다. 계속하고 싶었지만 공부와 취업에 방해가 될 듯해서 친척분께 일임하고 물러섰습니다. 젓갈을 팔면서 밤을 새우는 일도 많았지만 신나게 일한 경험이었습니다.

전문가의 조언
★★★★

 ## 창업 경험은 개성적, 지원한 기업에 어떻게 부합하는지 설명 부족

이 질문은 "아르바이트를 하면서 기억에 남는 경험이 있는가?" 또는 "어떤 일을 하는 데 몰입한 경험이 있는가?"란 질문과 연결된다. 위 지원자는 창업한 경험을 얘기했다. 본인도 신이 나고 듣는 사람도 신이 났다. 고만고만한 대학생들의 경험 중 소규모 창업 경험은 개성적이다.

하지만 그것만으로 끝나면 안된다. 위 지원자는 재미있게 자신의 경험을 얘기하고 있지만, 지원한 기업의 인재상에 어떻게 부합하는지 마무리 설명이 부족했다. 사업의 전 과정을 경험했기에 주인의식을 가지고 일하겠다든지, 온라인 홍보활동의 중요성을 인식했기에 마케팅을 더 잘할 수 있다든지, 고객의 클레임에 창의적으로 대처했다든지 등 기업이 원하는 인재임을 하나하나 설명했다면 더 좋았을 것이다.

시키면 뭐든지 하겠다는 지원자, 면접관은 어떨까?

예전에는 충성도 높은 사람이 인재라고 생각했다. 위에서 결정이 떨어지면 뭐든지 해내는 사람이 필요했기 때문이다. 하지만 시대가 달라졌다. 대기업의 한 인사담당자는 "시키면 뭐든지 다 하겠다는 답변은, 의지를 보여줄 수는 있을지 몰라도 진정성은 보여주지 못한다"고 지적했다.

면접장에서 선호되는 인재는 논리적이면서 심리적 안정감을 가졌고 여기에 인간적인 매력을 지닌 사람이다. 시키면 뭐든지 하겠다는 사람은 논리적이지도 합리적이지도 않아 보인다. 시키는 일은 잘해낼지 몰라도, 자신이 기획하고 일을 만들 수 있는지는 미지수다.

면접장에서 필요한 것은 본인이 무엇을 잘하는지 자신감 있게 답할 줄 아는 것이다. 자신의 장점과 차별화된 강점을 다시 한번 정리해보자. 우격다짐식 의지를 보여주기보다, 과거의 경험과 구체적 사례를 통해 면접관이 당신의 열정을 인정할 수 있도록 만반의 준비가 필요하다.

호감을 주면서 자신감 있게 말하려면?

- 호감 있게 말하려면 'Yes, but' 화법을 활용하자.
  ex) "면접관님(혹은 토론자) 말씀도 일리가 있습니다만, 제 의견은……."
- 추상적인 표현은 피하고 구체적으로 말하되, 자신만의 언어를 사용하자.
- 겸손하면서 자신감 있게 보이려면 '자기 자랑 1번, 남 자랑 3번'을 기억하자.
- 목소리는 '솔' 톤, 약간의 눈웃음과 함께 입가에 미소를!
- 면접장에서 너무 떨지 말자. 김연아의 '평정심'을 배울 것!

머리로 움직이는가, 몸으로 해결하는가?

롯데마트

답변사례

행동이 우선이지만, 생각한 후 행동하려고 노력합니다

저는 머리로 생각하기보다 몸이 먼저 움직이는 편입니다. 그래서 제 신조가 "말하기 전에 생각하고, 고개를 끄덕인 후 행동해라"입니다. 어떤 행동을 하든 적절히 판단하고 행동할 수 있도록 항상 마음속 깊이 되뇌는 편입니다.

전문가의 조언
★★★★

 ## 기업 입장에서는 머리보다 배우려는 태도와 실행력이 중요

이런 질문은 정답이 따로 없다. 행동력이 떨어지는 사람이라면 꾸물거리기보다 행동을 먼저 하도록 노력해야 할 것이고, 생각은 뒤로한 채 몸부터 나가는 사람이라면 차분하게 생각할 줄 아는 게 필요하다. 위 지원자는 후자에 해당하는데, 자신의 생활신조를 언급하며 단점일 수 있는 특성을 잘 어필했다고 생각된다.

기업 입장에서는 서류전형을 거쳐 면접장까지 온 사람이라면 어느 정도 머리가 있다고 생각한다. 일정기간 교육이 필요한 신입사원에게 필요한 것은 머리보다, 행동과 배우려는 태도다. 이런 점을 잘 파악해 답변하면 좋을 것이다.

051

영업이란
무엇이라고 생각하는가?

기출기업 삼성화재, 아모레퍼시픽, 종근당, 하나금융투자

답변사례 **고객이 원하는 상품을 팔아서 이익을 얻는 것입니다**

영업이란 고객이 원하는 상품을 팔아서 이익을 얻는 것을 말합니다. 직접 생산한 상품을 파는 게 아니라면, 되도록 싼 가격에 물건을 사서 이익을 내고 팔 수 있는 능력을 가져야 실력 있는 영업인이라고 생각합니다.

전문가의 조언
★★☆

 자신을 잘 파는 사람이 물건도 잘 판다

이 질문은 누구나 답할 수 있는 교과서적 답변보다 자신만의 해석이 담긴 답변을 하는 게 필요하다. 지원자가 영업직에 몸담기 위해 어떤 목표와 비전을 가지고 있는지 엿보기 위한 질문이다.

이런 질문에 "영업이란 상품을 파는 게 아니라 나를 파는 것"이라며 "상대에게 믿음을 주고, 팔고자 하는 상품에 신뢰를 줘야 한다"고 답한 사람도 있었고 "영업은 2등이 없고 1등만 존재하기에 승부근성과 도전정신을 실험하기 좋은 직종이라고 생각한다"고 답한 사람도 있다. 지원한 직무에 대해 면접관이 기대한 것은 이러한 사전적 정답이 아니다. 실제로 정답이 있을 수도 없다.

면접 전에 자신이 지원한 기업이 지향하는 인재상과 자신의 비전이 비슷한지, 직무에 대한 자신의 견해가 어떤지 정리해보자. 직무에 따라 인재상은 조금씩 다르다. 영업직이라면 7전8기의 도전정신을 가진 사람이고, 기획직이라면 비전을 제시할 줄 알아야 한다. 수많은 지원자 중에서 차별화되지 않으면 당신은 합격하기 힘들다. 당신 자신부터 세일즈 포인트를 점검하고, 자신을 파는 일에 자신감을 가져보자. 그런 사람을 면접관도 눈여겨볼 것이다. 자신을 잘 팔 수 있는 사람이야말로 제품도 잘 팔 수 있기 때문이다.

052

신뢰를 얻기 위해
노력한 경험이 있는가?

기출 기업 대승, 인천국제공항공사, 한국화이자제약

답변사례

고등학생 때 신뢰를 잃어 고전한 경험이 있습니다

고등학교 때 숙제를 제출할 때 친구 것을 여러 명이 베껴썼는데 저 혼자만 걸렸습니다. 선생님께 신뢰를 잃었고 그 일로 인해 다른 선생님에게도 낙인이 찍혀서 이를 회복하는 데 많은 시간과 노력이 필요했습니다. 저는 이 경험을 통해 한번 신뢰를 잃으면 원점으로 돌아오기 힘들다는 교훈을 얻었습니다. 다시는 그런 일이 일어나지 않도록 하기 위해 자신을 점검하고 조심스럽게 행동하는 습관이 들었습니다.

전문가의 조언
★★★☆

신뢰는 돈으로 환산할 수 없는 큰 자산

기업에게 신뢰는 돈으로 환산할 수 없는 보이지 않는 큰 자산이다. 회사 안에서 동료들과 상사에게는 물론, 회사 밖에서 고객과 거래처에게 신뢰를 잃으면 큰 피해가 생긴다. 따라서 기업은 신뢰할 수 있는 사람을 채용하고자 노력한다.

위 지원자의 답변은 개념적이기보다 실제 경험을 바탕으로 답변했다. 과거의 잘못을 솔직히 얘기하고 이를 뼈저리게 후회한다는 얘기는 지원자가 충분히 신뢰를 중요시한다는 인상을 주고 있다. 보다 구체적으로 신뢰를 회복하기 위해 어떤 노력을 했는지 재질문이 들어올 것이다. 어떻게 적극적으로 대응했는지 답변한다면 좋은 인상을 심어줄 것이다.

인맥을 쌓기 위해 노력한 경험이 있는가?

기출 기업 삼성생명, 삼성화재

답변사례

진심을 다해 상대방의 얘기를 들으려고 노력합니다

저는 외향적이거나 성격이 활발한 편은 아닙니다. 분위기를 띄우는 데 익숙한 편도 아닙니다. 하지만 진심을 다해 남의 얘기를 잘 들으려고 노력합니다. 그랬더니 자연스럽게 좋은 분들과 관계를 맺고, 또 도움을 주는 경험을 하게 되었습니다.

전문가의 조언
★★★☆

허세 인맥이 아닌 진짜 인맥을 만들 줄 아는 사람인가?

어떤 지원자를 보면 동창회만 4개에 회장, 총무를 맡고 있으며, 동아리에 세미나에 마당발이다. 대단하다는 생각도 들지만 한편으로는 혼자만의 시간, 성찰의 시간은 언제 만드나 싶기도 하다. 모든 사람이 다 활동적인 것은 아니다. 대부분 사람들이 처음 만나면 쉽게 친해지기 어렵다. 그렇다고 인맥 쌓는 게 불가능하지는 않다. 다들 노력하고 극복하며 관계를 맺는 중이니 용기를 내자.

면접장에 가보면 의외로 많은 지원자들이 질문의 요지를 잘 파악하지 못하고 동문서답하는 경우를 보게 된다. 자신의 생각에 빠져 남의 얘기를 듣지 못하기 때문이다. 또는 2~3명이 함께 들어가는 면접에서 자신이 답변할 차례가 아니면 딴청을 피우는 경우도 있다. 이런 사람을 어떻게 회사에서 채용할 수 있겠는가.

지원자에게 필요한 도전과 적극적 행동은 겉으로 보이는 것만이 다가 아니다. 내성적인 사람이지만 적극적으로 듣고 적절하게 답하는 지혜가 있다면 이 사람은 자신의 성향에 맞게 최대한 적극적인 행동을 하는 것이다. 인맥을 만드는 기본기는 소통과 공감능력이다. 적극적으로 공감할 줄 아는 지원자야말로 허세 인맥이 아닌 진짜 인맥을 만들 가능성이 있다. 자신감을 갖고 면접장에서 어필한다면 좋은 결과를 얻을 수 있을 것이다.

054

취업 외에 관심을 가진 일이 있다면 무엇인가?

기출
기업

삼성에버랜드, 삼성화재, 아시아나항공, 중소기업진흥공단, 한국무역협회

답변사례

독서토론모임에 애정을 쏟고 있습니다

저는 독서토론모임에 많은 애정을 쏟고 있습니다. 책 읽는 것을 좋아하고 책에 대해 사람들과 얘기를 나누는 게 좋습니다. 특히 같은 책을 읽어도 다른 사람이 나와 다른 생각을 가지고 있으며, 그것을 배울 수 있어서 유익하다고 생각합니다. 지금까지 《정의란 무엇인가》*, 《습관의 힘》 등 15권의 책을 읽고 토론을 했습니다. 깊게 사고하는 과정에서 저 자신이 성장했다는 생각이 듭니다.

전문가의 조언
★★★☆

 ### 스펙보다 스펙트럼을 다양화하는 게 중요!

필수 자격증과 스펙이 일반화되면서 그것들은 채용에서 변별력을 잃고 있다. 유상호 한국투자증권 사장은 스펙보다 관심사의 '스펙트럼'을 확대해보고 자신만의 생각을 가지라고 말한다. 스펙트럼의 확대란 무엇인가? 취업 외에 다른 분야에 관심을 가진 적이 있느냐는 질문이다. 이런 질문이 들어오는 이유는, 회사에서 업무를 수행할 때 특정한 기능이 따로 발휘되는 게 아니라 복잡한 사회관계 속에서 인격체로서 그 사람의 모든 것이 발현되기 때문이다.

위 지원자는 개인적인 취미 수준의 독서에 그치지 않고 독서토론모임을 통해 자신이 성장했다고 말했다. 요즘처럼 창의력과 사고력을 중시하는 시대에 독서토론은 유용한 훈련수단이다. 일례로 MBC 배현진 아나운서는 숙명여대 토론대회에서 금상을 수상한 경험으로 입사에 유리한 고지를 차지했다. 국회, 중앙선거관리회, 언론사나 대학 등에서 토론대회나 스피치대회 등이 개최되고 있으니, 사고력과 토론능력을 키우고 싶은 사람은 참고하기 바란다.

《정의란 무엇인가》

책이 출간된 2010년에 관련 질문이 많았다. 하버드대학 마이클 샌델 교수의 인기 강의로, 특히 국내에서 선풍적인 인기를 끌었다. 면접장에 들어가기 전에 베스트셀러 목록을 체크하길 바란다.

자영업이나 창업을 생각한 적이 있는가?

기출 기업　SK, 한국얀센

답변사례
아버지 카페를 도운 적이 있습니다만 입사를 더 원합니다

아버님이 퇴직하시고 카페 창업을 하셨습니다. 당시 아르바이트생을 뽑을 경제적 여유가 없으신데다 트렌드에 약
하셔서 카페가 문을 닫기 일보직전이었습니다. 저는 대학교 3학년 때 휴학하고 매장관리, 비용관리를 직접 하고 카
페를 정상화시킨 경험이 있습니다. 이 경험 역시 저에게 유익했지만, 저는 창업보다 귀사와 같은 기업에 들어와서
글로벌한 경험도 하고 조직생활을 하고 싶습니다.

전문가의 조언
★★★★☆

창업 경험 우대, 하지만 기업에 충성할 사람인지가 관건

바이킹형 인재

SK는 도전정신이 투철하거나 리더십이
강한 인물을 '바이킹형 인재'로 규정했다.

최근 일 잘하는 인재를 뽑기 위해 대기업은 창업 경험이 있는 지원자를 우대하는 분위
기다. SK는 신입사원을 채용할 때 '바이킹형 인재'*를 뽑기 위해 다음과 같
은 인재를 우대한다고 밝혔다. 창업 경험이 있는 기업가형 인재, 아이디어
공모전 수상경력을 가진 창조형 인재, 대규모 영리 · 비영리 조직에서 일
해본 글로벌형 인재. 이들이 전체 신입사원 중 10%를 차지한다고 한다.

창업 경험이 있는 사람은 자신의 스토리를 만들고 창업 경험이 지원하는 회사에 어떤
이익을 줄 것인지 어필해야 할 것이다. 또한 왜 창업을 계속하지 않고 기업에 지원하게 되
었는지 근거를 제시해야 할 것이다.

위 지원자는 집안사정 때문에 어쩔 수 없이 카페 창업 경험을 하게 되었다. 무엇보다
문 닫기 직전 카페를 정상화시켰기에 면접관의 호감을 얻을 수 있을 것이다. 어떻게 정상
화시켰는지 구체적인 꼬리질문이 들어올 것이다. 또한 성업 중인 카페를 계속하지 않고
기업에 입사하려는 의도도 적절히 표현했다. 면접관은 창업 경험이 있는 지원자를 우대한
다고 하지만, 기업에 들어와 단물만 빼먹고 이직하거나 창업하려는 것은 아닌지 우려할
것이다. 하지만 위 지원자는 자신은 더 큰 곳에서 조직생활을 하고 싶고 글로벌 마인드를
갖추기 위해 입사지원을 한다고 말했다. 면접관의 우려를 불식시켜줄 만한 답변이라고 생
각한다.

056

전공을 바꾸면서까지
이쪽 분야를 지원한 이유는?

**기출
기업** DB하이텍, LG화학, 대한항공, 아시아나항공

답변사례

사람에 대한 관심을 HR로 옮겼습니다

저는 서양사학과를 졸업했습니다. 고등학교 3학년 때 점수에 맞춰 들어갔지만, 막상 공부해보니 적성에 맞았습니다. 역사를 보면, 인간의 수명이 100년도 안되기 때문에 시행착오를 반복합니다. 하지만 그 속에서 진일보하며 여기까지 왔습니다.

기업 역시 인간의 속성과 비슷하다는 생각을 합니다. 저는 사람을 공부하는 인문학을 전공했고, 기업에서 HR* 업

HR(Human Resource)
기업 내 인사부에서 직무를 수행한다. 사람이란 자원을 관리하고 교육시키고 지원하는 업무를 통칭한다.

무를 맡게 되면 잘해낼 자신이 있습니다. 전혀 관련이 없다고 생각하지는 않습니다. 하지만 테크니컬한 부분이 부족하다 생각해서, 졸업 후 HR 인턴 경험도 하고 세미나 참여도 계속해왔습니다. 저는 귀사에서 사람을 탐구하고 기업의 발전에 대한 대안을 고민하면서 함께 성장하고 싶습니다.

전문가의 조언
★★★☆

직무에 대해 고민을 했는지, 그냥 회사가 좋아서 지원했는지

직무에 대해 고민을 많이 하고 지원한 사람과, 그냥 회사가 멋져서 지원한 사람을 면접관은 한눈에 알아본다. 특히 지원자의 전공이 직무와 관련이 없을 경우 면접관은 위와 같은 질문을 던진다.

위 지원자는 전공은 별 생각 없이 선택했지만 직무는 제대로 고민하고 선택했다는 느낌이 든다. 또한 인턴과 세미나 병행으로 꾸준히 노력해왔다는 것도 어필했다.

HR(인적자원) 분야는 크게 인사기획, 평가보상, 채용 등으로 나뉜다. 아무래도 큰 기업에서 공개채용을 하며, 중소기업은 경영지원, 총무부에서 이런 직무를 함께 맡기도 한다. 큰 기업의 HR 업무는 경쟁률도 치열하고 사람도 적게 뽑는다. 회사에 대한 충성도와 인간에 대한 깊은 이해가 어우러져야 합격이 가능한 직무이니 참고하도록 하자.

극한상황이나 스트레스를 받으면 어떻게 해소하는가?

답변사례

무조건 잠부터 잡니다

그런 상황이 오면 저는 무조건 잠부터 자는 편입니다. 스트레스 상황에 계속 저를 몰아가다 보면 신경만 예민해지고 인간관계도 헝클어져서 결국 올바른 판단을 할 수 없습니다. 그래서 우선 수면을 보충하고 마음과 몸이 안정되기를 기다린 다음, 시간이 흐르면 상황에 대한 판단과 해결책을 고민하는 편입니다.

전문가의 조언
★★★

 ## 반박질문이 들어올 경우 제대로 답한다면 OK!

면접관도 임원 위치에까지 오른 사람이지만 회사 업무에 지쳐 있다. 어쩌면 지원자의 스트레스 해소법이 진짜 궁금해서 묻는 것인지도 모른다.

회사는 스트레스로 가득한 곳이다. 일은 물론 인간관계에서 받는 스트레스도 상당하다. 면접관은 지원자가 이런 스트레스 속에서 견딜 수 있는 사람인지, 혹은 다른 구성원에게 스트레스를 주는 사람은 아닌지 면밀하게 살펴본다.

위 지원자의 답변은 명쾌하다. 굉장히 단순하지만 현명한 해결책을 가지고 있다고 느껴진다. 하지만 면접관은 이렇게 반박질문을 할 수 있을 것이다. "극한상황에 처해 있다면 잠도 안 오지 않을까요? 본인은 혹시 극한상황이나 스트레스에 처한 경험이 없는 건 아닙니까?", "만약 잠을 자거나 시간을 벌 수 없는 촉박한 상황이라면 어떻게 할 건가요?" 이 질문에 당신은 어떻게 답할 것인가?

사실 면접에서 단답식 정답이란 없다. 이 질문에 답할 수 있다면 당신은 정신적으로 잘 단련되어 있으며, 어떤 스트레스가 와도 이겨낼 방법을 알고 있는 사람일 것이다. 이번 기회에 자신은 그런 사람인지 되돌아보고, 외부충격과 스트레스에 어떻게 대처할 것인지 진지하게 고민해보는 것은 어떨까? 다른 사람들의 방법 말고 당신 자신만의 해결책을 찾아서 말이다.

우리 회사에서 떨어지면 어떻게 할 것인가?

기출 기업 SK텔레콤, 신한은행, 안전보건공단

답 변 사 례

마음을 추스른 후 재도전하고 싶습니다

귀사는 제가 꼭 입사하고 싶은 회사입니다. 이렇게 훌륭한 회사에서 일할 수 없게 된다면 섭섭하겠지만, 용기를 잃지 않도록 먼저 마음을 추스를 것입니다. 귀사는 저에게 최우선 1지망 기업입니다. 따라서 현재로서는 별도로 생각하는 곳은 없습니다. 기회가 된다면 제 단점을 보완해서 다시 지원하고 싶습니다. 혹시 조언해주실 얘기가 있다면 감사히 듣겠습니다.

전문가의 조언
★★

평정심을 보여준 것은 좋았으나, 조언을 부탁한 것은 감점 요인

이 질문은 입사에 대한 집념이 있는지, 주변상황이 안 좋게 돌아가도 자신감을 가질 수 있는지, 당황스런 상황에서도 평정심을 유지할 수 있는지 등을 묻는 것이다.

위 지원자는 지원하는 회사 외에는 생각하지 않는다며 강력한 입사의지를 보여주었다. 그리고 재지원하겠다는 의사까지 표명했다. 하지만 면접관에게 조언을 부탁한다는 말은 안 하는 게 좋았을 것 같다. 이 질문은 지원자가 당황스러운 상황에서도 순발력 있게 대응하는지 알아보기 위한 것이지, 면접관의 대응을 알아보기 위한 것이 아니다. 또한 아직은 지원자의 합격, 불합격 여부도 결정되지 않았다. 자칫 부담스럽게 다가올 수도 있다.

필기나 면접 때 실수했는가?
지금 심정은?

금융감독원, 노루페인트, 두산엔진

답변사례

긴장하고 있지만 덕분에 괜찮아졌습니다

필기시험은 준비한 대로 담담하게 봤습니다. 그런데 오늘 면접에서 제가 좀 많이 긴장한 것 같습니다. 꼭 들어오고 싶은 회사이기 때문에 그런 것 같습니다. 면접관님들이 잘 들어주시고 잘 대해주셔서 점점 나아진 것 같습니다. 다시한번 기회가 주어진다면 더 잘 답변할 자신이 있습니다.

전문가의 조언
★★★★

긴장감을 감출 수 없어도 여유를 찾아갈 것!

면접관이 긴장을 풀자며 가볍게 물어보는 질문이다. 그러니 위 지원자처럼 긴장하긴 했지만 꼭 들어오고 싶어서 그런다든지, 면접관님이 잘해주셔서 나아지고 있다는 말을 해보자. 분위기가 한결 부드러워질 것이다. 그리고 면접관은 이런 지원자를 긴장하고는 있지만 여유를 찾을 줄 아는 사람이라는 인상을 받을 것이다.

면접에서 가장 중요한 것은 자신감 있는 태도다. 우물거리거나 말끝을 흐리지 말자. 목소리는 음계 중 '솔' 톤으로 살짝 높여서 경쾌한 느낌을 주자. 그렇다고 목소리를 무조건 크게 내는 지원자도 있는데, 오히려 역효과를 부를 수 있다. 특히 집단면접을 할 때는 타인의 말을 경청하는 것도 중요하니, 적절한 크기의 목소리를 내도록 하자.

취업, 한걸음더!

현대자동차 인사담당자의 조언 "자신감 있게! 발표하듯 말하면 피곤"

큰 목소리로 말하면서 답변을 외운 듯한 느낌을 주는 사람이 있다. 요즘 면접 스터디가 많아서 그런지, 이런 사람이 많다. 하지만 면접관은 진솔한 것을 원한다. 모범답안을 말하지 말고 본인 생각을 말하는 게 중요하다.

특히 몇몇 지원자는 뭘 발표하러 온 사람처럼 말하는데, 하루 종일 그런 소리를 들으면 굉장히 피곤하다. 누구나 아는 정답만 얘기하는 지원자도 피곤하다. 회사는 자발적이며 진정성 있는 사람을 원한다. 이 회사를 왜 지원했고, 어떤 일을 하고 싶고, 좋아하는 일은 어떤 것이고, 성과는 어떻게 내고 싶은지 등을 조곤조곤 말하는 연습을 했으면 한다. 지원자는 본인이 해당 회사에 맞는 인재인지 잘 설명할 수 있어야 하고, 회사도 지원자를 잘 알아야 하기 때문이다.

060

애인에게 배신을 당했다. 어떻게 할 것인가?

기출기업 CJ헬스케어, 롯데홈쇼핑, 현대캐피탈

답변사례

한번 신뢰가 어긋나면 관계는 회복되기 힘듭니다

저는 마음을 정리할 것 같습니다. 아무리 사랑한다고 해도 한번 신뢰가 어긋나면 관계는 회복할 수 없다고 생각합니다. 제가 고지식해 보일 수도 있지만, 이것은 제 가치관입니다. 저는 기업과 사원, 기업과 고객도 마찬가지라고 생각합니다. 서로에 대한 신뢰, 서로에 대한 믿음이 있어야 관계가 이어지고 발전할 수 있다고 봅니다.

전문가의 조언
★★★★

 ### 논리적 판단 근거 제시, 기업과 연관지어 얘기한 점이 좋다

이 질문은 극단적인 상황에서 지원자의 가치관과 행동양식을 엿보기 위한 것이다. 20대에 가장 큰 문제 중 하나는 연애 문제다. 애인에게 배신을 당하다니 이보다 더 큰 고통이 어디 있겠는가. 실제로 이런 경험이 있는지 없는지 모르겠지만 지원자는 먼저 판단에 대한 기준을 제시했고, 이를 개인적 얘기에 그치는 게 아니라 면접장 분위기에 맞게 기업과 고객과의 관계로 확장시켜 전달했다. 순발력과 센스가 보이지는 않지만 모범적인 답변이라고 생각된다.

061

SNS에 올린 글이
자기소개서와 다른 이미지인데?

롯데홈쇼핑

답 변 사 례

푸념조로 올린 글, 죄송합니다

저는 면접관님들이 제 트위터와 페이스북을 보실 줄 몰랐습니다. 직장생활보다 프리랜서를 하고 싶다는 글은 그냥
푸념조로 올린 것입니다. 제가 평소에는 그렇지 않은데 온라인에서는 좀 달라지는 것 같습니다. 앞으로는 주의하겠
습니다.

전문가의 조언
★

🙂 SNS 평판조회도 면접관이 할 일

위 지원자는 자신의 트위터나 페이스북 계정을 자기소개서에 적은 적이 없다. 면접관
이 어떻게 알고 자신의 트위터와 페이스북에 들어왔는지 의아할 것이다.

요즘 면접관들은 이메일 계정이나 이름을 검색해 SNS 활동을 살펴보기도 한다. 만약
이런 것에 대비를 하지 않고, '어디에 이력서를 냈다', '면접 본 회사는 별로더라' 식의 신변
잡기나 취업에 도움이 안되는 얘기를 올렸다면 당장 내리길 바란다.

SNS를 일기장이나 낙서장처럼 활용하는 지원자도 감점 대상이다. 이런 사람을 입사
시키면 불필요한 회사 얘기를 떠벌일 것이라고 생각하기 때문이다.

면접관들은 주변인 평판은 물론 SNS 평판도 조회한다. SNS를 사용하되, 개인적인
얘기는 모두 보지 않도록 비밀번호를 걸어놓는 것이 좋다. 평소에도 SNS를 자신의 브랜
드를 만들고 극대화시키기 위해 활용하는 것이 좋다.

취업 관련 푸념을 SNS에 올리는
것은 바람직하지 않다.

062

군대생활을 말한다면?
가장 힘들었던 점은?

기출 기업   LG화학, 광주은행, 노루페인트, 대한항공, 이마트, 포스코, 하이트진로

답변사례

아버지 사업 실패로 자립을 위해 방위산업체 지원했습니다

저는 대학 동아리활동으로 비보잉을 했고 이후 척추측만증으로 인해 4급 판정을 받았습니다. 군대는 공익근무요원을 갈 수 있는 상황이었습니다. 하지만 아버님의 사업 실패로 학비마련을 위해 산업기능요원이 되어 방위산업체에 지원했습니다. 납땜, 회로도검사, 포장, 배송 등의 업무를 하며 월 90만원을 벌었습니다.

경제적 압박과 책임감 때문에 몸이 더욱 안 좋아졌습니다. 이래서는 안되겠다 싶어서 이를 악물고 건강을 회복하기 위해 요가와 헬스를 매일 병행했고, 2년이 지난 지금 척추 각도가 정상인과 비슷한 수준까지 올라왔습니다. 건강을 회복한 저는 자신감을 얻었고, 경제적 문제도 해결할 수 있다고 생각했습니다. 공익활동을 하며 잔업도 마다하지 않는 저의 모습에 대표님이 따로 성과급을 챙겨주시기도 했습니다. 그렇게 모든 돈으로 학자금을 갚고 집안 생활비에도 보탰습니다.

전문가의 조언
★★★★

 ### 당당하게 자신의 극복 경험을 얘기할 것

남성 지원자에게는 군대 관련 질문이 꼭 들어온다. 군대생활은 회사생활과 비슷하며, 스트레스 상황에 놓이기도 쉽기에 어떻게 극복했는지 듣기 위해서다. 몇몇 기업은 장교출신자나 현역제대자를 우대하기도 한다.

위 지원자는 건강상 문제가 있어 4급 판정을 받았고 경제적 문제 때문에 방위산업체에 지원했다. 어찌 보면 단점으로 보일 수 있다. 하지만 지원자는 자신이 처한 상황(건강 악화, 경제적 문제)을 극복했으며, 이를 통해 자신감을 갖게 되었다고 말했다.

간혹 자신은 면접관이 원하는 사람이 아닐지도 모른다며 스스로 주눅드는 경우가 있다. 그럴 필요 없다. 당당하게 자신의 경험을 얘기하자. 그리고 그 속에서 어떻게 자신이 성장했는지 전달하는 것이 중요하다.

살면서 모욕적인 일을
당한 경험은?

기출기업   GS칼텍스, LG전자, 포스코대우, 한화무역

답변사례

나쁜 친구 딱지 떼내기 위해 열심히 했습니다

중학교 때 가장 친한 친구가 교감선생님 딸이었습니다. 방과 후 자주 그 친구 집에 놀러 갔는데, 성적이 떨어지자 친구 부모님은 제 탓으로 돌리며 친구에게 절교를 시켰습니다. 나쁜 친구를 사귀어서 성적이 떨어졌다는 건데, 무척 기분이 안 좋았습니다. 친구는 물론, 선생님이 어떻게 이럴 수 있나 싶어서 배신감도 느꼈습니다.

그 이후 저는 저란 사람이 '나쁜 친구'가 아니라는 것을 보여줘야 했습니다. 공부도 열심히 했고, 친구들과 사이좋게 지내려고 노력했습니다. 그 결과 중학교 3학년 졸업 때 우등상을 받았습니다. 그 당시 어린 마음에 상처를 받았지만, 지금 생각해보니 저 자신을 발전시킬 수 있는 계기였다고 생각합니다.

전문가의 조언
★★★★

상사, 고객에게 받는 모욕을 극복할 수 있을지 묻는 질문

이 질문은 스트레스 상황에 대한 대처능력을 보기 위한 것이다. 직장생활을 하다 보면 상사나 고객, 거래처 직원들한테서 모욕적인 대접을 받을 수 있다. 그렇다고 기분 내키는 대로 화를 내거나 할 수는 없다. 면접관은 지원자가 감정에 휘말리기보다 이성적으로 생각하고 대처할 수 있는 사람인지 파악하고 싶어한다.

위 지원자는 사춘기 시절 상처받은 경험을 얘기하고 있다. 어린 학생임에도 불구하고 자신이 받은 부당함을 증명하기 위해 공부와 인간관계를 개선하기 위해 노력했다는 점이 돋보인다. 성장과정에서 자신을 컨트롤하는 훈련이 되어 있다는 느낌을 준다.

064

지금껏 살면서
가장 힘들었던 일은 무엇인가?

기출기업 GS칼텍스, LG전자, 포스코대우, 한화무역

답 변 사 례

구직활동 실패가 가장 큰 시련입니다

저는 아버지가 일찍 돌아가셔서 중학교 1학년 때부터 새벽에 우유배달을 했습니다. 하지만 덕분에 건강해졌고, 아침형 인간이 되었습니다. 대학 졸업 후 어머님께 경제적인 도움을 드리고 싶어서, 진로에 대한 고민 없이 급하게 금융회사 영업직으로 들어갔습니다. 주변 분들이 도와주셔서 처음 1~2달은 월 500만원 정도 손에 쥐게 되었지만, 얼마 안 가 인맥이 바닥났고 월 100만도 쥐지 못했습니다.

영업직에 맞지 않는다고 생각하고 새롭게 취직을 준비하게 되었습니다. 하지만 준비가 늦은 탓인지 번번이 고배를 마셨습니다. 저는 아버님이 돌아가신 이후 가장 힘든 고비를 맞게 되었습니다. 하지만 그때도 슬기롭게 이겨냈듯, 이번에도 멋지게 이겨낼 것이라고 생각합니다.

전문가의 조언
★★★★

 ### 고생만 해서 찌든 사람은 부담을 주게 되므로 조심

지원자의 인생역정을 살펴보며 어떻게 극복했는지 확인하는 질문이다. 회사에서는 강철같이 단련된 사람을 원한다. 글로벌 경쟁구도 속에서 이런 사람이 필요하기 때문이다. 따라서 역경이 클수록 기대가 커진다. 하지만 너무 고생만 해서 찌들어 있는 사람도 부담스럽다. 어떤 경험을 하든 성숙하고 긍정적인 사람을 원한다.

위 지원자는 맘고생을 많이 했다는 느낌이 든다. 하지만 새벽 우유배달을 통해 건강한 몸과 좋은 습관을 다잡았다는 말은 면접관의 신뢰를 얻게 만든다. 또한 지금의 구직활동이 절박하지만 심적으로 조급해 보인다는 인상은 주지 않는다.

가정에서
가장 힘들었던 일은?

답 변 사 례

좋은 가정에서 행복하게 성장했습니다

사실 저는 유복하지는 않지만 좋은 부모님과 형제를 만나 행복한 유년 시절을 보냈습니다. 자랄 때는 몰랐지만 성인이 되어서 보니, 친구들이 가정 내 여러 문제로 고민하는 것을 보고, 제가 큰 행운을 누리고 있었다는 것을 알게 되었습니다. 사춘기가 되어서 사소한 반항을 했거나, 진로를 결정하는 부분에서 다소 의견충돌이 있었지만, 가정에서 크게 힘든 일은 없었던 것 같습니다.

전문가의 조언
★★★

모든 인생이 드라마? 솔직한 게 최고!

시련이 클수록 면접관의 관심을 끈다. 하지만 그렇다고 자신의 인생을 드라마로 만들 수는 없다. 이 질문은 스트레스 상황에서 어떻게 문제를 해결하고 자신을 통제하는지 물어보기 위한 것이다. 하지만 가정 내 문제가 없었다면 그냥 솔직하게 얘기하면 된다.

위 지원자는 평범한 가정에서 태어나 그게 행복인지 몰랐지만 나중에 돌이켜보니 큰 행복이었다고 말한 점이 눈길이 간다. 좋은 가정에서 태어나 정서적으로 안정적인 사람으로 성장했을 것이란 예측을 하게 된다.

드라마 《메이퀸》의 한 장면. 인생이 항상 드라마일 수는 없다.

066

처음 들어보는 학교인데, 공부에 취미가 없었나?

기출 기업 넥슨, 한국수력원자력

답변사례

귀사의 인재상과 걸맞다 생각해서 지원했습니다

저는 배우는 것 자체를 좋아합니다. 하지만 주입식교육과는 맞지 않았을 뿐이라고 생각합니다. 귀사의 인재상이 '우리와 함께 열심히 일 잘하는 사람'이라고 들었습니다. 저 역시 그런 사람이라고 자신했기에 과감히 용기를 내어 지원하게 되었습니다.

저는 경영학과이지만 마케팅에 관심이 많습니다. 그동안 여러 기업이 주최한 공모전에 참가했고, 많은 경쟁자를 제치고 수상을 경험했습니다. 또한 게임 동호회에서 활동하며 모바일게임을 만든 경험도 있습니다. 저는 미션이 주어지면 그에 따라 창의적으로 문제를 해결하는 일을 잘해냅니다. 귀사에 입사하면 미션이 주어질 때마다 반드시 해결하는 직원, 열정적으로 일하는 직원이 되도록 노력하겠습니다.

전문가의 조언
★★★★★

면박을 주기 위한 질문이라면 과감히 나와라!

이런 질문을 하는 면접관은 두 부류다. 정말 면박을 주기 위해서거나, 면박을 줄 때 어떤 태도를 보이는지 알고 싶어서거나. 많은 지원자들이 가장 모욕적인 질문으로 학벌을 꼽았다. 만약 전자의 경우라면 미련을 접고 면접장에서 나오자. 당신은 그런 모욕을 참을 필요가 없다.

그런데 만약 후자라면 얘기가 달라진다. 자신감을 표출하고, 면접관을 설득하는 게 필요하다. 위 지원자는 학벌이 좋지 못하지만, 공모전 수상 등 취업을 위해 다각도로 노력해왔음을 어필했다. 또한 회사의 인재상을 조사하고 자신이 그에 걸맞는 사람이라는 얘기까지 했으며, 그 결과 게임회사에 취업했다. 스펙보다 실력이 중시되는 시대다. 실력이 있다면 주눅들지 말고 과감히 지원해 성공을 쟁취하길 바란다.

게임업계 인사담당자의 조언 "게임만 생각하는 사람을 원한다"

넥슨을 비롯한 대부분의 게임회사는 스펙에 별 관심이 없다. 게임에 얼마나 관심이 있는지, 어떤 활동을 했는지, 소통과 협력은 잘하는지 등, 이에 대한 구체적 경험을 제시하는 것이 중요하다.

그래서일까? 게임회사에 들어온 사람들을 보면 학력도 각양각색이고 전공도 다양하다. 국문과 출신이 게임 기획을 하거나, 심리학 전공자가 게임 캐릭터를 만드는 경우도 있다. 대학 졸업장이 없어도 최고 프로그래머로 활약하는 사람도 많다.

학벌, 스펙에 자신이 없지만 게임 하나만 생각하면 밤을 새며 말할 수 있는 사람, 그런 사람이라면 지금 준비해도 늦지 않을 것이다.

▶ 2015년 국내 게임회사 매출 순위

순위	회사명	매출액
1	넥슨	1조 8,086억원
2	넷마블게임즈	1조 729억원
3	엔씨소프트	8,383억원
4	NHN엔터테인먼트(한게임)	6,446억원
5	스마일게이트	6,004억원
6	컴투스	4,335억원
7	웹젠	2,422억원
8	카카오(게임)	2,324억원
9	네오위즈게임즈	1,901억원
10	위메이드	1,266억원

넥슨의 메이플스토리

엔씨소프트의 리니지

067

고집이 센 성격이라고 했는데, 어려움은 없었나?

기출 기업 삼성전자, 현대캐피탈

답변사례

올바른 판단이 따른다면 고집도 괜찮다고 생각합니다

쓸데없는 고집을 부려서 손해를 본 경험이 있습니다. 그래서 어떤 일을 할 때 의식적으로 남 얘기를 많이 들으려고 합니다. 특히 중요한 일이 있을 때는 친한 친구 1명, 존경하는 선배님 1분에게 조언을 구합니다. 그리고 행동하기 전에 생각을 많이 합니다. 그런 후에도 제 주장이 맞다고 생각하면 밀고 나갑니다.

예전에는 고집이 센 게 단점이라고 생각했습니다. 하지만 지금은 올바른 판단과 선택에 따른 고집이라면 괜찮다고 생각합니다. 저의 고집이 뭔가를 이뤄낼 수 있으리라고 생각합니다.

전문가의 조언
★★★★

 ### 단점을 공격당할 때는 당황하지 말고 답변할 것

자기소개서를 읽은 후, 면접관들은 단점이라고 생각하는 부분을 집요하게 캐묻는다. 따라서 자기소개서에 적은 단점에 대해 가능한 한 장점으로 돋보이게끔 말할 수 있어야 한다. 예를 들어 "제 단점은 1가지 일에 지나치게 열중하는 것입니다. 그래서 친구들과 게임을 할 때도 지는 것이 싫어 전력을 다 하게 됩니다"란 식으로 말이다. 하지만 이렇게 준비해도 면접장에 가서 질문을 받으면 움찔하게 된다. 이럴 때 당황하지 말고 논리적으로 자신을 해명하는 게 필요하다.

위 지원자는 자신이 고집이 세다는 것을 잘 알고 있고, 그래서 남의 얘기를 의식적으로 잘 듣는다고 얘기했다. 자신의 단점을 알고 있는 사람은 고칠 수도 있기에 긍정적으로 받아들여진다. 하지만 이 답변을 듣고 면접관이 항상 다른 사람 의견을 듣다 보면 줏대 없이 행동할 수 있지 않겠느냐고 재질문을 할 수 있다. 다방면에서 들어오는 공략을 심리적으로 당황하지 않으면서 수긍이 가도록 얘기하는 훈련을 하자.

열심히 했지만 실패한 경험이 있다면? 어떻게 극복했나?

공무원(일반행정 7급), 금호석유화학, 롯데정보통신

답변사례

3전4기, 연이은 실패로 자괴감 들었지만 극복했습니다

공모전 도전을 하며, 자주 실패했습니다. 처음 도전한 마케팅 공모전은 준비하는 데만 2달 정도 걸렸습니다. 기획서를 쓰는 데 공을 들였지만 실패했습니다. 두 번째 도전에는 1달 걸렸습니다. 자신감이 붙었지만 역시 실패했습니다. 세 번째 도전을 했지만 역시 실패했습니다.

다들 1번은 붙던데 나는 왜 그럴까? 난생 처음 자괴감을 느꼈습니다. 그 결과 제가 기획에 공을 들이는 반면, 마감시간에 쫓기다 보니 완성도는 떨어진다는 사실을 알았습니다. 문제점을 파악한 후 시간조절을 하며 공모전에 도전했습니다. 그 결과, 당선에 성공했습니다. 물론 대상은 아니었지만 저에게는 큰 의미가 있었습니다. 포기하지 않고 도전했고 그 결과에 대한 보상을 얻었기 때문입니다.

전문가의 조언
★★★★★

 ## 기업은 자신과 DNA가 닮은 사람을 원한다

지원자의 내면세계를 파악하기 위해 실패경험을 듣는 것은 필수다. 열심히 해도 실패하는 데는 도리가 없다. 마음이 무너질 때 지원자가 어떻게 자신을 추스르는지 면접관은 알고 싶어한다.

위 지원자는 개인사보다 취업과 연관된 공모전 사례를 언급하며, 실패원인을 분석하고, 같은 우를 범하지 않겠다는 의지를 나타냈다. 기업도 매번 실패한다. 하지만 경쟁력 있는 기업은 실패 속에서도 기회를 엿보고 결국 살아남는다. 기업은 자신의 DNA와 닮은 사람을 찾고 있다. 여러분이 그에 걸맞는 사람인지 점검해보자.

누가 사람들 앞에서
당신의 잘못을 지적한다면?

 JW중외제약

답변사례

당황스럽지만, 감사하게 생각하겠습니다

당장은 당황스러울 것 같습니다. 하지만 욕먹는 게 싫어서 지적하는 것을 자제하는 사회분위기인데도 잘못을 얘기해주신 것에 우선은 감사한 마음을 표할 것 같습니다. 그리고 그런 얘기를 들었다고 위축되지 않도록 저의 장점을 떠올려볼 것입니다. 그리고 그분이 지적해주신 잘못까지 고친다면 더 나은 사람이 될 거라고 생각합니다.

전문가의 조언
★★★★☆

스트레스 제어, 이 시대가 필요로 하는 최고의 능력!

회사에서 수백억 수주가 걸린 프로젝트가 있는데 팩스를 못 받았거나, 불친절하게 전화를 받았거나, 중요한 메시지를 전달하지 않거나 하는 등 사소한 이유 때문에 프로젝트가 날아가는 경우가 종종 있다. 만약 그런 잘못을 한 주범이 당신이라면, 상사의 불호령은 물론 모욕적인 언사까지 들을 수 있다. 하지만 그런다고 다 울컥하고 멱살을 잡고 사표를 낸다면 조직이 어떻게 굴러가겠는가. 이 질문은 회사 내에서 일어나는 수많은 일들에 대해 어떻게 자신을 제어하고 스트레스 관리를 할 수 있는지 알아보기 위한 질문이다.

위 지원자는 당장은 당황스러울 것이라며 솔직히 답한 후, 지적해준 것 자체가 고맙다며 긍정적인 태도로 답변했다. 조직은 이런 자세를 가진 사람을 원한다. 잘못했지만, 감정소모를 하지 않고 곧바로 빠져나와 다른 일에 몰입할 수 있는 정신력이 있다면 다른 어떤 능력보다 최고의 능력을 가졌다고 생각된다. 그리고 이런 능력이 지금 절실하게 필요한 시대이기도 하다.

인간관계에서
스트레스를 받은 경험이 있다면?

기출 기업   대한항공, 한국지엠

답변사례

여자친구와 헤어졌지만, 성숙해지는 과정이라고 생각합니다

저는 최근에 사귀던 여자친구와 헤어졌습니다. 너무 속이 상하고 비참해서 한동안 방황을 많이 했습니다. 그러다 내린 결론이, 누군가를 좋아할 수도 있지만 싫어질 수도 있다는 것입니다. 인간관계는 좋을 때도 나쁠 때도 있습니다. 그 모두가 합쳐져서 관계가 생긴다고 생각합니다. 지금은 묵묵히 견디며 성숙해지는 중이라고 생각합니다. 시간이 지나면 괜찮아지고 다른 사람을 좀더 이해할 수 있으리라고 생각합니다.

전문가의 조언
★★★★☆

스트레스 상황에서도 지혜롭게 처신할 사람인가?

일을 하다 보면 인간관계 때문에 스트레스를 받을 수 있다. 잘 지내다가도 마음이 상할 수도 있고 다시 수습되기도 한다. 그럴 때마다 부화뇌동하지 않고 평정심을 유지할 줄 아는 사람이 조직은 필요하다.

위 지원자는 20대의 최대 고민인 연애와 취업 모두 최악의 난제를 만난 셈이다. 하지만 상대방이 나를 싫어할 수도 있음을 인정하고 자신이 성숙해지는 과정이라고 평가했다. 이런 사람을 조직은 어떻게 볼 것인가? 실연은 스트레스 강도가 굉장히 높은 편인데 지혜롭게 자신을 추스를 줄 안다는 인상을 줄 것이다.

인간관계가 좋은 사람은 자기관리가 잘되는 사람이다. 인간관계는 저축과 비슷해서 평상시 관계를 잘 맺어야 틀어질 일이 없다. 기업은 여러 사람이 함께 일하는 조직이다. 일만 잘해서는 해결이 안된다. 따라서 인간관계는 물론, 자기관리까지 제대로 해낼 줄 아는 사람임을 보여야 한다.

머리 스타일(혹은 넥타이 색)이 왜 그런가?

답 변 사 례

정장에 익숙하지 못해서 죄송합니다

저는 정장을 잘 입는 편이 아닙니다. 그래서 면접장에 올 때 적절한 의상과 머리를 하지 못했습니다. 죄송합니다.

전문가의 조언
★

스트레스 상황에서도 지혜롭게 처신할 사람인가?

요즘은 면접관 교육도 따로 시키고 있고, 지원자들도 미래의 고객이기 때문에 압박면접이 줄어드는 추세지만, 서비스 직종이나 몇몇 중견기업에서는 외모 관련 질문을 하기도 한다. 이럴 때 당황하면 안된다. 외양에 대해 지적받지 않을 정도로 철저하게 준비하는 게 최선이지만, 지적을 받았다고 해서 위축될 필요는 없다. 이럴 때 위축되면 저 사람은 정말 내면도 별로인가 하는 생각까지 든다. 100만달러 수표를 구긴다고 그 가치가 달라지지 않는다. 당신도 마찬가지 아닌가?

아래 이미지는 미국 월스트리트의 전설적인 인물인 크리스 가드너의 일대기를 그린 《행복을 찾아서》라는 영화의 한 장면이다. 영화 속에서 크리스 가드너 역할을 맡은 윌 스미스는 노숙자 신분으로 투자회사 인턴 면접에 응시한다. 한 면접관이 "자네라면 면접 때 정장도 안 입고 온 녀석에게 뭐라고 할 것인가?"라고 질문한다. 그러자 윌 스미스는 "속옷은 진짜 멋진 걸 입고 왔나 보군"이란 답변을 하고, 결국 면접관들이 폭소를 터뜨리며 합격시킨다.

이런 질문이 들어왔다고 해서 당황하지 말고 윌 스미스처럼 재치 있게 답변하면 어떨까? 면접관은 위기를 기회로 반전시키는 능력을 당신에게서 발견할 것이다.

학점이
왜 이것밖에 안되는가?

기출 기업 DB손해보험, 대한항공, 삼성화재, 아시아나항공

답 변 사 례

가정형편이 어려워 사회경험을 하면서 돈을 벌었습니다

학점관리

전공과 연관된 직무라면 학점이 어느 정도 변별력을 가진다. 하지만 전공 연관성이 없는 직무라면 서류전형에서 3.0을 커트라인으로 잡는 편이다.

가정형편상 학비와 생활비를 벌어야 하기 때문에 학점관리*를 못한 이유가 가장 큽니다. 물론 전공 공부에 흥미를 느끼고 열심히 임했다면 더 좋은 성적을 낼 수 있었으리란 생각을 합니다. 하지만 친구들이 대학에서 취업을 준비할 때 저는 다양한 사회경험을 했다고 자부합니다. 공사장, 음식배달, 택배 아르바이트와 보험사 계약직 사원을 하면서 배운 경험은 학교에서 배운 것과 차원이 다른 것이었습니다.

전문가의 조언
★★★★

 ## 부족한 부분은 솔직히 인정하고, 다른 장점을 어필

학점은 기업에서 지원자의 성실성을 평가하기 위해서 질문한다. 간혹 지원자의 아킬레스건을 감정적으로 건드리면서 반응을 체크하기도 하는데, 학점을 큰 변수로 보지 않는 기업이 종종 이런 식으로 질문한다.

학점은 사실 그대로이고 변명의 여지가 없다. 따라서 솔직하게 인정하고 다른 부분에서 노력하고 열정을 기울인 것이 있다면 그것에 대해 얘기하는 게 중요하다.

위 지원자는 담담히 자신의 학점이 낮은 이유를 설명했다. 학점관리를 성실히 못한 반면 온몸을 부딪치며 사회경험을 성실히 했음을 적절히 어필했다고 생각된다.

백두산과 한라산의 명칭을
서로 바꾼다면 비용이 얼마나 들까?

기출 기업 SK 텔링크, SK커뮤니케이션즈

답 변 사 례 ### 지도, 표지판 교환, 행정구역 개편이 최소비용일 듯합니다

먼저 현재 사용되는 지도뿐만 아니라 표지판 등에서 백두산과 한라산의 명칭을 서로 바꾸고 해당 행정구역을 개편하는 비용 정도가 최소기준이 될 것 같습니다. 그밖에 TV광고 비용도 추가로 책정될 듯합니다. 이런 일은 정부기관에서 경험했을 것입니다. 만약 제게 시간을 주신다면 비슷한 경험을 한 정부기관과 담당자를 찾아서 조언을 듣겠습니다.

전문가의 조언
★★★★★

광고나 IT 기업에서 자주 하는 이색질문

광고나 IT 분야 기업에서는 이색질문을 자주 하는 편이다. 정답은 따로 없다. 얼마나 창의적이고 순발력 있게 답변하는지가 중요하다. 자신의 전공과 연관지어 답변하는 것도 유리하다. 위와 같은 내용으로 답변한 지원자는 실제로 SK에 합격했다고 하니 참고하길 바란다.

이 질문은 국내 면접에서도 자주 등장한다. 143쪽을 참고하라.

취업, 한걸음 더!

구글의 이색면접 질문

다음은 이색면접으로 유명한 구글의 질문들이다. 구글은 왜 이런 질문을 던질까? 핵심적인 의도는 바로 창의성과 논리성을 엿보기 위함이다. 아이비리그 출신도 낙담케 하는 질문들, 여러분은 어떻게 답할 것인가?

• 시애틀에 있는 모든 건물의 창문을 닦아주면 얼마를 받을 수 있을까?
• 스쿨버스에는 골프공이 몇 개나 들어갈까?
• 샌프란시스코 재난시 대피 계획을 세운다면?
• 전세계 피아노 조율사는 몇 명인가?
• 하루에 시계의 분침과 시침은 몇 번 겹치는가?
• 맨홀 뚜껑은 왜 모양이 둥근가?*

141

회식에 대한 아이디어를 낸다면?

답변사례

퀴즈대회, 롤링페이퍼를 준비하겠습니다

먼저, 회식 참가자의 연령과 취향을 조사한 후 메뉴와 장소를 정하겠습니다. 1차에서 맛있게 식사를 한 후, 2차 장소로 옮겨 팀원끼리 친목을 도모하기 위해 퀴즈대회를 주최하도록 하겠습니다. 물론 퀴즈를 맞춘 사람에게 주기 위해 선물도 준비할 것입니다. 그런 다음 '칭찬'을 주제로 사전에 롤링페이퍼를 돌린 후 발표하는 시간을 갖도록 하겠습니다. 주제를 정하지 않으면 자칫 기분 나빠질 수 있는 게 롤링페이퍼이기 때문입니다. 단합은 최대로, 불만은 최소로, 저를 뽑아주신다면 회식할 때마다 큰 기쁨을 얻게 되실 것입니다.

전문가의 조언
★★★★☆

기획성, 창의성 엿보는 질문, 즐겁게 답하라

술만 마시는 회식자리가 점점 사라지고 있다. 기업도 팀워크를 중시하는 회식을 지향하는 추세다. 이 질문은 진짜로 면접관이 신세대 지원자한테서 회식 아이디어를 얻기 위해서 한 것일 수도 있다. 회사 내에서도 회식 준비는 막내인 신입사원이 하기도 한다. 별 것 아닌 것 같지만 기획성, 창의성을 엿보는 질문이다. 되도록 경쾌하고 기발하게 대답한다면 면접장의 분위기도 좋아질 수 있으므로 적극적으로 임하자.

위 지원자의 답변은 톡톡 튀는 참신함은 상대적으로 떨어진다. 어디서 많이 본 듯한 프로그램이다. 하지만 계획적으로 행사를 진행할 것 같은 인상을 준다. 일도 무난하게 해낼 것 같다. 무엇보다 사전에 메뉴와 장소를 조사한 후 결정한다는 말은 다른 이의 의견을 존중하는 태도로 보여서 호감을 줄 수 있다.

모든 기업이 원하는 특별한 회식 아이디어!

맨홀 뚜껑이 둥근 이유는 무엇인가?

기출 기업 유진투자증권

답 변 사 례

밑으로 쉽게 빠지지 않도록 하기 위해서입니다

맨홀 뚜껑이 둥근 이유는 쉽게 밑으로 빠지지 않게 하기 위해서입니다. 만약 사각형이나 오각형으로 만든다면 각도를 틀었을 때 밑으로 빠질 수 있습니다. 둘째, 비틀림을 막기 위해서입니다. 여름에 고온으로 인해 맨홀 뚜껑의 부피가 팽창할 수 있습니다. 하지만 원 모양일 경우, 이런 문제를 최소화시킬 수 있습니다.

전문가의 조언
★★★★☆

 ## 면접관이 원하는 것은 위트와 센스

위 답변 내용은 과학적 상식을 동원하거나 검색을 하면 쉽게 찾을 수 있다. 하지만 면접장에서 누구나 쉽게 답할 수 있는 질문은 아니다. 과학적 상식이 없다면 위트를 활용하기 바란다. 예를 들어 "하수도 공사를 하는 일꾼들을 보니 세워서 굴리면서 이동하더라, 이를 위해서인 것 같다"라든지, "모든 사람이 둥글둥글 모나지 않게 살기 위해서"라든지. 아무 답변 못하고 우물쭈물하기보다 센스를 발휘하자.

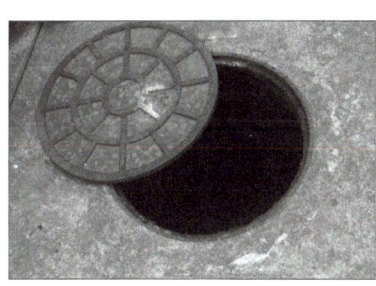

노래가 취미라고 적었는데,
한 소절 불러본다면?

기출 기업 LG생활건강, SK건설, 삼성전자

답변사례

핸드폰 반주에 맞춰 불러보겠습니다

저는 빅뱅의 〈붉은 노을〉을 좋아합니다. 낮 동안 취업준비를 하다가 저녁노을이 질 때쯤 들으면 기분이 좋아집니다. 그런데 이 노래가 예전에 이문세님이 불렀던 노래라고 들었습니다. 면접관님들도 제 나이 때 들으셨을 것 같습니다. 마침 핸드폰에 반주 mp3 파일이 있으니, 괜찮으시다면 틀어놓고 불러보도록 하겠습니다.

전문가의 조언
★★★★☆

 ## 가수를 원하는 게 아니다, 열정을 보여주자

최근 TV에서 우후죽순 생긴 오디션 열풍 때문인지 면접장에서도 춤, 노래를 선보이라는 주문이 종종 있다. LG생활건강은 즉석에서 부를 수 있는 노래는 총 몇 곡이냐는 질문도 했다. 합숙면접 때는 꼭 요청이 들어오니, 따로 준비해두는 것도 필요하다.

위 지원자는 스마트폰에 반주 파일까지 준비했다. 잘하는지 확인할 수는 없지만 무반주에 노래하는 지원자보다 훨씬 준비성 있어 보인다.

어떤 이는 '어학점수, 자격증까지 준비하는데 춤과 노래까지?' 하며 푸념하기도 한다. 하지만 회사는 가수를 뽑는 게 아니니 안심하자. 실력은 없어도 자신감과 뻔뻔함으로 자신을 어필하자. 면접관은 당신을 새롭게 볼 것이다. 열정과 젊음을 불태우며 최선을 다하는 지원자에게 어떤 업무를 맡겨도 괜찮겠다는 호감이 들지 않겠는가?

취업, 한걸음더!

장기자랑도 때와 장소를 가려서!

회사마다 멍석을 깔아주며 장기자랑을 해보라는 회사도 있고, 전혀 그렇지 않은 회사도 있으니 분위기 보면서 하는 게 좋다.

임기응변으로 안 하던 손짓발짓까지 해가며 "1+1은 귀요미~" 귀요미송을 부르다가 여성 임원의 도끼눈을 감내해야 했던 지원자도 있고, 지원한 회사의 로고송인 줄 알고 경쟁사의 로고송을 불러서 불합격의 쓴잔을 마신 지원자도 있다.

철도 공기업에 지원한 지원자가 면접장에 들어서면서 튀어 보이고자 "칙칙 폭폭~"을 외치며 들어왔지만, 보수적인 공기업이라 이를 용납하지 못했고 한소리를 들어야만 했다.

자신이 가진 특기, 랩, 프랑스어 시 낭독, 댄스 등을 선보였지만 업무에 적합한 인재라는 확신이 없을 경우 모두 무용지물이다. 일도 잘할 인재라는 확신에 보너스처럼 취미나 특기를 선보이는 것이 중요하다. 정반대가 된다면 합격은 힘들 것이다.

어학, 자격증 준비하느라 바쁜데, 춤과 노래까지?

화장실에 갔는데
휴지가 없다면?

삼성SDS

답 변 사 례

저는 늘 양말을 신고 다닙니다

저는 실제로 그런 경험이 있습니다. 때마침 저는 수년간 신었던 양말을 착용하고 있었고, 조만간 버리자 생각하던 차에 잘되었다 싶어서 양말로 뒤처리를 했습니다. 그 이후로 저는 늘 양말을 신고 다닙니다. 되도록 오래된 양말을 주로 애용하고 있습니다.

전문가의 조언
★★★★☆

황당질문, 얼버무리면 감점 요인

이렇게 황당한 질문이 들어온다면 창의적인 대안을 제시하는 게 가장 좋은 점수를 받는 비결이다. 만약 당황해서 답변을 못하거나 얼버무린다면 감점이 되므로 유의하기 바란다.

위 지원자의 답변을 들은 면접관은 저마다 피식 웃을 것이다. 이가 없으면 잇몸으로 해결한다고 했던가. 거리낌 없는 지원자의 태도가 묘한 호감을 주지 않을까?

서울 시내 중국집의
하루 매출은 얼마일까?

기출
기업   롯데백화점

답 변 사 례   **하루 매상 40만원, 7억5,000만원 예상합니다**

보통 짜장면 한 그릇이 4,000원 정도 하는데 중국집에서 하루 평균
100그릇을 판다면 하루 40만원, 저희 동네에 10곳 정도 중국집이 있
고, 서울시는 25개 구로 구성되어 있으니, 7억5,000만원 정도 될 것
으로 예측합니다.

전문가의 조언   **논리적 추론과정을 보여주는 게 중요**
★★★★★

이와 비슷한 질문으로 "서울시 바퀴벌레는 모두 몇 마리인가?", "전국의 주유소 개수
는?" 등이 있다. 이런 답변은 논리적 추론*을 이용해 얼마나 창의적으로
답변하는지가 중요하다. 따라서 위와 같이 본인이 답을 찾아가는 과정을
말하면서 답변하면 좋다.

추론

주어진 자료에서 결론을 도출하는 논리
적 과정을 말한다. 즉, 어떤 판단을 근
거로 삼아 다른 판단을 이끌어내는 것이
다. 추론 과정은 순방향 방식과 역방향
방식이 있다. 전자는 기존 명제로부터
결론을 증명하는 것이고, 후자는 결과
로부터 기존 명제를 증명하는 것이다.

중국집 하루 매상이 40만원인지, 가게가 10개인지는 중요하지 않다.
면접관도 그것은 알 수가 없다. 다만, 추론의 과정을 체계적으로 보여주면
면접관의 점수를 얻을 수 있다.

079

당신은 얼마짜리 값어치를 가진 사람인가?

답변사례

액면가 2억원짜리 사람입니다

유치원과 초중고등학교를 거쳐 대학교까지, 우리나라 1인당 양육비가 2억원이 넘는다고 합니다. 따라서 저는 액면 가 2억이 넘는 사람입니다. 2억이 넘는 건물은 월 200만원 가까이 월세가 나옵니다. 저도 빨리 직장인이 되어서 월급이 나왔으면 좋겠습니다.

하지만 저는 자신을 2억원짜리 사람이라고 생각하지 않습니다. 저는 저에게 백지수표를 주고 싶습니다. 그래서 어 떤 액수로도 따질 수 없는 가치 있는 사람이 되고 싶습니다.

전문가의 조언
★★★★★

액수는 물론 가치까지, 창의적이고 모범적인 답변이다

1인당 양육비를 예로 들어 자신의 값어치를 설명했다. 구체적인 수치가 생각나지 않는 다면 "만약 ○○원이라고 한다면~" 하고 가정하며 말하는 것도 좋다. 그리고 2억원짜리 집을 빗대 월세와 월급을 연관지어 얘기한 것은 센스가 있다. 면접관에게 자신의 입사의 지를 적극적으로 표방했다. 마지막으로 자신은 돈으로 환산할 수 없는 가치 있는 사람이 란 얘기를 덧붙였다. 창의적이고 모범적인 답변이라고 생각된다.

 취업, 한걸음더!

현대자동차 면접관의 조언 "첫인상 1분 안에 합격자가 결정된다"

현대자동차 임원인 한 면접관은 이 사람을 뽑을지 안 뽑을지는 첫인상이 좌우되는 1분여 시간 안에 결정된다고 말했다. "똑같은 말이라도 자신감이 실리면 달라진다. 면접 대상자가 들어올 때 가장 유심히 본다. 그때 1번, 그다음엔 목소리에 서 또 1번 본다. 그 속에서 진실성과 자신감을 엿보게 되는데 이때 대부분 합격자를 가늠할 수 있다."

미국의 사회심리학자 솔로만 하쉬는 첫인상 효과를 언급했다. 30초 안에 면접관에게 좋은 인상을 심어주면 그 이후 관계 가 좋게 풀린다는 말이다. 그러므로 면접장에 처음 문을 열고 들어갈 때와 첫마디를 할 때 좋은 인상을 심어주도록 노력하 자. 갑자기 되는 일은 없다. 교수님을 대할 때나 친구들을 대할 때, 가족을 대할 때도 몸에 배도록 연습하자. 그러면 자연 스럽게 처음 만나는 사람에게도 좋은 인상을 주게 될 것이다.

사막에서 물 없이
얼마나 생존할 수 있을까?

기출
기업   LG화학

답변사례

선인장으로 수분을 보충하겠습니다

일반적으로 사람이 물 없이 생존하는 기간은 1~2주 사이로 알고 있습니다. 하지만 기지를 발휘한다면 방법은 있습니다. 사막에는 선인장이 있습니다. 선인장은 대부분 수분으로 구성되어 있습니다. 선인장을 잘라 수분을 보충하고 구조를 기다린다면 1~2주 이상 추가로 견딜 수 있을 것입니다.

전문가의 조언
★★★★

🏃 단답형으로 답하지 말고 대안을 제시할 것

사람이 물을 마시지 않고 생존할 수 있는 기간은 15일이다. 위 지원자가 1~2주 정도라고 답한 것을 보니 정확히 알고 답한 것은 아니다. 하지만 이는 중요치 않다. 면접관은 물 없이 얼마나 생존할 수 있는지 정말 궁금해서 질문한 게 아니다. 따라서 단답형에 그치지 않고 해결방안을 추가로 말하는 게 필요하다. 위 지원자처럼 질문에 답한 후, 선인장을 이용하면서 구조를 기다리겠다고 말하면 무난하다.

서울에 택시는 모두 몇 대인가?

기출 기업　삼남석유화학

답변사례

가구당 택시비와 택시의 월소득을 추론하면 약 12만 5,000대가 있습니다

서울시 인구가 1,000만명입니다. 요즘 1인가구가 많아지는 추세이지만 편의를 위해 1가구당 4명이 거주한다고 가정할 때 약 250만 가구가 있습니다. 가구당 평균적으로 10만원을 택시요금으로 지출한다고 하면, 서울시민의 1

달 택시요금은 총 2,500억 정도입니다. 다시 택시 1대당 월소득을 200만원으로 가정하겠습니다. 개인택시의 경우 더 많이 벌지만 영업택시는 상대적으로 적게 벌기 때문에 이 정도로 잡았습니다. 이렇게 가정하고 계산한다면 약 12만 5,000대의 택시가 있다고 생각됩니다.

전문가의 조언
★★★★☆

정답이 없는 문제를 어떻게 창의적으로 해결하는가

이와 유사한 질문인 "서울 시내 중국집의 하루 매출은 얼마인가?" 등의 질문은 지원자에게 정답을 바라고 하는 것이 아니다. 이런 유형의 질문은 정답이 없는 문제를 어떻게 창의적으로 풀어가는지 알아보기 위한 것이다.

위 지원자는 문제를 푸는 과정을 차근차근 설명했으며, 가구당 거주하는 인구수나, 택시 월소득의 오차가 있다는 점을 감안했다. 수치는 바뀔 수 있지만 문제를 푸는 방식에 초점을 맞추어 적절히 답변했다고 생각된다.

창의적인 아이디어를 내서
문제를 해결한 경험이 있는가?

기출 기업 CJ오쇼핑, CJ제일제당, CJ헬스케어, 금호건설, 롯데백화점, 롯데정보통신, 삼성전자, 아모레퍼시픽, 홈플러스

답변사례

직접 비데에서 나오는 물을 마셔서 증명했습니다

비데회사 영업 부서에서 인턴으로 일한 경험을 말씀드리겠습니다. 저는 주로 점장님과 함께 행동하며 영업보조 업무를 담당했습니다. 그러던 어느 날 지점을 방문한 기업고객이 1억원 계약을 앞두고 경쟁사와 저울질을 하며 결정을 미루고 계셨습니다. 그 이유는 경쟁사가 비데 물의 청결함을 강조했기 때문이었습니다.

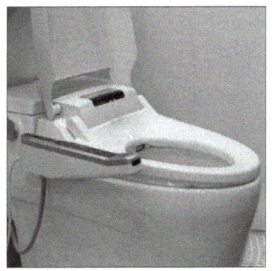

일반적인 영업방식으로 안되겠다 싶어서, 점장님께 미리 설명을 드리고 제가 직접 비데 물을 먹어보는 시연을 했습니다. 인턴으로 근무했지만 제품에 대한 신뢰가 있었고, 자사의 비데에서 나오는 물은 사람도 마실 수 있을 정도로 깨끗하다는 것을 보여주고 싶었기 때문입니다. 저의 기발한 아이디어 덕에 그 기업고객은 결국 계약하게 되었습니다. 물론 저 역시 그 물을 마시고 건강에는 아무 이상 없었습니다.

전문가의 조언
★★★★★

👤 창의적인 인재를 찾는 추세, 되도록 실무경험과 연관지을 것

요즘 기업의 인사팀은 창의적인 인재를 찾는 게 관건이다. 그래서 이런 유형의 질문은 단골로 등장한다. 대부분 지원자는 중고등학교나 동아리활동 또는 학회활동 중에서 창의적인 아이디어를 낸 경험을 꺼낸다. 하지만 위 지원자는 영업직 지원자로, 자신의 인턴 경험 속에서 실제 매출로 이어진 사례를 얘기하고 있다. 마지막에는 비데의 물을 마시고 아무 탈이 없었다며 면접관의 웃음을 유발하기도 했다.

기업은 창의적인 인재도 원하지만 실무형 인재도 원한다. 되도록 실무경험 속에서 창의적인 아이디어를 낸 사례를 꺼내는 게 유리하다.

우리는 당신의 외국어 실력이 필요없다. 어떻게 도움 줄 건가?

**기출
기업** CU, DB메탈, LG전자

답 변 사 례

회사에 필요한 최신 동향과 마케팅 사례를 수집하겠습니다

회사 내에서 지금 당장 저의 외국어 실력이 필요없을지도 모릅니다. 하지만 저는 회사에 입사한다면 업무별 최신동향, 참고문헌 등을 꾸준히 읽고, 요점을 정리하는 습관을 들일 예정입니다. 기업은 최신 트렌드에 민감하고 외국의 마케팅 사례를 수집해 참고해야 한다고 들었습니다. 언제든 회사에서 원하신다면 준비된 자세로 즉시 브리핑해드리겠습니다.

전문가의 조언
★★★

 ## 외국어 잘하는 지원자, 외국계회사로 가지 않을까?

요즘 지원자는 영어는 물론이고 중국어까지, 외국어 실력이 출중하다. 면접관은 외국어를 잘하는 사람이 왜 우리 부서에 지원했을까, 외국계회사로 가지 않을까 의심스러울 수 있다. 따라서 그런 의심을 불식시키고 이 회사에 꼭 입사하고 싶다는 의사를 표명해야 한다. 위 지원자는 외국어 실력을 바탕으로 기업에 필요한 해외정보를 제공하겠다는 아이디어를 냈다. 하지만 왜 이 회사이어야 하는지 절실함을 표현하는 데는 부족했다. 이것만 보완되었더라면 좋았을 것이다.

취미와 특기는?
회사에서 발휘할 수 있는 것인가?

SK커뮤니케이션즈, 대한항공, 라이나생명, 롯데백화점, 롯데정보통신, 산재의료관리원, 삼성중공업, 삼성화재, 신한은행, 아모레퍼시픽, 아워홈, 에스원, 풀무원, 한국에너지공단, 한국서부발전, 한진중공업, 한화토탈

답 변 사 례

특기는 마술, 회식자리에서 마술을 선보이겠습니다

저의 취미이자 특기는 마술입니다. 다소 내성적인 성격을 가진 저는 사람들과 친해지고 싶은 방법을 고민하던 중, 마술이 도움이 될 것 같아 시작했습니다. 마술은 교구개발이 중요합니다. 저작권이 따로 있을 정도입니다. 저는 교구개발에도 흥미를 느껴 저만의 마술을 개발했습니다. 또한 중학교 특기적성 강사로 활동하면서 아이들을 참가시키고 협업시키면서 리더십을 훈련하는 경험을 했습니다.

귀사에 입사하면 각종 회식자리에서 마술을 선보임으로써 화합의 시간을 마련하도록 하겠습니다. 뿐만 아니라, 마술을 통해 얻게 된 사교력, 리더십을 업무에 적용해서 부족함 없는 직원이 되도록 노력하겠습니다.

전문가의 조언
★★★★

 ### 면접관이 의외로 꼼꼼히 보는 항목, 취미와 특기

지원자들은 취미와 특기를 별 생각 없이 기입하지만 면접관들은 의외로 꼼꼼히 살펴본다. 간접적으로 지원자의 열정과 목표의식을 엿볼 수 있는 자료이기 때문이다. 사람은 일만 하고 살 수는 없다. 취미를 갖고 있는 사람은 여가시간을 잘 활용하며 일과 생활의 균형을 잘 잡을 수 있다. 또한 다양한 취미와 특기를 가진 사람은 직장 내 인간관계도 부드럽게 풀 수 있다.

위 지원자는 마술이라는 특이한 취미를 갖고 있어 면접관의 눈길을 끌었다. 그리고 이것이 어떻게 업무와 연관될 수 있는지 잘 얘기했다. 예전에 눈길이 가는 취미를 자기소개서에 적었지만, 업무 연관성에 대해 물어보니 "글쎄요" 하고 답하는 지원자를 보았다. 면접관은 지원자에게 점수를 줄 준비가 되어 있는데, 지원자는 기회를 흘려버린 것이다. 그런 우를 범하지 않도록 면접 전에 점검하는 게 필요하다.

성격의 역량 ▼ 창의성과 혁신성

취미와 특기로 면접관의 눈길을 사로잡자!

구직자들의 자기소개서를 엿보면 대부분 비슷한 취미, 특기를 적고 있다. 취미로는 독서, 영화감상, 음악감상, 노래부르기, 축구나 야구 등 구기운동, 여행, 등산 등이 있으며, 특기로는 고민상담, 운동, SNS활동, 컴퓨터 등이 있다.

성별에 따라 취미가 달라지는데, 공통적인 취미는 영화이고 남성은 운동, 여성은 독서로 기입한다. 특기는 남성의 경우 운동을 기입해서 건강한 체력과 활동성을 강조하고 있으며, 여성의 경우 고민상담을 적어서 커뮤니케이션 능력과 친화력을 강조하고 있다.

면접관이 별로 주목하지 않을 것 같아 별 생각 없이 취미와 특기를 적는 사람이 많다. 하지만 사소해 보일지라도 남들과 다른 취미, 특기를 찾아보는 것은 어떨까? 면접관이 궁금해서 질문이 들어오도록 말이다.

자기소개서 양식이 자유로운 기업은 사진첨부도 가능하다. 특기에 '사진'이라고 적은 한 지원자는 자신의 사진을 자기소개서에 넣었으며, 회사에서 필요로 하는 사진은 공짜로 찍어드릴 수 있다고 말해 면접관의 눈길을 사로잡았다.

시각장애인에게
파란색을 설명한다면?

기출기업 두산중공업, 한국수력원자력

답변사례

하늘, 수영장, 청바지는 파란색을 가지고 있습니다

선천적 시각장애인이 제 앞에 계신다면 이렇게 설명할 것 같습니다. 파란색을 가진 사물은 하늘, 수영장, 바다입니다. 청바지도 '푸를 청' 자를 써서 청바지이고, 수돗물의 찬물 표시도 파란색입니다. 추운 곳에서 파란색을 보면 더 춥습니다. 하지만 더운 곳에서 파란색을 보면 시원합니다. 파란색을 좋아하는 사람은 차가운 이미지, 도시적 이미지가 있습니다. 좋은 쪽으로 말하면 쿨한 이미지를 가졌다고 생각합니다.

전문가의 조언
★★★★

 ## 설명하기 힘든 것을 보고해야 할 때 당신이라면?

회사생활을 하다 보면 현상적인 것이 아닌 추상적인 것(고객의 심리, 동향 등)을 설명해야 할 때가 있다. 설명하기 어려운 것을 설명할 줄 아는 능력이 필요하다는 의미다. 이 질문은 이런 상황에 대처했을 때 상대방의 입장에 서서 눈높이에 맞게 이해시킬 수 있는지 지원자의 아이디어 발상법, 인성, 커뮤케이션 능력을 종합적으로 파악하려는 것이다.

색이 보이지 않는 시각장애인에게 설명하는 방법이란 시각을 제외한 다른 감각을 이용하는 수밖에 없다. 위 지원자는 시각장애인도 알고 있는 사물을 가져와 그 느낌을 색과 연관시켜 설명했으며, 나중에는 사람의 이미지와도 연관시켰다. 무난하게 잘 대답했다고 생각한다.

경영자와 과학자 중
누가 더 중요한가?

 LG화학

답변사례

서로의 빈 곳을 채워야 회사가 성장합니다

저는 경우에 따라 다를 것이라고 생각합니다. 만약 기업 내에 두 사람이 함께 있는 경우라면, 아무래도 처음에는 어떤 발명을 하거나 발견을 해서, 상품개발의 시작을 만드는 과학자가 중요할 수 있습니다. IT회사도 처음엔 개발자들이 사업을 시작하는 것과 마찬가지입니다. 하지만 시간이 흐르고 상품을 발전시키기 위해 사람과 돈이 필요할 것이고, 이를 효과적으로 운용할 수 있는 경영자에게 힘이 실릴 것이라고 생각합니다. 하지만 이 둘 모두 누구 하나 빠지면 기업이 힘차게 성장할 수 없습니다. 서로가 비어 있는 곳을 채워주려 할 때 각자의 파트가 빛날 것이라고 생각합니다.

전문가의 조언
★★★★★

이 회사는 왜 이런 질문을 할까? 의도를 파악할 것

이런 질문에는 여러 답변이 나올 수 있다. 질문자는 아무 제한을 두지 않았다. 따라서 답변자가 위에서처럼 '사업을 같이 한다면'이란 가정을 세우고 답변할 수도 있고, 그런 가정 없이 막연하게 둘 중 누가 중요하다고 개인적인 견해를 밝힐 수도 있다.

면접장에서 이 질문이 들어왔다면 그 의도를 살펴야 한다. LG화학은 엔지니어, 화학자, 경영자, 지원부서 근무자 등 여러 분야 사람이 같이 일하고 있다. 당연히 갈등도 존재할 것이다. 이런 상황을 감안하고 질문을 파악하면서 답변하는 게 중요하다.

위 답변자는 두 사람이 같은 회사에 있다는 것을 가정하고 사업 초기, 후기로 나누어 중요성을 답변했다. 하지만 말미에 서로가 필요한 존재라는 것을 어필하며 화합의 결론을 내렸다. 면접관의 의도와 적합한 답변이라고 판단된다.

전화기와 키보드의 숫자 버튼 배열이 다른 이유는?

SK 텔링크, 팬택

답변사례

잘 모르겠습니다만, 꼭 알고 싶습니다

전화기는 핸드폰 전화기 숫자 버튼을 말씀하시는지요? 어디선가 들었는데 제가 긴장한 탓인지 잘 생각나지 않습니다. 죄송합니다. 하지만 무척 궁금합니다. 나중에 꼭 그 이유를 찾아서 알고 싶습니다.

전문가의 조언
★★★☆

모르면 솔직히 얘기하라, 억지대답이 더 무리수

위 질문은 주로 IT 업계에서 나온다. 전화기 버튼은 수화기를 든 상태에서 손가락이 위에서부터 입력할 가능성이 높기에 배열이 위부터 시작되고, 키보드는 손목을 책상에 두고 아래에서부터 입력하므로 아래에서부터 배열된다고 얘기하면 무난하다. 추가로 사용자 인터페이스(UI; User Interface)*로 이루어진 것이라고 말하면 더 전문적일 것이다.

하지만 면접장에서 갑작스러운 질문으로 아는 내용도 쉽게 답하지 못하는 경우가 있다. 이럴 때는 잠깐 시간을 달라고 하거나, 그래도 생각나지 않는다면 위 지원자처럼 모르겠다고 말하는 게 좋다. 면접장에서는 정답을 말하는 지원자를 원하는 게 아니라 자신감과 예의바른 태도를 가진 지원자를 만나고 싶어한다.

면접관들이 무리수 1위로 뽑은 사람은 억지대답을 하는 사람이라고 한다. 무리한 행동을 하거나 어거지로 끼워맞추기 대답을 하면 듣는 사람이 괴롭다.

사용자 인터페이스(UI)

사용자 인터페이스는 주로 사용자가 컴퓨터 등 기계와 상호작용하는 것을 말한다. 사용자 인터페이스를 판단하는 기준으로 '사용성'(Usability)이 있다. 좋은 사용자 인터페이스가 있으면 초보라도 쉽게 컴퓨터를 사용할 수 있다.

성형수술을 해주고 싶은 사람 2명을 꼽는다면?

기출기업 LG화학

답변사례

3살짜리 구순구개열 환자 아기와 박명수입니다

제가 자원봉사하는 은평천사원에 저를 따르는 3살짜리 아기가 있는데 선천적인 장애로 언청이, 즉 구순구개열 환자입니다. 여건이 안되어 수술을 못하고 있는데, 밥 먹을 때도 불편해하고 숨쉴 때도 쌕쌕거립니다. 제가 만약 성형수술을 해줄 수 있는 여건이 된다면 이 아이를 먼저 해주고 싶습니다.

두 번째로 개그맨 박명수를 해주고 싶습니다. 박명수는 20대 시절 쌍꺼풀 수술을 했지만 당시 성형의술이 발전이 덜 된 탓인지 잘 안되었다고 합니다. 제가 보기에도 좀 부담스럽습니다. 많은 사람들이 좋아하는 개그맨이지만 그의 눈은 좀 부담스러워합니다. 안구정화를 위해서라도 꼭 해주고 싶습니다.

전문가의 조언
★★★★

 면접도 대화! 유머와 재치를 활용하라

업무와 관련된 답변을 할 필요가 없는 질문이다. 이런 경우에는 무난한 답변보다 튀는 답변, 센스가 돋보이는 답변이 좋다. 위 지원자는 자신이 자원봉사활동을 하고 있다는 점을 어필했으며, 이곳의 아기를 도와주고 싶다고 말했다. 이렇게 말하고 끝났다면 뭐랄까, 좀 착하지만 무난한 사람으로 보였을 것이다. 하지만 마지막에 박명수를 언급하고, 국민들의 안구정화를 위해 꼭 해주고 싶다는 말까지 덧붙여 면접관을 즐겁게 했다. 면접장도 대화가 오가는 곳이다. 대화 속 유머와 재치는 서로에게 호감을 더하는 감미료 같은 것이다. 꼭 활용하길 바란다.

한 문장으로
자신을 표현한다면?

기출 기업　SK커뮤니케이션즈, 일진디스플레이, 한국정보화진흥원

답변사례

사자성어로 표현하면 외유내강입니다

사자성어로 저 자신을 표현한다면 '외유내강'이라고 할 수 있습니다. 겉으로 봤을 때 유약해 보이고 여려 보이지만, 저는 끝까지 살아남을 수 있는 강함이 있습니다. 지금까지 1학기 때는 학급 임원이 된 적이 없지만 2학기 때 학급 임원이 된 경우가 많았습니다. 첫인상과 달리 강한 모습을 주변에서 알아보았기 때문입니다.

전문가의 조언
★★★

진실된 모습이 중요, 무난한 내용은 피하자

요즘 면접 트렌드 중 하나는 '나를 알고, 나를 표현하자'다. 이 질문은 면접관이 지원자가 제시하는 정보를 통해 지원자를 알아가기 위한 것이다. 공감이 가든 공감이 가지 않든, 재질문이 들어올 것이기 때문에 지원자는 자신을 치장하지 말고 진실된 모습을 보여주는 게 좋다. 면접 전에 자신의 경험을 토대로 키워드를 뽑아보자. 몇몇 지원자는 MBTI*나 심리테스트를 하기도 하는데, 보조적인 도움은 될 것이다.

여기서 주의할 것은, 무난해서는 안된다는 것이다. 위 지원자는 외유내강의 근거로 2학기 학급 임원 경험을 얘기하고 있지만, 좀 지루한 편이다. 여러 지원자와 함께 단체면접을 보게 될 경우 자칫 묻힐 수 있으므로, 톡톡 튀는 답변으로 차별화시키는 게 중요하다.

MBTI(Myers-Briggs Type Indicater)

MBTI는 성격유형 지표로, 융의 심리 유형론에 기반한 심리검사를 말한다. 선호경향을 통해 인간의 행동이 어떻게 발현되는지 알 수 있다.

090

1달에 책은 몇 권 읽는가? 최근에 읽은 책은?

기출기업　LG디스플레이, LG생활건강, LG화학, 근로복지공단, 삼성물산, 유한킴벌리, 이마트, 정보통신산업진흥원, 한국석유공사, 한국자산관리공사, 한국중부발전, 한국지엠, 한전KPS

답변사례

1달에 1권, 에세이를 중심으로 읽습니다

1달에 1권 정도 읽습니다. 주로 에세이 분야입니다. 사실 취업준비 때문에 많은 책을 읽지 못하지만, 꼭 챙겨서 읽을 책은 메모해두고 서점에서 구입한 후 읽습니다.

최근에 읽은 책은 혜민스님의 《멈추면 비로소 보이는 것들》입니다. 공중파의 《힐링캠프》란 프로그램에서 스님이 나온 후 읽게 되었습니다. 바쁘게 사는 현대인에게 잠깐 멈추고 주변을 돌아보라는 메시지가 지금 제 상황에 딱 맞아 좋았습니다.

전문가의 조언
★★★

인문학 열풍, 독서력을 꼼꼼히 보는 면접관도 있다

거의 대부분의 기업에서 나오는 질문이다. 스티브 잡스 덕분에 국내 비즈니스 업계에도 인문학을 공부하자는 열풍이 일고 있다. 면접관도 이런 분위기를 감지하고 질문을 던졌을 것이다. 하지만 모든 면접관이 책을 많이 읽는 것은 아니다. 직장인 평균 월 1.3권이라는데, 이는 위 지원자랑 거의 맞먹는 수준이다.

하지만 이런 질문을 하는 면접관은 다른 면접관에 비해 평소 독서를 많이 할 뿐 아니라, 그런 지원자를 한눈에 알아볼 가능성이 높다. 그의 입장에서 봤을 때, 지원자가 읽은 에세이는 베스트셀러이고 평이하다. 여가활용을 위한 독서 정도로 볼 수 있다.

똑같은 스펙에 비슷한 호감도를 가진 2명의 지원자가 있었다. 하지만 이 질문으로 승패가 갈렸다. 최종합격을 한 지원자는 영화를 보고 나서 빅토르 위고의 《레 미제라블》완역본을 읽었다고 말했다. 느낀 점을 물었더니, 우리나라 대하소설 《태백산맥》과 비슷하다고 답했다. 그 이유로, 빈부격차 남녀노소 상관없이 수많은 인물을 파헤친 점, 어떤 위치에 있든 인간은 모두 위대하며 존중받을 가치가 있다는 것을 말했다는 점을 들었다.

이 책을 보고 지금 당장 고전을 읽는다면 말리진 않겠다. 하지만 촉박한 상황에서 시간 낭비일 수 있다. 자신이 읽고 싶어서라면 모를까. 따라서 되도록 베스트셀러 목록 중에서 경제경영 분야는 챙겨보도록 하자. 읽을 시간이 없다면 리뷰나 인터넷 서점의 정보도 쓸

만하다. 왜냐하면 경제경영 분야 베스트셀러는 우리 사회 오피니언 리더들인 CEO, 임원, 회사원들 대다수가 읽고 있으며, 그들은 대부분 당신이 만나게 될 면접관들이다. 따라서 위 책에 대한 정보를 습득하고 이들과 유대감을 형성하며 자연스럽게 얘기를 나눌 수 있다면 면접에 큰 도움이 될 것이다.

하지만 중요한 것은 꾸준히 독서를 하고 자신의 소양을 높이는 것이다. 사회는 점점 기능적인 인간보다 창의적이고 사고하는 인간을 원한다. 이를 위해 독서만큼 좋은 게 없다.

 **취업, 한걸음더!**

기업이 원하는 인재는 인문학적 소양을 갖춘 사람

기업이 원하는 인재는 7가지로 요약된다.

1. 위기와 변화에 강한 인재
2. 가시적이고 단기적 성과를 내는 인재
3. 글로벌 이슈에 밝은 인재
4. 조직적인 리더십을 갖춘 인재
5. 인문학적 소양을 갖춘 인재
6. 스마트워킹 등 유연한 실무능력을 갖춘 인재
7. 끊임없이 학습하는 인재

국내 기업에 인문학 열풍을
불러일으킨 스티브 잡스

대기업 인사관계자는 애플, 페이스북 등 세계적인 기업들처럼 상상력과 창의력을 바탕으로 종합적인 사고를 할 수 있는 인재를 찾고 있다고 말했다. 이를 판단할 수 있는 것으로 인문학적 소양을 꼽았으며, 이는 지원자의 독서이력을 통해 확인할 수 있다고 말했다.

직무에 걸맞는 자기계발을 꾸준히 하고 있는가?

답변사례

재무 관련 자격증 3개 취득, CPA가 최종 목표입니다

저는 대학에서 경영학을 전공했습니다. 경영학을 하다 보면 여러 분야를 접합니다. 특히 저는 재무 관련 수업을 들으면서 적성에 맞다고 생각했습니다. 전공수업도 재무회계, 원가회계, 재무관리, 증권투자론, 세법, 상법 등 재무 관련 수업을 들으며 재미를 느꼈고, CPA*를 준비하기도 했습니다.

그리고 일부러 재무 관련 실무를 익히기 위해 작은 기업 경영지원팀에 들어갔습니다. 배운 것과 실무 사이에는 차이가 있었지만 제가 이 일을 해야겠다는 생각을 확실하게 한 계기였습니다. 현재 취득한 자격증으로는 전산세무, 전산회계 1급 자격증, 재경관리사 자격증을 취득한 상태이며, IFRS* 관리사를 준비 중입니다. 최종적으로 CPA를 따고 싶습니다.

전문가의 조언
★★★★★

목표가 뚜렷하면 자기계발 방안도 쉽게 보인다

위 지원자는 목표와 비전이 뚜렷하다. 따라서 자기계발 계획도 명확히 세웠으며 자격증 취득이라는 구체적인 성과도 이루었다. 이렇게 목표의식이 뚜렷한 지원자는 면접장에서 눈길을 끌 수밖에 없다. 실무형 인재를 선호하는 요즘 분위기에서 이런 지원자는 합격자로 도장을 찍을 가능성이 높다.

이렇게 지원분야가 확실하고, 이에 따른 자격증이 필요한 경우 목표가 분명하므로 달리기만 하면 된다. 어쩌면 큰 고민이 필요 없다. 열심히만 하면 되니까. 문제는 딱히 자격증도 필요없고, 전공도 상관없는 분야에 지원한 경우다. 이럴 때는 경쟁자와 차별화하는 경험이 필요하다. 되도록 직무를 분석하고, 회사마다 특성을 파악해서 그에 걸맞는 자기계발을 하자. 틈새를 노리고 노력을 집중해야 성공확률도 높아진다.

CPA(Certified Public Accountant)

회계에 관한 감사, 감정, 증명, 계산, 입안 또는 법인설립에 관한 회계와 세무 업무를 하는 사람을 말한다.

IFRS(International Financial Reporting Standards)

회계와 재무제표 처리에 대한 국제적 통일성을 위해 만든 국제적 회계기준을 말한다.

한자 수준은 어느 정도인가?
근검절약의 뜻은?

**기출
기업** 중소기업진흥공단, 한국공항공사

답변사례

한자 공부를 많이 하지 못했습니다

먼저 근검절약 한자 뜻을 말씀드리자면, 근은 '근근히 살아갈 근', 검은 '검소하게 살아갈 검', 절은 '절절하게 살아갈 절', 약은 '약소하게 살아갈 약'입니다. 물론 이게 맞는 답이 아닌 것은 잘 압니다. 하지만 최선을 다해 답해봤습니다.

저는 한자자격증*을 준비한 경험이 있지만, 다른 자격증 공부에 밀려 준비를 소홀히 했습니다. 귀사가 한자를 많이 필요로 한다면 한자 공부를 꾸준히 할 것이며, 자격증도 따겠습니다.

전문가의 조언
★★★

공무원, 공기업 지원자는 한자 공부 필요

공무원, 공기업 면접이나 일반기업이라도 창업자가 현역으로 있을 경우 사자성어 뜻을 묻거나, 부모님 성함을 한자로 묻기도 한다. 관공서는 면접관들이 상대적으로 연령이 높은 한자세대이고, 실제로 민원 업무에 여전히 한자 사용이 많다. 따라서 면접 전 한자 관련 자격증을 취득하거나, 주요 한자의 뜻을 알고 들어가면 좋다. 삼성을 비롯한 대기업들도 폐지논란이 계속되고 있지만 인적성검사시 한자 가산점을 주고 있으니 참고하길 바란다.

한자자격증

많은 기업에서 한자자격증 소지자에게 가산점을 주고 있지만, 폐지하려는 분위기가 크다. 삼성의 경우 2016년 현재 가산점을 주고 있긴 하지만, 앞으로 추이를 지켜볼 필요가 있다.

기출 사자성어는 공무원의 자세 등이 포함된 내용이 많다. 예는 다음과 같다.

▶ 읍참마속(泣斬馬謖) : 사사로운 감정을 버리고 엄정히 법을 지켜 기강을 바로세우는 일
▶ 시위소찬(尸位素餐) : 하는 일 없이 국가의 녹을 축내는 정치인
▶ 갈택이어(竭澤而漁) : 눈앞의 이익만을 추구해 먼 장래를 생각하지 않는 일

경제학과 경영학의
차이와 장단점은?

롯데백화점, 롯데스위트랜드, 한국무역보험공사, 한국수출입은행, 한국은행

답변사례

경제학은 자원과 배분을 연구, 경영학은 삼성 등 기업을 연구합니다

경제학은 인간의 경제활동이 시작된 이후부터 자원과 배분에 관한 연구를 하는 학문이고, 경영학은 쉽게 얘기하면 구글, 삼성, 현대 같은 기업에 대해 배우는 학문입니다. 구체적으로 들어가면 경제학은 거시경제, 미시경제로 나뉘고, 경영학은 인사, 마케팅, 생산, 재무 등으로 나뉩니다.

경제학의 장점은 사회과학이므로 인간 본연의 욕구를 탐구하지만 경제적 실행수단으로서 한계가 있습니다. 따라서 이에 대한 실용적 연구를 위해 탄생한 게 경영학입니다. 인간의 생산력을 높이고 효율적으로 운영하는 방법에 대해 연구하는 학문이기 때문입니다. 경영학은 경제학에 비해 최근 태동된 학문이며, 경제학에 포섭된다고 봅니다.

전문가의 조언
★★★★

금융기관과 대기업에서 종종 등장하는 질문

이 질문은 금융 공기업과 주요 대기업에서 자주 등장한다. 경제학과 경영학을 복수전공하는 학생이 많아지면서, 전공에 대한 견해와 요약을 어떻게 해내는지 알기 위해서다. 해당 조건에 처한 지원자라면 이 두 학문의 정의, 차이점 등을 정리해두면 좋을 것이다. 면접관의 재질문이 들어와 두 학문에 대한 이해도를 파악하는 데 많은 시간이 할애될 것이므로, 모의토론 등의 형식을 빌어 준비해두면 좋다.

경제학에 많은 비중을 두는 곳은 정부 공공기관인 한국은행, 한국수출입은행 같은 곳이고, 경영학에 많은 비중을 두는 곳은 일반기업 쪽이다. 금융권의 경우 모두 선호하는 편이다.

학교 다닐 때
공부하는 스타일은 어땠나?

기출 기업 CJ오쇼핑, LG전자, 한국증권금융

답 변 사 례

강의 녹음 10번 들은 후 나만의 노트를 작성했습니다

저는 영어를 잘하는 편이 아니었습니다. 하지만 취업을 앞두고 자연스럽게 토익을 준비했고, 미래를 위해 고득점은 필수라는 생각을 했습니다. 이를 위해 저의 습관과 공부법을 바꿀 필요를 느꼈고, 선생님과 친구들에게 조언을 구했습니다. 토익시험 문제 유형조차 몰랐던 저는 오로지 만점을 목표로 삼았고, 끊임없이 '할 수 있다'는 자기최면을 걸었습니다.

처음엔 기대와 다른 점수를 받았지만, 여기에서 물러나면 취업은 없다는 생각에 제 모든 것을 걸고 공부에 매진했습니다. 토익학원에서 선생님의 수업내용을 한마디도 놓치지 않기 위해 녹음을 했고, 녹음된 내용을 10번 듣고 제나름대로 노트를 작성했습니다. 나중에는 제가 작성한 노트로 책을 만들어도 좋다는 생각이 들 정도였습니다. 그결과 두 번째 시험에서는 점수가 크게 올랐고, 5번 도전 끝에 만점을 받게 되었습니다.

전문가의 조언
★★★★

지방대 출신이지만, 토익 만점으로 자신감 피력

이 질문은 이렇게 공부해서 성공했다더라 하는 임상경험이 있는 지원자에게 유리한 질문이다. 지금은 덜하긴 하지만 여전히 대기업에서 명문대 출신을 선호하는 이유는 효율적인 학습을 할 줄 알기 때문이다. 그 결과가 바로 대학 합격 아니던가. 기업에서는 넘치는 정보 중 알아야 할 것과 버려야 할 것을 구분하는 능력이 필요하다. 이를 판단할 기준을 학벌이라고 보는 면접관도 여전히 존재한다.

만약 대학 졸업장으로 자신을 증명할 수 없다면, 다른 경험을 제시하는 게 좋다. 자격증을 많이 땄다든지, 논문을 많이 썼다든지, 퀴즈 프로그램에서 수상했다든지 등.

위 지원자는 지방대 출신이지만 토익점수 만점을 받은 경험을 말하고 있다. 고득점과 만점은 다르다. 지원자의 성과에 면접관도 귀를 기울이며 들었을 것이다. 추가로 취업시장에서 자신의 취약점을 극복하기 위해 만점에 도전했고, 그 결과 어떤 시험도 잘 볼 자신이 있다고 피력했으면 더욱 좋았을 것이다. 학벌을 뛰어넘는 것은 바로 자신감이니까.

이 자격증은 왜 취득했나?
회사에 도움이 될까?

기출기업 IBK기업은행, JW중외제약, LG전자, 대신증권, 대우조선해양, 삼성에버랜드, 삼성전자, 신한은행

답변사례

회사에 도움이 되는 자격증 역시 취득했습니다

취업을 준비하면서, 학점도 그리 높지 못하자 자격증 취득이 합격의 지름길이라고 생각했습니다. 그래서 공부하다 보니 금융과 별 관련 없는 유통관리사 자격증도 따게 되었습니다. 하지만 금융3종 자격증인 펀드투자상담사, 증권 투자상담사, 파생상품투자상담사도 취득했습니다.

전문가의 조언
★

별 관련 없는 자격증은 자기소개서에서 과감히 삭제

기업마다 가산점을 주는 자격증이 따로 있다. 만약 별 관련이 없는 자격증이라도 취득 했다면 자기소개서에 기입하면 좋을까? 전혀 아니다. 면접관은 이 사람은 목표가 불분명 하고 여차하면 다른 업종으로 갈 사람이란 인상만 갖게 된다. 따라서 연관 없는 자격증은 아까워하지 말고 과감히 삭제하자.

작년 KB국민은행에 입사한 지원자는 지방대 경영학과 출신에 금융권에 필요한 자격증 도 없었다. 하지만 그는 평점 4.23으로 학점관리를 철저히 했다. 그는 은행이 성실함을 최고로 치기 때문에 학점관리에 신경을 쓴 게 주효했다고 말한다. 대신 영 어 실력은 뛰어났다. 토익점수도 높았지만 교환학생 경험을 높이 샀다고 본다. 그는 면접장에서 KB국민은행의 화두인 '글로벌 인재'에 걸맞게 크겠 다고 의지를 보였다. 이것이 합격의 원인이라고 말한다.

CFA(Chartered Financial Analyst)
국제재무분석사 자격증. 증권가 애널리스트, 펀드매니저 등으로 활동한다. 국제 자격증이다.

취업, 한걸음더!

최근 금융권에서는 자격증과 전공에 대해 어떤 생각을 할까?

금융권 취업을 위해 상경계열 전공자가 유리하다고 생각하지만 실제로 합격자들을 보면 각양각색이다. 비전공자가 관련 경험을 쌓은 경우 전공자와 큰 차이가 없다. 금융권 취업을 준비하는 학생들은 금융3종 자격증을 필수로 생각한다. 하지 만 요즘은 달라졌다. 금융3종 자격증은 입사 후 몇 개월만 공부하면 쉽게 딸 수 있다고 생각하기 때문이다. 대신 AFPK, CFA*처럼 흔하지 않으면서 실무에 도움이 되는 자격증을 따는 게 좋다.

새로운 기술이나 일을
습득할 때 어떻게 하는가?

기출 기업 SK커뮤니케이션즈, 대우건설, 대우조선해양

답변사례

반복되는 일보다 새로운 일을 좋아해서 즐겁게 할 것입니다

저는 반복되는 일보다 새로운 일을 좋아합니다. 그래서 새로운 일을 맡겨주신다면 즐겁게 임할 수 있을 것 같습니다. 하지만 부족한 게 많기 때문에 처음엔 시행착오가 많을 것이라고 생각됩니다. 이를 줄이기 위해 경험이 많은 선배님과 상사분들에게 상의를 드리겠습니다. 다들 바쁜시기에 꼭 필요한 질문만 정리해서 여쭤본 후 알려주신 대로 시행할 것입니다. 그래서 빠른 시간 내에 회사가 원하는 업무를 숙련되게 할 수 있도록 노력하겠습니다.

전문가의 조언
★★★★★

 ## 상사와 의논, 상대를 배려하는 답변 태도 굿

이 질문은 지원자의 학습능력과 협력의지를 엿보기 위한 것이다. 위 지원자는 창의적인 일을 좋아할 것 같은 느낌을 준다. 그리고 시행착오를 줄이기 위해 선배들과 의논한다는 얘기도 빼놓지 않았다. 눈길이 가는 대목은 선배와 상사가 바쁜 사람들이니 방해가 되지 않도록 꼭 필요한 질문만 하겠다는 내용이다. 막상 신입사원을 받으면 사실 상사는 피곤하다. 별것 아닌 것을 다 물어보고, 시시콜콜 가르쳐줘야 하기 때문이다. 그런데 그 심정을 간파할 걸까? 위 지원자의 말 한마디가 상대를 배려한다는 느낌을 준다.

하지만 종종 답변할 때 앞뒤 재지 않고 시키는 일은 무조건 할 수 있다고 대답하는 사람도 있다. 무조건 할 수 있다는 것을 어떻게 믿을 것인가? 그리고 질문 의도도 그런 게 아니니 주의하도록 하자.

오늘 신문 톱기사는?
최근 관심 있게 본 시사뉴스는?

기출기업 LG전자, 대한항공, 롯데정보통신, 삼성전자, 아시아나항공, 한세실업

답변사례

톱기사는 대통령 탄핵입니다

국회에서의 대통령 탄핵 투표를 앞두고 결과를 예측하는 내용이 톱기사였습니다. 그리고 새로 개통하는 수서발 SRT 고속철도에 대한 뉴스도 보았습니다. KTX와 견줄만한 속도라고 하니 앞으로의 교통수단 발전이 더 기대됩니다.

최근 관심 있게 본 시사뉴스는 '헬리콥터맘*'에 대한 것이었습니다. 초중고와 대학을 넘어 회사생활까지 자녀 주변을 끊임없이 맴돌며 일일이 간섭하는 세태를 비판하는 기사였습니다. 저 역시 대학교 때 헬리콥터맘을 둔 친구를 보았습니다. 어른이 되면 자신의 일을 책임지고 부모로부터 독립되어 살아가야 하는데 안타까웠습니다. 평생 부모가 자녀 옆에 있을 수 없는데, 이는 오히려 자녀에게 도움을 주기보다 성장을 막는 행동이 아닌가 생각했습니다.

헬리콥터맘(helicopter mom)
자녀들이 성장해서 성인이 되어도 헬리콥터처럼 주변을 맴돌며 온갖 일에 참견하는 엄마를 말한다.

전문가의 조언
★★★★★

시사뉴스에 관한 질문, 정치이슈는 되도록 피하자

종이로 된 일간지를 매일 보는 부장, 임원급 세대가 선호하는 질문이다. 지원자가 얼마나 신문을 통해 사회가 돌아가는 것을 아는지 궁금해서다. 또한 관심 있는 뉴스를 물어보는 것은 지원자의 성향을 체크하기 위해서다. 따라서 면접 전에 버스, 지하철 가판대에서 주요 일간지의 1면 뉴스는 확인하고 들어가자. 또한 인터넷 검색을 통해 당일 이슈화된 뉴스를 꼼꼼히 체크한 후 자신의 견해를 정리해보자.

위 지원자는 1면 뉴스도 잘 챙겨서 말했고, 새 고속철도 개통에 대한 뉴스도 언급했다. 사람들의 관심이 쏠리는 큰 뉴스가 있다면 그걸 짚어주고 다른 뉴스도 추가적으로 언급해주자. 남들도 다 얘기하는 뉴스보다 하나를 더 얘기할 수 있다면 차별점이 된다.

또한 관심 있게 본 시사뉴스로, 헬리콥터맘을 언급한 것은 가볍지도 무겁지도 않아서 적절했다고 판단한다. 자칫 정치이슈를 언급하는 지원자가 있는데, 예로부터 정치와 종교는 친구 사이에도 언급하지 말라는 얘기가 있다. 견해가 다르기에 논란의 여지가 많기 때문이다. 하물며 면접장에서는 더욱 피할 일이다. 마침 아시아나항공 면접장에서 헬리콥터맘에 대한 질문이 오갔다고 한다. 사직서도 엄마가 내주는 세상에, 자칫 그런 부모 밑에서

자란 지원자가 들어올까 기업은 걱정되기 때문이리라.

무엇보다 시사 관련 질문에 대한 준비는 꾸준한 뉴스 구독이 정답이다. 경제, 정치 문제로 재질문이 들어올 경우 개인적 견해를 말하기보다 객관적 데이터를 근거로 대안을 제시하는 게 좋다. 만약 모르는 것이 있다면 솔직하게 모른다고 답하자. 무리하게 답하다 곤경에 처할 수 있다.

098

자주 가는
인터넷 사이트는?

기출기업 IMC게임즈, SK커뮤니케이션즈, 대한항공, 롯데홈쇼핑, 한화생명

답변사례

취업준비를 위해 어학, 토익, 취업 사이트가 대부분입니다

아무래도 취업을 앞두고 있어서인지 어학학습 사이트, 토익 관련 사이트, 학교 취업게시판, 취업 관련 커뮤니티를 자주 갑니다. 공부방법이나 취업상담을 하기도 하고, 매일 올라오는 취업성공기를 읽기도 합니다. 제가 멘토로 삼고 있는 분의 홈페이지도 자주 갑니다. 자기소개서 작성법이나 면접에 관한 조언도 얻게 되어 매우 유익합니다. 이렇게 취업준비 사이트만 돌아다녀도 하루가 가는 것 같습니다.

전문가의 조언
★★★

 ### 회사, 직무 연관 사이트 방문, 아예 차별화하는 것도 필요

답변을 보니 어떠한가? 여러분도 비슷하지 않은가? 면접관도 여러분의 인터넷 서핑생활이 이럴 것이라고 생각한다. 하지만 이곳은 면접장이다. 누구나 하는 경험 말고 차별화된 경험을 말하는 사람에게 점수를 줄 수밖에 없다.

위 지원자는 취업에 초점을 맞추어 인터넷 사이트를 돌아다니지만, 자신의 목표와 견해 없이 휩쓸려다닌다는 느낌을 준다. 취업준비를 할 때 입사하려는 회사에 대한 얘기나 직무에 대한 얘기를 추가하면 좋았을 것이다.

이 질문은 주로 IT 기반 회사에서 자주 하는 편이다. 이럴 때는 전문성을 높이기 위해 인터넷을 어떻게 활용하고 있는지 답해야 한다. IT 트렌드를 빠르게 접하는 외국 사이트를 얘기하면 면접관은 오히려 그 정보를 궁금해하며 재질문을 던질 것이다. 한 지원자는 IT, 게임 신상품 정보를 토론하는 미국 팟캐스트를 언급해 눈길을 끌었다. 트렌드에 민감하고 전문성이 강한 사람이라는 인상을 주었다.

한 지원자는 질문의 의도에 충실히 답한 후 추가로 카레이서로 활동 중이며 자동차 포털 커뮤니티에서 신차 리뷰와 시승기 경험을 올린다는 얘기를 했다. 남자들은 대부분 자동차를 좋아한다. 면접관들도 대부분 남성인데다 자동차에 관심이 많아서, 다른 지원자를 제치고 이 지원자에게 다양한 질문공세를 퍼부었다. 차별화에는 확실히 성공한 셈이다.

앞으로 기회가 된다면 공부를 더 할 것인가?

기출 기업 LG전자, NH농협

답변사례

기회가 된다면 박사학위도 취득하고 싶습니다

저는 공부에 대한 욕심이 많습니다. 회사에서 필요한 실무 공부는 물론, 전공과 연관된 공부도 하고 싶습니다. 회사에서 기회를 주신다면 대학원에 진학해 공부를 더 하고 싶습니다. 논문만 남겨놓은 석사과정도 마무리하고 싶고, 여유가 된다면 박사학위도 취득하고 싶은 게 제 소망입니다.

전문가의 조언
★

 ## 직무와 연관된 공부가 아니면 오히려 우려를 낳는다

기업은 끊임없이 공부하는 사람을 좋아한다. 하지만 기업 입장에서 생각해보자. 업무에 필요한 공부를 하는 직원을 좋아할까, 개인적인 공부를 하는 직원을 좋아할까?

위 지원자는 대학원에 진학해 석박사를 따고 싶다고 말했다. 물론 전공과 관련된 분야이고 지원한 업종과도 연관되어 있으리라. 하지만 이 지원자가 공부하는 동안 업무하중은 동료 직원에게 떨어질 수밖에 없다. 만약 스펙이 좋은 지원자라면 석박사 학위를 취득해 더 나은 회사로 가거나, 아예 업종을 전환해 교수직을 원할 수도 있을 것이다.

따라서 면접관이 이런 점을 우려하고 질문을 던졌는데 위와 같은 답변을 들었다면 당연히 입사는 힘들어질 것이다. NH농협에 입사한 한 지원자는 CS* 관련 공부를 하고 싶다고 말했다. 이 사람은 호스티스병동 자원봉사 경험이 있으며, 자신의 경험을 통해 고객응대를 잘할 수 있을 것이라고 말했다. 입사 후에는 업무와 연관된 CS 공부를 열심해 해보고 싶다는 의지를 보였다. 면접장에서도 자신 있는 모습과 웃는 모습을 보였으며, 결국 금융자격증

CS(Customer Satisfaction)
고객만족을 목표로 하는 경영. 기존 매상고나 이익증대 같은 목표와 달리, 고객에게 최대의 만족을 주는 것에서 기업의 존재의의를 찾으려는 경영방식을 말한다.

이 없는데도 합격했다.

최근 기업에서 뽑는 기준은 스펙, 자격증보다 인성에 관심을 기울인다. NH농협은 입사 후 금융자격증 취득과 교육지원이 자체적으로 잘 되어 있다. 따라서 금융자격증이 없다고 입사를 못하는 추세는 아니다. 위 지원자는 객장에서 고객응대를 잘해낼 것이라는 믿음을 주었으며, 이를 위해 CS 공부까지 하고 싶다는 의지를 주어 면접관의 믿음을 얻었다.

경험이 없는 일을
맡게 된다면?

SGI서울보증, 대우조선해양, 삼성전자, 한국릴리, 한국얀센, 한국오츠카제약

답변사례 **길거리 신발 판매 경험으로 자신감을 얻었습니다**

대학교 1학년 겨울방학 때 ABC신발에서 판매 아르바이트를 했습니다. 연말 50% 세일기간이고 재고를 털어야 해서 가판대를 세우고 지나가는 행인들에게 제품을 홍보하며 판매작업을 진행했습니다. 처음에는 너무 어색하고 창피해서 아무 말도 못했습니다. 지점장님에게 혼난 후, 집에 와 거울을 보며 큰 목소리로 연습했습니다. 다음날 지점장님께 양해를 구하고 선글라스를 낀 채 세일즈를 했습니다. 하지만 다음날부터 선글라스를 벗고 일을 할 수 있었습니다.

지점장님은 제 노력이 가상했는지 다음에도 함께 일하자고 하셨습니다. 저는 그 이후 포기하지 않고 노력하면 뭐든지 해낼 수 있겠다는 자신감이 생겼습니다. 따라서 경험이 없는 일이 주어진다 해도 처음에만 힘들지, 며칠 지나면 능숙하게 해낼 수 있습니다.

전문가의 조언   **회사에서 필요한 사람은 왕자 공주가 아니다**
★★★☆

회사는 학교가 아니다. 때로는 예상하지 못한 일도 해내야 하고 생소한 일도 경험해야 한다. 위 지원자는 자신의 경험을 얘기하며, 면접관에게 이런 일을 무난히 해낼 수 있는 사람이란 인상을 주었다.

회사에서는 왕자 공주처럼 떠받들 사람이 필요한 게 아니다. 자신의 일을 덜어주고 함께 해낼 전우가 필요하다. 부족하더라도 그런 사람이 될 수 있다는 의지를 보여준다면 면접관은 지원자에게 호감을 느낄 것이다.

101

공부를 열심히 해본 경험이 있는가?

기출 기업   LG디스플레이, 교통안전공단, 신세계푸드, 포스코

답변사례

사회탐구 영역 전교 1등, 전국 3등을 했습니다

저는 고등학교 3학년 때 사회탐구 영역은 전교 1등, 전국 3등을 했습니다. 워낙 좋아하는 과목이었고 인터넷강의 도움을 받아 하루, 1주일, 1달치 계획을 세우고 실천하기 위해 노력했습니다. 수학 쪽은 성적이 안 좋아서 서울 4년제대학이 어렵다고 생각했지만 사회탐구 점수가 잘 나오면서 국어, 영어 점수도 오르기 시작했고 지금의 대학교에 들어오게 되었습니다. SKY대학은 아니지만 저는 만족합니다. 스스로 변화하는 제 자신에 기쁨을 느꼈고 그 결과 들어온 학교이기 때문입니다.

전문가의 조언
★★★★

자기주도력이 있는지 알아보기 위한 질문

이 질문을 하면서 면접관들은 지원자에게 과외를 받은 경험이 있는지 묻기도 한다. 강남 출신 수재들이 부모의 재력과 기획력에 많이 의존하고 있다는 통계가 나오면서 등장하고 있는 질문들이다. 이 질문은 지원자가 자기주도력이 있는지 알아보기 위한 측면이 강하다. 공부를 할 때 자기주도력이 있다면 일을 할 때도 자기동력을 가지고 일할 것이란 기대 때문이다.

위 지원자는 사회탐구 영역을 열심히 했고, 자신감이 생겼다고 말했다. 물론 과외를 따로 받은 것도 아니다. 절대적으로 성적의 우위를 경험한 것은 아니지만, 자신의 힘으로 공부의 기쁨을 느꼈다는 게 중요하다.

최근 대두되는 신기술과 직무의 연관성을 설명한다면?

기출 기업 KB국민은행, 삼성전자

답변사례
모바일 시대에 걸맞는 마케팅을 기획하겠습니다

CRM(Customer Relationship Management)
고객과의 관계를 경영적 측면에서 살펴보는 것을 말한다. 고객정보를 모아서 DB화하고 분석한 후 개선된 서비스를 제공한다.

저는 마케팅팀에 지원했습니다. 최근 대두되는 기술은 모바일에 집중되고 있습니다. 고객 CRM*에 기반해 고객의 생활패턴을 파악해 적절한 상품정보를 이벤트와 곁들여 영업기획을 하면 좋을 것 같습니다. 예를 들어 귀사의 제품 광고에 5% 쿠폰을 준다는 메시지를 같이 내보낸 다든지, 신학기 학생을 둔 학부모에게 종합학용품세트를 선착순으로 할인해준다든지 등의 유용한 기획을 하면 좋을 것 같습니다.

전문가의 조언
★★★★

모바일, SNS 등을 어떻게 마케팅에 이용할까?

이 질문은 IT 전문기업의 실무면접시 자주 등장하는 질문이다. 하지만 롯데백화점 같은 일반기업에서도 종종 등장하니 참고하도록 하자. IT 외 일반기업에서 던지는 이런 질문은 결국 자신의 업무를 모바일, SNS 등을 이용해 어떻게 마케팅에 응용할 것인지를 답하는 게 관건이다.

자신의 직무와 상관없이 급변하는 기술변화에 사업 포트폴리오는 물론 매출추이까지 좌우되는 시대다. 따라서 기업은 이런 변화를 감지해내고 응용할 수 있는 사람을 찾는 게 관건이다. 기업 내에서 모바일마케팅 부서가 따로 만들어지고 인턴과 경력 경험을 가진 지원자를 우대하는 분위기이니 참고하자.

인문학에 관심이 있는가?
특히 어떤 분야인가?

기출 기업 KB국민은행, 삼성전자

답변사례

《아프니까 청춘이다》를 읽고 인문학에 관심을 가졌습니다

김난도 교수님의 《아프니까 청춘이다》를 읽으면서 인문학에 관심을 갖게 되었습니다. 취업에 지친 학생들의 마음을 달래주는 내용에 관심이 있습니다.

전문가의 조언
☆

스티브 잡스 이후 기업이 관심을 갖게 된 인문학

인문학의 사전적 의미는 '인간의 사상과 문화를 대상으로 하는 학문'이다. 대표적으로 문사철, 즉 문학, 사학, 철학을 말한다. 위 지원자가 말한 책도 인간과 관련된 책이기에 넓게는 인문학이라고 칭할 수 있겠지만, 면접관이 질문한 인문학은 가벼운 에세이보다는 깊이 있고 통찰을 얻을 수 있는 분야를 의미했을 것이다. 엄밀히 말해서 《아프니까 청춘이다》는 위로를 주는 책이지 사고를 하게 만드는 책은 아니다. 따라서 면접관은 지원자가 인문학에 큰 관심이 없다는 것을 알게 될 것이다.

최근 KB국민은행의 인문학 면접이 관심을 끌고 있다. 면접 때 나올 질문을 인문학 서적에서 뽑겠다며 리스트를 공개했다. 토익, 봉사활동, 유학 등 스펙으로 취업하는 시대가 저물고 있다. 이렇게 입시와 취업에서 소외시되던 독서이력이 변별력으로 부상하고 있는 이유는 무엇인가? 국내기업이 선진국 상품을 모방해서 살아남는 2등 전략에서 이제는 선두에 서야 살아남는다는 1등 전략으로 바뀌었기 때문이다. 애플의 CEO 스티브 잡스가 "기술은 인문학과 결합해야 한다"고 말한 이후 우리나라 CEO들의 인식이 바뀐 것도 영향이 크다. 즉 인간을 제대로 알아야 기업이 제대로 된 상품을 생산하고 마케팅할 수 있다는 인식이 생긴 것이다.

인문학적 토대 위에서 성장할 수 있는 게 바로 사고력과 창의력이다. 인문학 공부를 한 사람은 자기소개서 쓰는 것만 봐도 알 수 있다. 평이한 생각보다 차별화된 생각, 세상에 자기만이 할 수 있는 얘기를 쓰기 때문이다. 주입식교육을 잘 받은 인재보다 사고하고 창의적으로 문제를 해결할 줄 아는 인재가 필요한 시대다. 구글은 최근에 채용인원 6,000명 중 5,000명을 인문학도로 채웠다. 포스코는 오래전부터 인문학 소양을 면접에서 점검해왔다. 이런 현상에서 알 수 있듯, 이제는 생존을 위해 인문학적 사고력이 필요한 시대다. KB국민은행도 한 때 심층면접을 진행하면서 '인문학 면접용 도서목록'을 제공한 적이 있었다. 현재는 새로운 도서목록을 선정하지 않고 있지만 당시에는 면접에 목록의 인문학 책들을 읽고 오라고 할 정도였으니, 어떤 책부터 읽어야 될지 모르겠다면 다음의 인문학 도서목록부터 읽어보면 어떨까?

취업, 한걸음 더!

KB국민은행의 심층면접 인문학 도서목록

2012년 하반기 KB국민은행은 지원자의 역량평가를 위해 심층면접을 실시했다. 이때 KB국민은행은 인문학 도서목록을 공지한 후 해당 서적을 읽고 면접에 참여하도록 했다. 다음은 2014년에 공지한 인문학 도서목록이다. 참고하길 바란다.

《고도를 기다리며》 사무엘 베케트 지음 / 민음사 출간
《군주론》 니콜로 마키아벨리 지음 / 까치 출간
《꾸뻬 씨의 행복 여행》 프랑수아 를로르 지음 / 오래된미래 출간
《나는 까칠하게 살기로 했다》 양창순 지음 / 센추리원 출간
《나는 알고 있는 걸 당신도 알게 된다면》 칼 필레머 지음 / 토네이도 출간
《논어》 공자 지음 / 민음사 출간
《돈키호테》 미겔 데 세르반테스 지음 / 열린책들 출간
《마흔, 논어를 읽어야 할 시간》 신정근 지음 / 21세기북스 출간
《멈추면, 비로소 보이는 것들》 혜민 지음 / 쌤앤파커스 출간
《모모》 미하엘 엔데 지음 / 비룡소 출간
《물질문명과 자본주의》 페르낭 브로델 지음 / 까치 출간
《백년 동안의 고독》 가브리엘 가르시아 마르케스 지음 / 문학사상 출간
《변신》 프란츠 카프카 지음 / 문학동네 출간
《빅 픽처》 더글라스 케네디 지음 / 밝은세상 출간

《사기열전》 사마천 지음 / 민음사 출간

《삼국지》 나관중 지음 / 민음사 출간

《상실의 시대》 무라카미 하루키 지음 / 문학사상 출간

《생각의 탄생》 로버트 루트번스타인 지음 / 에코의서재 출간

《서른살이 심리학에게 묻다》 김혜남 지음 / 갤리온 출간

《설국》 가와바타 야스나리 지음 / 민음사 출간

《습관의 힘》 찰스 두히그 지음 / 갤리온 출간

《안나 카레니나》 톨스토이 지음 / 문학동네 출간

《왜 세계의 절반은 굶주리는가》 장 지글러 지음 / 갈라파고스 출간

《죽음이란 무엇인가》 셸리 케이건 지음 / 엘도라도 출간

《책은 도끼다》 박웅현 지음 / 북하우스 출간

《철학이 필요한 시간》 강신주 지음 / 사계절 출간

《총, 균, 쇠》 제레드 다이아몬드 지음 / 문학사상 출간

《카라마조프가의 형제들》 도스토예프스키 지음 / 민음사 출간

《피로사회》 한병철 지음 / 문학과지성사 출간

'조직관계 역량'을
살펴보는
기출질문

둘째
마당

◆ '조직관계 역량'의 5가지 항목 ◆

리더십

소속집단의 목표달성을 위해 동기부여, 권한위임은 물론, 추동력이 있는지 알아보는 항목

설득력과 영향력

반대입장에 서 있는 사람에게도 최적의 논리와 공감을 통해 설득하고 이해시키는지 알아보는 항목

사고력과 의사전달 능력

남의 생각이 아니라 자기 생각을 전개할 줄 알고, 말과 글로서 적절히 전달할 수 있는지 알아보는 항목

타인배려와 협조

타인을 지지하고 공감할 줄 알며, 소속집단에 잘 적응할 수 있는지 알아보는 항목

융통성과 적응력

변화나 예상 못한 상황이 닥쳤을 때 적극적으로 받아들이고 자신을 변화발전시킬 수 있는지 알아보는 항목

◆ 전문가가 분석한 기출질문 경향 ◆

일이 힘든 것보다 사람이 힘들다는 말이 있다. 〈둘째마당〉 '조직관계 역량'에서는 인간관계를 잘 맺고, 리더십을 가지고 생활할 수 있는 사람인지 알아보는 질문이 많다. 세부항목으로는 ① 리더십, ② 설득력과 영향력, ③ 사고력과 의사전달 능력, ④ 타인배려와 협조, ⑤ 융통성과 적응력이 있다.

대다수 기업이 조직관계 역량이 있는지 알아보기 위해 물어보는 질문은 "리더십을 발휘한 경험이 있는가?", "왜 당신을 뽑아야 하는가?", "성격에 대한 장단점 분석", "희망부서 배치가 안되었을 때는?" 등이 있다.

서로 다른 이해를 가진 사람들이 모여 하나의 조직에 속해 있으니 충돌은 자명하다. 이럴 때를 대비해 기업은 현명하면서도 주도적으로 문제를 해결할 수 있는 사람을 뽑고 싶어한다. 이런 사람인지 파악하기 위해 다양한 질문이 등장하므로, 철저히 대비해야 할 것이다.

구체적으로 리더십을 발휘한 적이 있는가?

답변사례

클래식기타 동아리 부회장으로서 대중적인 공연을 기획했습니다

저는 대학 때 클래식기타 동아리에서 부회장으로 활동했습니다. 《남자의 자격》을 통해 합창의 묘미가 많이 알려졌는데요, 기타 합주 역시 비슷합니다. 공연을 위해 연습하는 과정에서 개인별 실력차와 성격차, 그리고 일정을 조율하는 것에 많은 어려움이 있었습니다. 특히 취업과 밀접한 동아리가 아니어서 결집력이 약했습니다.

저는 부회장이지만 기타 실력이 뛰어난 편이 아니라서 동아리 단합에 제 리더십 역량을 집중하고, 매일 동아리 선후배와 만나 공연 방향을 경청했습니다. 그래서 실력자 활약이 두드러지는 클래식 곡 중심의 공연이 아니라 〈강남 스타일〉 같은 곡을 선정해 연주자, 관객 모두가 즐길 수 있는 공연을 기획했습니다. 그 결과 역대 최초로 1, 2학년 전원이 공연에 참여했으며, 객석도 꽉 채우는 쾌거를 얻었습니다.

사실 취업준비 때문에 동아리활동을 포기하고 싶었습니다. 하지만 동아리 사람들 얼굴이 떠오르면서 최선을 다하자고 결심했습니다. 공연이 끝나고 사람들이 좋아하는 모습을 보니 무척 행복했습니다.

전문가의 조언
★★★★★

 ## 직무에 걸맞게 리더십을 표현한 게 키포인트

위 답변자는 회계학을 전공한 후 4학년부터 여러 기업의 경영지원 부서에 지원했다. 만약 연구개발 직무나 마케팅 직무였다면 위 답변은 평이했을 수도 있다. 하지만 경영지원 부서는 회사의 핵심부문인 생산, 판매를 지원하는 부서로서 경영기획·총무·인사노무·경리자금·홍보·구매 등의 일을 담당한다. 따라서 원만하고 합리적인 성품과 직원에 대한 서비스정신이 돋보여야 한다. 질문인 리더십에 대해서도 카리스마 리더십*을 보이는 지원자보다 서번트 리더십*을 가진 지원자에게 점수를 더 주는 상황이다.

위 지원자는 자신의 역량을 어디에 집중할지(기타 실력보다 동아리 단합) 잘 판단했고 개인적 호불호를 떠나 책임감을 가지고 부회장 역할을 해냈다. 또한 자신을 낮추고 회원들의 의견을 청취해 공연기획 방향을 잡아나갔다는 점도 눈에 들어온다. 일을 맡겼을 때 직원들과 잡음 없이 소통하는 것은 물론, 성과도 낼 수 있을 것이란 믿음을 준다.

카리스마 리더십

명령, 신성 영웅주의적 성격으로 이끄는 리더십. 조직을 개조하거나 변혁이 필요할 때 유효하다.

서번트 리더십

봉사와 헌신에 바탕을 둔 리더십, 예를 들면 성직자들이 성도들을 대상으로 발휘하는 리더십이다.

살면서 남에게
도움을 준 일이 있는가?

**기출
기업** DB손해보험, 수협중앙회, 한국남부발전

답 변 사 례

지갑 찾아준 학생들이 표창장 받도록 추천했습니다

얼마 전 집 근처에서 지갑을 잃어버린 적이 있습니다. 학생회비로 걷은 현금이 들어 있어서 마음을 졸이던 터에 다행히 경찰서에서 연락이 와 찾았습니다. 경찰서에 물어보니 인근 중학생들이 습득한 후 신고했다고 합니다. 저는 그 학생들의 이름과 연락처를 묻고 개인적으로 감사를 표하고 싶어서 조그마한 선물을 보냈습니다.

그런데 요즘 같은 때에 보기 드문 아이들이다, 그냥 넘어가서는 안되겠다 싶어서 그 학생들이 재학 중인 학교에 전화를 드렸고, 학교가 직접 칭찬해주십사 요청을 드렸습니다. 나중에 그 학생들 아버님께서 저에게 연락을 하셨는데, 학교에서는 두 학생에게 표창장을 수여했고, 아이들이 더욱 모범적으로 생활하고 있다며 저에게 오히려 감사하다는 것이었습니다. 저는 그분들께 도움까지는 아니지만, 서로의 선의가 선순환되어 마음이 따뜻해진 경험이 있습니다.

전문가의 조언
★★★★☆

조직 내에 좋은 기운을 불어넣는 사람

지원자가 주로 도움을 주는 사람인지, 도움을 받기만 하는 사람인지 파악하는 일은 매우 중요하다. 조직에서는 서로 협력하며 지낼 수밖에 없고, 되도록이면 도움을 주는 사람을 뽑을 것이다.

위 지원자는 자신의 경험을 소박하고 담담하게 얘기했다. 지갑을 잃어버리거나 찾아주는 일은 누구나 겪을 수 있는 일이지만, 감사의 행동까지 쉽게 옮기지는 않는다. 먼저 도움을 받았지만, 감사하는 것에 그치지 않고 상대를 칭찬하며 표창장을 받도록 널리 알린 행동에 눈길이 간다. 생생한 정황이 그려져 면접관들도 주목하며 들었을 것이다. 조직 내에서도 좋은 기운을 불어넣을 수 있는 사람이라는 느낌을 준다.

팀에서 악역을 맡은 적이 있나?
그것을 꺼리지 않는지?

기출\n기업 한국피앤지

답 변 사 례

학회지 작업에 딴지 거는 동기에게 직언을 했습니다

저는 3학년 때 학생회에서 학회지를 만드는 일을 주도적으로 했습니다. 위로는 교수님과 선배님의 의견을 청취하며, 동기와 후배들에게 일을 분배하는 일을 맡았습니다. 하지만 번번이 딴지 거는 동기가 있었습니다. 후배들도 편집회의 자리가 불편해 슬금슬금 피해다녔습니다. 저 역시 그 동기에게 욕먹기 싫어서 더 큰 싸움이 일어나지 않도록 조심만 하자 생각했지만, 교수님이 학회지를 이런 식으로 만들 거면 그만두라는 꾸지람에 저라도 정신차리자 결심했습니다.

그래서 그 친구에게 찾아가 정황을 얘기하고, 반대를 위한 반대보다 근거를 얘기해달라, 함께 해나가자 부탁했습니다. 결과는 역시 참담했습니다. 그 친구는 제 욕을 하고 돌아다녔고 결국 학회지 만드는 일을 포기했습니다. 저는 마음을 추스르며 일에 집중했고, 잘해내자 결심했습니다. 결국 학회지는 잘 나왔고 교수님께 칭찬도 들었습니다.

그 일은 저에게 큰 교훈이 되었습니다. 문제상황에 닥칠 때 피하지 말고 적극적으로 해결하자, 질질 끌어봤자 상황만 악화된다는 것입니다.

전문가의 조언
★★★☆

회사를 위해 때로는 악역을 감내할 사람이 필요하다

조직은 큰 분란을 일으키지 않고 무난하게 잘 지낼 사람을 선호한다. 하지만 자신이 욕먹는 게 싫거나 사적인 관계 때문에 조직의 이익에 반하는 행동을 봐도 못 본 척 넘어간다면, 그 사람을 그냥 무난하다고 얘기할 수 있을까? 이 질문은 회사 전체 혹은 팀을 위해 악역을 담당할 수밖에 없는 상황에 처했을 때, 상대방을 배려하면서도 원칙을 준수할 수 있는지 여부를 살펴보기 위한 질문이다.

위 지원자는 뒤늦게 악역을 자처했지만, 학회지 발행이라는 목표를 무사히 성사시켰다. 이 과정에서 친구에게 욕먹는 경험을 했지만 뜻을 굽히지 않고 일을 잘 처리했다. 면접관은 이런 점을 높이 살 것이지만, 이 과정에서 왜 친구를 설득하지 못했는지, 왜 참여시키지 못했는지 등을 재질문할 것이다. 이에 대한 적절한 답변이 보강되면 좋겠다.

리더십이 있다고 생각하는가?
어떻게 리더십을 단련시켰나?

기출
기업   한국MSD

답변사례

스키부 주장을 맡아서 적극적으로 활동했습니다

저는 대학교 내내 한국대학스키연맹 소속인 학교 스키부에서 주장을 맡았습니다. 매년 일일찻집, 학교별 체육대회, 시즌별 동계합숙까지, 행사 기획부터 참여까지 1번도 빠짐없이 적극적으로 동아리활동에 임했습니다. 또한 한국대학스키연맹에서 동계시즌 외에는 봉사활동을 해왔습니다. 매순간 책임감과 리더십을 가지고 많은 사람들과 소통하려고 노력했습니다. 제 몸을 건강하게 해줄 뿐 아니라 봉사활동으로 인성까지 발달시켜준 동아리활동 속에서 제 리더십은 단련되고 성장했다고 생각합니다.

영화 《국가대표》의 한 장면

전문가의 조언
★★★★☆

 ## 다양한 대외활동, 봉사활동도 리더십 평가에 좋은 점수

리더십을 키우기 위해 어떤 삶의 과정을 거쳤는지 알아보려는 질문이다. 이런 질문은 되도록 학교에 국한되지 않은 다양한 경험을 얘기하면 좋다. 특히 다양한 대외활동과 국내외 봉사활동도 리더십 평가에 좋은 점수를 받을 수 있다.

위 지원자는 동아리활동 속에서 운동도 하고, 봉사활동도 하고, 다양한 행사도 기획했다. 적을 하나에 두고 꾸준히 활동했다는 점도 눈에 들어온다. 스펙을 위해 찔끔찔끔 경력을 쌓은 게 아니라는 느낌이다. 특히 활동한 동호회가 스키부여서 체력적으로 건강해 보일 뿐 아니라 에너지가 느껴진다. 리더십 여부를 묻는 면접관은 큰 저항 없이 긍정적으로 받아들였을 것 같다.

리더로서 갖춰야 할 덕목은 무엇인가?

기출 기업 근로복지공단, 삼성화재

답 변 사 례

전문성과 추진력입니다

저는 전문성과 추진력이라고 생각합니다. 회사는 일을 수주받고 생산하고 수익을 내야 굴러가는 조직입니다. 그런데 자신의 상사가 업무전문성이 떨어질 경우 따를 팀원은 없을 거라고 생각합니다. 따라서 전문성을 확보한 후, 추진력을 보강해야 할 듯합니다. 그런 다음 조직구성원에 맞게 적절히 대응하는 리더십이 필요하다고 생각합니다.

전문가의 조언
★★☆

 ## 회사, 부서별로 필요한 리더십은 따로 있다

위 지원자는 영업 부서에 지원했다. 면접관은 인성 부분이 덜 부각되었지만 무난한 대답이라고 판단했을 것이다. 하지만 연구개발 부서나 경영지원 부서라면 어땠을까? 아마 조금은 다른 평가를 내렸을 것이다.

먼저 자신이 지원한 회사, 부서에 걸맞는 리더십을 분석해보자. 금융회사였다면 정직한 리더십이 부각될 것이고, 목표달성이 중요한 영업 부서는 카리스마 리더십이나 성취지향 리더십, 경영지원 부서는 서번트 리더십 여부가 중요할 것이다.

하지만 리더십 경향의 차이가 있더라도 중요한 것은 문제가 닥쳤을 때 통찰력이 있는지, 이를 위해 직원들의 의사를 귀담아들을 수 있는지, 또한 이견을 조정하고 추진력 있게 견인해낼 수 있는지 여부다. 추가로 자신의 경험에 빗대어 구체적으로 리더십의 덕목을 설명할 수 있으면 금상첨화일 것이다.

만약 CEO가 된다면
회사를 어떻게 이끌 것인가?

기출 기업   LG화학, 롯데스위트랜드, 한국에너지공단

답변사례

제니퍼소프트처럼 회사를 이끌고 싶습니다

최근에 공중파에서 '제니퍼소프트'란 회사에 대해 알게 되었습니다. 한국의 구글, 꿈의 직장이라고 일컫는 곳인데요. 10시부터 6시까지 근무시간 중 직장 내 마련된 수영장, 카페 등에서 자유롭게 쉴 수 있다고 합니다. 출산축하금은 물론 5년 근속자에게 해외여행까지 주어진다 합니다. 제가 CEO가 되면 이런 직장을 만들고 싶습니다. 직원들의 능률이 저절로 오를 것이며 회사의 매출도 자연스럽게 상승할 것입니다.

전문가의 조언
★

🚶 지원자가 얘기한 건 그냥 자기가 다니고 싶은 회사다

이 질문은 지원자의 리더십과 조직관리 능력을 엿보기 위한 것이다. 하지만 위 지원자는 그냥 자기가 다니고 싶은 회사를 말하고 있을 뿐이다. 그 회사에 가서 면접을 볼 것이지 왜 이곳에 와 있을까? 이 질문은 희망사항이 아니라 의지와 비전을 물어본 것인데, 번지수를 한참 잘못 짚었다.

이런 질문은 소신껏 아는 선에서 대답하면 된다. 신입사원에게 CEO 플랜이 정말 궁금해서 묻겠는가? 예를 들자면 성과배분이 명확해서 동기부여가 잘되는 회사라든지, 학맥 인맥이 중요한 회사가 아니라 실력이 중요한 회사라든지, 한 개인에게 편중된 회사가 아니라 시스템으로 굴러가는 회사라든지, 사람을 소중하게 생각하는 회사라든지 등, 이런 얘기를 하면 무난할 것이다. 더 나아가 월급쟁이 사장으로 CEO까지 올라가고 싶다든지, 그래서 어떻게 일할 것이라든지 각오를 함께 얘기해도 좋을 것이다.

 **취업, 한걸음**더!

회사의 기업문화를 미리 체크하라!

회사마다 기업문화가 다르다. 비슷한 역량을 가진 지원자가 있다면 아무래도 회사가 추구하는 기업문화에 적합한 사람을 뽑기 마련이다. 삼성 하면 떠오르는 기업문화 키워드는 '세계화, 인재 제일주의'이며 LG의 기업문화 키워드는 '인화(화합)'이다. SK의 기업문화 키워드는 '도전, 열정'이며 구글의 기업문화 키워드는 '소통'이다.

최근에는 국내 IT 기업인 제니퍼소프트의 기업문화가 주목받고 있다. 직원중심 소통을 중요시하며 즐거운 일터를 만드는 것에 초점을 둔 회사다. 최근 SNS에서 '제니퍼에서 하지 말아야 할 33가지'가 회자되어 큰 반향을 일으켰다.

제니퍼소프트의 기업문화를 보여주는 '제니퍼소프트에서 하지 말아야 할 33가지'

입사하면
어디까지 승진하고 싶은가?

기출
기업

SK하이닉스, STX, 삼성전자, 수협중앙회, 유니레버, 인천도시공사, 포스코, 한국전력공사

답 변 사 례

최고마케팅경영자, 즉 CMO가 되고 싶습니다

귀사의 조직체계가 어떤지 모르겠지만 저는 마케팅 분야에 지원한 이상 최고마케팅경영자, 즉 CMO*가 되고 싶습니다. 실제로 될지 안될지가 중요한 건 아닙니다. 중요한 것은 제가 마케팅에 깊은 관심을 갖고 있으며, 마케팅 최고전문가가 되고 싶다는 것입니다. 이를 위해 공모전 수상을 했으며, 경영학부를 졸업한 후 온라인 MBA를 수료했습니다. 특히 마케팅 과목을 집중적으로 이수했습니다. 목표를 높게 정해두면 근처까지 갈 수 있다고 합니다. 마케팅 전문가를 키우는 데 최적의 토양을 지닌 귀사에서 기회를 주신다면 최선을 다해 노력하는 인재가 되겠습니다.

CMO(Chief Marketing Officer)

경영적 관점에서 마케팅 계획을 수립하고 집행하며 평가, 관리하는 임원을 말한다.

전문가의 조언
★★★★☆

 ## 웃음으로 넘어갈 수 있는 질문이지만, 반격이 필요하다

이런 질문은 여러 회사 면접장을 거치다 보면 자주 받게 된다. 호기 있게 CEO가 된다든지, 임원이 될 것이라고 얘기하면 면접관인 임원이 "이 친구, 내 자리를 노리는구면"이라고 답하며 웃고 끝나는 경우도 많다. 하지만 여러분에게 주어진 똑같은 질문의 기회를 그냥 웃고 넘길 수는 없지 않은가?

위 지원자는 최고마케팅경영자, 즉 CMO가 되고 싶다는 얘기를 했다. 보다 구체적인 목표를 언급했고 면접관은 순간적으로 '어라, 이거 봐라?' 했을 것이다. 그리고 이를 위해 준비를 착실히 했음을 부연설명했다. CMO가 될지 안될지 누가 알겠는가? 하지만 자신의 목표를 입 밖으로 뱉는 순간 묘한 효력이 발생한다. 자신도 더 노력하고, 주변에서도 진짜 되는 거 아냐 하고 기대를 걸게 된다.

이 질문을 던진 면접관은 지원자가 뚜렷한 목표의식을 가지고 입사를 계획했음을 잘 알았을 것이다. 웃음으로 답변을 마무리한 다른 지원자와 차원이 다르다는 생각을 할 것이다.

영업지점장으로서, 1등 팀이 되었지만 직원들의 퇴사율이 높아졌다면?

기출기업 삼성생명, 삼성화재

답변사례

일보다 사람이 중요하니, 스트레스 관리를 적극 시행하겠습니다

세상에서 가장 중요한 게 사람입니다. 일만 강조하다 보면 자신을 돌보기 힘들고 몸에 무리가 가서 오래 버티지 못합니다. 회사일은 단기전이 아니라 장기전입니다. 제가 영업지점장이 되면 정시퇴근을 유도하며, 주말여가를 잘 보낼 수 있도록 지원하겠습니다. 뿐만 아니라 직원 스트레스 관리를 위해 자주 만나서 문제점은 없는지 돌보겠습니다. 회사 다니는 게 기쁜 일이 되도록 지점 분위기를 화기애애하게 만들겠습니다.

전문가의 조언
★★

리더는 회사의 요구와 직원의 요구를 조정하는 역할

지원자는 격무 때문에 잦은 퇴사로 문제를 겪는 지점을 살리기 위해 분위기를 부드럽게 만들고 스트레스 관리를 할 수 있게끔 지원하겠다고 했다. 하지만 매출목표는 어떻게 보완할 것인지 대안을 제시하지 않았다.

회사가 지점장에게 원하는 리더십은 회사의 요구(매출목표 달성)와 직원의 요구(저녁이 있는 삶)를 어떻게 조정하는지에 있다. 실제로 많은 지점장들이 겪는 고민일 것이다.

이 질문은 지원자가 리더십에 대해 어느 정도 이해하고 있는지 알기 위한 것이다. 따라서 지원자가 답변할 때는 문제상황을 점검한 후 대안을 제시하는 식의 답변이 필요하다. 예를 들면 "목표를 달성했지만 유능한 직원을 이탈시키는 문제 초래 → 이는 시간과 자원을 낭비, 수익을 악화시키는 결과 발생 → 단기적 목표보다 중장기적 목표를 세우고 목표 수준을 현실적으로 재조정하는 일이 필요 → 결과적으로 수익 면에서도 이득이 될 수 있도록 목표와 직원관리를 재설계하는 게 필요하다"고 말하는 게 좋다.

112

우리나라 CEO는
왜 존경받지 못하는가?

**기출
기업** SK커뮤니케이션즈, 에스원

답 변 사 례

압축성장한 자본주의의 한계입니다

우리나라는 서구 자본주의가 200년 동안 해놓은 일을 60년 만에 해치웠습니다. 이를 위해 옆을 보지 못한 채 달려온 게 사실입니다. 특히 1등을 놓치면 국제무대에서 사라질 수 있다는 공포는 움켜쥐기만 할 뿐 놓는 방법을 배우기는 힘들었을 것입니다.

하지만 성장의 한계가 생기고, 이제는 나누고 베풀어야 더 얻을 수 있는 시대라고 생각합니다. 내수를 통해 성장해야 하는 시기가 왔기 때문입니다. 우리나라 CEO도 이런 사실을 알아가기 시작하는 단계입니다. 이를 실천으로 옮기면 존경받는 CEO가 곧 나올 것이라고 생각합니다.

전문가의 조언
★★★★

이슈를 점검하고, 기업 입장 고려하며 원칙적으로 답할 것

청년백수, 실업률 증가, 양극화 시대에 취업준비생인 여러분에게 이런 질문이 들어온다면, 참 할 말이 많을 것이다. 계속되는 취업 실패에 창업으로 선회한 이들도 종종 보인다. 하지만 취업전선에 아직 남아 있다면, 사적인 감정은 누그러뜨리고 이곳이 면접장임을 잊지 말자. 기업이 아무리 문제가 많아도 인간관계, 실무, 프로세스 등 당신이 아직 배울 만한 게 많은 곳이다.

이 질문이 들어온 곳을 보니 각종 특검사건이 불거진 곳이어서 의미심장하다. 자신이 지원하려는 곳이 이런 이슈로 조명받는 곳이라면 한번쯤 이 질문을 눈여겨볼 필요가 있다. 리더십을 가지고, 기업의 난처한 입장도 고려하면서 답변을 생각해보자. 물론 마음도 없는데 살랑거릴 필요는 없다. 면접은 솔직해야 한다고 하지 않았는가. 되도록 원칙적으로 담담하게 말하면 무난하게 받아들여질 것이다.

강호동과 유재석의 리더십을
어떻게 생각하는가?본인의 리더십은?

기출 기업 SC제일은행, 대한항공, 미래에셋대우, 푸른저축은행, 풀무원

답변사례

사진 동아리 회장으로 활동하면서 강호동 리더십이 필요했습니다

강호동, 유재석 모두 국내 최고 MC로, 시청률 1등 기록을 세운 리더라고 생각합니다. 둘 다 밑바닥부터 차근차근 올라온 경험이 있습니다. 하지만 요즘 많은 사람들이 강호동보다 유재석을 좋아합니다. 외모가 부담스럽지 않고 게스트를 배려하기 때문에 그렇습니다.

하지만 저는 왠지 강호동에게 눈길이 갑니다. 저는 학교에서 사진 동아리 회장으로 활동했습니다. 50명 되는 사람들을 위해 출사장소, 회식장소, 숙박장소 고르는 일이 여간 힘든 게 아니었습니다. 자칫 잘못하면 모든 일정이 어그러지기에 시간, 일정, 인원체크 등 모든 것을 꼼꼼히 체크해야 합니다. 따라서 사람들을 통솔하고 결집시키는 능력을 요할 때가 있습니다. 이럴 때는 유재석 리더십보다 강호동 리더십이 필요한 순간이라고 생각합니다.

하지만 경우에 따라 유재석 리더십이 필요할 때가 있습니다. 그 2가지 리더십을 적절히 활용할 줄 아는 사람이 최고의 리더가 될 수 있으리라고 생각합니다.

전문가의 조언
★★★★☆

 ## 개인적 취향이나 정답을 찾으려 하지 말 것

이 질문은 개인의 리더십 취향이 궁금해서도 아니고, 어떤 리더십이 나은지 정답을 묻기 위해서도 아니다. 지원자의 리더십에 대한 생각과 견해를 살펴보기 위해서다. 따라서 상투적인 답이나 개인적 호불호를 얘기하지 않도록 하자.

위 지원자는 개인적 경험을 빗대어 자신이 강호동 리더십을 발휘할 수밖에 없었다고 말했다. 리더십을 몸으로 체험한 사람임을 어필한 것이다. 그리고 강호동 리더십에 대한 선입관을 보완하며 더불어 자신의 이미지도 업그레이드시켰다.

지원자가 자기 얘기를 할 때 면접장 공기는 활발해진다. 꾸며낸 얘기가 아닌 진실에 근거한 얘기는 언제나 힘이 있다. 여러분은 어떤가? 이런 질문이 들어오면 자신의 얘기를 펼칠 수 있는가? 면접관이 당신에게 집중할 수 있도록 만들 수 있는가?

리더 역할을 할 때
다른 사람 말도 잘 듣는가?

**기출
기업**   한국MSD

답 변 사 례

동기, 선배들의 얘기를 잘 듣고 동아리를 이끌었습니다

제가 활동한 동아리는 재수한 동기들도 많고 선배들도 많았습니다. 저는 나이가 어리지만 동아리에서 회장 역할을 해내면서 많은 칭찬을 들었습니다. 후배들의 의견은 물론 동기, 선배들의 얘기를 잘 듣고 동아리를 운영했다고 생각합니다.

**전문가의 조언
★★**

 ## 추진력은 강해 보이지만 경청도 잘할 수 있을까?

이 질문은 동아리나 프로젝트 진행시 리더 역할을 한 사람에게 면접관이 묻는 것이다. 어쩌면 질문의 의도를 제대로 파악하지 못하는 지원자를 보며 '남의 얘기를 잘 듣기는 하는 걸까?' 싶어서 떠보기 위해 물었을 수도 있다.

만약 지원자가 리더 역할을 해냈다면 추진력과 열정이 남달랐을 것이란 추측을 하게 되지만, 팀내 화합은 어떻게 이끌었는지 궁금했을 것이다. 리더십도 여러 유형이 있다. 훌륭한 리더는 하나의 리더십만 고집하지 않고 상황에 따라 유연하게 리더십을 발휘한다. 최근 조직이 수직적이기보다 수평적으로 바뀌고 있고 팀제로 운영되고 있기 때문에, 팀원들의 얘기에 귀기울이며 의견을 반영하고 시너지를 높이는 역할이 중요하다. 회사에서 남의 얘기를 잘 들을 줄 아는 것은 단순한 듣기가 아니라 상대방의 사고와 감정을 읽어내는 적극적인 활동을 의미한다. 내부고객인 부하직원, 동료, 상사뿐 아니라 외부고객인 거래처, 고객 등을 만날 때 필요한 역량이기도 하다.

위 지원자는 자신이 남의 얘기를 잘 듣는다며 칭찬받고 있다고 답했지만 사례가 없어 신빙성이 약하다. 자신이 경험한 구체적인 얘기를 보완했더라면 좋았을 것이란 아쉬움이 남는다.

신입사원에게도
리더십이 필요할까?

**기출
기업**　한화생명

답 변 사 례 **신입사원 위치에서도 리더십은 당연히 필요합니다**

저는 모든 사람들이 크든 작든 자신의 위치에서 주도적으로 생각하고 적극적으로 행동하는 게 리더십이라고 생각합니다. 따라서 신입사원이란 위치에서도 리더십은 당연히 필요합니다. 일을 적극적으로 배우려는 자세, 분위기를 먼저 즐겁게 만드는 자세, 인사를 잘하는 태도 등이 신입사원으로서 당연히 필요한 리더십이라고 생각합니다.

전문가의 조언
★★★☆ **이미 정해져 있는 정답을 어떤 근거와 논리로 설파하는가?**

"신입사원에게는 리더십이 필요없습니다"라고 답하는 지원자를 뽑을 회사는 아무 데도 없다. 이 질문은 정답이 정해져 있다. 하지만 신입사원과 리더십의 연결고리를 어떤 근거와 논리를 가지고 연결시켜 답하는지가 중요하다.

위 지원자는 자신의 그릇에 맞게 주도적으로 일하는 게 리더십이라고 답했다. 면접관은 지원자가 나대지 않고 조직과 융화하면서 적극적으로 자신의 역할을 해낼 줄 아는 사람이란 생각을 할 것이다. 또한 지원자는 구체적으로 그릇에 맞는 역할을 제시했다. 면접관이 신입사원에게 요구하는 게 무엇이겠는가?

최근 기업의 90% 이상이 스펙이 아무리 우수해도 인재상에 맞지 않으면 뽑지 않겠다고 말했다. 기업이 원하는 공통적인 인재상은 성실성과 전문성, 실무능력과 창의력이라고 답했다. 이것이야말로 신입사원으로서 리더십을 발휘할 역량이 아닐까?

116

우리가 왜
당신을 뽑아야 하는가?

기출기업 CU, STX조선해양, 국민연금공단, 네이버주식회사, 미래에셋대우, 신한은행, 유진투자증권

답변사례

IT 전문편집자를 목표로 IT 최고 출판사에 지원했습니다

움베르토 에코는 "인간은 누구나 하나의 초점을 향해 달려간다"고 했습니다. 저는 이곳에 입사하기 위해 죽 달려온 사람입니다. 학생 때 진로를 고민하며 제 인생의 초점은 무엇일까 생각했습니다. 그 결과 저는 '출판'이란 결론에 이르렀습니다. 그중에서도 제 강점을 살려 'IT 전문편집자'를 목표로 두게 되었습니다.

저는 전공이 전자공학입니다. 하지만 교내 공대신문사에서 활동하며 엔지니어의 삶보다는 글을 쓰고 소통하는 데 흥미를 느꼈고, IT 신제품분석 최대 커뮤니티에서 운영진으로 활동하면서 사람들이 원하는 게 무엇인지 또 어떻게 전달해야 하는지 감각적으로 알게 되었습니다. 글을 올리면서 자연스럽게 문장력을 훈련했고, 조회수가 올라가면서 개인칼럼을 게재하게 되었습니다.

졸업 후 IT 잡지사에서 인턴으로 근무하던 중 객원기자로 일하자는 제안을 받게 되었습니다. 하지만 월간지는 기동성 있게 정보를 전달하는 한편, 내용의 깊이에 한계가 있다는 점이 마음에 걸렸습니다. 저의 성향을 살펴볼 때 체계적이고 깊이 있는 정보를 선호합니다. 따라서 잡지보다 단행본 쪽에 관심을 두게 되었고, 자연스럽게 IT 단행본 최고 출판사인 귀사에 입사를 지원하게 되었습니다.

전문가의 조언
★★★★★

 중소기업 소수 충원시, 틈새를 공략하고 니즈를 파악할 것

결론부터 말하자면 위 지원자는 길벗출판사 취업에 성공했다. 서두에 움베르토 에코를 언급하면서 출판사가 요구하는 인문학적 소양을 면접관들에게 어필한 것이 주효했다고 판단된다. 출판사 면접관들은 IT에 강하지만 편집자 소양은 부족해 보이는 사람과, IT에는 약하지만 편집자 소양이 풍부해 보이는 사람 사이에서 갈등했을 것이다. 지원자 역시 인문대 출신이 아닌 공대 출신이기에 면접관도 한계가 있다고 생각했을 것이다. 하지만 지원자는 공대신문사 기자 경험과 커뮤니티 칼럼니스트 활동, 잡지사 인턴 경력을 통해 면접관을 안심시켰다. 또한 잡지사와 단행본 출판사의 차이점을 정확히 인지하고, 자신의 진로를 단행본 출판사에 두었다는 점도 확실히 전달했다.

이렇게 특정 중소기업에서 소수의 사람을 충원할 경우 기업의 니즈를 잘 파악하자. 그래서 자신이 가장 적합한 사람이란 판단이 들 경우 과감히 도전하면 승산이 있다.

당신의 어떤 점이
우리 회사에 도움이 되는가?

SK건설, 국립공원관리공단, 서울주택도시공사

답 변 사 례

오랜 자원봉사활동, 배려와 희생의 태도로 기여하고 싶습니다

저는 고등학교 시절부터 대학교 시절까지 계속 자원봉사활동을 했습니다. 노인복지회관 자원봉사부터 고아원 자원
봉사까지 다양한 기관에서 봉사활동을 했습니다. 저는 오랜 봉사활동으로 남을 배려하며 희생하는 태도를 가지고
있습니다. 회사에 입사한다면 저의 성실함과 따뜻함으로 조직생활에 활기를 불어넣으며 맡은 바 책임을 다해 일하
도록 하겠습니다.

전문가의 조언
★★

 ## 자신의 강점을 인성적, 업무적 측면으로 설명하자

이 질문은 자신의 강점을 면접관에게 설득하기 위한 것이다. 자신의 장점 중 인성적인
측면과 업무적인 측면 2가지를 분류한 후 구체적인 사례를 들어 얘기하는 게 좋다.

위 지원자는 인성적인 장점을 어필하기 위해 자원봉사활동을 오랫동안 해왔다고 답했
다. 하지만 구체적인 경험이 없고, 업무적 장점은 아예 얘기하지 않아서 어떤 점이 회사에
도움이 될지 막연하다. 좋은 사람인 것 같은데 뽑을 정도로 끌리지는 않는다. 자신의 강점
중 회사가 좋아할 만한 것을 스스로 찾아보는 게 좋을 듯하다.

당신을 뽑을지 고민 중이다.
30초 안에 면접관을 설득한다면?

답변사례

저는 이 강아지처럼 반전이 있는 사람입니다

이 사진은 강아지가 앉아 있는 모습인데, 딱 보기에 열중쉬어 자세를 하고 있어 많은 사람들에게 웃음을 줍니다. 제가 이 사진을 갖고 다니는 이유는, 첫인상과 실제 모습이 차이가 많이 나는 저와 비슷해서입니다. 저는 첫인상이 내성적이고 소극적으로 보입니다. 하지만 누구보다 열정적이며 유머감각 넘쳐서 반전이 있는 사람이라고 평가받고 있습니다. 저는 그동안 이 회사에 꼭 들어오고 싶었습니다. 저를 뽑아주신다면 저의 반전을 보여드리고 싶습니다. 일과 인간관계 속에서 최고의 인정을 받을 수 있도록 최선을 다해 노력할 것입니다.

전문가의 조언
★★★★☆

자신을 돋보이게 할 비장의 무기를 준비하자

이런 질문은 면접 마지막에 분위기를 정리하는 차원에서 던지는 질문이다. 동시에 지원자가 면접관을 설득할 수 있는 마지막 기회를 주는 질문이다.

위 지원자는 열중쉬어 자세를 하고 있는 듯한 강아지 사진을 A4 용지에 출력해서 면접장에 들어갔다. 차분하지만 임팩트 없어 보이는 자신의 첫인상을 상쇄하기 위해서 미리 준비한 것이다. 면접관이 실제로 지원자 자신을 어필해보라는 질문을 던지자, 지원자는 사진을 펼치고 일어나면서 위와 같이 답했다. 면접관은 이 지원자를 신선하게 보았다. 얌전해 보이지만 강단이 있는 사람이라고 생각했으며 결국 지원자는 원하는 회사에 취업하게 되었다.

자신을 돋보이게 할 비장의 무기를 준비하자. 하지만 튀거나 장난스럽거나 부담을 주어서는 안된다. 진심을 다해 회사에 필요한 존재임을 어필한다면 좋은 결과를 얻을 수 있을 것이다.

119

당신은 신뢰할 만한 사람인가? 사례를 말한다면?

기출 기업　　국세청, 대신증권, 신한금융투자

답변사례　　**약속시간 어긴 적 없고, 돈 관리하는 총무 역할 담당했습니다**

저는 약속시간을 어긴 적이 거의 없습니다. 왜냐하면 적어도 5분 전에 도착하기 때문입니다. 그래서인지 친구들은 저에게 총무 역할을 맡깁니다. 모임장소를 섭외하고 회식비 관리를 하는 등 자연스럽게 이런 일을 맡게 됩니다. 무엇보다 저는 나 자신과의 약속을 지키기 위해 무척 노력하는 편입니다. 매일 해야 할 공부계획, 독서계획, 운동계획을 짜고 꾸준히 실천하고 있습니다. 더 나은 나를 만들기 위해 포기하지 않고 도전하는 것을 좋아합니다.

....

전문가의 조언　　 **공공기관, 금융권에서 자주 하는 질문**

★★★☆

이런 질문은 공공기관이나 금융권에서 자주 하는 것이다. 국세청에서는 자신이 청렴결백한지, 그 사례를 말하라며 질문이 들어왔다. 갑작스레 들어오는 질문에 당황하지 말자. 생활 속에서 자신이 신뢰를 주었을 만한 사례를 얘기하면 된다.

위 지원자는 자신이 약속을 잘 지키는 사람이라는 얘기를 했다. 약속시간을 어기는 법이 없으며, 스스로 한 약속은 끝까지 지키려고 노력한다는 점이 눈길을 끈다.

하지만 구체적 사례까지 잘 대답했다고 면접관이 당신을 신뢰할 수 있을까? 면접 때 말하는 모습은 물론 바디랭귀지나 태도까지 어우러져 당신을 전달한다는 것을 잊지 말자. 답변시 몇 초간 생각하고 답한다거나, 면접관과 눈을 짬짬이 마주친다거나, 면접관의 질문을 경청하는 태도를 지니자. 그래서 당신이 신뢰할 수 있는 사람임을 끊임없이 다양한 신호로 보내자.

취업, 한걸음더!

첫인상의 신뢰도를 높이려면 말보다 바디랭귀지!

심리학 교수 앨버트 메라비언의 '메라비언의 법칙'에 따르면, 첫인상을 결정하는 데 바디랭귀지가 55%를 차지한다고 한다. 여러분이 면접장에 들어가면서 면접은 시작된다. 문을 열고 닫는 모습, 인사하는 모습, 자리에 앉는 모습, 손을 올려놓는 모습 등 모든 게 당신의 첫인상과 연결된다. 무의식적으로 머리를 긁적이거나 침을 꿀꺽 삼키거나 면접관의 눈을 휙 피하지 않도록 하자.

다음 내용을 참고하면 면접 태도를 개선할 수 있다. 동영상을 찍어 자신의 면접 자세와 바디랭귀지를 확인하는 것도 좋을 것이다.

인사법

1. 기본자세로 선다.
2. 인사말을 한 후, 인사해야 할 상대방과 눈을 살짝 마주친 다음 등과 목을 펴고 배를 끌어당기며 허리부터 숙인다. 인사말은 짧고 간단하게, 끝을 흐리지 않는다.
3. 머리, 등, 허리선이 일직선이 되도록 숙인 상태에서 1초 정도 멈춘다.
4. 상체를 들어올릴 때는 굽힐 때보다 느린 속도로 편다.
5. 상체를 들어올리고 똑바로 선 후 면접관과 다시 눈을 맞춘다.
6. 얼굴에 미소를 띤 상태 그대로 숙인다.
7. 내려갈 때와 올라올 때, 속도를 같게 한다.

서는 자세

1. 턱을 당겨주는 느낌으로, 시선은 정면을 향하도록 한다.
2. 어깨는 힘을 빼고 내린다.
3. 등줄기는 꼿꼿이 편다.
4. 팔을 가볍게 굽혀 오른손을 왼손 위에 가볍게 포갠다.
5. 배는 힘을 주어서 긴장시키고, 앞으로 내밀지 않는다.
6. 엉덩이는 힘을 주어 위로 당긴다.
7. 무릎은 힘을 주어 붙인다.
8. 전체적으로 천장에서 당기는 듯한 느낌이 들도록 하다.

앉는 자세

1. 상반신 자세와 발 자세는 서는 자세와 일치한다.
2. 등줄기를 꼿꼿이 펴고 의자에 반만 걸쳐 앉는다.(언제든 바로 일어설 수 있는 자세)
3. 여성은 치마 끝선에 손을 가지런히 모으고 양 무릎을 붙인다.
4. 남성은 무릎 위에 손을 올리고 발을 어깨 너비로 벌린다.
5. 시선은 정면을 향한다.

인사시 손의 모양

여성의 경우 공수자세로 오른손이 위로 오게, 남성의 경우 왼손이 위로 가게 포개어 잡는다.

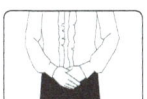

의견이 다른 상대방을 설득해서
성공한 경험은?

기출 기업 국세청, 페덱스코리아

답변사례

강아지 키우는 것을 반대한 부모님을 설득했습니다

저는 어렸을 때부터 강아지를 키우고 싶었습니다. 하지만 부모님의 반대로 번번이 실패했습니다. 어느 날 친구에게 강아지를 덜컥 분양받게 되었습니다. 부모님의 반대가 격렬했지만, 저를 믿어달라고 말씀드리며, 제가 강아지를 키우기 위해 구체적으로 실천해야 할 것들을 15가지 정도 적어서 드렸습니다. 그런 다음 부모님의 요청사항을 반영해서 20가지를 추가한 후 집 곳곳에 붙여놓았습니다. 저는 그 이후 죽 강아지를 키우고 있습니다.

전문가의 조언
★★

 ## 부모는 자식한테 질 수밖에 없다

조직생활을 하게 되면 자신과 의견이 다른 사람들을 설득하고 영향력을 발휘해야 하는 상황이 생긴다. 이럴 때 어떻게 대처할 수 있는지 알아보는 질문이다.

지원자는 자신의 집에서 부모님의 반대를 무릅쓰고 애완견을 키우기 위해 설득한 경험을 얘기했다. 부모님은 근본적으로 자식에게 약할 수밖에 없다. 면접관의 의도대로 회사나 거래처에서 만나게 되는 '의견이 다른 상대방'과 거리가 멀다. 이런 질문이 들어오면 되도록 직장과 비슷한 환경인 아르바이트, 인턴을 하면서 겪은 갈등상황 중 자신이 설득력을 발휘해 문제를 해결해본 경험을 말하는 게 좋다.

원칙을 중요시한다고 쓴 것이
고리타분해 보이는데?

**기출
기업** 금융감독원

답변사례 **원칙 중심적인 성향이 금융 업무에는 적합하다고 생각합니다**

저 역시 제가 너무 원칙 중심적인 사람이어서 재미없다는 점 인정합니다. 그래서 유머 있는 친구를 좋아하고 유머 감각을 배우려 하지만 잘 안됩니다. 하지만 저는 원칙 중심적인 제 성향이 금융권 일을 하는 데 도움이 된다고 생각합니다. 신뢰와 정확성이 중요한 일이기에, 일이 주어진다면 맡은 바 책임을 다해 철저히 수행해낼 수 있으리라 생각합니다.

전문가의 조언
★★★☆   **단점이 많아도 자존감 있는 지원자가 눈길을 끈다**

면접관은 지원자가 쓴 자기소개서 내용을 근거로 오가는 대화 속에서 지원자의 인상을 파악한다. 부정적인 면을 발견하면 이에 대해 어떻게 대응하는지 알고 싶어서 콕 집어서 물어보는 경우가 많다. 이럴 때 지원자는 감정적으로 대응하기 쉬운데, 그럴 필요가 없다.

성격은 동전의 양면과 같다. 상황에 따라 긍정적으로 또는 부정적으로 발현될 수 있다. 위 지원자는 자신의 원칙 중심적 성향을 고리타분하다고 지적받았지만, 일단 순순이 인정했다. 하지만 자신의 성향이 신뢰와 정확성이 생명인 금융 업무에 적합하며, 적임자임을 어필했다.

면접관에게 지적받는 순간 평정심을 잃는 지원자가 종종 있다. 자신의 장단점을 인정하고 노력하는 모습을 보여주자. 단점이 많아도 자존감 있는 지원자가 면접관의 눈길을 사로잡는다.

당신은 여성이다.
남자보다 어떤 경쟁력을 가지는가?

기출 기업 LG하우시스, 금융감독원, 대원제약

답변사례

HR 업무는 여성에게 적합한 업무입니다

저는 여성이지만, 저의 가능성을 눈여겨봐주셨기에 이렇게 면접까지 오게 되었다고 생각합니다. 저는 평소 사람과 인간에 대한 관심이 많아서 책을 자주 읽는 편입니다. 사람이 어떻게 사회를 발전시키는지 고민하게 되었고, 결국 HR*(인적자원) 업무에 관심을 두게 되었습니다.

Human Resource의 줄임말. 123쪽을 참고하라.

저는 여성으로서 태생적 섬세함을 가지고 있습니다. 따라서 조직구성원이 필요한 게 무엇인지, 어떻게 지원해야 자신의 능력을 최대한 발휘할지 포착할 수 있다고 생각합니다. 책을 통해 얻은 통찰력도 배가시켜 귀사의 HR 업무를 한층 업그레이드시키는 데 일익을 담당하고 싶습니다.

....

전문가의 조언
★☆

여성에 적합한 일? 논리를 세웠다면 근거를 보완해야

여성은 남성에 비해 출발선상에서 밀려 있는 게 사실이다. 결혼과 육아의 짐이 아직 크기 때문이다. 따라서 이런 질문을 받게 되면, 자신감 있게 자신의 생물학적 단점을 엎을 수 있는 특장점을 말하자. 그리고 면접관에게 왜 자신을 뽑아야 하는지 설득하자.

위 지원자는 자신이 지원한 HR 부서가 여성의 섬세함과 걸맞다고 말했다. 하지만 구체적인 경험과 성과는 보완되지 않았다. 논리는 세웠지만, 근거가 부족하다. 방대한 독서량과 통찰력을 내세웠지만, 이 역시 측정할 수 없다. 여성 지원자들이 자주 하는 실수다. 막연히 할 수 있다고 말하기보다, 구체적인 근거와 경험을 보완하자. 물론 당신의 경쟁자인 남성보다 더 강력해야 하는 점, 잊지 않도록 하자.

지금 당신을 팔아야 한다. 어떻게 할 것인가?

대우조선해양

답변사례

영문학과 경영학을 복수전공했습니다

저는 영문학과 경영학을 복수전공했습니다. 영어로 의사소통이 가능해서 귀사가 필요한 통역 업무, 번역 업무 수행이 가능합니다. 또한 경영학을 전공해 회사가 어떻게 돌아가는지 파악이 빠르고, 주어진 업무에 성실히 최선을 다할 것입니다. 저는 교내 학생회 활동을 통해 인간관계를 잘 풀어가는 법을 배웠으며, 엑셀, 프레지, 워드 작업에 능숙해 실무에 곧바로 투입해도 손색이 없습니다.

전문가의 조언
★★☆

나라는 원석을 보석으로 만들어야 한다

기업은 물론 금융권에서도 연기를 하듯 진행하는 롤플레잉 세일즈면접*이 진행되는 추세다. 특색이 없는 생필품을 주면서 팔아보라는 미션도 주어진다. 이처럼 짧은 면접시간 동안 자신뿐 아니라 상품을 세일즈하려면 첫째, 강점을 1~2개 잡은 후 둘째, 어떤 목표와 비전을 가지고 있는지 설명하고 셋째, 고객의 입장과 반응을 고려하며 세일즈를 하는 게 필요하다.

롤플레잉면접, 세일즈면접

롤플레잉면접과 세일즈면접은 주로 금융권에서 진행된다. 단순한 질문과 대답의 형식에서 벗어나 순발력과 영업능력을 엿보기 위한 것이다.

위 지원자는 자신의 강점을 다양하게 어필했다. 하지만 웬만한 취업준비생이라면 다들 가지고 있을 법한 것이라 딱히 차별화된다는 느낌은 없다. 상품으로 봤을 때, 무난하지만 지갑을 열 정도는 아니라는 뜻이다. 만약 강점 1~2개에 집중하고 구체적인 설명을 보완한 후 입사 직후, 5년 후, 또는 10년 후 어떤 모습이 되어 있을 거라는 비전과 목표를 설명해주었으면 어땠을까? 면접관의 관심을 끌기 위해 말투, 제스처 등을 특색 있게 해도 좋았으리라. (예를 들어 "저는 영문학과 경영학을 복수전공해 1명을 채용해도 2명을 채용한 듯한 효과를 지닌 일타쌍피 지원자입니다.")

자신을 객관적으로 돌아보자. 내가 봐도 매력적인가? 사고 싶은가? 고객 입장에서 나를 바라본다면 분명히 개선할 점과 버려야 할 점이 보일 것이다. 스스로 보석세공사가 되어보자. 기필코 나라는 원석을 보석으로 만들어야 한다.

반대편 사람을 설득할 때
중요한 것은 무엇인가?

기출 기업 대한항공, 신한은행

답 변 사 례
제 주장이 맞다는 확신입니다

반대편 사람을 설득하려면, 왜 저의 논리가 맞는지 그 이유를 설명해야 합니다. 따라서 설득할 때 중요한 것은 제가 주장하려는 내용이 맞다는 확신입니다. 그리고 설득하는 과정에서 쉽게 화를 내면 안될 것 같습니다. 자칫 얘기를 하다 보면 언성이 높아질 경우가 있는데, 마음을 가라앉히고 감정에 쉽게 동요되지 않는 게 중요할 것 같습니다.

전문가의 조언
★★☆

서로 내려놓고 합의점을 찾아간다는 다른 지원자의 말

이 지원자는 사람을 설득하기 위해 자기 논리의 적합성과 불필요한 감정 억제를 얘기했다. 면접관은 깔끔하고 논리정연한 답변이라고 생각할 것이다. 하지만 여기에 배려와 경청의 내용이 들어가면 어땠을까? 아마도 면접장 분위기는 더 좋지 않았을까?

어떤 지원자는 위와 같은 질문이 들어오자 이렇게 답했다고 한다. "설득의 의미는 내 뜻대로 상대방을 따라오게끔 하는 것이라 조금은 강압적인 느낌을 줍니다. 결국 설득하는 것도 함께 일하기 위해서입니다. 저는 함께 일하려면 내 주장이 틀릴 수도 있고 바뀔 수도 있다고 봅니다. 그래서 서로 합의점을 찾아가는 게 중요하다고 생각합니다."

면접관들도 설득이 강압적일 수 있다는 생각은 하지 못했다. 듣고 보니 일리가 있는 얘기였다. 지원자가 새로운 관점에서 설득을 해석한 뒤 서로의 생각을 내려놓고 합의점을 찾아간다는 말을 하는 순간, 면접관들에게는 이 사람은 조직에서 필요한 사람이라는 판단이 들었다. 이 지원자는 결국 합격의 기쁨을 얻었다.

성격이 강해 보이는데,
사람들과 문제는 없었나?

기출 기업 삼성디스플레이

답변사례

광대뼈와 사각턱 때문, 본모습은 다릅니다

저의 광대뼈와 사각턱이 강해 보이는 인상을 줍니다. 실제로는 순한 양과 같습니다. 그래서 한동안 성형수술을 고민하기도 했습니다. 하지만 저의 본모습을 알아줄 사람과 기업이 있다고 생각하고 이렇게 취업전선에 나오게 되었습니다.

저는 신학기가 시작되면 친구가 별로 없었습니다. 제 인상에 쉽게 다가오기 힘들었나 봅니다. 하지만 겨울방학을 앞둔 시점이 되면 제 주변엔 친구들이 많습니다. 의외로 상냥하고 의외로 착하고 의외로 의리가 넘친다는 말을 듣습니다. 그래서 지금까지 중고등학교 동창회를 제가 주도해 꾸리고 있으며, 대학교 때도 선배님, 동기, 후배님들과 활발하게 잘 지냈습니다.

전문가의 조언
★★★☆

 ## 면접관은 당신이 어떻게 단점을 극복할지 설득당하고 싶어한다

지원자 입장에서 이처럼 난처한 질문도 없다. 인상이나 체형 때문에 던진 질문이 모욕적으로 느껴졌을 것이다. 하지만 지원자는 단점을 인정한 후, 실제 모습은 그렇지 않다는 것을 구체적으로 얘기했다.

이렇게 면접관이 단점을 언급하는 것은 여러분을 인신공격하기 위해서가 아니다. 지원자가 어떻게 단점을 극복하고 성공적인 회사생활을 할 수 있는지 설득당하고 싶어서다.

어떤 회사는 키 175cm, 몸무게 80kg에 육박하는 거구의 여성을 채용했다. 이력서 사진만 봤을 때는 몰랐는데, 면접장에서 보니 쉽게 호감이 가지 않았다. 하지만 밝은 표정, 자신만만한 모습, 지금까지 15kg를 감량했고 여전히 다이어트 중이라며 쿨하게 단점을 인정한 후 개선하겠다는 말에 마음이 돌아서기 시작했다. 무엇보다 지금 당장 실무에 투입해도 손색이 없을 만큼 준비된 업무능력이 눈에 띄었다. 결국 이 여성은 채용되었다.

면접관은 무교인데,
기독교인인 당신이 전도한다면?

기출
기업 풀무원

답 변 사 례 **하나님은 계십니다, 그러니 영접하시면 좋겠습니다**

저는 모태신앙자입니다. 어머니가 저를 가졌을 때부터 교회에 다니셨기 때문입니다. 어렸을 때부터 교회생활을 해서 공동체생활에 익숙합니다. 따라서 왜 교회에 다녀야 하는지 생각해본 적도 없고, 교회를 떠날 생각도 못했습니다. 하지만 하나님은 계시고, 저의 인생은 물론 모든 인간을 주관하고 계십니다. 따라서 면접관님도 주님을 영접했으면 좋겠습니다.

전문가의 조언
☆ **그냥 믿어라? 면접관을 설득하려면 '주장 + 논리적 근거'가 있어야**

이 질문을 던진 사람은 기독교인일까, 아닐까? 기독교에 호감을 가진 사람일까, 아닐까? 어느 쪽인지는 잘 모르겠지만, 좋은 인재를 뽑으려는 면접관임은 확실하다.

교회 전도와 기업 마케팅은 사실 비슷한 속성을 가지고 있다. ① 왜 좋은지 구체적으로 알려준 다음, ② 공감, 감동 커뮤니케이션 과정이 오간 후, ③ 종교를 갖게 되거나 물건을 사는 결과가 그렇다.

면접장에 가는 것은 면접관을 설득하기 위해서다. 설득을 하려면 자신의 주장에 논리적 근거가 있어야 한다. 이런 능력은 회사생활의 기본기이기 때문에 이런 유형의 질문이 등장하게 된다.

위 지원자의 답변을 살펴보자. 기독교를 믿으면 왜 좋은지, 어떻게 공감시킬지 ①번과 ②번의 과정이 빠져 있다. 그냥 논리와 근거 없이 하나님은 존재하니까 믿으란 얘기만 하고 있다.

기독교 회사임을 표방하고 기독교인을 우대하는 곳도 있다. 하지만 이런 곳에서도 무조건 기독교인이라고 해서 채용하지는 않는다. 평상시에 자신의 논리와 근거를 전달하는 훈련을 하자. 이 책에 나온 질문들을 보고 자신의 생각을 써본 후 소리내어 말하는 연습도 유용할 것이다.

당신이 왜 이 일의 적임자인지 설명한다면?

기출 기업 CJ CGV, KT&G, 금호타이어, 대원제약, 삼성전자, 신세계푸드, 한국남부발전

답변사례

인턴만 2번, 오로지 귀사만 보고 달려왔습니다

저는 귀사 인턴만 두 번째입니다. 대학 때 진로를 앞두고 고민하던 중 취업박람회에서 귀사의 홍보부스를 보았습니다. 화력발전뿐만 아니라 차세대 에너지사업인 풍력사업을 겸하고 있어 전망이 밝다는 것을 알았습니다. 저는 목표를 정했고 귀사 인턴에 지원했습니다. 저는 내세울 만한 학벌, 스펙이 없습니다. 제가 보여드릴 것은 열정과 긍정 그리고 회사에 대한 애정뿐입니다.

인턴생활을 하면서 8시에 출근했고 10시에 퇴근했으며 주말근무도 자청했습니다. 인턴 정규직 모집에 떨어진 후 좌절했지만 저는 오로지 귀사를 목표로 했기 때문에 물러설 수 없었습니다. 또다시 인턴에 지원했고 정직원 선배님 권유로 전기기사, 전기공사 자격증을 땄습니다.

2번의 인턴 경험으로 회사가 어떻게 돌아가는지 잘 알고 있으며, 누구보다 더 이 회사에 들어오고 싶습니다. 저에게 기회를 주신다면 2전3기의 경험을 바탕으로, 힘들고 어려운 업무가 주어져도 포기하지 않겠습니다.

전문가의 조언
★★★★☆

 말 잘하는 사람이 유리할 것 같지만 절실함을 따라오지 못한다

위 지원자는 한국남부발전 기술직에 지원했다. 학벌, 스펙 등 뛰어난 것은 없었지만 결국 합격했다. 요즘 기업이 경력자 같은 신입사원을 원한다 해도, 신입사원에게 원하는 것은 능력보다 인성과 열정이다. 위 지원자가 합격하게 된 가장 큰 이유는 절실함이다. 이 회사밖에 없다는 절실함, 1번 떨어졌지만 또다시 인턴에 지원하고 두 번째 도전하는 절실함, 이것이 면접관의 마음을 움직였다.

면접은 설득의 장이다. 말 잘하는 사람이 유리할 것 같지만, 진심과 절실함을 따라오지 못한다. 간절히 원하면 이루어진다는 말이 있다. 어떤 악조건에서도 이 회사에 가고 싶다는 간절함을 여러분도 마음속에 갖길 바란다.

이 회사는 정규직 전환 인턴 채용을 선호하고 있으며, 사무직 경쟁률은 180대1, 기술직 경쟁률은 50대1 정도로 경쟁률이 치열하다. 기술직은 다른 분야와 달리 자격증을 소지한 사람을 우대한다. 되도록 민간자격증보다 국가공인자격증을 취득하는 게 좋다고 하니 참고하자.

상대방 부모가 결혼을 반대한다면 어떻게 설득하겠는가?

삼성에버랜드, 애경유화

답변사례

먼저 여자친구 어머님부터 공략하겠습니다

저는 먼저 여자친구의 어머님을 공략할 것입니다. 아무래도 같은 남자인 아버님보다 어머님의 마음에 들기가 쉬울 것 같습니다. 어머님이 좋아하시는 것을 알아보고 제가 그에 맞춰드리면서 최대한 호감을 얻도록 노력할 것입니다. 그리고 제가 꼭 귀사에 취업해서 경제적인 문제로 딸을 고생시킬 사람이 아니라는 것을 증명해드릴 예정입니다.

....

전문가의 조언
★★★★

 ## 사람을 설득하는 것은 논리보다 감성이 우선

자신의 부모가 결혼을 반대할 때 설득하는 일도 어렵지만, 결혼할 상대방의 부모를 설득하는 일은 더욱더 어렵다. 이 질문은 불가능한 상황 속에서 어떻게 난관을 이기고 상대를 설득할 수 있는지 알아보는 것이다.

조직에서 일하다 보면 수많은 사람들을 설득해야 한다. 상사는 물론 거래처, 고객, 자신에게 적대적인 감정을 가진 사람들까지 끈기를 가지고 설득해야 일이 성사되기 때문이다.

위 지원자는 상대적으로 설득시킬 가능성이 높은 사람을 선택하고, 그에 따른 사전조사, 실행계획을 말했다. 이런 문제해결 태도는 기업에서 일을 처리할 때하고도 비슷하다.

면접관은 지원자의 답변을 들으며, 내용 자체보다 태도를 주목해서 볼 것이다. 사람을 설득할 때는 사실 논리적인 면보다 감성적인 면을 공략할 때 가능성이 높기 때문이다. 똑같은 얘기를 해도 호감을 주는 사람과 정반대인 사람이 있다. 여러분은 어떤 유형에 속하는가? 이런 질문은 모범답안을 외운다고 되는 게 아니다. 평상시 인간관계를 맺으며 문제를 해결하는 방식과 태도가 자연스럽게 면접관에게 노출되기 때문이다.

129

의견충돌하는 사람들을 중재한 경험이 있는가?

답변사례

다투는 친구들을 중재했습니다

같은 과 친구들이 한 여자친구를 두고 다툴 때 중간에서 말리고 화해를 주도한 경험이 있습니다. 분쟁이 생길 때는 이성적으로 생각할 겨를이 없습니다. 시시비비를 따지기보다 고조된 감정을 가라앉히는 게 중요합니다. 그래서 육탄전까지 갈 상황을 무조건 막기 위해, 다른 친구들과 함께 힘을 모아, 싸우는 친구들을 서로 격리시켰습니다. 그런 다음 무조건 얘기를 들어주었습니다. 섣부른 충고는 하지 않았습니다. 그러다 보니 대부분 스스로 결론을 내리게 되었습니다.

전문가의 조언
★★★★

조직은 트러블메이커를 경계한다

이런 질문을 던지면서 면접관은 지원자가 분쟁을 주도하는 성향을 가진 사람인지, 분쟁을 피하는 사람인지 알아보기 위해 추가질문을 던지기도 한다. 조직은 트러블메이커*를 좋아하지 않는다. 속으로 끙끙 앓으며 고민을 키우는 것도 문제지만, 사실 이런 경우는 표면에 드러나지 않기 때문에 크게 주시하지 않는다. 반면, 조직은 문제해결을 빌미 삼아 오히려 쓸데없이 문제를 일으키는 사람을 더욱 경계하는 편이다. 따라서 자신은 주로 분쟁을 중재하고 의견충돌을 지양하는 사람으로 어필하는 것이 중요하다.

위 지원자는 자신의 구체적인 경험을 통해 분쟁을 중재하는 사람이라고 말했다. 싸우는 친구를 뜯어말리고 얘기를 죽 들어주었더니 자연스럽게 분쟁이 해결되었다는 답변은 지원자가 현명하고 지혜로운 사람이란 인상을 주게 될 것이다.

트러블메이커

말 그대로 '문제직원'을 말한다. 예전에 《또라이 제로 조직》이란 책이 인기를 끌었다. 조직 내 트러블메이커를 '또라이'라고 규정하고, 어떻게 극복하고 살아갈지 정리한 책이다. 채용 담당자는 이런 트러블메이커를 차단하는 게 급선무다. 조직의 고민을 엿보고 싶다면 읽어보길 바란다.

왜 해외영업을 하고 싶은지
면접관을 설득해본다면?

기출 기업   현대자동차

답변 사례

심리학 전공했고, 영어와 중국어에 능통합니다

해외영업을 하려면 국가에 대한 이해가 필요합니다. 저는 심리학과를 전공해서 사람의 심리를 잘 파악하는 훈련을 했습니다. 국가 역시 사람들이 모인 곳입니다. 저의 전공이 큰 도움이 될 것으로 생각합니다.

또한 저는 국내에서 꾸준히 영어 공부를 해왔으며, 웬만한 의사소통은 가능합니다. 뿐만 아니라 중국에 교환학생으로 1년간 있었기 때문에 중국어 실력 역시 보통 이상입니다. 이런 저의 경험이 귀사의 해외영업에 큰 도움이 될 것입니다.

전문가의 조언
★

장점을 어필하느라 질문의 요지를 잊게 되는 경우

위 답변은 자동차 해외영업에 한정된 내용이지만, 직무가 다른 부문에서도 비슷한 유형으로 물을 수 있다. "전공이 다른데, 이 직무를 선택한 이유를 설득한다면?", "우리 팀에서 당신을 뽑을 이유를 설득해본다면?" 등의 질문과도 일맥상통한다.

결국 지원자가 직무에 대한 이해를 제대로 하고 있는지, 왜 자신이 이 일에 적합한지를 근거를 가지고 면접관을 설득해야 할 것이다.

위 지원자는 해외영업을 하고 싶어서 자신의 전공과 외국어구사 능력을 어필했지만, 말 그대로 '왜'가 빠져 있다. 이 부분은 면접장에서 많은 지원자들이 실수하는 부분이다. 자신의 장점을 알려주고 싶어 이것저것 얘기하고 있지만, 정작 면접관의 질문의도는 놓치는 경우가 종종 있다.

"어렸을 때부터 해외를 돌아다니며 비즈니스하는 게 꿈이었다"라든지, "한국을 벗어나 세계인과 호흡하는 글로벌한 사람이 되고 싶었다"든지, 뭔가 이유를 얘기했더라면 자신의 장점이 더 돋보였을 것이다.

131

실수를 저질렀다. 어떻게 할 것인가?

기출 기업   두산엔진

답변사례

실수를 인정하고, 다시 반복하지 않도록 노력하겠습니다

먼저 솔직하게 제 실수를 인정하고, 제가 책임질 일이 있으면 질 것입니다. 《논어》를 보면 "실수한 것을 고치지 않는 것이야말로 실수"라는 말이 있습니다. 다시는 같은 실수를 저지르지 않도록 최선을 다해 완벽을 기하도록 노력할 것입니다.

전문가의 조언
★★★★☆

비슷비슷한 답변 속에서 고전 인용한 점은 플러스 요인

사람은 누구나 실수를 한다. 중요한 점은 실수를 저질렀을 때 어떻게 받아들이고 처리하는가 하는 것이다. 실수란 1번은 넘어가도 2번 이상 반복하면 안된다. '항상 실수하는 사람'으로 낙인 찍히기 때문이다.

면접관은 지원자의 인상이 좋아 보이지만 일은 실수를 연발하지 않고 제대로 할 수 있을지 의심될 때 이런 질문을 한다. 그리고 실수를 인정하기보다 남 탓으로 돌리고 자신을 옹호하거나 변명하는 사람인지도 함께 살펴보게 된다.

위 지원자는 솔직하게 자신이 실수를 했다면 인정한다고 답했다. 그리고 다시는 실수를 반복하지 않겠다는 답변도 했다. 여기까지는 누구나 할 수 있는 말이다. 하지만 《논어》를 언급하는 대목은 다른 지원자와는 차별화되는 대목이다. 고전을 인용해 시의적절한 답변을 했으며 이는 지원자의 품격을 달라 보이게 해준다.

물론 이런 능력은 하루아침에 생기지 않는다. "티끌 모아 태산"이라는 속담처럼 매일밥을 먹듯 상식과 식견을 쌓아야 하는 일이다. 스펙에 올인한 학생보다 책을 많이 읽고 경험을 많이 쌓은 학생이 주목받는 시대인 것만은 확실하다.

조직관계 역량 ▼ 설득력과 영향력

132

본인이 특별히
내세울 만한 점은 무엇인가?

기출기업 SC제일은행, LG화학, 금융감독원, 금호타이어, 두산글로넷BG, 롯데마트, 롯데스위트랜드, 삼성반도체, 삼성전자, 한국동서발전, 한국수력원자력, 한국안센, 한국오츠카제약, 한국전기안전공사, 한국증권금융, 한국지역난방공사, 한국환경공단, 현대백화점, 현대자동차

답변사례

저는 정직하고 성실합니다

제 성격에서 특별히 내세울 만한 점은 성실과 정직입니다. 맡겨진 일이 있으면 묵묵히 성실하게 해냅니다. 패스트 푸드점 아르바이트를 할 때 저의 성실함 때문에 지점장님이 '이 달의 사원'으로 뽑아주셨습니다. 친구들과의 약속을 잘 지키고 맡은 바 책임을 다해 주변에서도 무척 성실한 사람이라는 평가를 받습니다. 또한 저는 스스로 정직하다고 생각합니다. 사실이 아닌 말은 아예 하지 않는 편이며, 누가 보든 보지 않든 자신에게 부끄럽지 않은 행동을 하려고 노력하는 편입니다.

전문가의 조언
★★

 구체적인 장점을 부각시킬 것, 업무와 연관시킬 것!

위 답변은 틀에 박힌 편이라고 할 수 있겠다. 예전에 대규모 신입사원 공채가 있을 때는 이런 답변이 유효했을지 모른다. 정직함, 성실함 같은 순응적 측면의 역량이 중요했고, 나머지는 회사 내에서 교육시키면 되니까.

하지만 시대가 바뀌었다. 회사마다 원하는 장점이 다르겠지만 중요한 것은 일과 연관되어야 하며, 보다 구체적이어야 한다. 장점에 대한 질문에 답하려면 다음 3가지를 충족시키도록 하자.

〈장점을 얘기할 때 기억해야 할 3가지〉
▸ 업무 중심의 장점
▸ 지식과 기술 중심의 장점
▸ 성격과 신체적 건강함을 강조하는 장점

위 지원자에게 조언하자면 '이 달의 사원'으로 뽑히게 한 계기를 놓고 업무 중심의 구술이 보강될 필요가 있다. 10분 전에 출근했다든지, 시키지 않은 청소까지 해놓았다든지,

친절했다든지 등. 주문이 오면 빠르게 햄버거를 내놓았다는 사실을 얘기하면서 업무습득이 빠른 편이란 장점을 어필할 수도 있을 것이다. 또는 몸을 움직이며 하는 일을 잘한다든지, 고객에게 친절하게 대한 점 덕분에 이 달의 사원이 되었다든지 등, 다양한 자기 강점을 적극적으로 말하는 게 좋을 것이다.

'정직, 성실' 이런 추상적인 장점만으로는 면접관을 감동시키기 어렵다. 구체적인 사실, 그리고 검증된 결과를 제시해야 면접관을 설득할 수 있다. 무엇보다 이 지원자는 자신의 장점을 스스로 모른다는 느낌이 든다. 따라서 자신을 돌아보고 장점을 찾아보며 자신감을 회복하는 게 필요하지 않을까?

성실한 것은 기본, 그 이상의 장점을 어필하라!

1분 안에
자기소개를 한다면?

기출기업 DB손해보험, CJ오쇼핑, KT&G, STX, 광주은행, 삼성물산, 삼성생명, 삼성중공업, 삼성증권, 신세계백화점, 유진투자증권, 포스코, 한국MSD, 한화생명, 현대자동차

답변사례

이름에 '세'가 들어가 숫자 3을 좋아합니다

'하루에 하늘을 3번 보는 사람은 행복한 사람'이라는 말이 있습니다. 저 역시 행복한 사람이라고 생각합니다. 새벽에는 수영, 낮에는 인턴 업무, 저녁엔 취업준비를 하다 보면 땅만 볼 때가 많지만, 그럴 때마다 저는 하늘을 보며 하루 3번 이렇게 외칩니다. "하늘은 스스로 돕는 자를 돕는다!"

안녕하십니까? 저는 광주은행에 지원한 김세영입니다. 이름에 '세'가 들어가 3이란 숫자를 좋아합니다. 광주MBC 《말을 잘하자》는 프로그램에서 3연승과 함께 상금 300만원을 받은 경험도 있습니다.

제가 광은인이 되고 싶은 동기는 첫째, 처음으로 용돈을 모은 통장, 둘째, 첫 아르바이트 월급으로 가입한 펀드, 셋째, 어려운 형편에 도움받은 첫 학자금대출을 받은 곳이기 때문입니다. 이곳에 들어오기 위해 금융3종 자격증도 따놓았습니다. 저는 제 경제적 삶의 전부인 광주은행에 입사한다면 하나, 고객에게 행복을 전하는 직원, 둘, 친절한 직원, 셋, 활기찬 직원이 될 것을 약속드립니다.

전문가의 조언
★★★★★

 ## 잘 뽑은 키워드, 구성과 기획이 굿!

거의 모든 기업에서 처음에 1분 자기소개를 요구한다. 이 질문에 대한 답변은 아주 중요하다. 면접관에게 호감 가는 첫인상을 줄 수 있는 시간이며, 면접하는 동안 좋은 분위기를 유도할 수 있기 때문이다.

따라서 자기소개서를 쓰듯 1분 자기소개 글을 다듬고 실제상황이라고 가정하고서 읽어보며 mp3로 녹음해보자. 그런 다음 시간을 조정하고 목소리 톤을 점검한 후 재수정하는 과정을 100번은 반복하자. 외울 수 있는 정도가 되어야 한다. 어느 정도 완성된 다음에는 친구들이나 선배, 멘토에게 들려주고 그들의 조언을 반영해보자. 물론 여기에서 자상한 부모님, 장녀 운운하는 얘기는 과감히 빼도록 하자.

사람이 쉽게 인지할 수 있는 개수는 3, 5, 7이다. 이중에서 가장 잘 인지되는 개수는 3이다. 위 지원자는 자신의 이름을 키워드로 긍정적인 태도, 열심히 살아가는 생활, 에피소드 등은 물론, 입사의지를 뚜렷이 밝혔다. 아마도 면접관은 자기소개 내용은 잊어버릴지 몰라도 '김세영'이라는 이름은 분명히 기억하게 될 것이다.

이름을 키워드로 자기소개를 하며 통통 뛰는 젊음을 잘 보여주었다. 하지만 이것만으로 면접관을 공략할 수는 없다. 위 지원자는 광주은행에 입사하기 위해 자신이 오래된 광주은행 고객이며 금융자격증까지 땄다고 말했다. 이 정도면 사람 자체에 대한 호감은 물론, 회사에 대한 충성도, 취업준비 태도 등이 어우러져 면접관에게 좋은 점수를 딸 수 있다.

취업, 한걸음더!

눈길을 끄는 1분 자기소개의 첫마디

최근 채용설명회에서 현대자동차는 '5분 자기PR'을 도입해 두각을 나타낸 지원자에게 서류전형을 면제해주는 블라인드면접을 실시했다. 자기소개를 하는 형식은 1분, 3분, 5분 다양하지만 면접장에서는 대부분 1분 자기소개를 활용하므로 따로 준비해두면 좋을 것이다.

1분이란 짧은 시간 안에 눈길을 끌려면 첫마디가 중요하다. 다음은 눈길을 끄는 1분 자기소개의 첫마디다. 여러분의 1분 자기소개 작성에 참고하길 바란다.

구구절절 나열하기보다 원포인트 자기소개로 시작하자

"저는 중학교 때 노인봉사, 고등학교 때 고아원봉사, 대학교 때 병원봉사를 한 ○○○입니다." 이런 식의 나열로 자기소개를 시작하지 말자. 하루 수십명을 만나는 면접관은 당신을 제대로 기억하지 못할 가능성이 높다.

강점 하나만 공략해서 자신을 소개하자. 유명인 어록이나 명언을 활용해도 좋다. 그런 다음 이름, 수험번호, 지원회사 등 관등성명을 말하고 살을 붙여나가면 좋을 것이다. 목소리 톤도 가장하지 말고 '솔' 톤을 유지하며 밝고 경쾌하게 시작하자. 졸고 있는 면접관을 확 깨우길 바란다.

• 저는 국내 최고 공모전 여왕인 ○○○입니다.
• 안녕하십니까? 저는 전라도 전기는 몽땅 책임지고 싶은 ○○○입니다.
• 중소기업이 튼튼하면 경제가 웃습니다. 저는 경제를 웃기는 남자 ○○○입니다.
• 안녕하십니까? 친절한 금자씨보다 친절한 김금열입니다.
• 빙수보다 더 시원시원한 남자 서빈수 인사드립니다.
• 가장 높은 곳에 올라가려면 가장 낮은 곳부터 시작하라. 이 말을 품고 사는 저는 ○○○입니다.
• 상쾌한 월요일 아침, 화창한 날씨에 힘입어 귀사에 상륙한 ○○○입니다.
• ㅁㅁ카드 600만 고객의 개인비서가 될 ○○○입니다.
• 미래의 ㅁㅁ인이 되어 면접관님과 꼭 회식자리에 함께하고픈 ○○○입니다.
• 안녕하십니까? 먹고 싶은 것이 많아 이루고 싶은 것도 많은 ○○○입니다.
• 스마트폰을 만들려면 스마트한 남자가 필요합니다. 저는 스마트의 최고봉 ○○○○이라 합니다.
• 거치른 벌판으로 달려가는~♬(노래) 안녕하십니까? ㅁㅁ자동차로 달리고 싶은 ○○○입니다.
• 케라시스로 머리 감고 세이로 세수하는 여자 ○○○입니다.

마지막으로 하고 싶은 말은?

기출 기업

DB하이텍, KEB하나은행, KT&G, LG생활건강, LG유플러스, SC제일은행, SK건설, SK하이닉스, 교보증권, 금융결제원, 네이버 주식회사, 대한무역투자진흥공사, 동원F&B, 롯데스위트랜드, 롯데정보통신, 삼남석유화학, 삼성물산, 삼성생명, 삼성에버랜드, 삼성 전자, 삼성중공업, 삼성증권, 유니레버, 포스코, 한국릴리, 한국무역협회, 한국타이어, 한화S&C, 한화무역, 현대백화점, 현대산업개 발, 홈플러스

답변사례

귀사의 교육지원제도가 궁금합니다

귀사의 대졸 신입사원 연봉이 어느 정도 되는지 대충 알고 있습니다. 저는 돈을 보고 이 회사에 지원한 것이 아니기 에 합격만 시켜주시면 감사히 다닐 예정입니다. 1가지 제가 궁금한 것은, 교육지원비나 대학원 학비보조 등이 가능 한지 궁금합니다. 저는 공부하는 것을 좋아하고 관심이 많기에 귀사의 교육지원제도가 어떤지 듣고 싶습니다.

전문가의 조언
☆

마지막 역전의 기회, 근무여건이나 연봉 질문은 자제하자

모든 기업이 마지막으로 하고 싶은 말이 있냐며 면접의 대미를 장식한다. 말 그대로 마무리를 위한 것이니 궁금하다고 다 물어보면 아니 될 일이다.

심지어 인센티브는 얼마인지, 야근은 얼마나 하는지, 출퇴근 버스 지원은 되는지, 지방 출장비를 주는지 등 청순하게 궁금한 것을 마음껏 물어보는 지원자도 있다.

위 지원자는 연봉에 구애받지 않고 회사에 입사하고 싶다고 말했지만, 교육지원제도에 대한 질문을 통해 다소 보수적인 면접관이라면 당돌하다는 인상을 받았을 것이다. 이 질문 은 면접에 마이너스는 아니더라도 플러스 요인은 되지 않았을 것이다.

수많은 지원자 중에서 결국 선택권을 가진 것은 기업이다. 이런 질문을 하는 사람은 주 위 시선 상관없이 자신의 이익을 챙기는 사람이라고 오해받기 쉽다. 실제 모습은 아닐지라 도 말이다.

말 그대로 마무리를 위한 질문이다. 이런 질문을 역전의 기회로 삼으면 어떨까? 비슷비 슷한 지원자 중에서 누굴 선택해야 할지 고민하는 면접관에게 적극적인 입사의지를 밝힌 다거나, 구호로 강력한 인상을 남긴다거나, 미처 말하지 못한 자신의 매력과 장점을 어필 한다면 행운의 여신이 당신에게 다가오지 않을까?

가훈이 있는가?
본인은 어떻게 생각하는가?

기출기업 CJ오쇼핑, 한국농어촌공사, 현대백화점

답변사례

저희 집 가훈은 '성실'입니다

저희 집 가훈은 '성실'입니다. 30년간 공무원으로 일해온 아버지가 항상 강조하시는 말씀입니다. 누가 보든 보지 않든, 자신에게 성실한 삶을 사는 게 중요하며 그렇게 아버님이 살아오고 계시기에 저도 자연스럽게 성실함이 몸에 배어 있다고 생각합니다. 아버님이 써주신 '성실'이란 가훈은 저희 집 거실에 걸려 있습니다. 볼 때마다 항상 자신을 돌아보게 됩니다.

전문가의 조언
★★★

평이한 답변이 나올 수밖에 없지만, 조금 비틀어보자

이 질문은 가치관, 좌우명, 생활신조 등을 묻는 질문과 일맥상통한다. 그중에서도 가훈을 물어보는 이유는 대부분의 사람들이 가정교육에 큰 영향을 받으며 성장하고, 부모님으로부터 어떤 교육을 받았는지 궁금해서다. 만약 가훈이 없다면 부모님이 자주 모범을 보이는 행동이나 말씀을 얘기하면 된다. 예를 들어 '인내'라는 가훈이 있다고 치자. 단답형으로 말하기보다 '3번만 참자'라고 답하면 어떨까? '경청'이란 가훈도 '여자 말을 잘 듣자'로 바꾸면 묘한 공감대를 얻게 될 것이다.

박찬욱 영화감독은 학교에서 가훈을 적어오라고 했다는 딸의 요청에 '아니면 말고'라고 써보냈다. 아무리 열심히 노력해도 안되는 일이 있는데 그때마다 자책하면 어떻게 사는가, 당당하게 털어내고 쿨하게 받아들이라며 써준 것이라고 한다. 이렇듯 부모님이 살아오며 입버릇처럼 말하는 문구가 있을 것이다. 따로 적어두자.

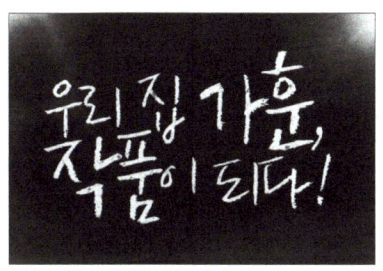

롯데의 가훈 모집 이벤트 공고 화면

대화를 나눌 때
가장 중요하게 생각하는 것은?

국세청, 대한항공

답변사례

말하기 전에 생각하고 고개를 끄덕인 후 행동하라는 것입니다

'말하기 전에 생각하고 고개를 끄덕인 후 행동하라' 이것은 제가 대화를 나눌 때 중요하게 생각하는 것입니다. 별 생각 없이 내뱉은 말에 상대방이 상처받거나 불쾌할 수 있습니다. 따라서 예쁘고 좋은 말을 하려고 노력합니다. 또한 앞에 있는 사람의 말을 경청하고 마음 깊이 공감하기 위해 노력합니다. 제가 먼저 노력하다 보면 아무리 서먹서먹한 관계에 있던 사람도 마음이 곧 풀어지고 진솔한 대화를 하게 됩니다.

전문가의 조언
★★★☆

같이 일할 만한 공감능력을 갖고 있는 사람인가?

구글은 사람을 뽑을 때 '공항 테스트'라고 이름 붙인 면접방식을 사용한다. 면접을 하는 직원에게 3시간 동안 공항에서 함께 비행기를 기다려야 하는데, 이 사람과 기분 좋게 대화를 나눌 수 있겠는가 평가해보라는 것이다. 이런 테스트를 하는 이유는 함께 일할 사람인데, 공감능력도 갖고 있는지 궁금해서다.

위와 같은 질문은 단지 답변만 잘한다고 끝나는 게 아니다. 면접 보는 동안 눈을 잘 마주치고 있는지, 고개를 끄덕이며 공감했는지, 말투는 어땠는지 등의 정보가 종합되어 지원자의 답변으로 마무리되는 것이다.

나는 공항에서 3시간 동안 회사 사람과 대화할 수 있는가? 그럴 수 있는 사람이란 인상을 면접관에게 줄 수 있다면 당신은 합격에 좀더 가까이 가게 될 것이다.

최근에 부모님을
속상하게 한 일이 있다면?

기출 기업 삼성전자, 한국토지주택공사

답 변 사 례

어머님을 바래다주다 교통사고가 났습니다

저는 아침마다 빵집 아르바이트를 하시는 어머님을 차로 모셔다 드립니다. 주차하려던 중 가벼운 접촉사고가 생겼고, 2주간 병원을 오가며 치료를 하게 되었습니다. 어머님은 자신을 바래다주다 생긴 일이라며 무척 자책하셨습니다. 엄밀히 따지면 저의 운전미숙으로 생긴 일인데, 그렇게 속상해하시는 어머님을 보니 괜히 제가 더 죄송했습니다.

전문가의 조언
★★★☆

 ## 가정교육, 효도의 가치를 중요시하는 면접관도 있다

면접관 중에서 특히 가정환경, 가정교육 등을 중시하는 분이 있다. 나이가 든 임원일수록 더욱 그렇다. 자식 같은 지원자들이 어떻게 커왔으며 어떤 부모 밑에서 성장했는지 그 뒷배경이 궁금해서일 것이다.

대부분의 지원자들이 자식된 도리로 각자의 자리에서 효자효녀로서 성실히 살아가고 있다. 생활 속에서 부모를 생각하는 마음, 어른으로서 독립하고 부모를 부양하려는 모습을 보인다면 가정생활을 중시하는 면접관이 봤을 때 책임감 있고 믿을 만한 사람이란 평가를 하게 될 것이다.

조직관계 역량 ▼ 사교적이며 믿음이 가는

138

아버지는 무슨 일을 하시나?
면접 오기 전 뭐라고 하셨는가?

기출 기업 JW중외제약, 광주은행, 롯데스위트랜드, 보령제약, 중소기업진흥공단, 한국수자원공사, 한국알프스

답변사례

아버님은 중국집을 운영하십니다

저의 아버님은 중국집을 하고 계십니다. 직접 요리도 하시고 배달도 하십니다. 나이도 드셨는데 배달을 나가시니 마음이 좀 그렇지만, 아버님은 앞으로 10년은 문제없다고 하십니다. 어머님은 카운터를 담당하십니다. 저희 가게 재무부장관이십니다. 식권을 사용하는 주변 사무실의 요청으로 점심때는 한식도 내놓습니다. 아버님은 뛰어난 미각을 갖고 계십니다. 어렸을 때부터 해주신 음식을 먹으며 행복하게 자랐습니다. 중고등학교 이후 지금까지 주말마다 제가 서빙을 해왔습니다. 아버님은 귀사에 합격하면 서빙하는 아르바이트생을 구하면 된다며, 걱정 말고 꼭 합격하라고 얘기해주셨습니다.

전문가의 조언
★★★☆

금융권에서 꼭 하는 질문, 문제없이 일에 몰입할 수 있음을 강조할 것

아버지의 직업을 묻는 이유는 여러 가지가 있다. 지원자가 어떤 환경에서 자랐는지, 경제적으로 안정되었는지 여부 등을 알고 싶어서다. 특히 돈과 관련된 금융권인 경우 이런 질문을 꼭 하게 되니 답변을 준비하면 좋을 것이다.

아버지 직업을 자신 있게 말할 수 있는 사람과 그렇지 않은 사람이 있을 것이다. 중요한 것은 아버지 직업을 포장해서 말할 필요는 없다는 것이다. 양부모 슬하든 편부모 슬하든, 안정된 가정에서 잘 자랐으며, 회사에 들어가면 큰 문제 없이 일에 몰입할 수 있다는 것을 얘기하면 된다.

위 지원자는 소규모 중국집을 운영하는 아버지 밑에서 조금은 덜 여유롭게 자란 듯 보였다. 하지만 밝고 명랑하고 싹싹했다. 아버지 음식 맛이 최고라는 찬사까지 덧붙이며 면접관도 꼭 오라는 얘기까지 했다. 좋은 대학교에 진학했고, 등록금도 스스로 해결했다고 한다. 지원자가 나간 후 면접관들 사이에서 "나에게도 저런 딸이 있었으면, 우리 며느리 삼았으면……" 하는 얘기가 오갔다고 한다. 물론 이 지원자는 합격했다.

139

광속시대에 느리게 사는 즐거움을 만끽한 적이 있나?

기출 기업　　한국무역보험공사

답변사례

1주일에 하루, 일요일은 꼭 스마트폰을 끕니다

최근에 《생각하지 않는 사람들》이란 책을 읽었습니다. 스마트폰 시대에 책은 멀리하고 인터넷검색만 하는데, 사람들은 똑똑해진 듯 착각하지만 정작 생각할 줄 모른다는 내용입니다. 점점 인터넷, 모바일기기의 노예가 되고 있다는 위기감에 저 역시 공감이 갔던 책입니다. 그래서 1주일에 하루, 일요일만이라도 스마트폰과 컴퓨터를 아예 끄고 혼자서 산책을 하거나, 음악을 듣거나, 책을 읽는 시간을 따로 내고 있습니다. 처음에는 지루했지만 뭔가 마음이 정돈된 느낌이 들고, 저의 생각을 정리하고 싶은 욕구도 들었습니다. 1주일에 하루 아날로그 인생을 살다 보니 마음도 편안해지고, 바쁜 생활을 준비할 여유도 생기는 것 같습니다.

전문가의 조언
★★★☆

최근에 회자된 책 언급, 사고가 깊은 사람이라는 느낌을 준다

'빨리빨리'가 우리나라의 민족성이자 특기이지만 속도감 속에서 위기를 느끼는 시대다. 면접관은 취업준비, 자격증 준비 등으로 피폐한 삶을 사는 지원자들이 스트레스를 풀고 사고력을 키우며 자신을 돌아볼 줄 아는 여유를 가졌는지 알아보기 위해 이런 질문을 던졌을 것이다.

위 지원자는 자신이 읽은 책을 예로 들며, 모바일기기를 멀리하고 있다고 말했다. 인문학적 소양을 중시하는 요즘 분위기에 걸맞는 인용이다. 《생각하지 않는 사람들》은 샐러리맨들이 많이 읽은 책으로, 이 책을 읽거나 한번쯤 들었을 법한 면접관이라면 재질문을 던지며 관심을 표명했을 것이다. 단순히 여가를 즐기며 느리게 사는 즐거움을 느낀다는 지원자에 비해 훨씬 사고가 깊고, 자기성찰이 가능한 사람이란 인상을 준다.

기억나는 여행지가 있다면?

대한항공, 삼성물산, 아시아나항공, 한국무역보험공사

답변사례

워킹홀리데이로 체류한 영국의 대영박물관입니다

저는 영국 워킹홀리데이를 지원해서 1년 동안 체류한 적이 있습니다. 런던에서 아르바이트와 어학수업을 병행하며 지냈는데, 살인적인 물가 덕분에 다른 지역 여행은 꿈도 꾸지 못했습니다. 하지만 대영박물관은 공짜여서 주말마다 갔습니다. 영국은 한때 해가 지지 않는 나라였습니다. 그만큼 세계 곳곳에 식민지가 많았습니다. 그때부터 수집한 전세계 유물이 대영박물관에 모여 있습니다. 그리스 파르테논신전, 이집트 파라오상, 심지어 한국관까지.

저는 역사에 관심도 없는 문외한이었는데, 실제 유물을 보며 역사책도 찾아 읽었고 미술사 강의도 듣게 되었습니다. 이곳은 식민지 유품을 전시했다 해서 반환해달라며 많은 욕을 먹고 있지만, 무료로 개방한 덕분에 저 같은 사람은 많은 혜택을 보았습니다. 무엇보다 세계역사와 문명, 그리고 인간사를 탐구하게 해준 곳이 바로 런던입니다. 제가 아이들을 낳으면 꼭 함께 다시 가고 싶은 곳입니다.

전문가의 조언
★★★☆

 ## 지원자의 삶과 경험을 엿보기 위한 질문

이 질문은 여행 산업군에서 자주 등장한다. 지원자의 삶과 경험을 엿보기 위해서다. 위 지원자는 워킹홀리데이로 간 영국에서 대영박물관을 자주 방문했으며, 이를 통해 역사와 미술사를 접했다. 인문학 소양을 갖춘 지원자를 원하는 기업이라면 눈여겨볼 만한 대목이다.

필자가 면접관으로서 경험한 일이다. 기억나는 여행지가 있느냐는 질문에, 한 지원자가 안타깝게도 학교 수학여행 외에는 딱히 가본 곳이 없다며 답을 얼버무렸다. 왜 그랬느냐고 물어보니, 가정형편상 여행을 가기 힘들었고 어학연수 갈 형편도 되지 않았다고 한다. 또한 입시준비, 취업준비 때문에 시간여유가 없었다고 했다. 해외여행이 일반화된 요즘에, 국내여행도 맘 편히 갔다 오기 힘든 사람도 있구나 싶어서 마음이 짠했다. 한편으로는 속없는 질문을 던졌나 싶었다.

여행 경험이 있든 없든, 기억나는 여행지가 있든 없든 그냥 솔직하게 말하면 된다. 여행을 통해 당신을 알아보려는 것이지 여행지를 많이 갔다고 점수를 줄 게 아니니 말이다.

이메일을 이렇게 정한 이유는?

 SK텔레콤

답변사례

제 이름을 영문모드 상태에서 친 겁니다

원하는 이메일이 있었는데 제가 사용하는 사이트 계정에는 이미 있다고 해서 제 이름 '손진현'을 영문모드 상태로 치면 나타나는 알파벳을 그냥 이메일로 정했습니다. 특별한 의미는 없습니다.

전문가의 조언
☆

이메일 주소 하나에도 상대를 배려하는 마음이 보인다

위 지원자의 이메일 계정은 thswlsgus@로 시작한다. 면접관은 왜 이 질문을 했을까? 정말 그 의미가 궁금해서였을까? 그럴 수도 있겠지만 필자의 생각은 다르다. 요즘 같은 때 이메일은 주요 커뮤니케이션 수단이다. 대면하기 전까지 첫인상이나 다름없다. 회사 인사실무자는 지원자의 이메일 주소로 합격, 불합격 여부를 알려야 하고, 때로는 온라인이 아닌 오프라인으로 일을 처리하기도 한다.

입사 이후에도 이렇게 읽기 힘든 이메일을 가진 지원자는 종종 원망의 대상이다. 단어도 아니고 알파벳 조합이라, 이런 사람에게 업무상 이메일이라도 쓸라치면 불필요하게 재차 확인을 해야 한다. 거래처와 전화하다가 이메일 주소를 알려주려면 문제는 더 심각해진다. 업무시간 대부분을 이메일 알파벳 확인만 해주다 끝난다.

결론은, 공적인 메일은 되도록 쉽게 인지할 수 있는 단어를 사용하길 바란다. 별것 아니지만 이메일은 일상생활 속에서 자주 접하는 것이고, 상대방에 대한 인상, 배려 등을 좌우할 수 있으니 신경쓰도록 하자. 취업 전에 바꾸기 불가능하다면 입사 후에는 꼭 바꾸는 게 좋다.

이메일로 지원할 때 이 점만은 주의하자!

이메일로 입사지원할 때 기본적으로 지켜야 할 사항을 체크해보자.

1 | 이메일 제목에 본명과 지원하는 분야를 기재할 것

수백통의 입사지원 메일을 받는 인사담당자 중 어떤 사람은 '냐옹이', '정민사랑' 이런 이름으로 오는 메일은 과감히 삭제한다. 기본이 안되어 있는 지원자의 이력서는 볼 필요도 없다나 뭐라나. 스팸메일로 빠지지 않도록 본명, 지원분야를 확인한 후 발송하자. 물론 이메일 닉네임도 한글 본명으로 바꾸고, 첨부파일로 전송할 이력서, 자기소개서 이름도 본명, 지원분야로 통일시키면 좋다.

2 | 첨부파일은 압축하지 말 것!

첨부된 이력서, 자기소개서 파일을 압축하지 말고 그대로 클릭하면 열 수 있도록 하자. 기업별로 지정된 형식대로 맞추는 것은 당연하니 넘어가도록 한다.

3 | 이메일 본문은 예의 바르고 간략하게

간단한 안부인사, 수고하신다는 인사 정도는 써놓고 보내자. 간혹 첨부파일만 넣고 휙 보내는 지원자가 있는데, 메일을 열어보는 이가 바로 당신의 선배라고 생각하자. 지원분야, 연락처, 간단한 인적사항과 지원동기를 쓴다면 받는 이도 기분이 좋아질 것이다. 단 구구절절 늘어지지 않도록 조심하자.

4 | 수신확인 설정할 것

본인의 이메일이 실종되었는지, 제대로 도착했는지 궁금할 것이다. 수신확인하지 않고 받았냐 갔냐 직접 전화하는 지원자가 있는데, 인사담당자는 그런 지원자를 싫어하니 조심하자.

어떤 습관이 있는가?

답변사례

규칙적인 생활을 좋아해 시계를 보는 습관이 있습니다

저는 거의 매일 2시 22분에 시계를 보게 됩니다. 참 우연의 일치라며 친구들에게 말하니, 제가 평소에도 습관적으로 시계를 자주 확인한다고 얘기해주었습니다. 저는 하루 일과를 계획하고 시간대별로 일정을 소화하는 것을 선호하는 편입니다. 그래서 시간에도 민감하고 자주 시계를 확인하게 된 것 같습니다.

하루를 알차게 사용하고 게을러지지 않도록 자기관리를 하는 편이지만, 주변의 조언대로 너무 시간에 민감하게 반응하지 않고 마음의 여유를 가지고자 노력하는 중입니다.

전문가의 조언
★★★☆

좋지 않은 습관을 말하며 자폭하지 말 것

이 질문은 지원자의 단점이나 장점을 물어보는 것과 비슷한 것이다. 지원자가 스스로 자기분석이 되어 있는지 알아보고 어떻게 상대방에게 전달하는지 체크한다.

습관과 버릇은 누구나 가지고 있다. 면접관도 지원자가 자신의 좋지 않은 습관을 답하며 자폭하길 원하지 않는다. 여러분이 가진 수많은 습관 중에서 긍정적으로 어필할 수 있는 것을 찾아보자. 그리고 그것이 업무에 어떻게 연관되어 회사에 도움이 될 수 있을지 정리해보자.

성장과정을 간단하게
얘기해본다면?

기출기업 대한항공, 삼성물산

답변사례 **중학교 이전은 선머슴, 이후는 비행소녀입니다**

저의 인생은 중학교 이전과 이후로 나뉩니다. 중학교 이전은 '선머슴'이었습니다. 여학생을 괴롭히는 남학생을 제압하고 치마보다 바지를 입기 좋아하며 태권도를 좋아해 국가대표를 꿈꾸기도 했습니다.

하지만 중학교 이후 저는 '비행소녀'로 바뀝니다. 생애 첫 비행기를 탄 저는 고열로 고생했는데, 승무원 언니가 물에 적신 수건을 가져와 저를 간호해주었습니다. 천사가 내려온 것만 같았습니다. 앞으로 나도 승무원이 되어서 천사처럼 일해야겠다고 생각했습니다.

그 이후로 말투며 옷 입는 스타일 등 모든 게 바뀌었습니다. 선머슴 같던 여자애가 여성스러워져서 부모님도 깜짝 놀랐다고 하십니다. 물론 제 안에 선머슴은 완전히 사라지지는 않았을 것입니다. 언제 튀어나올지 모르지만, 천사 같은 승무원이 되고 싶은 마음은 여전히 변함없습니다.

전문가의 조언
★★★★☆ **키워드를 뽑은 후 스토리텔링으로 살을 붙이자**

자기 얘기를 하는 사람과 그렇지 않은 사람은 단번에 알아볼 수 있다. 면접관은 자기소개서에 적힌 내용이 누가 써준 것인지, 아니면 직접 쓴 것인지 확인하기 위해 질문한 것일 수도 있다. 우선 자기소개서에 있는 내용을 중심으로 키워드부터 뽑아내자. 까먹을까 봐 자기소개서 내용을 달달 외우듯 말하는 지원자가 있는데 이럴 경우 말이 꼬이고 실수만 반복한다.

위 지원자는 '선머슴'과 '비행소녀'란 키워드를 가지고 자신의 얘기를 술술 풀어냈다. 다소곳한 지원자한테서 선머슴 같은 어린 시절을 연상하는 것도 재미있고, 자기 입으로 그 선머슴이 언제 튀어나올지 모른다고 말하니 면접장 분위기는 더욱 즐거웠을 것이다. 또한 오랜 시간 승무원의 꿈을 가지고 생활해온 얘기를 들으면서, 직업에 대한 열정도 엿보게 된다.

이렇게 키워드를 하나 정해놓고, 그에 따른 얘기를 말하듯 풀어가도록 하자. 그렇다고 자기 얘기에 취하지는 말고, 면접관 눈도 가끔 맞춰가며 얘기하도록 하자. 밝고 참신하게 인간적인 모습을 보여주되, 신뢰감까지 준다면 더할 나위 없이 좋을 것이다.

가족 소개를
간단히 한다면?

**기출
기업**

SBS A&T

답변사례

아버님은 대리점 운영하시고, 어머님은 주부이십니다

저의 가족 소개를 하자면 할머니와 부모님, 형으로 구성된 5명의 가족입니다. 아버지는 통신사 대리점을 운영하시고, 어머님은 주부이십니다. 형은 ○○기업에 근무 중입니다. 어머님과 할머니는 고부간이 아닌 친어머니 친딸처럼 잘 지내십니다. 주변에서 어머님을 효부라며 칭찬을 많이 하십니다. 아버님은 기업에서 명예퇴직하신 후 통신사 대리점을 운영하고 계십니다. 처음에는 고전하셨지만 지금은 잘 운영하고 계십니다. 가끔 제가 대리점에 나가 아버님 일을 도와드립니다.

전문가의 조언
★★

 ## 유쾌하게 재치 있게, 면접장 분위기를 좋게 만들 기회

이런 질문은 지원자가 답하기도 편하고 상대적으로 만만하다. 하지만 그렇다고 개인적인 얘기를 하며 늘어지거나 면접과 상관없이 삼천포로 빠지지는 말자. 가족 소개를 할 때 정신줄 바짝 챙기자. 이곳은 면접장이다. 취업에 도움될 만한 얘기를 하자. 논리적으로 얘기를 잘한다든지, 밝은 인상을 준다든지, 믿음이 간다든지, 안정적인 가정환경에서 자랐다든지 등등.

추가로, 되도록 유쾌하고 재미있는 사례를 곁들이면 면접장 분위기를 화기애애하게 만들 수 있다. 예를 들면 "저희 아버지는 소년 같습니다. 아직도 레고조립이 취미이십니다", "형은 월급을 받는 25일이면 찜질방에서 한턱 쏩니다", "어머니는 요리를 잘하십니다. 하지만 최근에 그 비밀을 알았습니다. 귀사의 조미료 덕분이었습니다" 등등. 계속되는 면접에 지원자뿐 아니라 면접관도 지쳤다. 이런 얘기를 들으면 면접관의 눈이 활기를 띠며 초롱초롱해지지 않을까?

성격의 장단점을 애기한다면?

기아자동차, 아시아나항공, 한국보훈복지의료공단

답변사례

장점은 부지런함, 단점은 마음의 여유가 없는 것입니다

저의 장점은 부지런하다는 것입니다. 저는 몸을 움직이는 것을 좋아합니다. 그래서 가만히 앉아 있기보다는 일감을 찾고 부지런히 일하는 것을 좋아합니다. 이런 점은 부모님을 닮았습니다. 저는 아침 6시에 일어나서 가벼운 스트레칭을 한 후 학교에 갑니다. 밤늦게까지 학교생활을 하며 봉사활동, 스터디그룹 활동 등을 통해 폭넓은 대인관계를 유지하고 있습니다.

이에 비해 단점은, 다양한 활동과 인간관계 때문에 자신만의 시간이 없다는 것입니다. 가끔 저 스스로 생각해도 피곤하다는 느낌이 듭니다. 그래서 이제는 자신을 돌아보고 재충전을 위한 휴식의 시간을 가지며 여유를 찾도록 노력해야겠다고 생각합니다.

전문가의 조언
★★★

장점은 업무 중심으로, 단점은 인간미 있게 부각시키자

단점을 말해야 하는 상황이 온다면 되도록 구체적으로 말하지 말고 장점과 연관해서 말하면 좋다. 위 지원자가 장점과 단점을 동전의 양면으로 보고 자신을 분석한 점은 좋았다고 생각한다. 하지만 봉사활동, 스터디그룹 등으로 인해 구체적으로 어떻게 좋은 일과 피곤한 일이 있었는지 얘기했다면 면접관이 더 집중해서 들었을 것이다.

가끔씩 장점을 얘기하다가, 대인관계가 좋아서 주변 친구들의 질투를 받았다든지, 이성에게 인기가 많았다든지 하는 식으로 말하는 자기도취형 지원자가 있다. 이런 얘기를 하는 순간 비호감이 되니 주의하도록 하자.

장점만 계속 얘기하는 게 중요하다고 생각하겠지만, 단점도 스스럼없이 얘기하는 지원자가 오히려 인간미가 넘친다. 완벽해 보이는 사람보다 약간 비어 있는 사람이 호감이 간다. 장점은 업무 중심으로, 단점은 인간미 있게 부각시키자.

146

보고서를 잘 쓸 자신이 있나?
프레젠테이션 경험은?

삼성디스플레이, 한국화이자제약

답 변 사 례

ROTC 인사장교로, 매일 보고로 업무를 시작했습니다

저는 ROTC 출신으로, 인사장교로 복무하며 상관께 매일 보고하는 업무를 담당했습니다. 처음에는 익숙하지 않아서 보고자료도 엉성했지만, 1년간 해오면서 나날이 보고 실력이 향상되는 것을 느꼈습니다. 상관께서 꼭 아셔야 할 내용을 요점정리해서 보고하고, 좀더 눈에 띄게끔 자료를 작성하는 등, 보고시간은 짧지만 알짜배기는 제대로 전달하기 위해 노력했습니다. 주변에서도 저의 보고를 듣고 만족감을 표현하셨습니다. 지금도 제 뒤를 이은 후배 인사장교가 제가 만든 프레젠테이션 자료를 사용하고 있습니다. 저의 이런 경험이 귀사에서도 도움이 되리라 생각합니다.

전문가의 조언
★★★★

 보고서나 프레젠테이션은 물론, 이메일도 제대로 못 쓰는 직원들이 많다

위 지원자는 인사장교 경험을 들며, 면접관이 요구하는 업무를 제대로 수행할 수 있다고 답했다. 가끔도 아니고 매일 보고하는 훈련을 했다니 평범한 실력은 아니리라고 예상된다.

지원자의 첫 번째 보고서는 바로 이력서, 자기소개서다. 이것부터 잘 썼다면 우선은 합격일 것이다. 간혹 면접관들이 보고서나 기획서를 잘 쓰냐는 질문을 할 때가 있다. 현업에서 중견급 관리자를 만나면, 보고서나 프레젠테이션 자료는 물론이고 이메일조차 제대로 못 쓰는 직원들이 많다며 한숨을 내쉬는 경우를 종종 본다. 그래서일까? 보고서 작성이 잦거나 프레젠테이션이 중요한 기업은 이런 질문이 종종 들어오니 준비해두도록 하자.

PT면접에도 도움되는, 미국 CIA의 보고서 10원칙

다음은 미국의 정보기관인 CIA에서 내부보고서 작성하는 방법이다. 많은 기업에서 보고서 교육시 참고하는 것이니 알아 두면 좋을 것이다. 아래 원칙을 염두에 두며 되도록 짧게 작성하는 것이 좋다. 대기업 면접에서 자주 보게 되는 PT면접시 자료 작성할 때도 참고하면 좋을 것이다.

1. 결론을 먼저 서술하자 (Put big picture, Conclusion first)
2. 정보를 엮어내자 (Organize Information)
3. 보고서 포맷을 이해하자 (Understand Format)
4. 적확한 언어를 사용하자 (Use Precise Language)
5. 단어를 경제적으로 쓰자 (Economic on words)
6. 생각을 분명하게 표현하자 (Achieve Clarity of Thought)
7. 능동형으로 표현하자 (Use Active Voice, Not Passive Voice)
8. 자기가 작성하고 자기가 편집하자 (Self-edit your Writing)
9. 누가 볼지 명확히 알고 쓰자 (Know your reader's Needs)
10. 동료의 지식과 경험을 활용하자 (Draw on the Expertise and Experience of your colleagues)

살아온 환경에 대해 말한다면?

기출 기업 한국석유관리원

답변사례

서로 다른 종교를 인정해주고, 생활력 강한 가족입니다

저희 가족은 교회에 다니시는 할머니와 무교인 아버지, 불교인 어머니와 동생, 이렇게 5명입니다. 보통 종교가 다르면 집안에 분쟁이 있는데, 저희 집은 각자 서로 생활을 존중해줍니다. 어렸을 때는 당연하다고 생각했는데, 다른 집 얘기를 들어보니 쉽지 않은 일이었습니다.

저는 교회, 절을 오가며 자원봉사, 성가대 등 다양한 학생회 활동을 했습니다. 친구도 많이 사귀고 인성적, 문화적 혜택을 많이 받았습니다. 아버지는 할머니께 물려받은 의류원단 일을 어머니와 함께 하고 계십니다.

홀로 아버지를 키우신 생활력 강한 할머니를 저는 존경합니다. 할머니는 남자가 세상을 보는 눈이 있어야 한다며, 유럽여행 비용 500만원을 주셨습니다. 저는 그 돈을 쓰지 않고 가지고 있습니다. 할머니의 사랑을 생각하면, 어서 빨리 멋진 직장인이 되어 할머니께 용돈을 드려야겠다고 다짐합니다.

전문가의 조언
★★★☆

 비슷한 조건의 사람이 있을 때 긍정적인 사람을 원하는 것은 당연

위 지원자는 삼대가 함께 살아가며 효도의 가치를 잘 알고 있다고 생각된다. 더불어 할머님께 용돈을 드리는 직장인이 되고 싶다는 의지까지 잘 표명했다. 이 정도면 무난한 답변이라고 생각한다.

가정환경을 묻는 이유는 여러 가지가 있겠지만 가장 중요한 것은 성격이 무난한지 살피기 위한 것이다. 비슷한 조건의 사람이 있을 때, 성격이 밝고 부드러운 사람과 그렇지 않은 사람 중 당신은 누구와 같이 일하고 싶은가? 물론 전자일 것이다. 면접관도 마찬가지다.

직장동료는 가족보다 더 많은 시간을 보내야 할 사람이다. 어느 누구도 예민하고 날카로운 사람과 일하고 싶지 않다. 말하지 않아도 마음은 들키게 마련이다. 산전수전 다 겪은 면접관은 지원자의 답변만 듣고 판단하지 않는다. 혹시 마음의 상처가 있다면 이번을 기회라 생각하고 훌훌 털어내는 것은 어떨까? 그 편이 면접장에서 당신을 빛나게 해줄 것이다.

부모님은 어떤 분인가?

기출 기업 두산글로넷BG, 삼천리, 한국석유관리원

답 변 사 례

부모님은 이혼하셨지만, 두 분 다 저를 끔찍이 사랑하십니다

아버님은 ○○회사에 근무 중이십니다. 어머님은 학원을 운영하고 계시는데, 제가 중학교 때 이혼하셨습니다. 지금은 어머님과 함께 살고 있습니다. 당시 어렸던 저는 큰 충격에 휩싸였지만, 부모님은 물론 주변 친척분들이 저에게 많이 신경써주셔서 잘 이겨냈습니다. 저의 졸업식 때도 두 분이 함께 와주시고, 대학교 들어갈 때도 함께 학교를 알아봐주셨습니다.

두 분 다 자신들이 사회생활하는 것을 중요하게 생각한 분입니다. 그리고 누구보다 저를 끔찍이 사랑하십니다. 저는 이혼가정에서 자랐다는 말을 듣지 않기 위해 열심히 공부하고, 활달하게 생활했습니다. 부모님이 이혼하셨다는 얘기를 하면 오히려 주변에서 놀라십니다. 함께 살지 않지만 저희는 가족이라고 생각합니다. 저를 위해 열심히 일하시는 두 분 모두에게 항상 감사하고 있으며, 사회인으로서 우뚝 선 모습을 보여드리고 싶습니다.

전문가의 조언
★★★☆

약점이 있다고 움츠러들지 말 것

가정환경과 함께 부모님에 대한 질문도 면접장에서 종종 등장한다. 요즘은 예전보다 자주 가정환경이나 성장과정에서 약점이 있는 지원자를 보게 된다. 개인사를 얘기하며 눈물을 흘리기도 한다. 하지만 그렇다고 동정표를 받을 일은 없으니 조심하자.

만약 약점이 있다면 움츠러들거나 기죽을 필요가 없다. 오히려 자신의 의지와 별개로 닥쳐온 역경을 당당히 이겨냈으며, 성숙하고 당당하게 살아가고 있음을 어필하는 게 좋다.

애인이 있는가?
결혼은 언제 하고 싶은가?

**기출
기업**　LG이노텍, 한국정보화진흥원

답 변 사 례

사회인이 되어 가장이 되는 일, 꼭 경험하고 싶습니다

저는 2년째 사귄 여자친구가 있습니다. 여자친구는 지금 교사 임용고시를 준비 중입니다. 결혼 계획을 서로 얘기한
적은 없지만, 둘 다 취직하고 직장에 적응한 뒤 차차 얘기해나가려고 합니다. 학생의 신분을 벗어나 직장인이 되어
결혼을 한다는 것은 아직 저에게는 막연한 일입니다. 하지만 어엿한 사회인이 되어 한 가정을 꾸리고 가장이 되는
일은 인간으로서 성장하기 위해 꼭 경험해보고 싶은 일입니다.

전문가의 조언
★★★☆

 ## 공과 사를 구분하며 균형감 있게 답변하는 태도가 중요

가정환경에 대한 질문, 가족에 대한 질문, 부모에 대한 질문, 친구에 대한 질문, 그리
고 애인에 대한 질문 모두 지원자가 어떤 사람인지 알기 위해서 묻는 것들이다. 간혹 여자
친구를 좋아하는 이유 3가지를 답하라는 다소 사적이며 난처한 질문이 들어오기도 한다.

여성 지원자의 경우 애인이 있으면 곧 결혼하게 될 것이고 그러면 혹시 불이익을 받을
까 봐 아예 없다고 말하는 경우도 있다. 면접장에서 가장 불쾌했던 경험이 학벌, 가정환
경, 애인 관련 질문을 받았을 때라고 하니, 적절하게 대처하는 훈련도 필요할 듯하다.

이런 질문이 들어올 때는 개인의 대소사를 시시콜콜 얘기하지 않도록 하자. 면접장에
서는 공과 사를 구분하며 균형감 있게 답변하는 태도 자체를 눈여겨보고 있다.

150

최근에 본 영화 중 감동 깊었던 것은?

기출 기업 SK커뮤니케이션즈, 한국수자원공사, 한국전력기술, 한전KPS

답 변 사 례

독일 영화 《타인의 삶》이 여운이 많이 남았습니다

《타인의 삶》이란 영화를 EBS를 통해 봤습니다. 통일 직전 동독의 한 작가를 도청하는 독일 정보원 얘기입니다. 이 정보원은 도청을 하다 작가를 이해하고 공감하게 됩니다. 마침내 작가의 반국가활동을 묵인하다가 결국 도와주고 좌천당합니다. 저는 인간의 교감이 이념과 사상으로는 절대 이뤄지지 않으며, 연민과 공감으로 이뤄진다는 게 좋았습니다. 할리우드 블록버스터 영화를 보다가 다큐멘터리 같은 독일 영화를 보니 생각할 거리도 많고 여운도 많았습니다.

전문가의 조언
★★☆

딱히 생각나는 영화가 없다면 최근 인기작으로

요즘은 영화가 대중적인 문화소비상품이라, 책보다도 개인의 성향을 판단하는 중요한 키워드가 되고 있다. 일반기업의 경우 영화에 관심이 있는 면접관이 이런 질문을 할 때가 많으며, 엔터테인먼트 기업에서는 필수 질문일 것이다.

위 지원자처럼 마음에 깊이 남은 영화가 없다면, 최근 사람들이 많이 보는 영화를 선택하는 게 좋다. 면접관도 봤거나 보려고 하는 영화일 것이고, 그만큼 공통적으로 할 얘기가 많게 될 것이니 말이다.

당신이 면접관이라면, 묻고 싶은 것 3가지는 무엇인가?

기출기업 LG화학, 공무원(일반행정 7급), 노바티스, 삼성중공업, 서한그룹, 한국수력원자력, 한국전력공사

답변사례

지원자가 살아온 성장과정부터 묻겠습니다

제가 면접관이라면, 면접할 때 꼭 필요한 질문이 지원자의 살아온 과정이니 그것부터 먼저 물어볼 것 같습니다. 그런 다음 왜 이 일을 선택했는지, 왜 이 회사에 지원했는지 물어볼 것 같습니다.

전문가의 조언
☆

자신 있는 내용을 설파할 수 있는 기회

면접을 잘 보려면 자신이 자신감 있게 말할 수 있는 내용을 면접관이 질문할 수 있도록 유도하는 스킬이 필요하다. 위 질문은 바로 그럴 수 있는 기회다. 그런데 위 지원자는 떨려서일까? 너무도 평이하게 답변했다. 면접관이 지원자에게 별로 궁금할 게 없어서 재질문조차 들어오지 않을 것 같다. 다음은 위 질문에 나름 센스 있게 답변한 지원자들 사례이니 참고하면 좋을 것이다.

- ● "전공과목 중 가장 싫었던 과목은?"
- → 물론 답변은, 처음엔 싫어했지만 나중엔 좋아져서 A를 받았다든지 해서, 의외성과 장점을 어필

- ● "왜 취미를 당구라고 했는가?"
- → 본인은 당구 300, 당구신이라고 주변에서 칭송한다, 어떻게 이 경지에 올랐는지, 인생과 비슷한 점은 이런 거라든지 등으로 답변 → 실제로 합격했다.

- ● "회사의 업무현황, 매출액, 사장님 성함은?"
- → 면접 전 준비해갔지만 면접관이 묻지 않아서 섭섭한 게 있다면 이런 질문이 들어올 때 마음껏 날개를 펼치며 답변할 것

조직관계 능력 ▼ 서론리고 외심 물을 능력

면접 보는 동안
가장 인상 깊었던 질문은?

기출 기업 한국무역보험공사, 현대상선

답변사례

꿈에 대한 질문과 조언이 인상 깊었습니다

저는 면접관님이 꿈이 뭐냐고 물어보신 게 제일 인상이 깊었습니다. 제가 답한 뒤 조언해주신 말도 기억에 남습니다. 해운업은 어떤 산업보다 글로벌한 분야로, 인생을 한번 걸어볼 만한 곳이란 얘기를 해주신 게 정말 좋았습니다. 저도 꼭 그런 일을 해보고 싶습니다. 귀사를 통해 전세계 곳곳으로 석유, 철광석 선물 등을 전달하는 산타클로스가 되고 싶다는 구체적인 꿈을 갖게 되었습니다.

전문가의 조언
★★★☆

 ## 자연스럽게 대화가 오가도록 만드는 사람이 합격자

면접관들도 자기들이 제대로 면접하고 있는지 중간점검하고 싶을 때가 있다. 대화가 자연스럽게 진행되다 보면 지원자의 진면모가 드러나기 때문이다.

위와 같은 질문이 들어온다면 재미있는 질문을 해준 면접관을 떠올리며 분위기를 화기애애하게 만든다든지, 답하기 힘들었던 질문을 다시 꺼내 재답변을 한다든지, 뭔가 자신의 존재감을 내보이는 것이 좋다.

위 지원자는 면접관이 건넨 질문과 조언내용을 조합해, 새로운 각오와 구체적인 꿈을 얘기했다. 면접장은 단답형으로 질문과 답을 하는 곳이 아니다. 상대방이 던진 말에 적절히 응수하고 다시 궁금해서 물어보고 또 되묻는, 마치 탁구공처럼 왔다갔다 자연스럽게 진행되는 게 최고의 면접이다. 면접장을 그렇게 만들 수 있는 것은 면접관이 아니라 당신이다. 계속 얘기하고 싶고 궁금한 사람이 된다면 당신은 그곳에 입사할 확률이 높아질 것이다. 당신은 과연 그런 사람인가?

자신의 강점은?
가장 잘하는 일을 말한다면?

답변사례

모바일 애플리케이션 디자인에서 PM 역할까지 했습니다

선배의 요청으로 영어 공부 애플리케이션 제작에 참여한 경험이 있습니다. 처음에는 디자인만 참여했지만 선배가 결혼을 하는 바람에 제가 얼떨결에 주도적으로 업무를 처리하게 되었습니다. 모바일 디자인은 처음이었고, 기획자도 따로 없어서 시행착오가 많았습니다. 심지어 아르바이트 비용도 제대로 받을 수 없었습니다. 발주업체를 설득해야 했고 프로그래머도 다독여야 했습니다. 내가 어쩌다 이런 일까지 하나 싶었지만, 이것도 기회다 생각하고 열심히 했습니다. 나중에 보니 제가 PM* 역할까지 했다는 것을 알았습니다.

PM(Project Manager)
하나의 프로젝트를 총괄 관리하는 책임자를 말한다. 업종을 막론하고 다양한 PM 직군이 존재한다.

저는 디자이너지만 기획자, 프로그래머, 발주처의 마음을 읽을 수 있는 문어발 디자이너입니다. 귀사처럼 큰 프로젝트를 진행해야 하는 경우 저 같은 사람이 필요하리라 생각됩니다. 제 일에만 집중하는 게 아니라 동료의 일에도 관심을 가지며, 하나의 그림을 그려나가는 디자이너로 성장하고 싶습니다.

전문가의 조언
★★★★★

 ## 강점을 얘기할 때는 '논리 + 스토리텔링 + 비전'을 버무리자

위 지원자는 모바일 애플리케이션 제작에 참여해 디자이너 이상의 역할을 경험했다. 비록 아르바이트였고 돈도 제대로 못 받았지만 하나의 프로젝트를 책임감 있게 완수해냈다. 결국 이 지원자는 KEB하나은행의 모바일뱅킹 시스템을 제작하는 하나금융티아이에 입사했다.

강점과 장점에 관한 질문은 비슷하면서 조금 다르다. 장점은 단점과 함께 꼬리를 물며 질문이 따라나오고 지원자의 근본적인 성격을 묻는 경향이 크다. 강점을 물어볼 때는 되도록 업무와 연관되어 있으며, 남보다 잘하게 된 계기를 스토리텔링으로 풀면 좋다. 다음은 강점을 말할 때 필요한 요소이니 꼭 기억해두자.

1. 논리(실무경험, 구체적 사례, 공모전 수상 등)
2. 스토리텔링(남보다 잘하게 된 계기, 실패와 역경 극복 과정, 면접관을 몰입하게 만드는 재미 요소)

3. 비전(저를 뽑으면 기업에 이런 점이 좋다)

여러 질문 중에서 지원자가 자신을 적극적으로 PR할 수 있는 것이니, 진지하게 생각해 보고 답변을 정리한 후 면접장에 들어갈 필요가 있다. 스펙과 실무경험 등 모든 게 평준화 되고 있다. 자신만이 할 수 있는 얘기, 경험 등을 차별화시키는 게 중요하다.

취업, 한걸음더!

CJ제일제당 면접의 특징, 지원자의 인생과 비전을 묻고 늘어진다

인성면접에서 대부분의 기업이 '본인이 잘하는 것과 개선해야 할 점'을 가장 많이 질문한다. CJ제일제당의 한 면접관은 인성면접에서 지원자의 인생과 비전을 묻고 늘어져 지원자를 파악하는 데 집중한다고 말한다. 스펙은 다들 어느 정도 갖추고 지원하는 추세라서, 지원자만의 주도적인 삶을 어떻게 설계했는지가 관건이라고 한다.

평소에 나는 남들과 어떻게 다른가, 어떤 삶을 살아야 하는가 고민하며 살아온 사람이라면 면접 때 어떤 질문이 들어와도 막힘이 없다. 이런 삶 자체가 인문학적 삶이다. 또 이런 사람은 창의성을 발휘하기 때문에 인사담당자가 눈을 부릅뜨며 찾고 있다.

또한 자신의 강점을 고민한 사람은 대부분 자신의 역량을 잘 파악하고 있으며, 본인에게 잘 맞는 직무를 지원하기에 입사 후에도 이직률이 낮고 만족도가 높다.

CJ제일제당의 홈페이지

전공이 우리 회사랑
별 관련이 없는 것 같은데?

SK하이닉스

아르바이트를 하면서 서비스직에 맞는다는 걸 알았습니다

저는 사람들에 대해 관심이 많았고, 속마음도 분석해보고 싶어서 심리학과에 들어왔습니다. 공부도 재미있게 했고 학점도 좋았지만, 졸업 후 취업할 길이 막막했습니다. 그러다가 유니클로, 자라 등 의류매장에서 아르바이트를 했고 의외로 서비스업에 잘 맞는다는 것을 알게 되었습니다. 옷을 구입하는 사람들의 심리를 살펴보고 이에 적절히 대응하는 법을 고민했습니다. 제가 배운 심리학이 어느 정도 도움이 되는 것 같습니다. 열심히 일하다 보니 소속감도 생기고, 마침 정직원으로 입사할 기회가 와서 이렇게 지원했습니다.

전문가의 조언
★★☆

 비전공자인 경우 자신이 왜 적합한지 근거를 제시해야

위 지원자는 심리학을 전공했지만 서비스직에 눈을 돌려 지원했다. 의류를 판매하며 자신이 배운 심리학을 적용해보았다는 사실은 신선하다. 하지만 구체적으로 판매에 성공한 사례를 얘기했더라면 더 좋았을 것이다.

대학 전공과 전혀 무관한 직무를 선택한 사람도 있고 그 반대인 경우도 있다. 만약 전공과 연관성이 강한 기업에 지원했다면 전공을 어떻게 선택했는지 그 계기를 문제없이 답할 수 있다. 하지만 그렇지 못한 경우 비전공자이지만 왜 이곳에 적합한 사람인지 근거를 제시하고 설득해야 할 것이다.

모든 면접관이 전공대로 일을 선택하고 그 자리에 와 있는 것은 아닐 것이다. 먼 길을 돌아왔더라도 그 이유가 타당하고 특별하다면 면접관은 당신에게 점수를 줄 것이다.

조직에서 중요한 것이
무엇이라고 생각하는가?

답변사례

커뮤니케이션, 시너지, 퍼포먼스입니다

조직은 혼자가 아니라 여럿이 함께 일하는 곳입니다. 따라서 조직에서 가장 중요한 게 첫 번째로 커뮤니케이션이라고 생각합니다. 저는 원활한 소통을 위해 동료, 선후배님들께 서비스 정신과 배려하는 마음으로 일할 각오가 되어 있습니다. 두 번째로 중요한 것은 시너지입니다. 백짓장도 맞들면 낫다는 말이 있습니다. 조직을 위해 제 모든 힘을 보태도록 노력하겠습니다. 세 번째로 중요한 것은 퍼포먼스, 즉 성과라고 생각합니다. 기업은 수익이 나야 하므로, 성과를 향해 돌진해야 합니다. 저 역시 제트기를 단 것처럼 추진력 있게 일할 것임을 약속드립니다.

전문가의 조언
★★★★☆

 순서를 매겨 답변하면 듣는 사람 귀에 쏙쏙!

이 질문의 대답은 지원자마다 크게 다르지 않다. 협업, 배려 등의 키워드가 들어가면 무난하다. 하지만 위 지원자는 누구나 답해도 큰 차이가 없는 내용을 일목요연하게 첫 번째, 두 번째, 세 번째 순서를 매겨 깔끔하게 답했다. 이런 방식은 듣는 사람을 주목하게 만드는 효과가 있다. 또한 각 순서별로 자신의 생각을 재치 있게 추가해 입사의지를 강하게 표현했다.

면접에서 중요한 것은 적극성과 의지다. 어떤 질문이 들어와도 지원자는 꼭 입사하고 싶다는 의지를 표명하는 게 중요하다. 그렇다고 무조건 입사시켜달라고 얘기한다면 면접관은 막무가내라고 여길 것이다. 억지스럽지 않게, 위트와 센스를 덧붙여 자신의 입사의지를 전달해보자.

커뮤니케이션이란 무엇인가? 왜 중요한가?

금호석유화학, 네이버주식회사

답변사례

소통이 안되면 일도 안되니, 선배님 얘기를 찰떡같이 알아듣겠습니다

제가 좋아하는 노래 중에서 눈뜨고코베인의 〈말이 통해야 같이 살지〉가 있습니다. 통하면 살고 통하지 못하면 죽습니다. 저 역시 동아리활동 중에 가장 힘들었던 게 소통 부분이었습니다. 일 때문에 모였는데 불협화음이 나면 힘만 빠지고 일도 잘 되지 않습니다. 그럴 때는 무조건 자신을 내려놓고 상대방의 얘기를 경청합니다.

눈뜨고코베인 앨범

만약 제가 귀사에 입사하면 소통을 위해 노력하는 신입사원이 되겠습니다. 선배님이 얘기하면 그 뜻이 무엇인지 곰곰이 생각하고 찰떡같이 알아들을 수 있는 사람이 되겠습니다.

전문가의 조언
★★★★☆

자기만의 답변방식이 면접관과 통한다

이 질문은 앞에 나온 "조직에서 중요한 것이 무엇이라고 생각하는가?"라는 질문과 연결되어 자주 나온다. 신입사원이 말귀를 못 알아먹는다며 면접관들이 불만을 표시하는 경우를 자주 봤다. 한 면접관이 "자네, 저녁에 뭐 하는가?" 했더니 "TV 봅니다" 하더란다. 한잔 하자는 의미인데 일부러 그러는 건지, 말귀를 못 알아듣는 건지 알 수 없다는 것이다.

어쨌든 이런 질문에 의례적이고 상식적인 답변만 듣다가, 눈뜨고코베인이라니? 면접관은 귀가 번쩍 할 것 같다. 필자라면 이렇게 자기 식으로 답변을 풀어가는 지원자에게 점수를 줄 것이다.

간혹 면접 관련 수기 등을 참고해 정답처럼 말하는 사람들이 있다. 하지만 그런 얘기는 아무 감흥이 없으니 참고만 하도록 하고, 이제라도 자신만의 답변을 만들면 어떨까? 면접관과 진짜 커뮤니케이션을 하고 싶다면 말이다.

방금 한 얘기를
30초로 다시 요약해서 말한다면?

**기출
기업**　한국릴리

답변사례

중국인과 홍콩인의 차이점을 인지하고 학업성과를 거두었습니다

저는 귀사에 들어오기 전에 북경대학교 교환학생으로 갔습니다. 학기가 시작되기 전에 3개월 정도 시간이 비어서 홍콩에 머물렀는데, 구석구석 많이 여행했습니다. 이때 홍콩에서 머문 경험과 중국 교환학생 경험을 비교하면서 중국인과 홍콩인의 차이점을 확실히 알게 되었습니다. 귀사의 공략 대상은 홍콩보다 더 한국 친화적인 중국에 초점을 맞추는 게 좋다는 결론을 내렸습니다.

중국에서 교환학생으로 있는 동안 중국어를 마스터하기 위해 같은 학교 재학 중인 중국인 과외교사를 2명 구했습니다. 결국 저는 장학금도 받고 HSK 10급도 땄습니다.

전문가의 조언
★★★☆

 핵심 키워드 1~2개만 추려서 간단히 답할 것

필자가 아는 어떤 면접관은 지원자의 의사전달 능력을 파악하기가 어려운 경우 위와 같은 질문을 한다. 이런 질문이 들어오면 지원자는 흩어진 정신을 추스르고 회생의 기회로 삼아야 한다. 절대 장황해지면 안된다. 핵심 키워드를 1~2개만 추려서 간단히 답하도록 하자.

사실 이런 질문은 지원자의 말이 장황해서 잘 파악하기 힘들기 때문에 들어온다. 또는 요점을 정리하고 전달할 수 있는 능력이 있는지 엿보기 위한 것일 수도 있다. 흔히 말하는 문어체보다 구어체를 사용하고, 추상적인 단어보다 구체적인 단어를 사용하자.

위 지원자는 답변하면서 북경대학교 교환학생이었는지, 홍콩대학교 교환학생이었는지 면접관에게 명확히 전달하지 못한 듯하다. 그런 점을 인지하고 설명했으며, 홍콩과 중국 체류 경험을 통해 지원한 회사가 중국 진출에 초점을 맞춰야 한다는 결론까지 재정리했다. 또한 말미에 중국어 마스터 경험까지 덧붙여 장점까지 전달한 것은 좋았다고 판단된다.

혁신의 의미와 가치는 무엇인가?

STX

답변사례

혁신적인 기업일수록 리더가 중요합니다

'혁신'은 가죽을 벗긴다는 의미로, 뼈를 깎는 고통을 겪어야 새로운 모습으로 태어난다는 것을 의미합니다. 변화무쌍한 글로벌 기업환경에서 자기혁신이 없으면 도태될 수밖에 없습니다. 따라서 혁신은 생존을 위해 가장 필요한 덕목이며 전 직원이 지녀야 할 가치관이라고 생각합니다.

저는 혁신적인 기업일수록 리더가 중요하다고 생각합니다. 사람들은 안주하고자 하는 욕망이 있습니다. 이런 욕망과 기업의 생존 사이에서 리더가 구심점을 잡고 잘 이끌어야 합니다. 저는 귀사가 이런 회사란 생각에 입사를 결심하게 되었습니다.

전문가의 조언
★★★★☆

신기술이 중요한 산업분야와 도전을 중시하는 기업이 묻는 질문

신기술이 중요한 산업분야와 도전을 중요시하는 젊은 기업에서는 위와 같은 질문이 들어올 수 있다. 위 지원자는 STX에 지원했다. 도전과 혁신은 강덕수 CEO의 중요한 가치다. 직접 신입사원 면접을 챙길 정도로 인재선별에도 유별나다는 평가를 받고 있다. 지원자는 이 같은 질문에 혁신의 의미와 가치를 적확하게 답변했다. 또한 혁신을 하려면 CEO의 역할이 중요하며, 이를 잘하고 있는 기업이 STX라고 말한 부분은 조직에 대한 충성도와 입사의지를 표명했기에 좋은 점수를 받을 수 있다.

위 지원자는 결국 STX에 최종합격했다. 영어는 약했지만 중국어를 집중적으로 공부해 가산점을 얻을 수 있었다. 물론 지원자가 면접 때 제대로 답하지 못한 것도 있다고 한다. 하지만 취업을 위해 중요한 것은 자신감이다. 자신이 이 회사에서 무엇을 하고 싶고 무엇을 준비해왔는지 강조한다면 회사는 당신의 손을 붙잡을 것이다.

봉사활동 경험을 얘기한다면?

기출 기업 SC제일은행, 공무원(경기도행정 9급), 롯데렌터카, 롯데백화점, 삼성증권, 한국석유공사, 한국석유화학협회, 한국전력기술, 홈플러스

답변사례

스스로 멤버를 구성해서 자원봉사를 진행했습니다

저는 중고등학교 때부터 자원봉사활동을 했지만, 의무적으로 시간을 채워야 해서 저 자신이 주체가 되기보다 프로그램에 따라 수동적으로 참여하는 경우가 많았습니다. 그래서 대학에 와서는 저 자신이 기획한 봉사활동을 하면서 적극적으로 누구를 돕는 경험을 해보자 결심했습니다. 그래서 교내 사이트에 취지를 알리고 멤버를 구성해서 진행한 게 '작은손'이란 모임입니다. 저희는 어린이날이나 주말을 이용해 타투를 그려주고 기부금을 받는 식으로 자원봉사를 했습니다. 전액 월드비전에 기부했으며, 지금도 후배들과 함께 계속 다양한 봉사활동을 기획하고 있습니다.

전문가의 조언
★★★★☆

 ## 도움을 받는 사람인가? 도움을 주는 사람인가?

위 지원자는 대기업 봉사활동단에 지원했지만 연거푸 떨어지자, 자신이 스스로 봉사활동 동아리를 만들어 활동했다. 면접장에서 자원봉사 관련 질문이 들어올 경우를 대비해, 자신의 봉사활동 사진과 월드비전 기부내역 등의 자료를 지참했다.

봉사활동은 남을 돕는 것에 기쁨을 느끼고 더 나아가 조직 내에서도 윤활유 같은 사람인지 여부를 확인하기 위해서 묻는 항목이다. 남들이 기획한 스케줄대로 몸만 간다고 봉사활동이 아니다. 최근 봉사활동을 스펙처럼 생각하는 분위기가 있다. 면접관들도 이런 분위기를 감지하고 있으니 참고하자.

도움을 받는 사람보다 도움을 주는 사람이 훨씬 행복하다. 사회는 항상 그런 마음을 가진 지원자를 찾고 있으니, 여러분도 이참에 진짜 봉사활동을 경험하고 자신만의 스토리를 만들어가는 게 어떨까?

대기업 주최 봉사활동단, 취업에 도움이 될까?

최근 봉사활동도 학과점수, 어학연수처럼 스펙의 일부가 되는 분위기다. 포스코, 현대제철 등은 입사 이력이 강화되면서 지원서 작성시 봉사활동 작성이 의무화되고 있다. 기업마다 자체적으로 대학생 봉사단과 해외탐방 프로그램을 운영하고 있는데, 경쟁률도 10대1 수준이다. 그 이유는 봉사단 경력이 입사에 도움이 되기 때문이다. 봉사단으로 활동한 뒤 해당 기업에 입사하면 가산점이 부여되고, 필기시험 과정을 면제해주기도 한다.

물론 다른 기업의 봉사단에서 활동해도 긍정적인 평가를 받는다. 하지만 우려의 목소리도 커지고 있다. 자의적으로 활동해야 하는 봉사활동이 스펙처럼 여겨지고 있어서 기업 내에서도 자성의 목소리가 크다. 면접관들도 스펙을 위한 천편일률적인 봉사활동이 많아지고 있어서 봉사활동 가산점을 재고할 필요가 있다고 한다. 봉사활동도 차별화되지 않는 이상 크게 반영하지 않겠다는 분위기니 참고하자.

LS의 자원봉사 모집 포스터

현대자동차의 자원봉사 모집 포스터

윗사람들과
잘 지내는 편인가?

답 변 사 례

선배들과 더 잘 지내는 편입니다

저는 항상 저보다 나이가 많은 사람들과 잘 지내는 편이었습니다. 또래나 후배와도 잘 지내지만, 얘기는 선배들과 잘 통하는 편입니다. 그래서 고민상담은 물론 진로상담도 주로 선배들이나 선생님과 하는 편입니다.

전문가의 조언
★★★☆

 ## 조직에 들어와서 선배, 상사와 잘 지낼지 물어보는 질문

신입사원이 들어왔는데 인사도 잘 안 하고 무뚝뚝하다면, 선배들은 신입사원이 아니라 상전을 모시는 기분이리라. 이 질문은 지원자가 조직에 들어왔을 때 선배, 상사와 관계를 잘 풀어낼 수 있는지 물어보는 것이다.

간혹 윗사람과 친한 사람을 보면 아부를 떤다고 생각하거나, 윗사람과는 얘기를 나누는 것 자체를 힘겨워하는 사람도 있다. 하지만 면접관을 비롯해 회사 선배나 상사도 신입사원과 얘기하는 게 편하지만은 않다. 업무량도 과중한데 세대 차이, 입장 차이까지 고려해야 하니, 그들도 피곤하긴 마찬가지다. 그러니 먼저 다가가고 편하게 지낼 수 있을 만한 지원자라면 면접관도 눈여겨볼 수밖에 없다.

같은 시대를 사는 사람끼리 만나 기분 좋게 대화한다고 생각하자. 물론 예의를 갖추며 과하지도 덜하지도 않게 대화를 이어가는 게 쉽지는 않겠지만 말이다.

나이가 많은데,
나이 어린 선배와 어떻게 지낼 것인가?

KBS, 라이나생명, 롯데정보통신

답 변 사 례

저는 아직 배울 게 많고 부족합니다

저는 지금의 학교를 들어오기 위해 재수를 했습니다. 학교에 들어와보니, 저보다 나이 어린 친구들이 대부분이었고, 이 친구들과 4년을 잘 지내려면 제가 먼저 다가가야 한다고 생각했습니다. 힘들 때는 언니처럼, 수다 떨 때는 친구처럼 그렇게 지내다 보니 지금은 허물없이 잘 지냅니다.

우리나라는 존댓말이 발달되어 있어서 1년 차이도 선배 대우를 깍듯이 합니다. 그러다 보니 나이가 장벽이 되어 쉽게 친구가 되기 어려운 것 같습니다. 저는 나이가 관계를 만든다고 생각하지 않습니다. 저보다 나이가 적지만 먼저 회사에 들어온 분은 당연히 선배님이십니다. 저는 아직 배울 게 많고 부족합니다. 제 나이가 부담이 되지 않도록 최선을 다해 노력하겠습니다.

전문가의 조언
★★★★☆

 나이 어린 사람들과 잘 지낸 경험을 얘기해야

취업난이 가속화되면서 늦깎이 신입사원도 많아지고 있다. 지원자가 아무리 마음에 들어도 조직 내 구성원의 연령분포를 고려하자면 나이를 안 볼 수가 없다. 만약 자신의 나이가 좀 많다면, 위와 같은 질문을 던졌을 때 말로만 잘 지낼 수 있다고 하기보다는, 자신이 나이 어린 사람들과 잘 지낸 경험을 얘기하는 것이 좋다.

위 지원자는 자신의 대학생활 경험을 얘기하면서, 잘 처신할 수 있다고 말했다. 또한 우리나라 언어체계의 문제점을 얘기하며 나이가 관계를 만든다고 생각하지 않는다는 말도 논리적이고 사려 깊게 보였다. 무엇보다 면접장에서 둥글둥글한 인상에 성격 좋은 느낌이어서, 말만 저렇게 하는 게 아니겠다는 느낌이 들었다. 결국 위 지원자는 원하는 회사에 합격했다.

본인이 예의가 바르다고 생각하는가?

기출 기업　공무원(광주농림), 롯데마트, 수협중앙회

답 변 사 례

인사를 잘한다는 칭찬을 자주 들었습니다

저는 친한 친구와 스스럼없이 얘기하고 장난도 자주 치는 편이지만 윗분들이나 친척분들께 인사 잘한다는 칭찬을 많이 받았습니다. 친한 친구와는 의리가 중요하고 어른들께는 예의가 중요하다고 생각합니다. 어른들과 있을 때는 되도록 말도 공손하게 하고, 행동도 조심스럽게 하려고 노력합니다. 무엇보다 인사를 열심히 합니다. 교수님들도 하루에 여러 번 마주치는데 계속 큰소리로 인사드려서 나중에는 웃으시며 지나가는 경우도 종종 있습니다.

전문가의 조언
★★★☆

은행업, 민원공무원, 고객지원 업무 지원자라면 답변을 준비

고객을 상대로 업무를 하는 은행업, 민원공무원, 영업, 고객지원 관련 지원자는 종종 듣는 질문이다. 본인 입으로 예의가 바르다고 얘기해도 들어왔을 때, 앉았을 때, 말투, 행동 등을 보고 면접관은 이미 파악하고 있을 것이다.

위 지원자는 예의 바른 근거로 '인사'를 들었다. 사실 입사해서 인사만 잘해도 평판이 좋아진다. 참 쉬운 일인데, 많은 사람들이 잘 못하는 게 바로 인사다. 예의에 대해 특별한 가정교육을 받은 게 있다면 면접장에서 얘기해도 좋으리라. 예의범절은 가정교육을 통해 완성되기 때문이다. 적절한 언어 사용에 대한 소신을 얘기해도 좋을 것이다.

남들이 하는 행동 중
보기 싫은 행동이 있다면?

기출 기업 국세청, 두산중공업

답변사례

전화 수화기를 세게 내리치는 게 보기 안 좋았습니다

저는 인턴으로 일할 때 제 옆에 계신 정직원 분께서 키보드를 세게 치거나 전화 수화기를 세게 내리쳐서 신경쓰인 적이 있습니다. 사무실 분위기를 험악하게 만들고 집중을 방해해서 누군가 주의를 줬으면 했는데 아무도 얘기하지 않아서 의아했습니다. 나중에 보니 그분이 MSN을 통해 회사 내 안 좋은 소문을 여기저기 퍼뜨리고 다닌다고 했습니다. 그걸 보며 저는 나중에 일하게 될 회사에서 그분이 하는 행동은 절대 하지 말아야겠다고 생각했습니다.

전문가의 조언
★★★☆

 ## 자신의 감정을 조절하며 부드럽게 얘기하는지 여부

사람은 누구나 싫고 좋고를 따진다. 친구들끼리 모일 때는 뒷담화도 할 수 있고 가감 없이 자유롭게 얘기할 수 있지만, 조직 내에서는 자신의 감정을 조절하며 부드럽게 얘기하는 사람을 선호한다. 말이 화를 부르고 관계를 망치기 때문이다. 이런 질문은 개인적 성향을 묻기 위해서도 하지만, 본인이 싫어하는 것을 얘기했을 때 취향에 좌우되는지, 상식 위주로 얘기하는지, 예민한 사람인지 여부를 파악하기 위해서도 한다.

위 지원자의 경우 인턴 때 일을 얘기했다. 사적인 경험이 아닌 조직생활과 관련된 내용이고, 정직원의 안 좋은 행동을 자신은 하지 않겠다고 말한 것은 괜찮았다고 생각된다.

조직관계 역량 ▶ 타인과의 협조

동아리활동 경험이 있는가?
어떤 역할을 했나?

기출
기업

IBK기업은행, KT&G, 서울주택도시공사, 삼성전자, 삼성화재, 아이나비, 한국토지주택공사

답 변 사 례

답사 동아리 회장을 맡아 창의적인 기획을 했습니다

저는 지리학을 전공했고, 과내 답사 동아리에서 활동했습니다. 복학한 후 동아리 회장을 맡게 되었고, 교수님을 모시고 정기적으로 답사를 진행하는 것 외에 1년에 4번 정기적인 답사와 비정기적인 답사를 진행했습니다. 저는 운영위원 4명과 함께 30명 가까이 되는 사람들의 답사를 기획해야 했습니다. 쉬운 일은 아니었지만 운영위원 4명과 똘똘 뭉쳐서 즐겁게 임했습니다.

가장 기억에 남는 것은 유홍준 교수님의 《나의 문화유산 답사기》를 바탕으로 답사한 뒤 학회지를 낸 것입니다. 전공인 지리학을 연관시켜 '유적지의 지리적 특성'이란 내용인데, 자칫 여행으로 끝날 수 있는 답사를 학회지로 결실을 맺었으며, 창의적인 기획이었다고 교수님께 칭찬을 받았습니다.

전문가의 조언
★★★★☆

전공, 동아리 경험이 모두 업무와 연관성

위 지원자는 내비게이션 업체 아이나비에 지원하고 합격했다. 전공, 동아리 경험이 모두 업무와 연관성이 있었다. 특히 동아리 회장을 역임하며 운영위원들과 팀워크를 발휘했고 답사를 성공적으로 이끈 점이 눈길을 끌었다. 《나의 문화유산 답사기》를 모티브로 해 답사를 기획했다는 점은 업무를 창의적으로 해낼 것이란 기대를 하게 만든다.

형제 중 몇 째인가?
태어난 순서에 특징이 있다면?

**기출
기업** 맥쿼리투자신탁운용, 한국남동발전, 한국토지주택공사

답변사례

외동딸이지만 사촌들과 함께 자랐습니다

저는 외동딸입니다. 하지만 같은 아파트단지에 사촌들이 살고 있어서 외동딸이라는 생각을 하지 않고 자랐습니다. 보통 외동인 경우 자기중심적이라고 생각하는 경향이 있고, 장녀나 장남의 경우 책임감이 강하다는 인식이 있습니다. 둘째는 독립적이고 막내는 살갑고 애교가 많은 반면, 첫째보다 책임감이 덜하다는 생각이 강한 것 같습니다.

전문가의 조언
★★★☆

기업은 장남 장녀 선호, 외동이라면 우려를 불식해야

필자가 아는 어떤 임원은 면접만 보면 의도하지 않았는데도 장남, 장녀를 뽑게 된다는 말을 했다. 형제들 사이에서 리더십이 강한 편이고, 남에 대한 배려도 강하며, 실제로 일을 시켜보면 책임감 있게 일한다는 것이다. 이런 경험을 한 사람이라면 지원자에게 형제 관계를 물을 수밖에 없다. 하지만 요즘은 형제가 많아야 둘이고, 외동도 많다. 자신이 장남이나 장녀가 아니라면, 어떻게 대인관계를 맺어왔는지, 학교나 동아리 안에서 어떻게 인간관계를 잘 이끌어왔는지 제시할 수 있어야 할 것이다.

조직관계 역량 ▼ 타인배려와 협조

혈액형은 무엇인가?

**기출
기업** LG화학, SK커뮤니케이션즈, 풀무원, 한국수력원자력

답변사례

저는 A형 같은 B형입니다

저는 혈액형이 B형입니다. B형은 조직사회에서 잘 어울리지 못한다, 개성이 강하다는 선입견이 있지만, 반면 환경 적응력이 강하고 트렌드에 민감하며 창의적이라는 장점이 있습니다.

혈액형마다 특징이 있지만 이는 통계적인 것이고, 사람마다 A, B, O, AB형 등 다양한 성격이 섞여 있다고 생각합니다. 저는 주변에 A형 친구들이 많습니다. 그래서인지 남들이 저를 처음 볼 때 A형이 아니냐고 합니다. 그래서 저는 혈액형을 물으면 A형 같은 B형이라고 답합니다.

전문가의 조언
★★★☆

의외로 많은 기업에서 혈액형을 묻는다

면접장에 가면 혈액형을 물어보는 경우가 종종 있다. 왜 이런 것까지 물어보나, 미신 아닌가 생각이 들겠지만 이해하자. 의외로 많은 기업에서 혈액형 관련 질문이 들어온다. 면접관은 산전수전 별의별 직원 다 겪어본 사람들이다. 어떻게 해서든 좋은 사람이 들어와 조직 분위기를 해치지 않게끔 좋은 사람을 뽑으려고 노력하는 사람들이다. 정상적인 조직이라면, 자신이 싫어하는 혈액형 소유자는 합격시키지 않는다거나 불이익을 준다거나 하는 그런 일은 없을 것이다. 다만 이런 종류의 질문을 던지면서, 꼬리질문이 이어지고 대인관계를 매끄럽게 할 수 있는지 여부를 파악할 것이므로 적절히 대응하는 게 필요하다.

위 지원자는 B형의 장점과 단점을 얘기한 후, 주변에는 A형 친구들이 많다며 적절히 응수했다고 생각된다.

167

조직에서는 대인관계가 중요한데, 어떻게 노력할 것인가?

기출 기업 롯데백화점, 신한금융지주회사, 한국도로공사, 한솔그룹

답변사례

항상 상대방의 장점을 보려고 합니다

저는 항상 상대방 장점을 보려고 노력합니다. 단점을 보면 상대방을 비판하고 싶어집니다. 그러면 관계는 안 좋아질 수밖에 없습니다. 제가 먼저 다가가고 공감하며 배려해야 저 역시 그런 대접을 받을 수 있다고 생각합니다. 인간관계는 거울이라고 생각합니다. 제가 먼저 좋은 마음으로 다가서고 좋은 동료가 되고 싶습니다. 이를 위해 최선을 다해 노력할 것입니다.

전문가의 조언
★★★☆

 대인관계가 성공의 85% 차지, 면접관은 이런 사람을 찾는다

아무리 뛰어난 역량을 가졌다고 해도 인간관계를 잘 풀지 못하는 사람은 조직에서 적응하기 힘들다. 이 질문은 지원자가 조직에 잘 적응하고 다른 사람과 잘 지내기 위해 어떤 노력을 기울일지 묻는 질문이다. 특히 대인관계와 커뮤니케이션 능력이 필요한 금융권, 서비스 업무의 경우 사람들의 얘기를 잘 들어주고 회사의 입장을 잘 표현해주는 사람이 필요하다.

위 지원자는 인간관계의 핵심을 잘 파악하고 있다고 생각한다. 인간관계가 거울 같으므로 먼저 장점만 바라보며 다가가겠다고 하니 말이다. 카네기공과대학에서 1만명의 기록을 분석한 결과, 지적능력이 성공요인 중 15%에 불과한 반면, 대인관계 능력은 성공요인 중 85%나 된다고 한다. 인간관계의 핵심을 아는 사람은 바로 성공에 가깝게 다가설 수 있는 사람이다. 면접관은 이런 사람을 찾고 있다.

조직관계 역량 ▼ 타인과의 협조

팀워크는 무엇이라고
생각하는가? 팀프로젝트 경험은?

**기출
기업** CJ제일제당, DB하이텍, LG디스플레이, 네이버주식회사, 롯데백화점, 롯데정보통신, 미래에셋대우, 삼성증권, 이모션, 한국수력원자력, 한국화이자제약

답 변 사 례

팀워크는 결과가 좋든 나쁘든 함께하는 것입니다

**UX(User Experience
Design)**

사용자가 디자인에 대해 느낀 감정, 경험의 총체를 말한다. 사용자 경험을 더 멋지게 만들기 위한 넓은 의미의 디자인을 지칭한다.

저는 교내에서 모집한 UX* 프로젝트에 참가했습니다. 여러 팀 중에서 포트폴리오를 통해 수상이 결정되는 프로젝트였습니다 6인 1조로 활동했으며 UX 기획자 역할을 수행했습니다. 이 프로젝트는 LG CNS, 네이버주식회사에 근무하시는 선배님들이 멘토로 활동하시며 실무에 대한 조언을 해주셔서 많은 도움을 받았습니다. 모두 취업을 목표로 진행된 프로젝트여서 그런지 진지하게 임했으며, 마치 회사에서 업무를 수행하는 것 같은 일사불란함으로 진행했습니다.

포트폴리오 발표가 임박하자, 6인 중 저를 포함한 3명이 발표자로 나서길 원했습니다. 이 과정에서 약간의 신경전이 있었고, 결국 3명 모두 시연을 한 후 가장 잘하는 사람을 발표자로 선정하자고 했습니다. 저는 최선을 다했지만 발표자가 되지 못했습니다. 하지만 발표자로 선정된 친구를 진심으로 응원했으며, 발표자료 작성을 돕는 등 팀을 위해 일했습니다. 좋은 결과를 얻게 되었고, 팀 전체가 얼싸안고 좋아했습니다.

저 혼자 수상했더라면 그렇게 기쁘지 않았을 것입니다. 팀으로 일하는 즐거움을 제대로 느낀 계기가 되었습니다. 팀워크는 최선을 다해 자신이 맡은 역할을 해내고, 좋은 결과가 나오면 함께 기뻐하되 안 좋은 결과가 나오더라도 같이 위로하는 것이라고 생각합니다.

전문가의 조언
★★★☆

조직은 개인 플레이어를 원하지 않는다

이 질문에는 2가지 의도가 있다. 업무 연관성이 있는 프로젝트를 진행한 경험이 있는지와, 팀프로젝트 속에서 잘 융화하며 지냈는지를 살펴보기 위한 것이다.

지원자는 직무와 연관된 프로젝트를 수행했으며, 자신이 발표자로 나서지 못하게 되었지만 끝까지 협조했다는 것을 전달했다. 또한 수상의 결과를 얻게 되면서 팀워크의 절실함을 알게 된 것도 면접관에게 적절히 어필했을 것이다.

조직은 개인 플레이어를 원하지 않는다. 자신이 돋보이지 않더라도 조직을 위해 자신을 낮출 줄 아는 사람을 원한다. 분란보다 화합을 지향하는 사람이 면접관이 원하는 사람이다.

개인평가와 집단평가 중 어느 것을 선호하는가?

답변사례

혼자만 잘하는 게 아니라 함께 잘할 수 있는 능력이 필요합니다

제가 맡은 일에 대해서는 개인평가를 받아야겠지만, 함께 한 일에 대해서는 집단평가를 받아야 한다고 생각합니다. 개인평가 부분은 오히려 쉬울 것 같습니다. 저만 잘하면 되기 때문입니다. 하지만 집단평가는 다릅니다. 저는 물론이고, 다른 사람도 함께 잘 뛰어야 하기 때문에 뒤처지는 동료가 있다면 끌어줘야 합니다. 회사는 다른 사람과 같이 일하면서 성장하는 곳이라고 생각합니다. 혼자만 잘하는 게 아니라 함께 잘할 수 있는 능력을 배울 수 있다면 집단평가 방식도 유용하다고 생각합니다.

전문가의 조언
★★★☆

이런 유형의 질문은 반박질문을 예상하고 답할 것

이 질문과 유사한 유형으로는 "혼자서 일하는 게 좋은가, 그룹으로 일하는 게 좋은가?"가 있다. 이런 유형의 질문은 한쪽을 선호한다고 답할 경우 다음과 같은 반박질문이 들어올 수 있다. 개인평가를 선호한다고 답하면 "팀으로 일하는 데 적합한 성격이 아닌가?"라고 되묻고, 집단평가를 선호한다고 답하면 "성과를 내는 것에 자신이 없는가?", "남에게 묻어가려는 것인가?"라고 되묻는다.

위 지원자는 반박질문이 들어올 여지가 없도록 잘 답변했다. 회사란 다른 사람과 일하면서 성장할 수 있는 곳이란 답변은 면접관이 보기에 이 사람이 조직에서 큰 무리 없이 일할 수 있는 사람이란 생각이 들 것이다.

조직관계 역량 ▼ 타인배려와 협조

배려와 경쟁이
팀에 어떻게 작용할까?

**기출
기업**

삼성SDS, 한국지역난방공사

답변사례

배려는 많을수록 좋고 경쟁은 적정선을 유지해야 합니다

배려심이 강한 팀은 사이도 좋고 분위기도 좋을 것 같습니다. 회사에 오는 게 즐겁고 일에 더 몰입할 수 있을 것 같습니다. 하지만 팀 내에서 경쟁이 심하다면 분위기는 살벌할 것 같습니다. 저는 배려는 많을수록 좋다고 생각합니다. 하지만 경쟁은 적절해야 한다고 생각합니다. 팀에서 경쟁을 유도할 때 선의의 라이벌이 있다면 좋을 것 같습니다. 개인도 성장하고 팀도 성장할 수 있기 때문입니다.

전문가의 조언
★★★

 ### 조직은 배려와 경쟁의 중요성을 모두 인식하는 지원자를 요구

위 지원자는 되도록 경쟁을 회피하는 편이며 관계 중심적이고 친화적인 사람이란 느낌이 든다. 조직은 이런 사람만 원하는 게 아니다. 사실 조직 내에는 경쟁을 즐기지만 사람들에겐 상대적으로 관심이 없는 직원도 존재하고 그 반대인 직원도 존재한다. 업무 특성별로 성향이 다르게 나타나기도 한다. 사람마다 타고난 성향은 다르지만 조직은 배려와 경쟁의 중요성을 모두 인식하는 직원이 필요하다.

기업은 내부에서는 혁신을 위해 고군분투하고 외부에서는 무한경쟁을 염두에 두며 고군분투해야 한다. 조직에서 배려만 한다면 온정적인 조직이 되어 경쟁력이 사라지기 쉽고, 경쟁만 강조하면 시너지를 낼 수 없어 한계가 있다. 이 질문은 지원자가 기업이란 조직의 특성을 제대로 이해하고 있는지 물어보는 질문이다. 배려와 경쟁에 대한 자신의 생각을 균형감 있게 전달하다면 무난한 답변이 될 것이다.

사람들과 친해질 수 있는
자기만의 방법이 있는가?

기출 기업 삼성디스플레이

답 변 사 례

맛집을 많이 알고 있어서, 같이 밥을 먹자고 청합니다

저는 사람들의 이름을 외우려고 노력합니다. 그래서 두 번째 만났을 때는 되도록 이름을 부릅니다. 또한 저는 맛집을 많이 알고 있습니다. 개인적으로 요리하는 게 취미이기도 합니다. 그래서 친해지고 싶은 사람에게 먼저 함께 밥을 먹자고 합니다. 상대가 술을 좋아한다면 술을 권합니다. 맛있는 것을 먹다 보면 기분이 좋아지고 분위기도 좋아집니다. 음식에 대한 얘기를 하면서 자연스럽게 다른 얘기도 나누게 됩니다. 물론 제가 먼저 가자고 했기 때문에 돈도 제가 냅니다. 친해지고 싶은 사람에게 처음부터 더치페이를 요구하는 건 말이 안되기 때문입니다.

전문가의 조언
★★★☆

 ## 조직에서 붙임성 있게 잘 적응할 수 있을지 묻는 질문

이 질문은 지원자가 조직에 들어왔을 경우 쭈뼛거리지 않고 새로운 사람들과 붙임성 있게 잘 지낼 수 있을지 묻는 질문이다. 이런 걱정 때문에 당신을 뽑지 않는다면 너무 안타까운 일 아닌가? 적극적이고 활발한 사람만 호감 가는 게 아니다. 내성적이어도 사람들에게 다가가려고 노력하는 사람, 상대를 배려하고 위하는 마음을 갖는 사람이라면 누구나 조직에 들어가서 잘 적응할 수 있다.

조직관계 역량 ▼ 타인들과의 협조

대인관계는 어떤가?
친구가 많은 편인가?

LG디스플레이, 롯데백화점, 삼성전자, 삼성중공업, 아시아나항공, 에스원, 한국지역난방공사

답 변 사 례

사람 만나는 것을 좋아하고, 잘 웃습니다

저는 사람 만나는 것을 좋아합니다. 처음 만난 사람과 편하게 얘기를 나눌 수 있습니다. 그래서인지 친구들이 많고 대인관계도 원만하다고 생각합니다. 저는 자주 웃습니다. 실없어 보인다는 얘기도 들었지만, 웃으면 복이 온다는 어머님의 얘기를 항상 새겨들으며 사람들과 만날 때 자주 웃고 좋은 인상을 주기 위해 노력합니다.

전문가의 조언
★★★

 ## 대인관계 관련 질문은 직무 배치시 참고

기업은 채용시 인성과 적성검사를 활용하고 있다. 하지만 최근 한솔, 한화 등 기업이 인적성검사를 폐지하고 면접의 비중을 높이고 있으니 참고하기 바란다.

자체 검사시스템을 구축한 곳도 많아지고 있다. 인적성검사를 통해 중점적으로 평가하는 부분은, 1위가 직무적합도, 핵심역량(62.8%)이며, 2위 성격(61.8%), 3위 조직적응력, 협력(57.9%)이 뒤를 이었다. 인적성검사는 인성을 엿보는 문항과 언어, 수리, 이렇게 3개 영역으로 나뉜다. 출판·언론 직무는 언어 영역을 중요하게 생각하며, 전자·전산 등 이공계 연관 직무는 수리 영역을 중요하게 생각한다.

여러분은 대부분 인적성검사를 한 후 면접장에 들어갈 것이다. 이때 나온 외향적, 내향적 지표를 통해 질문이 들어오며, 적절히 답변을 준비하면 된다. 특히 대인관계 부분은 직무 배치시 참고를 많이 하는 편이다. 외향적이고 대인관계가 활발한 사람은 흔히 영업 부서에 적합하다고 판단하고 있으니, 참고하길 바란다.

자기소개서에 배려심이 많다고 썼는데, 구체적인 사례는?

동원F&B

답변사례

인턴 시절, 자청해서 야근해서 팀 업무를 마무리했습니다

저는 항상 남을 먼저 생각하는 편입니다. 함께 일할 때 상대방을 위해 배려하고 양보하려고 노력합니다. 제가 인턴으로 일할 때 한 선배님이 친구 결혼식 들러리를 맡아서 계속 휴가를 낼 수밖에 없었습니다. 연말에 업무가 몰리기 때문에 굉장히 바빴습니다. 다들 바빠서 업무를 나눌 형편이 못 되었습니다. 그분의 딱한 사정을 본 저는 야근을 자청했고 업무를 대신 마무리했습니다. 덕분에 팀 업무를 잘 마무리할 수 있었다는 칭찬을 받았습니다.

전문가의 조언
★★

배려는 공존을 위한 것, 일방적인 희생과는 다르다

위 지원자는 심성도 착하고 남을 먼저 생각하는 사람이란 생각이 든다. 하지만 얘기를 듣다 보니 배려심이 많다기보다는 너무 착해서 휘둘리지는 않는지 걱정이 된다. 배려란 공존을 위한 것이다. 자신도 살고 남도 살 수 있는 길이 배려다. 하지만 지원자가 말한 사례를 들어보니, 지원자가 일방적으로 희생했고 선배만 이득을 본 것 같다.

HMC투자증권 인사담당자는 개인의 역량 못지않게 배려하는 마음과 타인과 조화를 이룰 줄 아는 자세가 중요하다고 강조했다. 하지만 솔직하게 자기표현을 하는 것도 중요하다고 말했다. 일방적으로 희생하는 관계는 오래가지 않는다. 자신과 상대방이 함께 발전하기 위해 어떻게 배려해야 할지 고민해보자.

팀워크에 방해가 되거나
역량이 부족한 동료가 있다면?

**기출
기업** GS건설, 노루페인트, 두산중공업, 롯데백화점

답변사례

누구나 앞설 때도 있고 뒤처질 때도 있습니다

누구나 일하다 보면 앞설 때도 있고 뒤처질 때도 있다고 생각합니다. 지금 옆의 동료가 뒤처져 있지만 곧 훌훌 털고 일어날 수도 있습니다. 저 역시 언제든 뒤처질 수 있습니다. 따라서 팀워크에 방해가 되거나 역량이 부족한 동료가 있다고 해도 팀은 기다려주는 자세가 필요하다고 생각합니다. 그런 모습이 진정한 팀워크라고 생각합니다.

전문가의 조언
★★★★

 팀워크가 없으면 기업의 생산성이 떨어진다

요즘 대부분의 기업은 팀제로 운영된다. 팀워크가 제대로 이뤄지지 않으면 기업의 생산성은 비효율적으로 되어버리기 때문에, 면접관으로서 팀워크에 도움이 되는 직원을 뽑는 것이 주요 임무다.

위 지원자는 팀에 도움이 되지 않는 직원을 어떻게 할 것인지에 대한 질문에 현명하게 답했다고 생각한다. 면접관들도 품성이 좋은 사람이라고 느꼈을 것이다. 하지만 이런 답변에는 "언제까지 기다릴 수 있는가?", "기다린다고 해결되는가?"란 질문이 이어져나올 것이다. 그럴 경우 따로 만나 얘기를 한다거나, 업무분담을 구체화해서 책임을 확실시한다거나 등 구체적인 대안을 얘기하는 게 필요하다.

175

축구경기에서 골 넣은 사람과 어시스트 중 누가 더 가치가 있는가?

기출기업 금호석유화학

답변사례 **축구는 팀경기이므로 모두가 중요합니다**

골을 넣은 사람도 어시스트를 한 사람도 모두 중요합니다. 게임마다 기여도는 다르겠지만 두 사람은 물론 모두가 합심해야 경기에서 이길 수 있습니다. 기성용 선수는 수비형 미드필더입니다. 스트라이커는 아니지만 어시스트를 제대로 해야 하는 포지션입니다. 어시스트를 제대로 해주고 골로 연결되었을 때 우리는 골 넣은 선수만큼 기성용 선수를 주목합니다. 이는 축구가 팀경기이기 때문입니다.

전문가의 조언
★★★★

평이한 답변에 양념처럼 부연설명을 넣자

팀워크의 중요성을 인식하는지 확인하는 질문이다. 이런 질문은 스트라이커*, 어시스트* 모두 중요하다고 답할 수밖에 없다. 위 지원자는 기성용 선수의 예를 들어 부연설명을 했고, 평이한 답변을 보완했다. 면접장에서 답변은 되도록 간결하게, 결론 중심으로 먼저 얘기하면 된다. 여기에 양념을 추가할 필요가 있는데, 답변에 걸맞는 사례나 격언, 명언 등을 첨언하면 수많은 지원자 중에서 눈길 가는 지원자로 기억될 것이다.

스트라이커(Striker)

축구에서 최전방 공격을 담당하는 선수. 골을 터뜨려야 하기에 인기도 많고 연봉도 높지만, 비난도 많이 받는다. 기업마다 스트라이커 역할을 하는 직무는 다양하다.

어시스트(Assist)

축구에서 골을 넣은 선수에게 마지막 패스를 해준 선수를 뜻한다. 어시스트 역할을 하는 직무는 주로 경영관리·인사·총무 부서다.

당신의 포지션은 스트라이커인가, 어시스트인가?

선배, 동기, 후배 중 누구랑 가장 친한가?

기출
기업   LG전자, 두산중공업

답 변 사 례

동기들과 가장 친하게 지냅니다

저는 동기들과 가장 친하게 지내는 편입니다. 아무래도 과수업 중에 자주 만나고, 취업준비를 앞두고 처지가 비슷해서 그렇습니다. 하지만 선배님들과도 잘 지내는 편입니다. 예의를 갖추어 깍듯이 인사를 드리고, 동문회가 열리면 꼬박꼬박 참여해서 2차까지 남아서 얘기를 나누는 편입니다. 후배들에게는 종종 무서운 선배란 소리를 듣기도 합니다. 큰소리를 내거나 혼내는 편은 아니고, 나름 잘해주려고 하는데 무뚝뚝해 보여서 그런 것 같습니다.

전문가의 조언
★★★☆

 ## 모두 잘 지낸다고 얘기하면 무난

면접관은 이 질문을 하면서 조직 내 구성원들을 떠올리며 지원자가 입사할 경우 어떻게 관계를 맺을지 매칭시켜볼 것이다. 이 팀의 사람들과 어울릴까? 선배에게 업무를 제대로 배울까? 동기들과 사이는 좋을까? 후배가 들어오면 어른스럽게 대할까? 인간관계를 어떻게 맺을지 묻는 질문이니 솔직하게 답하되, 큰 문제 없이 선배, 동기, 후배와 고루고루 잘 지낸다고 얘기하면 될 것이다.

본인의 결혼식에
몇 명이나 올 것 같은가?

답변사례

지금 결혼하면 100명은 올 것 같습니다

지금 결혼식을 하면 중고등학교 친구들, 과동기, 후배, 선배님들만 100명 가까이 올 것 같습니다. 하지만 한 선배님이 아무리 인간관계가 좋아도 늦게 결혼하면 결혼식장이 썰렁하다 하셨습니다. 각자 결혼생활과 개인생활이 있

기 때문이고, 친분도 약해져서입니다. 그래서 저는 되도록 일찍 결혼하려고 합니다. 물론 제 결혼식에 온 분들의 결혼식도 꼭 찾아뵐 계획입니다.

전문가의 조언
★★★★☆

 인간관계를 알아보고자 하는 질문, 단답식으로 끝내지 말자

이 질문은 지원자의 인간관계 면면을 보기 위한 것이다. 이런 유형의 질문으로는 "전화번호부에 몇 명이나 있는가?", "동창생을 몇 명이나 모을 수 있나?" 등이 있다. 간혹 영업직을 모집하는 경우, 실제로 신입사원의 지인이 몇 명인지 중요하게 생각하는 경우도 있다고 한다. 하지만 그런 경우는 논외로 치고, 무조건 많이 온다고 말하면 좋은 점수를 받을 수 있을까? 면접관이 결혼식에 가보지 않고서야 검증할 수 없으니 모를 일이다. 다만 이 질문은 답변 과정을 통해 지원자의 인간관계를 엿보기 위한 것이니 염두에 두고 답하자.

이런 질문을 던지면 단답식으로 "네, ○○명 올 것 같습니다" 하고 답하는 지원자가 있는데, 면접관은 당신의 결혼식 하객수가 진짜 궁금해서 물어보는 게 아니므로, 포인트가 어긋났다는 것을 알았으면 좋겠다.

위 지원자는 긍정적인 태도, 과하지 않은 유머를 섞어가며 활달하게 답했다. 말투만으로도 주변에 친구가 많을 것으로 예측이 된다.

조직체계 역량 ▼ 타인배려와 협조

부탁을 들어주고
고맙다는 말을 들은 경험이 있는가?

기출
기업   NH농협

답변사례   **학교 청소 아주머님께 폐휴지를 따로 챙겨드렸습니다**

학과 건물에 청소하는 아주머님이 계십니다. 저희 어머님 같기도 하고 항상 부지런히 건물을 청소해주는 아주머님에게 감사의 인사를 건네었습니다. 그 모습에 아주머님도 저에게 반갑게 인사해주시며 고맙다고 하셨습니다. 폐휴지를 따로 모으시는 듯해서 보는 대로 신문이나 종이를 쌓아놓았다가 따로 드렸습니다. 그랬더니 함박웃음을 지으시며 제 손을 잡고 고맙다고 하셨습니다.

> 경향신문   2011년
> "힘 내세요… 우리가 함께 할게요"
> # 홍대가 내친 청소노동자
> # 시민들이 연대해 껴안는다

전문가의 조언
★★★★   **구체적인 선행 1~2개는 정리해둘 것**

조직은 많은 사람들이 일하고 업무를 분장하는 곳이다. 하지만 일이란 게 얼기설기 얽혀 있어서, 반드시 내가 해야 하는 일은 아니지만 감내해야 하는 경우도 많다. 이럴 때 억지로 하기보다 선의로 할 수 있다면 조직 분위기도 밝아지고 선순환이 될 것이다.

이 질문은 평소에 지원자가 타인에 대해 어떤 태도를 갖고 있는지 사교성과 이타심을 엿보기 위한 것이다. 급작스러운 질문이라서 곧바로 생각나지 않는다면 안타깝게도 '타인 배려와 협조' 항목에서 좋은 점수를 받을 수 없을 것이다. 꾸며낼 필요는 없지만 여러분이 좋은 의도로 한 구체적인 선행을 1~2개쯤 머릿속에 그려놓고 면접장에 들어가면 어떨까? 거창하거나 표창장을 받을 만한 행동이 아니어도 상관없다. 여러분 자신이 다른 이를 돕는 데 선뜻 나설 수 있는 사람이라는 인상만 심어주면 된다.

동료가 거슬리는 행동을 했을 때 기분 나쁘지 않게 설득하는 방법은?

기출기업

CJ CGV

답변사례

먼저 식사를 제안하고, 대화를 할 것입니다

함께 일하는데 피하기만 한다면 제가 오히려 불편해질 것 같습니다. 그래서 저는 퇴근시간에 함께 저녁을 먹거나 술을 한잔 하자고 제안한 후 자연스럽게 얘기를 꺼낼 것 같습니다. 저 역시 오해를 하거나 잘못 알고 있는 점이 있을 수 있으니, 동료의 얘기를 먼저 들어볼 것입니다. 그런 다음 서로 이해할 수 있도록 많은 얘기를 나눌 것입니다.

전문가의 조언
★★★

 ## 무난한 답변, 하지만 꼬리질문이 들어온다면?

요즘은 조직 내에서 누가 잘못을 해도 쉽게 지적할 수 있는 분위기가 아니다. 자칫 잘못하다 욕만 먹거나 왕따까지 당하기 십상이니 쉬쉬하는 분위기가 많다. 건강한 조직은 크고 작은 문제를 스스로 해결하는 조직이다.

이 질문은 문제가 생겼을 때 지원자가 어떻게 대처하는지 살펴보기 위한 것이다. 다툼을 키우는 사람인지, 분란을 일으키는 사람인지, 상식적으로 문제를 해결하는 사람인지 다각도로 볼 것이다.

위 지원자의 답변은 무난하다. 자신이 잘못했을 수도 있다고 가정하며 대화를 먼저 시도하는 것은 좋은 태도다. 하지만 "그럼에도 불구하고 동료가 계속 거슬리는 행동을 한다면?"이라는 꼬리질문이 들어올 것이다. 그럴 때 당신은 어떻게 답변할 것인가? '남이 변하는 것보다 내가 변하는 게 빠르다'는 말을 있다. 이 말을 인용해 답변해보면 어떨까?

조직관계 역량 ▼ 타인배려와 협조

263

10년 이상 된 친구가 있는가?
어떤 친구인가?

 삼성생명

답 변 사 례

유치원 때부터 만난 은하 3총사가 있습니다

저는 유치원 때부터 지금까지 만나는 친구가 3명 있습니다. 주변에서는 '은하 3총사'라고 하는데, 그 이유는 저희 셋 모두 은하유치원을 나왔기 때문입니다. 친구 중 1명이 고등학교 때 교통사고로 다리를 다치게 되었고, 이 친구의 등하교를 도와주면서 관계가 끈끈해졌습니다. 각자 이사를 가고 대학교도 다르게 진학했지만, 만나고 싶을 때 언제든 연락할 수 있는 친구들입니다. 점점 그런 친구를 만나기 힘들다는 것을 알고 있기에, 서로 더욱 챙기고 만나려고 노력합니다. 오늘 면접 보기 30분 전에 은하 3총사와 통화했습니다. 잘해낼 수 있다고 용기를 주는 친구들 덕분에 오늘 면접도 잘 볼 것 같습니다.

전문가의 조언
★★★★

친구를 보면 그 사람을 알 수 있다

비슷한 사람끼리 친구가 된다는 말이 있다. 면접관은 지원자의 가장 친한 친구를 통해 지원자를 바라보고자 한다. 오래된 친구를 두었다는 것은, 지원자가 꾸준히 우정을 유지하기 위해 노력해왔다는 반증이며, 조직에 들어와서도 인간관계에 노력을 기울일 사람이라는 기대를 갖게 한다.

'은하 3총사'라는 키워드를 내밀며 친구들을 소개한 것은 적절했다고 생각한다. 구구절절 얘기하기보다 키워드를 뽑아 말하는 것이 주목성, 효율성 면에서 유리하다. 친구들과 통화하고 왔으므로 면접도 잘 볼 것 같다는 말을 들으니, 좋은 친구를 자산으로 둔 사람이란 생각이 든다. 면접관에게도 역시 좋은 친구이자 좋은 사람이란 인상을 주었을 것이다.

직장상사가 만취했다.
어떻게 할 것인가?

롯데케미칼

답변사례

집까지 바래다드린 후 귀가하겠습니다

먼저 상사분께 댁의 위치를 물어보고, 집까지 바래다드린 후 집으로 돌아올 것입니다. 만약 상사분이 답하기 어렵다면 다른 직원분들께 전화를 해서 댁의 위치를 알아낼 것입니다. 그래도 못 알아낸다면 저희 집에 모시겠습니다. 요즘 아리랑치기 등 위험한 일들이 많이 일어나고 있습니다. 그런 일을 막기 위해서라도 끝까지 책임지고 집까지 바래다드린 후 귀가할 것입니다.

전문가의 조언
★★★★

 ## 동료가 힘든 상황에 처한다면 어떻게 할 것인지 묻는 질문

함께 일하는 사람이 힘든 처지에 있을 때 어떻게 대처할 것인지 묻는 질문이다. 지원자가 타인을 도와주고 소속집단과 자신을 동일시하는지 살펴보기 위한 것이다. 위 지원자는 깔끔하게 해결방식을 제시했고, 책임감 있게 자기 일을 해낼 수 있으리란 판단이 든다.

이런 질문이 남성 지원자에게 갈 때는 큰 문제가 없다. 문제는 여성 지원자의 경우다. 직장상사가 여성이든 남성이든 상관없이, 여자 혼자 직장상사를 책임지기엔 좀 버거워 보인다. 실제로 당황스러워하는 경우도 종종 있다. 이럴 때는 남자친구를 불러 함께 바래다드린다든지, 가족에게 도움을 요청해 함께 바래다드린다고 얘기하면 좋을 것이다. 질문에 너무 심하게 몰입해 답변하지 못하는 경우가 없기를 바란다.

어떤 동료, 어떤 상사를 원하는가?

기출 기업   **두산중공업**

답변사례

아량 있는 동료, 친절한 상사를 원합니다

제가 원하는 동료는 얘기가 잘 통하고, 상대방 일이 많을 때 덜어줄 수 있는 아량이 있는 사람입니다. 또한 일하며 지루해질 때 적절하게 유머를 던지고 분위기를 확 바꿀 수 있는 사람이면 좋겠습니다.

제가 원하는 상사님은 일을 친절하게 잘 가르쳐주시고, 실무에 능숙하셔서 배울 점이 많았으면 좋겠습니다. 그리고 후배들에게 마음껏 회식도 시켜주고 멘토로서 회사생활의 지혜를 얘기해주시는 분이면 좋겠습니다.

전문가의 조언
★

 ## 이상형을 물어보는 질문이 아니다

면접관은 정말 당신이 어떤 동료를 원하는지, 어떤 상사를 원하는지 궁금해서 이 질문을 던졌을까? 사실 모든 사람이 원하는 동료, 상사의 상은 같다. 나에게 잘해주고, 나를 위해 배려해주고, 일도 도맡아 해주는 사람일 것이다.

이 질문은 당신의 이상형을 묻는 게 아니다. 이 질문은 원하는 동료, 원하는 상사를 얻기 위해서는, 당신 자신이 먼저 그런 사람이 되어야 한다는 대답을 받기를 원하는 질문이다. 면접관은 당신의 답변 속에서 머리가 아닌 마음으로 배려하며 상대방에게 다가갈 수 있는 사람인지 엿볼 것이다.

남들이 싫어하는 일을 나서서 한 적이 있는가?

답변사례

모두가 꺼리는 클라이언트와 자청해서 일했습니다

저는 조그만 광고회사에서 인턴으로 일한 적이 있습니다. 클라이언트 중에서 깐깐하고 예민한 분이 계셔서 모두 피하는 상황이었습니다. 주요 업무는 팀장님이 진행하셨지만 미팅 일정을 잡거나 자료를 준비하거나 접대를 하는 등 그분과 관련된 일을 제가 맡겠다고 했습니다. 저에게 면박도 주시고 꾸중도 하셨지만, 저는 다 이유가 있다고 생각하고 배우겠다는 마음으로 웃으며 일했습니다. 나중에 그 클라이언트 분이 팀장님께 저를 칭찬하셨다는 말을 들었습니다. 저 역시 사회생활을 경험하면서 어렵고 무서운 분과도 일을 잘해낼 수 있을 것이란 자신감이 생겼습니다.

전문가의 조언
★★★★

 ## 희생정신과 리더십을 함께 물어보는 질문

이 질문은 남들이 싫어하는 일을 도맡아 함으로써 희생정신이 있는지, 더 나아가 리더십을 갖고 있는지 파악하는 질문이다. 세상에 쓸데없는 일은 없다. 남들이 싫어하는 일을 하고 있어서 지금 당장은 손해를 보는 것 같지만, 신뢰라는 값진 보상을 얻을 수도 있다. 또한 남이 하지 않은 경험을 함으로써 자신의 커리어를 쌓을 수도 있다. 쉬운 일에는 사람이 많이 몰리지만 어려운 일에는 반대다. 그렇다고 매번 이 일을 하면 어떤 보상이 오겠지 하고 생각하는 것도 피곤한 일이다. 어떤 보상도 상관없이, 남의 이목도 상관없이, 자신이 책임지고 묵묵히 일을 해내는 사람이라면 면접관은 그 사람을 뽑지 않을까?

184 친구들이 부르는 별명이 있다면 무엇인가?

대한항공, 삼남석유화학, 홈플러스

답변사례

호기심이 많아서 'Miss Curiosity'입니다

제 별명은 'Miss Curiosity'입니다. 어렸을 때는 '호기심천국'이라고도 불렸습니다. 남들이 볼 때 별것 아닌 것도 궁금해하고 주변에 꼭 물어봐야 직성에 풀리는 성격 때문이었습니다. 그래서인지 쉽게 사람들과 친해지고 대화 주제도 다양해졌습니다.

무엇보다 이 별명을 가진 이유는 저와 제 친구들이 라디오 프로그램 《굿모닝 팝스》의 열혈 청취자인데, 거기에 나오는 'Curiosity'란 캐릭터가 저와 닮았기 때문입니다. 궁금한 영어표현이 있으면 《굿모닝 팝스》 게시판에 자주 올리고, 답변을 받아내야 직성이 풀립니다. 덕분에 영어표현도 깊어지고 능숙해졌습니다.

전문가의 조언
★★★☆

자기비하 별명은 No! 장점과 웃음, 두 마리 토끼를 잡을 것!

이 질문은 "친구들이 당신을 어떻게 평가하는가?"란 질문과 일맥상통한다. 이런 질문에 자기비하 별명을 답한다면(똥개, 넙죽이, 골룸……) 면접관에게 웃음을 줄 수는 있겠지만, 딱히 권하고 싶지는 않다.

위 지원자는 자신의 별명을 통해 긍정적인 측면을 어필했다. 궁금한 게 많아서 꼭 해결해야 직성이 풀린다는 점은 일도 그렇게 해낼 수 있을 거란 기대를 하게 만든다. 또한 《굿모닝 팝스》 청취자이며 영어 공부도 열심히 하고 있음을 알렸다.

이렇게 자신이 어떤 사람인지 별명을 통해 알릴 수 있다. 당신에게 붙여진 다양한 별명 중에서 긍정적인 측면을 부각시킨 별명을 얘기하자. 면접관에게 웃음까지 안길 수 있다면 금상첨화일 것이다.

친구들이 당신을 어떻게 평가하는가?

답변사례

햇반처럼, 평범하지만 꼭 필요한 사람이라고 합니다

친구들은 저를 보면 '햇반'이라고 말합니다. 겉으로 봤을 때 평범해 보이지만 하루라도 안 보면 안될 것 같은, 중독성 강하고 꼭 필요한 사람이라서 그렇다고 합니다. 저 역시 그런 말을 들을 때면 친구들을 위해 꼭 필요한 사람이 되자, 더 좋은 모습을 보여주자 다짐합니다. 오늘 귀사에 꼭 합격해서 친구들이 말하는 것처럼 하루라도 안 보면 안되는 직원, 중독성이 강한 직원, 꼭 필요한 직원이 되도록 노력하겠습니다.

전문가의 조언
★★★★☆

지원회사의 제품에 빗대어 재치 있게 답변

주변 친구들의 얘기를 통해 지원자의 인간관계와 성향을 살펴보기 위한 질문이다. 이 질문은 지원자가 객관적으로 자신을 이해하고 있는지, 올바른 대인관계를 갖고 있는지 묻기 위한 것이다.

성실하다, 착하다, 얘기를 잘 들어준다, 믿을 만하다 등, 이 질문을 던지면 답변이 비슷비슷한 게 많다. 되도록이면 구체적이고 자신만 답할 수 있는 특별한 얘기를 한다면 수많은 지원자 중에서 기억에 남을 수 있을 것이다.

지원자는 CJ제일제당에 지원했다. 이 회사의 제품으로 '햇반'이 있다. 지원자는 '흰 쌀밥' 같은 사람이라고 말할 수도 있었지만, 지원하는 회사의 제품을 자신과 비교해 재치 있게 답했다. 같은 답이라도 조금만 비틀어서 생각하면, 면접관 뇌리에 확 박힐 수 있는 답을 할 수 있다. 조금만 더 고민하고 답해보자. 100점짜리 당신을 120점짜리로 업그레이드할 수 있는 순간이다.

조직관계 역량 ▼ 타인배려와 협조

186

조직의 분위기를 밝게 하기 위해 노력한 경험이 있다면?

기출 기업 롯데백화점, 한스킨

답변사례

가라앉은 회사 분위기에서, 큰소리로 인사하며 출근했습니다

인턴으로 일할 때입니다. 그 회사는 선배님들과 팀장님이 일이 많고 피곤하셔서 그런지 인사를 자주 하는 분위기가 아니었습니다. 그래서 저는 입사 첫날부터 밝고 명랑하게 인사를 잘하자 생각했습니다. 처음엔 받아주는 분도 안 계시고 머쓱했지만 굴하지 않고 열심히 인사했습니다. 그랬더니 나중에는 사장님까지 기억해주시고 많은 분들이 격려의 말씀도 해주셨습니다. 제가 큰소리로 인사하며 출근하면 기분이 좋아진다는 선배님도 계셨습니다.

전문가의 조언
★★★★

조직의 분위기를 살피는 것도 직원이 당연히 할 일

일을 잘할 사람을 뽑기 위해 가장 중요하게 보는 것은 물론 직무역량이다. 하지만 지원자들의 직무역량이 비슷하다면 대부분 회사들이 팀워크를 만드는 데 기여할 사람을 뽑고 싶어한다. 이런 측면에서 위 질문은 지원자의 팀워크 기여도를 살펴보기 위해 필요하다.

지원자는 '인사 잘한다'는 구체적 행동을 통해 자신이 조직의 분위기를 밝게 한 점을 어필했다. 누구나 인사를 잘해야 된다고 생각하지만 실제로 잘하는 것은 힘들다. 하지만 지원자는 자신의 감정곡선에 상관없이 꾸준히 인사하고 좋은 결과를 경험했다. 만약 여러분이 면접관이라고 생각해보자. 비슷한 역량의 지원자들이라면 이런 사람을 뽑지 않겠는가?

TF(Task Force)
원래 군대용어로, 특별임무 수행을 위한 임시부대를 말한다. 신제품 개발 등의 특별한 목표를 가지고 각 부문에서 스페셜리스트가 모여 팀이 구성된다. 소기의 목적이 달성되면 해체되는 것이 특징이다.

한스킨을 비롯해 대부분 화장품 업계는 프로젝트 중심으로 팀(TF*)을 꾸려 일한다. 때문에 신입사원을 뽑을 때 조직에 활력을 불어넣는 사람인지 주로 살펴본다. 업무를 칸막이로 고정시키지 않으며 부서 역시 순환되는 구조다. 타부서 사람과도 쉽게 융화되고 협력해야 한다. 안되는 일도 주어진 환경에서 되게 하려는 사람, 주어진 업무에 불평하지 않고 꿋꿋이 해나가는 사람, 무엇보다 밝고 긍정적으로 분위기를 만들며 열정을 가진 사람을 원한다고 하니 참고하길 바란다.

270

상사가
부당한 지시를 내린다면?

기출 기업 | KBS, 공무원(산림청), 노루페인트, 롯데렌터카, 삼성물산, 서울주택도시공사, 안전보건공단, 정보통신산업진흥원, 한국도로공사, 한국수출입은행, 한국자산관리공사, 한국정보화진흥원, 한국증권금융, 한국토지주택공사, 한화생명, 현대오일뱅크

답변사례

우선은 지시에 따르겠지만, 재발시 조언을 구하겠습니다

일단 회사 내 규칙이나 상식적인 선에서 큰 무리가 없다면, 따를 것 같습니다. 그리고 사회경험이 적은 제가 잘 몰라서 부당하다고 느낄 수 있으니 우선은 지시에 따르는 게 맞다고 생각합니다. 하지만 그런 일들이 자주 반복되거나 해결방안이 보이지 않는다면, 동기나 선배님께 조언을 구하고 문제점을 해결해나갈 것 같습니다.

전문가의 조언
★★★★☆

 ## 부당함도 종류가 다양하다, 합리적으로 융통성 있게 답할 것!

이 질문은 공무원 지원자라면 꼭 받게 된다. 물론 일반기업 면접에서도 자주 등장한다. 공무원의 경우 2010년 이후 공직관 검증이 강화되어 중점적으로 이루어지므로 각별히 생각하고 준비해야 한다. 무조건 따르겠다고 말하면 '생각이 있는 사람인가?' 하는 오해를 줄 수도 있으니 피하도록 하자. 이 질문은 어떤 대답을 해도 보강질문이 들어온다. 조직질서 유지와 원칙준수라는 2가지 가치가 충돌하면서 딜레마적 상황이 연출될 수밖에 없고, 이런 상황에서 지원자가 어떻게 융통성과 적응력을 발휘하는지 엿본다.

부당한 것의 종류는 크게 개인적인 것과 조직적인 것으로 나뉜다. 개인 심부름이나 커피 심부름 같은 거라면 우선은 한다고 말하는 게 보기 좋다. 하지만 법을 어긴다거나 횡령 같은 일은 단호히 처신하겠다고 말하는 게 좋다. 물론 구체적인 처신방법을 말하는 것은 피하도록 하자. 경영진에게 보고한다든지, 내부고발에 들어간다는지 등 구체적인 행동을 얘기하면 어떤 면접관은 자신을 그 상사에 빙의해(잘못을 저지르지 않았음에도) 지원자가 너무 과격하다는 인상을 갖게 될 수 있다.

위 지원자의 답변을 보면 주변인에게 조언을 구한다는 점도 어찌 보면 거슬릴 수 있다. 자칫 뒷담화를 통해 소문만 무성하게 퍼뜨릴 사람 아닐까 하는 노파심 때문이다.(면접관도 회사의 직원임을 이해하자.) 따라서 공적으로 부당한 일은 당사자에게 먼저 얘기한 후 그래도 고쳐지지 않으면 추후 생각해보겠다고 얘기하는 게 가장 무난하다. 물론 "그래도 고쳐지지 않는다면?"이란 재질문이 들어오겠지만 말이다.

188

희망부서가 있는데
다른 곳에 배치받았다면?

기출기업 LG상사, LG이노텍, SGI서울보증, 공무원(일반행정 7급), 대우건설, 삼성전자, 아워홈, 포스코대우

답변사례

순환근무제가 있다면 그때 기회를 갖고 싶습니다

저는 아직 일의 측면에서는 백지 같은 사람입니다. 면접관님께서 저와 잘 맞는 부서를 따로 생각하셨다면 감사하게 받아들이고 열심히 일할 계획입니다. 입사 후 어느 곳에서 일을 시작하든 많이 배울수록 좋다고 생각합니다. 귀사가 순환근무제를 도입하거나 인력변동배치제도를 운영하시는지요? 만약 운영하신다면 그때 가서 부서이동에 대해 고민할 기회를 주시면 감사하겠습니다.

전문가의 조언
★★★

 해도 되고 안 해도 되는 얘기는? 되도록 하지 말 것!

이 질문은 개인의 희망과 달리 조직의 요구가 들어온다면 어떤 식으로 행동할지 묻는 질문이다. 개인과 조직의 방향이 일치하면 좋겠지만 항상 그럴 수는 없다. 그럴 때마다 실망하거나 퇴사를 결심하는 사람을 직원으로 뽑는다면 기업은 손실이다.

T.O

Table of organization의 줄임말. 정원·편성의 의미를 가진다. T.O가 없다는 말은 빈자리가 없다는 뜻이다. "T.O가 있어서 채용이 가능하다" 식으로 사용한다.

이 질문은 지원자가 희망한 부서에 T.O*가 없을 때 들어온다. 이럴 때는 면접관이 지원자를 좋게 보았을 확률이 크다. 사람은 괜찮으니, 다른 부서에서라도 잡고 싶다는 의미다.

지원자의 답변을 보니 무난하다고 생각된다. 하지만 조직마다 조금씩 다른 반응을 보일 수 있을 것 같다. 부서이동이 가능한 회사도 있고 아닌 회사도 있을 것이다. 지원자는 부서이동이 가능하냐고 물은 뒤, 차후라도 부서이동을 희망한다는 얘기를 했다. 이렇게 되면 열심히 가르친 부서는 인재를 다른 부서에 뺏긴다. 면접관은 이런 위험을 감수하면서까지 지원자를 뽑을까 하는 의구심이 생긴다. 면접장에서는 되도록 배치받은 부서에서 열심히 일하겠다고 말하고 마무리하자. 해도 되고 안 해도 되는 얘기는 되도록 안 하는 게 정답이다.

회사와 가족 중
어느 쪽이 더 중요한가?

**기출
기업**
SK건설, STX조선해양, 공무원(일반행정 7급), 신한은행, 오리온, 우체국, 하나금융투자, 한국오츠카제약

답 변 사 례
주중에는 일에, 주말에는 가족에 몰입하겠습니다

저는 일할 때는 집중해서 일하고 사적으로 신경써야 할 일은 따로 집중해야 한다고 생각합니다. 따라서 주중에는 일에 몰입하고 주말에는 가족에 몰입하는 게 오래 일하는 길이라고 생각합니다. 그래야 기업도 좋다고 생각합니다.

전문가의 조언
★☆

지혜롭게 대답할 것, 면접관은 대부분 워커홀릭!

요즘 기업에서 야근도 사라지고 개인의 여가생활도 존중한다고 말하지만, 아직 회사마다 편차가 크게 존재한다. 면접관의 자리에까지 오른 사람은 대부분 주말에도 나와서 일하는 워커홀릭일 가능성이 높다. 이런 질문이 들어오면 당신 마음속엔 당연히 '가족'이라고 답하겠지만, 면접관들 앞에서는 지혜를 발휘하는 게 필요하다. 면접관들은 자신처럼 일할 사람을 구하고 있다. 조직에 헌신할지를 묻는 자리이니 "수입이 있어야 가정이 유지되므로, 일과 가족은 따로 구분할 수 없고 상호보완적"이라고 답한다든지, "신입사원에게는 당분간 회사일이 전부일 수밖에 없기에, 회사일을 최우선순위로 놓겠다"고 답하는 건 어떨까?

면접관도 지원자가 어떤 생각을 할지 대충 파악하고는 있다. 입사하지도 않은 회사에 얼마나 애착을 가질 수 있겠는가? 다만 말이라도 예쁘게 하는 사람은 떡 하나라도 더 떨어지는 만고불변의 진리를 참고하자. 공과 사는 구분해야 한다며 입바르게 얘기하는 신입사원을 회사가 받아줄 리 만무하다.

주5일 근무제를
어떻게 생각하는가?

기출 기업 금융결제원, 한국동서발전, 한국석유공사

답변사례

주5일 근무제라도 주말에 할 일이 있으면 나와야 합니다

주요 기업이 주5일 근무제를 도입하면서 전국적으로 확산되는 분위기입니다. 서비스산업이 커지고, 직원들의 여가 시간이 늘어나며, 자기계발에 투자할 수 있다는 장점이 있습니다. 하지만 기업은 그만큼 부담할 게 많아졌다고 생각합니다. 주5일 근무제라 해도 주말에 할 일이 있으면 나와야 한다고 생각합니다.

전문가의 조언
★★★★

 ## 조직과 일체감을 가지고 일하겠다는 의지 표현

조직과 관련된 질문을 던질 때 무 자르듯 원칙적으로 얘기할 필요는 없다. 특히 면접장에서는 융통성 있게 답하는 게 필요하다. 기업은 직원들이 야근이나 주말근무를 해서 원하는 성과를 내기를 기대한다. 특히 위기에 처해 있다면 더더욱 그럴 것이다.

이 질문에 답할 때는 지원자가 조직과 일체감을 가지고, 얼마든지 근무시간을 연장해서 일할 수 있다는 의지를 보여주면 된다. 위 지원자는 주5일제의 장점과 단점을 객관적으로 언급한 뒤 주말근무 의지를 표현했다. 적절한 답변이다.

191

상사가 야근 중이다. 당신은 퇴근할 것인가?

기출 기업 대한상공회의소, 한국지엠

답변사례 **함께 야근하거나, 못할 경우 양해를 구하겠습니다**

신입사원은 어서 빨리 일을 배워서 자기 밥값을 해야 한다고 생각합니다. 상사분께서 야근 중이시면 뭔가 일할 게 많다는 것이고, 저는 그 일을 덜어드릴 의무가 있다고 생각합니다. 저는 상사분께 다가가 도와드릴 일이 없느냐고 물을 것입니다. 그리고 함께 일한 후 퇴근하겠습니다. 만약 제가 개인적인 일이 생겨 야근할 수 없게 된다면 다른 날 야근하겠다고 말씀드리며 양해를 구하겠습니다. 그리고 기운 내시라고 드링크제를 드리고 인사드리겠습니다.

....

전문가의 조언
★★★★☆

 상사의 입장을 생각해보라

기업에서 일을 제일 많이 하는 계층은 3년차에서 7년차인 대리부터 과장이고, 신입사원이나 부장, 임원은 상대적으로 일을 덜 한다. 그중 신입사원은 일을 많이 할 수는 있지만(자기 기준에서) 돈 되는 일을 할 단계가 못 되고, 임원들은 일하는 것에 비해 돈만 많이 가져간다는 말이 있다.

당신이 만약 취업에 성공한다면 상사는 과장급 전후일 것이다. 상사가 칼퇴근하는 신입사원을 보면서 어떤 생각을 할까? '회사 돈은 내가 다 벌어주고 있는데, 신입사원이라고 뽑아놨더니 별 도움은 안되고 매번 칼퇴근을 해?' 하며 도끼눈을 뜨고 있을 것이다.

실무자 면접 때 이런 질문이 종종 나온다. 퇴근시간이 정해져 있지만, 상황에 따라 야근도 하고 조직에 적응할 줄 아는 사람임을 가늠하기 위해서다. 면접관은 자신의 마음을 다독일 신입사원을 불을 켜듯 찾고 있으리라. 하나라도 더 배우려고 노력하는 신입사원, 야근하는 상사와 고통을 함께 나누려는 신입사원을 발견한다면 당장 뽑고 싶어할 것이다.

더불어 사는 사회에서 상대의 마음만 헤아려줘도 많은 문제들이 해결된다. 이런 질문이 들어오면, 자신이 그럴 수 있는 사람임을 강하게 어필하자. 실제로 조금만 노력하면 할 수 있는 일 아닌가?

주량은 어떤가? 업무상 술자리에 남아 있어야 한다면?

답변사례

술은 약하지만 술자리를 좋아합니다

저는 술을 즐기는 편입니다. 술잔을 권유하시면 거절하지 않고 마시려 합니다. 저는 술이 약하지만, 술자리를 통해 회사분들과 결속도 다지고 속내도 알 수 있게 되기 때문에 꼭 참여하려고 합니다. 특히 끝까지 남아 있는 분들과 묘한 결속감이 생기기 때문에, 업무상 술자리를 갖는 것은 큰 부담감이 없습니다.

전문가의 조언
★★★★☆

술을 좋아하는 면접관이 자주 묻는 질문

술에 대한 질문은 술을 좋아하는 면접관이 자주 하는 편이다. 술자리를 자주 갖는 조직에서도 흔히 나오는 질문이다. 술을 잘한다고 말하면 조직에 쉽게 적응할 수 있겠다고 판단해 점수는 딸 수 있을 것이다. 물론 이런 사람에게는 주사가 있느냐는 질문이 추가된다. 술을 못하면서 잘한다고 말할 필요는 없다. 꼭 술을 잘해야 취업하는 건 아니니까 말이다. 여성인 경우 이런 질문이 들어오면 난처해하는데, 술은 약하지만 술자리를 좋아한다고 말하면 무난하게 넘어갈 수 있다.

193
야근이나 교대근무가 가능한가?

답 변 사 례

회사와 직원은 운명공동체, 필요하다면 당연한 일입니다

저는 야근이나 교대근무가 필요하다면 당연히 해야 한다고 생각합니다. 회사일은 하루 8시간 근무로 끝나지 않습니다. 기한 내에 납품을 하거나 끝내야 할 일도 있을 것입니다. 그리고 그것이 회사 매출에 중요한 영향을 미친다면 당연히 야근이나 교대근무는 해야 한다고 생각합니다. 회사가 건재해야 직원도 마음 놓고 일할 수 있습니다. 서로가 운명공동체라고 생각하고 열심히 자기 역할을 해야 발전할 수 있다고 생각합니다.

전문가의 조언
★★★★☆

 ## 적극적으로 주인의식 보여주는 게 필요

정직원과 아르바이트의 차이점이 무엇일까? 야근이나 시간외근무가 당연한 게 정직원이고 안 해도 되는 게 아르바이트다. 면접관은 당신을 아르바이트가 아니라 직원으로 뽑고자 한다. 하지만 정직원으로서 주인의식은 안 보이고 아르바이트 수준의 의지만 보인다면 면접관은 당신을 뽑을 수가 없다.

이 질문은 힘든 일이 생기면 잘해나갈 수 있는지 알아보기 위한 질문이다. 일에 대한 자세, 적응력을 엿보기 위한 것이니, 되도록 적극적 의지를 보이며 잘할 수 있다고 말하는 게 중요하다.

커피 심부름에 대해 어떻게 생각하는가?

NH농협

답 변 사 례

회사 사람들은 저의 내부고객입니다

저는 직장을 공동체로 생각합니다. 커피를 타더라도 심부름을 하더라도 정성을 다해 하겠습니다. 그리고 제가 원래 커피를 맛있게 타는 편입니다. 학교 후배들에게도 '다방커피'를 맛있게 탄다는 말을 듣고 자주 타주고 있습니다. 회사 동료, 상사님, 그리고 나중에 오게 될 후배들까지, 모두 저의 내부고객이라고 생각합니다. 제가 타드린 커피 1잔에 하루를 기쁘게 시작할 수 있다면 기쁠 것입니다. 저는 고객을 위해 서비스한다는 마음으로 조직생활을 할 것을 약속드립니다.

전문가의 조언
★★★★☆

진취적인 자세와 조직적응 의지를 보여준다면 좋을 듯

커피 심부름 질문은 여성 지원자에게 자주 묻는 것이다. 자신이 여성이어서 커피 심부름이나 잔신부름을 하는 것에 대해 피해의식을 보이지 말아야 하며, 또한 무뚝뚝하게 답하지 않는 것이 중요하다.

요즘 이 질문은 여성 면접관이 남성 지원자에게도 던진다. 위 지원자의 답변처럼 내부고객에게 서비스한다는 마음으로 커피를 탄다고 말하자. 이렇게 답하는 것은 자기비하를 하는 것도 아니고 유연하게 답한 것이다. 내부고객에 남성, 여성, 지위고하가 어디 있는가?

종교가 있는가?
일요일 근무에 대한 견해는 어떤가?

기출 기업 서울주택도시공사, 한국MSD, 한국알프스

답변사례

기독교인이지만, 일요일 근무가 필요하다면 하겠습니다

기독교입니다. 아버님이 목사님이셔서 어렸을 때부터 교회생활을 적극적으로 해왔습니다. 저는 일요일 회사에 근무해야 한다면 당연히 나올 것입니다. 예배는 출근길에 인터넷 예배를 보면 됩니다. 저녁예배도 있으니, 근무하는 것에 지장은 없습니다. 부모님은 일요일 교회에 제가 안 나오면 안된다고 말씀하시지만, 저의 결정을 존중해주실 겁니다.

전문가의 조언
★★★★☆

종교생활과 조직생활을 조화롭게 할 수 있는지 검증하는 질문

일요일에 특근을 하거나 정기적으로 산행을 하는 회사가 있다. 이럴 때 교회에 열심히 다니는 사람 중 몇몇은 '성수주일'이란 것을 해야 한다며 참여하지 않는 경우가 있다. 자신의 종교적 신념을 지키는 것은 중요하다. 헌법에 보장된 자유이기도 하다. 하지만 주말에 나오는 다른 동료, 상사는 뭐가 되겠는가?

이 질문은 자기소개서에 종교를 기입한 사람에게 던지는 질문이다. 술에 대한 질문까지 함께 따라나온다. 종교생활을 조직생활과 조화롭게 해나가는지 검증하는 질문이니, 융통성 있게 답하면 좋다.

만약 자신의 신념 때문에 도저히 일요일에는 근무할 수 없다면, 신념에 맞는 회사를 선택하는 게 필요하다.

연봉은 얼마를 원하는가?
적다면 어떻게 할 것인가?

기출 기업

노루페인트, 노바티스, 아트박스, 유통물류진흥원, 하이마트, 한국수출입은행, 한국에너지기술연구원, 현대모비스

답 변 사 례

귀사에서 일하고 싶기에 큰 문제가 되지 않습니다

물론 연봉을 많이 받을수록 좋습니다. 하지만 아직 조직생활을 제대로 해보지 못했고, 신입사원 지원자이므로 귀사의 규정대로 따르고 싶습니다. 만약 제가 생각했던 것보다 연봉이 적다면 좀 아쉽기는 할 것입니다. 하지만 귀사에서 꼭 일을 배우고 싶었고, 성장하고 싶었기에 큰 문제는 되지 않습니다.

전문가의 조언
★★★★☆

연봉액수 캐묻는 지원자, 책임감보다 권리의식이 더 강해 보인다

지원자들이 면접장에서 흔히 하는 거짓말로 "연봉은 중요하지 않습니다"가 있다. 4년제 대졸자들의 희망연봉은 2,700만원 선이며, 대기업이 줄 수 있는 평균연봉은 2,200만원 정도이니 500만원 가까이 차이가 난다.

지원자들의 희망연봉은 대부분 대기업 최고대우를 기준으로 하는 경우가 많아서 이런 차이가 생긴다. 연봉은 약하지만 비전이 강하다든지, 적성에 맞는다든지, 자신만의 목표와 기준이 있다면 이런 차이를 극복할 수 있을 것이다. 연봉이 아무리 많아도 돈 때문에 지원한 사람은 쉽게 회사를 떠난다. 따라서 면접관들은 연봉 외에 어떤 이유로 회사에 들어오고 싶은지 자신 있게 얘기하는 사람을 선호한다.

하지만 터무니없이 높은 연봉을 기입하거나 언급한다면 좋지 못한 인상을 줄 수 있다. 되도록 자신이 지원하는 회사나 업종에 대한 평균적인 연봉액수를 미리 파악해두면 좋을 것이다.*

국내 기업 연봉금액 현황은 54쪽을 참고하라.

신입사원은 오자마자 수익을 낼 수 있는 사람이 아니다. 회사가 어느 정도 투자를 해야 하는 대상이다. 따라서 배우는 자세로 우선 회사 규정에 따르겠다고 말하는 편이 무난하다. 간혹 복리후생, 연봉액수를 꼬치꼬치 묻는 지원자가 있는데, 대부분 좋은 점수를 받기 힘들다. 책임감보다 권리의식만 강해 보여서 함께 일하기 불편하다는 인상을 줄 수 있다.

면접관들이 회사 인재상과 부합한다고 생각하는가?

기출 기업 LG이노텍, LG전자, SK건설, 노루페인트, 신세계백화점, 아모레퍼시픽, 한국도로공사, 한화무역

답 변 사 례

First, Strong, Smart한 분들이라고 생각합니다

LG전자의 인재상은 LG way, 즉 First, Strong, Smart로 요약됩니다. 그런 의미를 기준으로 면접관님들을 살펴보니, First, 세계 최고 회사의 1등 인재이시기에 면접관이 되셨고, Strong, 흔들림 없이 단단해 보이시고, Smart, 질문이 하나같이 스마트하게 핵심을 꿰뚫고 계시므로 LG 인재상에 부합한다고 생각합니다.

전문가의 조언
★★★★☆

 ### 인재상 답변, 틀에 박혀 외우기보다 진정성을 보이자

일반적인 인재상 질문을 살짝 비튼 질문이다. 면접관까지 언급하며 즉흥적으로 답변해야 하는지라 신중해야 할 필요가 있다. 중요한 것은 면접 전에 자신이 지원할 회사의 인재상을 꼼꼼히 살펴봐야 한다는 것이다. 틀에 박혀 외우기보다 입사하기 위해 진정성을 보여줘야 한다.

위 지원자는 LG전자 인재상을 숙지해놓고 삼행시를 짓듯 면접관의 인상과 인재상을 적절히 배치했다. 이왕이면 다홍치마란 말이 있다. 대놓고 좋은 말을 해야 하는 순간에 센스 있는 답변이 지원자를 더욱 돋보이게 했을 것이다.

〈LG 구본무 회장의 인재경영 주요 발언〉

▶ 우수한 사람보다 사업과 전략에 꼭 맞는 핵심인재를 경영진이 확보해야 한다. (2005년 신년사)

▶ 경영환경이 어렵다고 인재를 안 뽑으면 안된다. (2008년 컨센서스 미팅)

▶ 창의와 자율을 이끄는 LG Way 리더를 키워야 한다. (2009년 인재개발대회)

▶ 우수인재와 세계시장을 선도하고 싶다. (2013년 신년사)

조직관계 역량 ▼ 공통상식 직무역량

나이 상관없이
성과대로 연봉이 결정된다면?

기출 기업 대한상공회의소, 동부대우전자

답변사례

성과를 냈다면 높은 연봉을 주는 것이 당연합니다

무한경쟁시대라 성과에 따라 연봉이 결정되는 시대입니다. 최선을 다해 회사를 위해 일했고 성과를 냈다면 신입사원이라도 높은 연봉을 주는 것은 당연하다고 생각합니다. 열정이 충만한 사람은 계속 동기부여해주는 게 필요합니다. 또 주변사람들도 열심히 일하면 자기도 높은 연봉을 받을 수 있다는 것을 안다면 조직 전체에 좋을 것이라고 생각합니다.

전문가의 조언
★★★

 ## 도전적 측면은 좋아 보이지만, 협력하는 마인드는 없어 보일 수도

연봉제, 호봉제에 관한 질문이다. 개인평가, 집단평가 관련 질문과도 연관된다. 성과주의 중심으로 조직이 재편되면서 후배들이 나보다 연봉을 더 많이 받을 수 있다는 것에 대해 어떻게 생각하느냐고 묻는 것이다. 신입사원 지원자들은 아직 젊기 때문에 이런 구조가 당연하다고 답할 것이다. 하지만 여기에 허점이 있으니 주의하도록. 우리나라는 완전연봉제를 시행하는 곳이 드물다. 연공서열이 어느 정도 반영되어 연봉제와 호봉제를 절충한 곳이 많다. 조직에서 혼자만 잘한다고 성과를 낼 수 있는 일은 거의 없다.

위 지원자는 열정과 도전적 측면에서 높은 점수를 받을 수 있지만 조직구성원을 챙기고 협력하는 능력은 상대적으로 떨어질 수 있겠다는 우려를 줄 수 있다. 따라서 성과별 연봉 책정은 동기부여를 위해 필요한 일이지만, 개인만 몰아주는 것보다 조직 모두의 성과이니 적절히 반영되면 좋겠다는 답을 하는 것이 무난하다.

1년 동안 복사처럼
단순업무만 하게 된다면?

**기출
기업**　SBS A&T, 한국정보화진흥원, 한국지엠

답 변 사 례
다른 업무를 할 수 있도록 기회를 달라고 요청하겠습니다

우선 신입사원이므로 주어진 업무를 최선을 다해 완수하도록 노력할 것입니다. 하지만 회사는 조직도 크고 일도 방대하므로, 신입사원인 저에게 다소 무심할 수 있다고 생각합니다. 만약 1년 동안 복사만 한다면 제가 다른 일도 할 수 있는지 상사분께 상의를 드릴 것 같습니다. 그래서 좀더 다양한 업무를 배울 수 있도록 기회를 달라고 부탁드릴 것 같습니다.

전문가의 조언
★★☆
질문의 의도는 조직의 결정을 어느 정도 존중하는가

전체적으로 무난한 답변이라고 생각한다. 하지만 "회사는 조직도 크고 일도 방대하므로, 신입사원인 저에게 다소 무심할 수 있다고 생각합니다"란 말을 "맡은 업무가 당장 중요해 보이지 않아도 전체 업무를 봤을 때 중요할 수도 있다고 생각합니다"로 바꾸면 어떨까?

정말 신입사원에게 잡무만 시켰는지, 주요 업무 중 하나라고 생각해서 시켰는지 신입사원 입장에서는 제대로 판단하지 못할 수도 있다. 남의 떡이 커 보인다고, 자신의 업무는 지루하고 동료의 업무는 좋아 보일 수도 있다. 조직의 일원으로서 조직의 결정을 존중할 줄 아는 모습을 살펴보기 위한 질문이니 그 의도를 파악하며 답변하도록 하자.

사실 조직은 개인에게 일일이 신경쓰지 못한다. 그렇다 해서 최선을 다해 일하지 않는다면 그 사람은 조직 안에서든 밖에서든 성공할 가능성이 희박해진다. 일본 경영의 신이라고 불리는 교세라그룹의 이나모리 가즈오는 20대에 망해가는 기업에 취직했지만, 실망하지 않고 최선을 다해 일했다. 그는 그곳에서 인생의 전환점이 된 세라믹스 기술을 익혔다. 결국 회사는 망했지만 그는 그 기술을 토대로 새로운 회사를 만들었다. 기업은 어떤 환경에 처하든 최선을 다할 줄 아는 사람을 원한다. 그런 사람은 기업 안에서든 밖에서든 성공하게 마련이다.

일본 경영의 신 이나모리 가즈오

조직관계 역량 ▼ 경영상식 적응력

공백기간이 있는데, 그동안 무엇을 했는가?

기출 기업 DB하이텍, LG CNS, LG디스플레이, 롯데백화점, 한국에너지기술연구원

답변사례

급하게 들어간 첫 직장을 나온 후 3D 디자인 공부를 했습니다

저는 졸업하자마자 교수님이 추천한 회사에 취업했습니다. 취업난인데다 집안사정도 급했고 교수님 추천이라 깊이 고민하지 않고 들어갔습니다. 첫 직장은 웹에이전시였는데 적성에 잘 맞지 않았고, 급여지급도 미뤄지는 등 회사사정이 안 좋아져서 나오게 되었습니다. 이를 계기로 제가 평생 하고 싶은 일이 무엇인지 진지하게 고민해보았습니다. 그 결과, 캐릭터 디자이너로 커나가고 싶다는 생각에, 실력을 보완하고 싶어서 3D 디자인 공부를 병행했습니다. 늦게나마 제가 가고 싶은 길을 붙잡아 다행이라고 생각합니다. 귀사가 저를 선택해주신다면 최선을 다해 노력할 것을 약속드립니다.

전문가의 조언
★★★☆

 ### 공백기간 없는 지원자를 선호, 이직 없이 다닐 것으로 기대

면접관들은 지원자의 자기소개서를 보면서, 연도별로 어떤 궤적을 걸어왔는지 체크하기도 한다. 휴학이나 어학연수를 간 게 아닌데 중간에 1년 정도 붕 뜨는 경우 어떤 일을 했는지 묻기도 하니, 자기소개서에 적지 않았다고 안심하지 말고, 꼼꼼히 답변을 챙겨서 들어가는 게 좋다. 공백기간 없이 쉬지 않고 공부하거나 일한 사람은 대체적으로 성실하다고 인식된다. 공백 자체가 문제되지는 않지만, 그동안 자신이 한 일을 제대로 설명하지 못하면 좋은 점수를 받기 힘들다.

해외체류 경험은?
어학연수에서 무엇을 가장 많이 느꼈나?

기출 기업 IBK기업은행, SPP조선, 대한무역투자진흥공사, 삼성생명, 한국전력기술, 한국화이자제약

답 변 사 례

4주짜리 어학연수를 1년짜리로, SNS 통해 외국인 친구들과 연락합니다

저는 학교 해외 어학연수생으로 선발되어 필리핀에서 4주간 동계 어학연수를 수료했습니다. 토익점수는 괜찮았지만 실전에서 영어가 제대로 통할지 궁금했던 차에, 4주간의 짧은 기간이지만 최선을 다해 저의 영어 실력을 실험하는 데 집중했습니다. 머릿속에서 맴돌던 말이 영어로 나오기 시작하자 한국으로 돌아가야 했습니다. 하지만 이 시간 동안 영어만 생각했기에 실력도 확 늘어나고 외국인 친구도 사귀게 되었습니다. 그때 만난 외국인 친구들은 페이스북을 통해 매일 연락하고 있습니다. 저는 외국인 친구를 통해 영어 실력은 물론, 글로벌 감각도 키우는 중입니다. 4주간 어학연수가 1년 이상 이어지고 있는 셈입니다.

전문가의 조언
★★★☆

해외경험 자체가 중요한 게 아니다

위 지원자는 1달 어학연수 경험을 SNS를 통해 1년 이상 이어가고 있다며, 적극적인 자신의 성향을 전달했다. 어학연수나 교환학생 등 해외체류 경험이 중요 스펙으로 자리잡은 요즘, 이런 질문이 들어오면 할 말이 없는 지원자도 많다. 집안사정 때문에 아르바이트를 하기 위해 휴학을 반복하다 보면 해외연수는 꿈도 꿀 수 없기 때문이다.

한 지원자는 이런 질문이 들어오자 이렇게 답했다. "저는 해외연수 경험은 없지만 토익 950점에 영어로 의사소통이 가능합니다. 학비와 생활비 때문에 배달, 건설현장 잡부, 서빙 등 안 해본 아르바이트가 없습니다. 일을 쉽게 배우고 손이 빨라《생활의 달인》에 나가도 될 만큼 능숙해졌습니다. 하지만 현장의 요구를 과감히 뿌리치고 귀사에 지원하게 되었습니다." 해외연수 경험이 없다고 주눅들지 않고 재치 있게 답변한 경우다.

한 지원자는 부모의 도움으로 1년간 해외연수 경험을 했다. 하지만 얘기를 들어보니 딱히 영어 실력이 는 것도 아니고 아르바이트를 한 것도 아니고, 말 그대로 놀다 온 티가 역력했다. 해외연수 경험 자체가 취업에 유리한 것은 아니다. 어떤 자세로 임했고 성장했는지 얘기하는 게 중요하다.

졸업이 남보다 늦은 이유는?

답변사례

4년 늦은 졸업, 임용고시 실패 때문입니다

사실 저는 생일이 빨라 학교를 1년 일찍 들어갔습니다. 따라서 남보다 졸업이 3년이 아니라 4년이 늦은 셈입니다. 저는 원래 국어 선생님이 꿈이었습니다. 그래서 3번 계속 임용고시를 봤지만 결과는 좋지 않았습니다. 고민 끝에 과감히 교사의 꿈을 접고 취업준비를 했습니다. 7개월간 쓴 이력서만 300통이 넘습니다. 하지만 저는 도전을 멈추지 않았고, 귀사의 인턴에 합격했습니다. 그리고 6개월의 평가기간이 끝나 정직원 전환을 앞두고 있습니다.

저는 선생님이 되고자 그 길을 달려왔지만, 취업을 위해 새로운 공부를 본격적으로 시작했습니다. 영어, 자격증, 자원봉사, 독서 등 다른 분야 공부도 참 재미있다고 생각하며 견뎠습니다. 인턴 경험도 즐겁게 했습니다. 상황에 따라 흔들리지 않고 자신을 맞추며 긍정적으로 생각하는 면이 저의 장점이라고 생각합니다. 꼭 정규직 전환이 되어 귀사에 입사하고 싶습니다.

전문가의 조언
★★★☆

 ## 임용고시 실패에도 불구, 해피바이러스 전파

요즘은 졸업을 제때 하는 학생을 거의 보기 힘들다. 위 지원자도 마찬가지다. 지원자는 졸업이 3년이 아니라 4년이 늦은 셈이라며 솔직히 답했다. 단점은 가리고 장점은 부풀리는 시대에 오히려 그런 점이 담백해 보인다.

아무리 힘들어도 즐겁고 긍정적으로 받아들이는 태도는 상대방을 기분 좋게 만든다. 취업에 연속 실패한 지원자들을 보면, 어려운 시절 얘기를 할 때 표정도 어두워지고 주눅이 들어 면접장 분위기가 덩달아 가라앉는 경우를 종종 보게 된다.

위 지원자는 인턴 평가도 좋고, 무엇보다 사람을 즐겁게 만드는 해피바이러스 같은 사람이어서, 나이 많고 여자라는 핸디캡에도 코레일 입사에 성공했다. 면접장에서 어느 누구인들 자신의 단점에 답하고 싶겠는가? 하지만 아킬레스건을 찌르는 질문이 들어와도 마음의 평정을 유지하며 긍정적인 태도로 답변하는 게 좋다. 어떤 태도로 대답하는지가 합격을 가르지, 단점 그 자체가 합격을 가르지는 않는다.

편입한 이유는 무엇인가?

LG CNS, LG전자, 계룡건설

답 변 사 례

취업 후 한계를 느껴 편입, 성적장학금도 받았습니다

저는 서울 소재 전문대학 전자과를 졸업한 후 1년간 직장생활을 했습니다. 저는 전공에 대한 자신감이 있었지만 제가 맡은 일은 전문대학 출신이어서 그런지 단순업무가 대부분이었습니다. 성장에 한계를 느꼈습니다. 그래서 전자공학과 편입을 1년간 준비한 끝에 합격했고 올해 졸업을 앞두고 있습니다. 남들보다 졸업은 늦었지만 항상 부족함을 느꼈기에 더 열심히 공부했습니다. 3학년 때는 성적장학금을 받기도 했습니다. 저는 조직생활을 해봤고 실무경험도 있어서 경력직 같은 신입사원이 될 수 있으리라고 자신합니다.

전문가의 조언
★★★★

핸디캡은 극복하자! 자신감과 당당함이 최고의 무기

자기소개서에 편입을 기록하는 지원자도 있고, 그렇지 않은 지원자도 있다. 기간별로 공백기간이 있거나 성적증명서 등을 통해 편입 여부를 확인하는 면접관도 있으니, 해당 지원자는 되도록 솔직히 기입하고 면접시 답변을 준비하는 것이 좋을 것이다.

아무래도 편입한 지원자는 일반 졸업자와 다른 시각으로 보게 된다. 하지만 위 지원자는 전공과목을 바꾸지 않았고, 전공 분야 취업 경험을 장점으로 어필했다. 단순히 4년제 졸업을 위해 편입한 지원자와 차별화되는 지점이다.

만약 사회경험이 없는 신입사원을 못 미더워하는 면접관이라면 사회경험도 있고, 핸디캡을 극복하려고 노력한 지원자를 눈여겨볼 것이다. 그러니 편입한 지원자라도 당당히 어깨 펴고 자신의 얘기를 펼쳐놓길 바란다. 면접장에서는 자신감과 당당함이 최고의 무기임을 잊지 말자.

이직이 잦은 것에 대해
어떻게 생각하는가?

기출 기업　CJ E&M, CU, SK건설

답 변 사 례

묻지마취업 때문에 이직률이 높아지고 있습니다

이직이 잦은 이유는 무조건 취업하고 보자는 식으로 입사했기 때문입니다. 자신과 기업이 얼마나 잘 맞을지 고민하지 않고 스펙과 조건에 맞춰 입사할 경우 이직을 하게 되는 것 같습니다.

저는 방송인이 되는 게 꿈이었습니다. 하지만 안정적이지 못한 생활에 회의적이어서 일반기업 입사를 준비하다가, 제 꿈도 이룰 수 있고 경제적인 안정도 누릴 수 있는 CJ E&M에 지원하게 되었습니다. 지금 대한민국에서 제 니즈에 딱 맞는 회사는 귀사밖에 없습니다. 저는 더이상 한눈팔 곳이 없습니다. 저를 뽑아주신다면 귀사의 인재상대로 정직하게, 열정적으로, 창의력을 발휘하며 일할 것을 약속드립니다.

전문가의 조언
★★★★☆

 ## 기업은 이직하지 않을 신입사원을 원한다

기업체 면접관을 만나면 힘들게 뽑은 신입사원들이 쉽게 나간다며 하소연이다. 이직을 원하는 이유 1위는 기업에 비전이 없다는 것이고, 그다음이 연봉이 낮다, 상사와 동료 문제, 지나친 업무 등이 이유였다. 지원자들은 이런 질문이 들어올 경우, 일반적인 분석을 한 후 자신은 절대 이직하지 않을 것이란 믿음을 줘야 한다.

위 지원자는 꿈도 이루고 안정감도 줄 수 있는 회사가 이곳밖에 없다는 것을 적극적으로 어필했다. 마지막에 인재상을 언급하며 의지를 다진 것도 좋게 보였을 것이다.

아무리 훌륭한 지원자라도 오래 다닐 것 같지 않다면 그 사람을 굳이 뽑을 필요가 없다. 보다 절실하게 이 직장이 아니면 안된다는 표현을 하자. 하지만 그전에 물어보자. 진짜 이 직장에 들어오고 싶은가? 이곳밖에 없는가?

회사가
부도위기에 처한다면?

답변사례

회생을 위해 최선을 다할 것입니다

먼저 힘들게 들어온 회사가 부도위기에 처한다면 많이 속상할 것 같습니다. 하지만 마음을 다스리고 우선은 회사가 회생할 수 있도록 조직의 일원으로서 최선을 다할 것입니다. 지금껏 수많은 회사가 부도위기에 처했지만 다시 살아난 경우가 얼마든지 있기 때문입니다.

전문가의 조언
★★★☆

묻지마 충성심은 오히려 마이너스

이런 질문에 대해 대부분의 지원자가 솔직히 답한다면 이직하기 위해 다른 회사를 알아보거나 퇴사하겠다고 하지 않을까? 질문을 던진 면접관 역시 회사가 부도위기에 처한다면 크게 다르지 않을 것이다. 이렇게 극단적이기까지 한 질문을 면접관은 왜 던졌을까?

끝까지 남아 최후를 함께하겠다는 답변을 하는 지원자를 지지할까? 솔직하게 아예 나가겠다는 지원자를 지지할까? 이런 질문은 양자택일의 문제가 아니므로 이를 절충하면서 조직에 대한 충성도와 일에 대한 태도를 보여줄 수 있는 답변이 무난할 것이다.

위 지원자는 부도위기에 처한다면 최선을 다해 회생할 수 있도록 노력하겠다고 답했다. 부도가 난 것이 아니기 때문에 위기 속에서 기회를 엿보겠다는 의지를 보인 것이다. 필자가 보기에 적절한 답변으로 보인다. 밑도 끝도 없이 회사가 망할 때까지 함께하겠다는 대답은 이제 더이상 통하지 않는 시대다. 회사에 대한 충성도도 상식적인 선에서 합리적인 태도로 어필해야 면접관을 설득할 수 있다.

조직에서 어색해한 경험이
있다면 무엇인가?

 기출 기업   롯데백화점

답변사례

탕비실의 존재를 처음 알게 되었습니다

중소기업에서 인턴으로 일할 때 경험입니다. 처음 조직생활을 하게 되어 모든 게 낯설었습니다. 자리에 앉아 있었는데 사람들이 1~2명씩 사무실 구석방에 들어갔다 나왔다 하는 것이었습니다. 그 구석방은 바로 '탕비실'이었습니다. 저는 그때 탕비실의 존재를 처음 알게 되었습니다. 저에겐 그 탕비실이 너무 중요한 존재처럼 느껴졌습니다. 그래서 하루에 몇 번 정도 가야 하는지, 얼마 정도 머물러야 하는지 여쭤봤더니 선배님들이 무척 재미있게 저를 바라보셨고, 그 이후 쉽게 친해졌습니다.

전문가의 조언
★★★☆

엉뚱하지만 순진한 답변

이 질문은 지원자가 회사나 기업에서 조직생활을 경험하면서 제대로 적응했는지 살펴보는 질문이다. 처음 만나는 사람, 낯선 조직문화에서 본인이 어떻게 적응했는지 구체적인 경험을 말한다면 좋을 것이다.

위 지원자는 다소 엉뚱하게도 탕비실이란 주제를 가지고 답변을 했다. 면접관 역시 지원자의 선배들처럼 피식 웃었을 것 같다. 인턴다운 순진함으로 조직 내에 큰 문제 없이 안착했으리란 예상을 하게 된다.

탕비실용 패키지제품을 내놓은 기업도 있다.

주요 기업 채용 일정표

다음은 국내 주요 기업의 채용(예정) 일정표다. 기업의 사정과 계획에 따라 변경될 수 있으므로 참고하길 바란다.

▶ **주요 기업 채용 일정표**

월	기업	모집대상	기업	모집대상
1월	SC제일은행	신입/경력	대한항공	신입
	토지주택공사	신입/경력	LG화학	신입/경력
	기아자동차	신입	아모레퍼시픽	신입
	한화제약	신입/경력	동부대우전자	신입/인턴
	코오롱그룹	신입/경력	한샘	신입
	SH서울주택도시공사	신입/경력	LG디스플레이	신입/인턴
2월	LG생명과학	신입/경력	동부증권	신입/경력
	르노삼성자동차	신입/경력	한국수출입은행	신입/인턴
	한국철도공사	인턴	일동제약	신입/경력
	우리은행	신입	SK플래닛	신입/경력
	한국주택금융공사	신입	GS건설	신입
	이랜드그룹	신입	네이버	신입/경력
3월	LG유플러스	신입	현대중공업	신입
	광동제약	신입	LG전자	신입
	SK케미칼	신입/경력	SK이노베이션	신입
	넥슨네트웍스	신입	SK그룹	신입
	현대제철	신입	현대모비스	신입
	경동제약	신입/경력	한국전력공사	신입
	CJ그룹	신입	기아자동차	신입
	SK하이닉스	신입	현대캐피탈	신입
	삼성중공업	신입	삼성전기	신입
	삼성증권	신입	삼성그룹	신입
	신세계 푸드	신입	한화	신입
	코오롱그룹	신입/경력	금호아시아나그룹	신입/경력
	현대글로비스	신입		

월	기업	모집대상	기업	모집대상
4월	쿠팡	신입/경력	신한저축은행	신입/경력
	세스코	신입/경력	녹십자	신입
	유한양행	신입/경력	IBK기업은행	신입
	현대백화점	신입	일동제약	신입/경력
	현대제철	신입	우리은행	신입
	SK하이닉스	신입/경력	포스코	신입
	교보문고	신입	삼성선물	신입
	SK엔카	신입/경력	보령제약	신입
	엔씨소프트	신입	오리온	신입
	샘표식품	신입/경력	SK	신입/경력
	두산중공업	신입	현대캐피탈	신입/경력
	롯데그룹	신입		
5월	종근당	신입/경력	삼성그룹	신입
	농심그룹	신입	빙그레	신입
	한화투자증권	신입	나이키코리아	신입/경력
	DB손해보험	신입/경력	카카오	신입
	포스코	신입		
6월	LG이노텍	신입/경력	주택도시보증공사	신입/경력
	경동제약	신입	수협중앙회	신입
	LG생활건강	신입/경력	롯데캐피탈	신입/경력
	SK증권	신입	신한금융투자	신입/경력
	CJ제일제당	신입	주택관리공단	신입
7월	귀뚜라미그룹	신입/경력	KCC	인턴
	한글과컴퓨터	신입/경력	대웅제약	신입/경력
	세스코	신입/경력	GS SHOP	신입
	한국수출입은행	신입/인턴	유한킴벌리	신입
	효성	신입/경력		
8월	이마트	신입	농협중앙회	신입/경력
	한국투자증권	신입/경력	중소기업진흥공단	신입/인턴
	SK증권	신입/인턴	한국조폐공사	신입/인턴
	도로교통공단	신입/인턴/경력	벅스	신입/경력
	웅진씽크빅	신입/경력	DB하이텍	신입/인턴

월	기업	모집대상	기업	모집대상
8월	신세계	신입/인턴	DHL 코리아	신입
	SBS	신입/경력	한미약품	신입/경력
	락앤락	신입/경력	한국신용평가	신입/경력
	현대건설	신입		
9월	두산	신입	두산중공업	신입
	제일약품	신입/경력	동부그룹	신입
	LG CNS	신입	현대커머셜	신입
	현대카드	신입	현대제철	신입/인턴
	포스코대우	신입	롯데그룹	신입
	미래에셋대우	신입	국민연금공단	신입/경력
	동양생명보험	신입/경력	삼성SDI	신입
	한화테크윈	신입	하나금융그룹	신입/경력
	KGC인삼공사	신입	녹십자	신입
	KT&G	신입	오뚜기	신입
10월	한진	신입	코웨이	신입/인턴
	인천항만공사	신입/인턴	오리온	신입/인턴
	한국전력공사	신입	한국은행	신입/경력
	홈플러스	신입	도시철도공사	신입
11월	동서	신입/경력	KB국민은행	신입/경력
	NH투자증권	신입	해태제과식품	신입
12월	한화손해보험	신입/경력	CJ CGV	신입

'업무실행 역량'을 살펴보는 기출질문

◆ **'업무실행 역량'의 5가지 항목** ◆

기획과 조직력	전략적 안목	원칙과 우수성 지향	분석력과 문제해결 능력	도전과 적극적 행동
계획을 세우고 자원(시간, 사람, 돈)을 적절히 배분해 목표를 달성할 수 있는지 알아보는 항목	넓은 시야, 문제에 대한 다양한 접근법, 주요 이슈에 대한 장기적 영향을 고려해 장기목표를 세울 수 있는지 알아보는 항목	수준 높은 목표를 세우고, 이를 달성할 수 있도록 원칙과 실행방법을 찾는지 알아보는 항목	문제요소의 상중하를 구분해 분석할 줄 알며, 어떤 환경에서든 최적의 결정을 내릴 수 있는지 알아보는 항목	한계상황에서 포기하지 않고 추진하는 자기동력이 있는지, 리스크가 커도 해내겠다는 의지가 있는지 알아보는 항목

◆ **전문가가 분석한 기출질문 경향** ◆

최근 기업은 자사에 대한 열정, 그리고 직무능력에 대한 이해와 실무능력을 갖춘 인재를 원하고 있다. 〈셋째마당〉 '업무실행 역량'에는 이런 인재를 감별하기 위한 질문들이 모여 있다. 세부항목으로는 ① 기획과 조직력, ② 전략적 안목, ③ 원칙과 우수성 지향, ④ 분석력과 문제해결 능력, ⑤ 도전과 적극적 행동이 있다.

업무실행 역량이 있는지 알아보기 위해 기업이 자주 물어보는 질문은 "직무를 잘 이해하고 있는가?", "회사의 비전과 인재상에 대해 답하라", "인턴 경험을 말하라", "프로젝트를 진행해본 경험을 말하라" 등이다. 실제 회사업무와 관련된 경험을 묻거나, 회사에 대한 관심도가 어떤지 살펴보기 위한 질문들이다.

특히 신입사원을 뽑을 때는 유독 '도전과 적극적 행동' 관련 질문이 많다. 이는 요즘 기업이 실무력이 강한 신입사원을 뽑는다고 하지만 결국 재교육은 필요할 수밖에 없으며, 중요한 것은 회사에 들어오고 싶어하는 의지와 열정이라는 것이다. 비슷비슷한 능력을 갖추었을 때 결국 변별력이 되는 것은 지원자의 입사의지다. 이 점을 마음에 새기고 답변유형을 살펴보면 좋을 것이다.

10억 복권에 당첨되었다.
어떻게 쓸 계획인가?

기출 기업 CJ헬스케어, 금융결제원, 한국동서발전, 한국석유공사, 한국주택금융공사, 홈플러스

답 변 사 례

부모님 빚 먼저 해결, 학자금 대출 갚고, 집 구입하겠습니다

우선 아파트 대출금 때문에 맘고생하시는 부모님께 1/3 정도 드리고 싶습니다. 저를 위해 희생하신 두 분에게 큰 기쁨이 되고 싶기 때문입니다. 그리고 학자금 대출금이 남은 게 있어서 다 갚을 예정입니다. 그런 다음 제 명의로 집을 사고 싶습니다. 인생의 큰 고민을 해결해야 저 자신에게 몰입할 수 있을 테니 말이지요. 그런 다음 남은 금액은 노후 대비를 위해 연금에 가입하면 좋을 것 같습니다.

전문가의 조언
★★★

면접에 정답은 없다, 차별화만 있을 뿐!

실제로 여러 회사 면접관들이 복권에 당첨되면 뭐부터 하겠느냐는 질문을 많이 한다. 이 질문의 숨은 의도는 이것이다. 첫째, 이 사람이 계획을 가지고 자원을 배분하며 효율적으로 사용할 수 있는지 알아보기 위해서, 둘째 주변상황에 변화가 생겼을 때 일을 계속 할 수 있을지 궁금하기 때문에, 셋째, 면접관이든 신입사원이든 복권 당첨은 모든 샐러리맨이 꿈꾸는 일이기에 분위기를 화기애애하게 만들면서 양쪽이 즐거운 상상(?)을 공유하기 위해서. 그런 관점에서 위 지원자의 답변 내용을 살펴보면 큰 하자는 없다. 단지 옆에 경쟁자가 있다는 것 외에는. 대부분의 취업준비생들은 위와 같은 얘기를 할 것이다. 면접관도 비슷한 생각이기에 고개를 끄덕일 것이다. 하지만 모두가 같은 얘기를 할 때 당신은 다른 얘기를 해야 한다. 똑같은 질문의 기회를 어떻게 활용할지를 고민해야 하는 것이다. 위 답변을 듣고 면접관이 집과 노후가 해결된다면 일을 할 이유가 없지 않느냐며 반격할 가능성이 높다. 그럴 때 여러분은 어떤 대답을 할 것인가?

CJ헬스케어에 지원한 어느 지원자는 이렇게 답했다. "횡재는 횡액을 부릅니다. 돈을 움켜쥐지 말고 흐르게 하라고 배웠습니다. 제 빚을 갚은 후, 나머지 금액은 제가 후원하는 어린이단체에 전액 기부하겠습니다." 막연하게 기부하겠다는 얘기가 아니라 돈에 대한 가치관을 얘기하며 근거를 댔고, 실제로 기부활동을 하고 있다는 점을 어필했다. 여러분은 어떤가? 이런 사람을 더 뽑고 싶지 않을까?

아침에 무엇을 타고 왔으며, 몇 시에 도착했는가?

기출 기업 공무원(광주농림), 한국환경공단

답 변 사 례

지하철을 타고 1시간 전에 도착해서 기다렸습니다

집과 회사가 1시간 거리입니다. 면접시간에 늦지 않기 위해 8시에 지하철을 탔고, 9시쯤 도착한 후 회사 앞 카페에서 차 1잔 마시며 기다렸습니다. 사무실에는 9시 45분쯤 도착해서 10시 면접 때까지 회의실에서 기다렸습니다. 사실 이 동네는 처음이라 어제 미리 1번 와보았습니다. 두 번째로 회사를 와보니, 친근하고 익숙한 느낌이 듭니다. 매일 출근하면 기쁠 것 같다는 생각을 했습니다.

전문가의 조언
★★★☆

 ## 면접 준비 하나만 봐도 열이 보인다

이 질문은 면접에 대한 계획과 준비를 지원자가 잘하고 있는지 살펴보기 위한 것이다. 하나를 보면 열을 안다. 면접 준비하는 모습만 봐도 일을 어떻게 처리할지 가늠이 된다. 대규모 다인면접에서는 이런 질문이 따로 안 들어올 수도 있다. 하지만 소수 특별채용의 경우 회사의 정문, 엘리베이터, 해당 사무실과 면접실에서 당신의 모든 행동을 눈여겨보고 있다는 것을 잊지 말기 바란다. 특히 안내데스크에 있는 직원부터 차를 내오는 직원까지, 그들은 모두 당신의 선배이자 미래의 동료다. 몇몇 면접관들은 나중에 그들에게 당신의 첫인상을 묻기도 한다. 상사나 임원에게 대하는 태도는 예의 바르지만 그외의 사람들에게도 그런지 확인하기 위해서다.

그러니 면접시간에 맞춰 허겁지겁 당도하기보다, 10분 전쯤 미리 와서 기다리거나 가져온 신문이나 책자, 또는 해당 회사의 홍보자료를 보고 있는 것이 좋다. 또한 면접시간에 늦지 않도록, 하루 전에 회사에 오는 길을 답사해서 걸리는 시간을 체크해보는 것도 필요하다. 꼭 들어가고 싶은 회사라면 보이지 않는 부분도 신경을 쓰게 마련이다. 이런 모습이 자연스럽게 어우러져 면접관에게 전달되는 것이다.

10년 후
자신의 모습을 그려본다면?

**기출
기업** SK텔레콤, 근로복지공단, 정보통신산업진흥원, 한국석유공사, 한국자산관리공사, 한국중부발전, 한국증권금융

답 변 사 례

블로그에 10년 후 제 모습을 적었습니다

저는 10년 후 목표를 제 블로그에 써놓은 적이 있습니다. 첫 번째가 귀사의 영업본부장이 되어 회사 매출을 역대 최고치로 상승시키는 데 제 역할을 다하고 싶다는 것이고, 두 번째는 다양한 성공경험을 축적해서 강의를 통해 공유하고 싶다는 것입니다. 세 번째는 멋진 가장이 되고 싶습니다. 결혼하고 아이들을 낳아 부끄럽지 않은 아버지가 되는 게 제 목표입니다.

전문가의 조언
★★★☆

 ### 미래를 계획하고 사는 사람은 차원이 다른 삶을 산다

5년 후 자신의 모습, 10년 후 자신의 모습, 20년 후 자신의 모습이 어떨 것인지, 혹은 40대에 어떤 모습일지에 대해 많은 기업들이 질문을 던진다. 이것은 지원자가 얼마나 비전과 목표를 가지고 인생을 설계하고 있는지 알아보려 함이다.

자신의 미래를 계획하는 사람은 그렇지 않은 사람과 차원이 다른 인생을 살아간다. '종이 위에 쓰면 이루어진다'는 말이 있다. 목표가 구체적일수록, 주변사람들에게 자주 말할수록 꿈이 이루어질 확률이 크다. 이렇게 자기동력을 가지고 인생을 사는 사람은 누구라도 호감을 가지고 대할 수밖에 없다. 자신의 인생을 멋지게 그릴 줄 아는 사람은 기업에서도 멋진 그림을 그릴 수 있다. 당신이 그런 사람임을 면접관에게 당당히 보여준다면, 당신은 꼭 합격의 기쁨을 얻게 될 것이다.

210

첫 월급을 타면 어디에 쓸 것인가?

답 변 사 례

부모님, 은사님, 선배님, 친구들에게 선물하겠습니다

첫 월급은 큰 의미가 있는 것 같습니다. 지금까지 저를 있게 해주신 부모님과, 제 인생을 빛나게 해준 은사님과 선배님, 그리고 친구들과 후배들을 한명한명 생각하며 선물을 하고 싶습니다. 이제는 제가 받기만 하는 게 아니라 줄 수도 있는 사람임을 기쁘게 생각할 것 같습니다. 빨리 그날이 왔으면 좋겠습니다.

전문가의 조언
★★★

돈 때문에 취직하려는 것으로 보일 대답은 하지 말자

첫 월급의 씀씀이로 그 사람을 엿볼 수 있다. 즉흥적인 사람인지, 계획적인 사람인지, 어떤 가치에 의미를 두는 사람인지 알 수 있다. 위 지원자는 부모님과 친구들에게 선물을 하고 싶다고 말했다. 받는 것보다 주는 게 기쁘다는 지원자는 생각이 깊고 마음이 넓은 사람이란 인상을 준다. 관계지향적인 사람으로 인식될 가능성이 높고, 조직에서도 너그럽고 안정감 있게 장기근속하게 되리란 기대를 하게 된다.

간혹 첫 월급 관련 질문이 들어오면 금전적으로 힘든 상태임을 드러내는 지원자가 있다. 이런 경우 일이 좋거나 자아실현을 하기 위해 취직하는 게 아니라 돈 때문에 취직하려한다는 느낌을 줄 수 있으니 주의하길 바란다. 명품 가방을 사겠다, 술 먹겠다, 빌린 돈을 갚겠다는 말을 하는 사람도 없길 바란다. 무계획적인 사람으로 보이며, 가치를 위해 일을 하기보다 돈이 필요해서 일을 하는 사람으로, 상황에 따라 쉽게 그만둘 수 있는 사람으로 보이기 때문이다.

이 회사에
언제까지 근무할 계획인가?

 NH농협, 한국무역보험공사, 한국은행

답변사례

최고전문가가 되기 위해 최소 10년은 다니고 싶습니다

말콤 글래드웰의 《아웃라이어》를 보면, 최고전문가가 되려면 최소 1만시간을 투자해야 한다고 합니다. 즉 10년 정도의 시간인데요. 저는 귀사에서 최고전문가가 되고 싶습니다. 그렇게 되려면 최소 10년은 있어야 할 것입니다. 하지만 조직이 그렇게 저를 성장시켜줬다면, 쉽게 떠나지 않고 오래 남아서 저의 전문성을 발휘하며 보답하고 싶습니다. 따라서 귀사가 허락하는 한 오래도록 다니고 싶습니다.

전문가의 조언
★★★★

면접 보는 회사를 항상 1지망으로 생각하고 답변하라

이 질문에 솔직하게 답변할 것인가, 아니면 예의상 답변할 것인가? 추천하고 싶은 것은, 어떤 회사에 지원했든 1지망이라고 생각하고 답변하라는 것이다. 소개팅에서 마음에 드는 이성을 만나 결혼까지 이어지는 경우도 있지만 그렇지 않은 경우도 많다. 결국 내가 얼마나 상대에게 최선을 다하고 충실했는지에 따라 인연이 이어지는 것이다.

그렇다고 죽을 때까지 함께하겠다느니, 회사가 내칠 때까지 있겠다느니, 이런 추상적인 대답은 피하도록 하자. 위 지원자는 《아웃라이어》를 예로 들며 최고전문가가 되기 위해 최소 10년은 다니겠다고 답했다. 요즘처럼 이직이 잦은 시기에 10년이면 체감으로는 정년이나 다름없는 시간이다. 이 답변은 전문가로 성장하고 싶은 지원자의 의지를 엿보게 해준다. 명확한 목표를 가진 사람일수록 쉽게 자리를 옮기지 않는 법이니 면접관들도 눈여겨볼 것이다.

기업은 이직하지 않을 신입사원을 원한다

2012년 경영자총협회가 대졸 신입사원의 퇴사율을 조사했다. 대졸 신입사원의 30% 이상이 1년 안에 퇴사한다고 한다. 10%는 입사시험에 합격했지만 포기한 경우고, 나머지 20%가 중도에 퇴사하는 것이다. 물론 중소기업이 대기업보다 상대적으로 높긴 하지만, 대기업 퇴사율도 20%에 육박한다.

이렇게 취업하기 어려운 시기에 퇴사율은 왜 높아지는 것일까? 퇴사 이유는 조직 및 직무적응 실패(49.1%), 급여 및 복리후생 불만(20.0%), 근무지역 및 근무환경에 대한 불만(15.9%) 순으로 나타났다.

상황이 이러하니, 면접관들이 퇴사하지 않을 신입사원을 뽑는 것은 그들의 능력과 관련된 일이다. 따라서 지원자들은 자신이 지원한 회사에 충성도 있는 직원이 될 것을 어필하는 게 중요하다. 물론 자신이 진심으로 그런 사람이 되는 게 가장 중요하다.

▶ **산업·규모별 대졸 신입사원의 입사 1년 이내 퇴사율**(자료 : 한국경영자총협회)

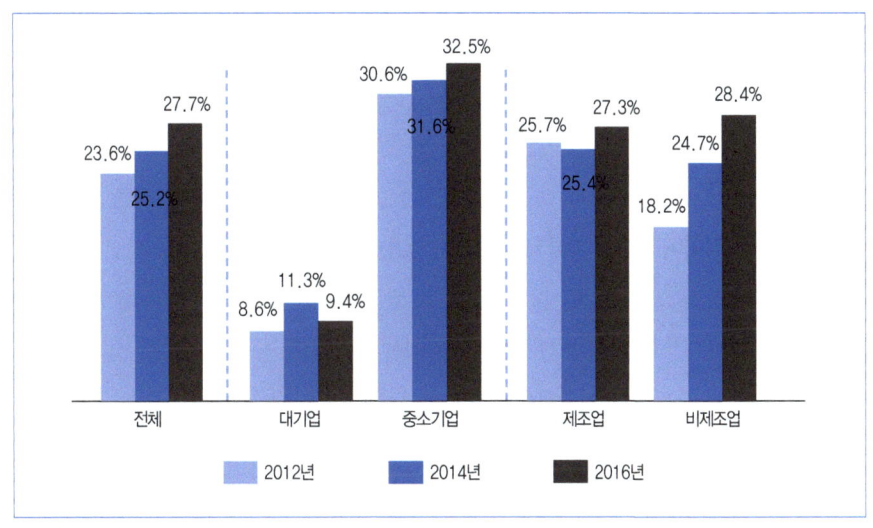

입사 후 어떻게
자기계발을 할 것인가?

기출 기업 두산중공업, 제주항공, 한국도로공사

답변사례

OPIc IM 레벨과 회사 내 MBA 취득이 목표입니다

입사 후 제가 공략할 자기계발은 크게 2가지입니다. 먼저 입사 3년 이내에 OPIc* IM 레벨 이상을 취득해 회사에서 일할 때 영어에 문제가 없도록 최선을 다할 것입니다. 또한 회사 내 MBA 과정이 있는 것으로 압니다. 이를 성실히 이수해서 귀사의 핵심인재로 거듭날 것을 약속드립니다.

전문가의 조언
★★★☆

구체적이며 지속가능하되 실천할 수 있는 것으로 답할 것

이 질문은 입사 후에도 끊임없이 자기계발을 위해 어떻게 시간을 계획하고 배분할지 살펴보기 위한 질문이다. 입사 후 포부를 묻는 질문으로서, 구체적이며 지속가능하되 실천할 수 있는 것으로 미리 생각해두자.

OPIc(Oral Proficiency Interview-computer)

미국 LTI사가 주관하는 회화 능력 테스트. 잘하는 순서별로 AL, IH, IM, IL, NH, NM, NL 레벨이 있다. IM 수준이면 기업에서 인정을 받는 편이다. 삼성이 입사시험에 토익 대신 OPIc을 넣겠다고 발표한 후 취업준비생들의 관심이 높아졌다.

위 지원자는 회사 내에 MBA 과정이 있다는 것을 미리 알아놓았다. 사실 신입사원이 되면 업무와 함께 회사 내 교육과정을 이수하는 것조차 빠듯하다. 이것저것 하겠다며 비현실적으로 말하기보다는 위 지원자처럼 회사 내 교육과정을 성실히 이수하겠다고 말하는 게 좋다. 또한 대한민국 직장인 대표 자기계발 항목인 영어에 대해서도 OPIc 레벨을 구체적으로 언급해 목표를 설정한 것도 좋은 대답이다. 그냥 출퇴근 시간에 영어 공부를 하겠다는 사람과 의지의 수준이 달라 보인다.

213

이 직무를 선택한 이유는?
어떤 준비를 했는가?

기출 기업 CU, LG유플러스, LG화학, SK플래닛, 노루페인트, 롯데정보통신, 삼성전자

답 변 사 례

소프트웨어 동호회 활동으로 관심이 많이 생겼습니다

저는 고등학교 때부터 소프트웨어 동호회에서 활동했습니다. 프로그래밍을 할 때 제일 재미있다고 느꼈고, 이 분야 일을 제대로 배우고 싶다는 욕심이 생겼습니다. 그래서 대학도 전자계산학과에 입학했고, 얼마 전 LG유플러스 애플리케이션 공모전에 참가해서 입선의 기쁨을 얻었습니다. 그리고 LG유플러스가 수상자에 대해 인턴 채용시 우대해줘서 인턴 경험을 했습니다. 그리고 이렇게 귀사의 정규직 신입사원직에 지원하게 되었습니다.

영어는 해외 소프트웨어 동향을 살펴보기 위해 꾸준히 공부했습니다. 간단한 회화와 독해는 가능합니다. 제가 인턴을 할 때 한 정규직 선배님이 해외진출을 위해 중국어 지원자를 우대한다고 하셨습니다. 그 얘기를 듣고 중국어 공부도 병행하고 있습니다.

전문가의 조언
★★★☆

면접관은 직무이해도가 뛰어난 사람을 만나고 싶어한다

면접관들은 직무이해도가 뛰어난 지원자를 만나고 싶어한다. 곧바로 실무에 투입할 수 있으며 회사에 대한 이해도도 뛰어나기 때문이다. 위 지원자는 직무에 대한 이해도가 명확하며, 오래전부터 준비해왔음을 알 수 있다. 이 지원자는 국내 대부분의 이공계 지원자들처럼 삼성전자, LG전자에 지원했다. 두 회사 모두 이공계 지원자들에게는 직무연관성 측면에서 유리하다. 하지만 그만큼 경쟁도 치열하다. 지원자는 다른 이공계 지원자들보다 영어, 중국어 실력이 뛰어나서 차별화가 되었다. 결국 이 지원자는 글로벌기업을 지향하는 삼성전자에 최종합격을 했다.

주5일 근무인데,
여가시간에는 무엇을 할 계획인가?

기출기업 KBS, 라이나생명, 하나금융투자, 한국MSD, 현대엔지니어링

답변사례

주중에는 회사일에 집중, 주말에는 자기계발을 하겠습니다

저는 주중에는 학교 수업에 집중하고, 주말에는 취업준비에 집중합니다. 토익 공부와 직무 관련 자격증을 따는 데 집중합니다. 친구들과 스터디를 조직해 공모전 준비도 함께 해나갑니다. 그리고 스터디 친구들과 1달에 1번 영화를 보며 머리를 식힙니다. 마찬가지로, 입사한 뒤에는 주말을 이용해 자기계발을 하고, 부족한 부분을 공부하려고 합니다.

전문가의 조언
★★☆

예상가능한 답변이 나올 만한 질문은 차별화가 정답!

행복한 직원일수록 생산성이 높다는 연구결과가 있다. 이 질문은 지원자가 주말시간을 어떻게 관리하며, 일에 대한 스트레스를 어떻게 풀 것인지 살펴보기 위한 질문이다.

사실 대부분의 한국인이 여가시간에는 TV를 보거나 낮잠을 자거나 산책을 한다고 한다. 지원자들은 대부분 취업준비생이니 영어 공부나 자격증 공부 등 자기계발을 한다고 답할 것이다. 확인할 길은 없지만 면접관 역시 당연히 그러려니 할 것이다. 이렇게 예상가능한 답변이 나오는 질문은 차별화가 정답이다.

한 지원자는 여가시간에 주로 당구를 한다고 답했다. 당구 때문에 학점을 제대로 따지 못했지만 당구와 인생의 공통점을 발견했다는 말에 면접관의 질문이 이어졌다. 그는 전략과 기술이 좋다고 항상 이기지 못한다며, 승부는 나의 영역이 아니지만 최선을 다하는 것은 나의 영역이란 사실을 알았다고 답했다. 이 지원자는 합격했다. 관심을 둔 게 봉사활동이나 스펙은 아니지만, 당구를 통해 자신의 세계를 구축했다고나 할까?

4년 내내 고스톱과 포커, 당구와 바둑을 취미 삼아 했다고 말한다면 사실 한심하다고 할 수 있다. 하지만 그랬던 사람이 취미를 통해 자신만의 무엇을 만들기도 한다. 한게임, 카카오톡, 애니팡, 드래곤플라이트를 만든 카카오의 김범수 의장이 바로 그 사람이다.

지금까지 무난하게 모범생의 삶을 살아왔는가? 그렇다고 면접을 위해 자신의 경험을 조작할 필요는 없다. 하지만 이제라도 나만의 취미나 여가활동을 통해 자신이 원하는 게

무엇인지, 나의 기준은 무엇인지, 내가 남들과 다른 점은 무엇인지 찾아보며 재충전을 해보는 것은 어떨까? 그런 경험이 유일무이한 당신을 만들고, 기업이 찾는 바로 그 사람이 될 것이다.

카카오톡의 김범수 의장

상사가 잘 모르는 일을 시켰다. 어떤 순서로 일을 처리할 것인가?

SK건설

답 변 사 례

클레임 거는 고객을 우선 진정시키고 해결책을 찾았습니다

저는 한 소프트웨어 업체 A/S센터에서 사무보조 인턴으로 일한 경험이 있습니다. 마침 여름휴가 시즌이어서 기술 관련 A/S하시는 분들이 자리에 많이 안 계셨습니다. 때마침 출근하신 분들도 자리에 안 계셨는데, 한 고객분이 전화해서 제품에 대해 굉장히 심하게 클레임을 거셨습니다. 아무에게도 도움을 구할 수 없었던 저는 순간 당황했지만, 제가 우물쭈물하면 회사 이미지가 더 안 좋아질 것이란 판단에 정신을 차리고 응대했습니다. 우선 제가 기술 A/S 담당자가 아님을 밝히고, 연락처를 남겨주시면 오늘 안으로 전화를 드릴 것이라고 안심을 시켜드렸습니다. 전화를 끊고 직원분께 여쭤본 후, 해결법을 숙지하고 직접 전화를 드렸습니다. 심장이 쿵쾅거렸습니다. 다행히도 고객분은 해결방법을 들으시고는 고맙다며 전화를 끊었습니다. 저는 이 경험을 토대로, 모르는 일이 저에게 넘어와도 차분하게 대처하면 해결할 수 있으리란 자신감이 얻었습니다.

전문가의 조언
★★☆

 ## 모르는 일이 쏟아지는 회사일, 각개전투로 해결해야 한다

직장생활을 처음 시작하다 보면 모르는 것투성이다. 그때마다 상사가 가르쳐줄 수는 없다. 스스로 해결해나가야 한다. 이런 질문은 독립적으로 문제를 해결할 줄 아는지, 문제를 파악하고 처리할 줄 아는지 알아보려는 것이다. 모든 일은 결국 비슷한 유형으로 해결 프로세스를 가진다. 즉 ① 문제의 소재를 분명히 해야 하며(문제파악), ② 해결방법을 고민해보고(가설 설정), ③ 시도를 해보고(시행착오 발생), ④ 해결 방향이 도출(해결)된다.

되도록 구체적인 경험을 예로 들어 위와 같은 단계를 거쳤음을 제시하자. 그래서 회사에서 어떤 일이 주어지더라도 일을 파악하고 처리해나갈 수 있는 사람임을 입증하는 것이 중요하다.

216

회사에서 야유회를 간다면 어디를 추천하고 싶은가?

기출 기업 신한은행, 현대백화점

답 변 사 례

홍천 강변의 오토캠핑장을 추천하고 싶습니다

제가 신입사원이 되어 회사 야유회를 기획하게 된다면, 홍천 강변의 오토캠핑장을 추천할 것 같습니다. 콘도나 리조트로 야유회를 가면 편하고 좋지만, 서로 친해지는 데는 한계가 있을 것 같습니다. 체육대회도 좋지만 여성분들이 소외될 것 같습니다. 그래서 오토캠핑장을 추천합니다. 강 상류에 민물고기 낚시터가 있습니다. 함께 조를 짜서 낚시대회를 하는 것도 좋을 것 같습니다. 팀워크를 느끼고 친목을 도모하는 데 도움이 될 것 같습니다. 낚시대회가 끝나면 모두 함께 매운탕을 끓여 식사를 하면 가족 같은 친밀감을 느끼게 되는 계기가 될 것입니다.

전문가의 조언
★★★☆

야유회 기획 하나만 봐도 일 잘하는 사람인지 아닌지 보인다

회사는 다양한 일을 한다. 제품생산, 마케팅, 회계, 경영지원 등. 그중에서도 전체 직원 단합대회 같은 일은 경영지원 부서에서 도맡아 하지만, 팀 단합대회는 막내 신입사원이 맡아서 한다. 이것도 일인지라 기획과 조직력이 필요하다. 쉬운 예를 던져주고 어떻게 풀어가는지 알아보기 위한 질문이다. 과나 모임을 이끌었던 경험이 있는 사람은 쉽게 대답할 수 있으리라.

이때 그냥 맛집이나 여행지를 추천하는 것은 지양하길 바란다. 어떤 목표를 가지고, 어떤 프로그램을 통해 야유회를 할 건지 언급한 다음, 그래서 이런 장소와 이런 행사를 기획하겠다고 답해야 한다. 야유회 하나 기획하는 것만 봐도 이 사람이 일을 잘할 사람인지 아닌지 면접관은 알 수 있기 때문이다.

배낭여행을 다녀왔다고 했는데
경비, 티켓, 숙소는 어떻게 해결했나?

기출 기업 IBK기업은행, LG화학, 신한은행

답변사례

100만원으로 1달간 동남아 배낭여행을 했습니다

아르바이트로 모은 돈 100만원을 가지고 태국, 인도네시아, 캄보디아, 베트남, 라오스 등지를 1달간 홀로 다녀왔습니다. 출발 전 인터넷으로 항공티켓만 예약했고, 나머지는 현지에서 부딪히며 해결했습니다. 가루다인도네시아 항공은 대학생 배낭여행객을 위해 유효기간 1달짜리 왕복티켓을 60만원에 판매합니다. 나머지는 육로를 이용해 이동했습니다.

때로는 비용을 아끼기 위해 히치하이킹도 했습니다. 호텔은 하루 5달러 정도 하는 저렴한 게스트하우스를 이용했습니다. 비용을 아끼기 위해 식사는 2끼로 해결했으며, 현지 교포분께 사정해서 숙식을 해결하는 대신 짐꾼 아르바이트를 자처하기도 했습니다.

한정된 예산 안에서 빠듯하게 여행했지만 마음만은 부자가 된 느낌이었습니다. 뭐든지 닥치면 해결할 수 있다는 자신감도 얻었습니다. 특히 태국의 카오산로드는 배낭여행의 메카입니다. 세계 각지에서 온 젊은 동년배들과 많은 대화를 나눈 경험은 아직도 잊혀지지 않는 추억입니다.

전문가의 조언
★★★☆

즐기는 것이 아니라 인생경험을 위한 여행이라 돋보인다

패키지가 아닌 배낭여행은 한정된 시간과 돈을 가지고 어떻게 계획하는지에 따라 천차만별로 경험이 달라진다. 이 질문은 여행이란 주제를 통해 스스로 계획화, 조직화를 잘 이뤄나가는 사람인지 엿보는 질문이다. 위 지원자는 100만원으로 1달간 홀로 여행했다. 이 사실 하나만으로도 대단한 경험을 했다는 인상을 받게 된다. 문제상황에서 그때그때 해결

해나간 점도 돋보인다. 여유 있게 즐기기 위한 여행이 아닌, 인생경험을 했다는 생각이 든다. 고생을 자처했지만 이런 여행은 사람을 성숙하게 만들기에, 면접관에게도 좋은 인상을 주었으리라고 생각된다.

218

최근 1년간 세운 계획을
몇 %나 달성했는가?

기출 기업 삼남석유화학

답변사례

매일 영어 공부와 운동, 100% 달성했습니다

저는 최근 1년 동안 세운 목표가 크게 2가지입니다. 첫째가 영어 공부를 재미있게 꾸준히 하는 것이고, 둘째가 운동을 매일 30분 이상 하는 것입니다.

이를 위해 저는 《굿모닝 팝스》를 청취하기 시작했습니다. 책도 사고, 아침 6시에 일어나 들었으며, 못 일어났을 경우 팟캐스트를 이용해 보충수업하듯 공부했습니다. 팝송과 영화로 공부하기 때문에 지루하지 않고 무척 재미있습니다. 가끔 청취자로서 의견도 올리고 퀴즈 정답도 올립니다. 지금은 하루라도 빠지면 허전합니다.

운동은 인터넷에서 유명한 '5분에 50칼로리' 동영상을 활용합니다. 하루 6번 들으면 30분 운동이 가능합니다. 따로 헬스나 요가를 끊지 않고 집에서 할 수 있다는 게 큰 장점입니다. 일본에서 선풍적으로 인기를 끈 다이어트용 에어로빅 영상인데, 노래와 동작이 재미있어서 꾸준히 하게 됩니다. 이렇게 1년 동안 영어 공부와 운동 모두 100% 달성했습니다. 저 스스로도 뿌듯한 경험입니다.

전문가의 조언
★★★★☆

기업은 1년 단위로 목표와 결과를 가지고 평가한다

이 질문은 "조직이나 그룹에서 목표달성을 위해 노력한 것과 그 사례를 말해보라"는 질문과 일맥상통한다. 목표와 결과에 대해 매년 평가가 이루어지는 기업으로서는 이런 훈련이 잘되어 있는 지원자를 원하게 마련이다.

결론은, 무조건 구체적으로 답하라는 것이다. 두루뭉술하게 무엇을 계획했고 지금 실천하는 중이란 얘기로는 당신을 특별하게 보일 수 없다. 스펙을 쌓는 게 목표이고 그것을 달성했다는 얘기도 사실 밋밋하다. 모든 결과는 자기소개서에 다 써 있을 것이고, 당신의 경쟁자도 비슷한 스펙의 소유자가 아닌가.

그런 점에서 위 지원자는 구체적이고 생활에 밀착되어 있다는 느낌이 든다. 일을 시키면 실행가능한 목표를 세우고, 이를 달성하기 위해 꾸준히 노력할 것이란 믿음이 든다. 똑같은 영어 공부를 언급하더라도 학원에 다녔다는 얘기보다 《굿모닝 팝스》, 팟캐스트를 언급한 것이 신선하다. 듣는 면접관이 '나도 한번 따라해볼까?' 하는 생각이 들게 한다면 그날 면접은 성공이다. 적어도 당신에 대한 관심은 확실히 끌었으니까.

업무수행 역량 ▶ 기획과 조직력

219

열심히 하겠다고 각오를 밝혔는데, 구체적인 계획이 있는가?

기출 기업　BBQ, 삼남석유화학

답 변 사 례

웃는 얼굴, 인사, 유머로 선배와 상사님들을 즐겁게 해드리겠습니다

제가 신입사원이 된다면 모든 일에 열심히 즐겁게 임할 것입니다. 저를 가르치기 위해 최소 1년은 선배님들과 상사님들이 힘드실 것이라고 생각합니다. 저는 우선 저 때문에 생긴 주름을 덜어드리고자 합니다. 저만 보면 항상 즐겁고, 저만 보면 항상 기쁘고, 저만 보면 항상 웃음이 나오게끔 노력하겠습니다. 항상 웃는 얼굴과, '솔' 톤을 유지한 기분 좋은 인사와, 누르면 나오는 빵 터지는 유머를 자판기처럼 탑재하겠습니다. 적어도 저 때문에 맘고생하실 일은 없게끔 최선을 다할 것입니다.

전 문 가 의 조 언
★★★★☆

 ### 스펙이 안 좋아도 면접에 합격하는 사람들의 비밀은, 자신만의 스토리

면접관들이 한 질문들을 보면 알겠지만, 일맥상통하는 것은 '당신이 이런 사람임을 나한테 증명해봐' 하는 것이다. 구체적이되 당신만이 말할 수 있는 특별한 얘기를 해달라는 것이다. 사람들은 얘기에 혹한다. 그것도 살아 있는 당신만의 얘기에 말이다.

스펙이 별로 좋지 않아도 면접에서 구사일생으로 취업에 성공하는 사람을 종종 보게 된다. 그런 사람들은 바로 자신만의 얘기를 풀어낼 줄 아는 사람들이다. 대부분 지원자들은 각오를 밝힐 때, 상사가 가르쳐주는 것을 열심히 배우겠다든지, 최선을 다하겠다든지, 말 그대로 각오만 밝힌다.

하지만 위 지원자처럼 신입사원은 짐이라고 말하며, 자신은 기분 좋게 인사하고 웃고 유머를 제공하겠다는 말에 어떤 면접관이 웃지 않을 수 있으랴. 신입사원 때문에 복장 터진 경험을 해본 면접관이라면 반색을 하며 지원자를 살펴볼 것이다.

구체적인 계획, 나만이 말할 수 있는 얘기를 해보자. 면접관은 수많은 지원자 중에서 눈에 띄는 사람을 선택할 수밖에 없다. 당신이 그런 사람이 되려면 자신만의 구체적인 스토리가 지금 당장 필요하다.

휴학한 동안 무슨 일을 했는가?

기출 기업 LG전자, SK플래닛, 롯데정보통신, 삼성전자, 한화S&C

답변사례

창업사관학교에서 1년간 자금지원을 받으며 공부했습니다

저는 대학교 3학년 때 희망제작소가 주최한 창업경진대회에서 덜컥 수상을 했습니다. 48시간 동안 사업계획서를 작성하고 아이디어를 현실화하는 대회였는데, 가벼운 마음으로 참가해서 그런지 좋은 결과를 얻게 되었습니다. 이것도 기회다 싶어서 학교를 1년간 휴학하고 청년창업사관학교에 들어갔습니다. 학교 밖 경험을 하게 되는 계기라고 생각했기 때문입니다. 그래서 휴학 1년 동안 창업교육과 사업화교육을 위한 자금지원을 받고 공부했습니다.

다시 복학할 때가 되니 결정의 순간이 왔습니다. 저는 졸업 후 창업해도 좋겠지만, 큰 조직에서 다양한 일을 배우고 사람들과 협업하는 경험을 하는 게 필요하다고 판단했습니다. 도전과 창의력을 중요시하는 귀사가 눈에 들어왔고, 꼭 입사하고 싶어서 이렇게 지원하게 되었습니다.

전문가의 조언
★★★★☆

 ## 스펙을 위해 휴학하는 시대는 지났다

정부가 나서서 스펙 없는 입사지원서를 보급하는 추세다. 기업도 천편일률적인 스펙에 변별력이 없다고 보는 상황이다. 휴학에 대한 질문을 하면 대부분의 학생이 자격증, 토익 공부 등 스펙을 위해 따로 시간을 냈다고 답변하는 경우가 많다. 하지만 스펙에 대한 기업의 선호도가 떨어지는 상황에서 이를 위해 따로 휴학했다면? 특별한 인상을 주지 못할 것이다.

위 지원자는 특이하게도 휴학한 동안 창업사관학교를 다녔다. 평범한 대학생과 다른 경험을 했기 때문에 차별화될 것이다. 요즘 기업은 예전과 달리 창업 경험이 있는 지원자를 우대하는 곳이 많아졌다. 도전정신을 높이 사고, 창업 경험으로 일머리가 생겼다고 판단했으리라. 하지만 직장에 몇 년 다니다가 창업하는 것 아니냐는 꼬리질문이 이어질 수 있으니, 적절한 답변을 준비하는 것이 필요하다.

혹시 스펙을 위해 휴학을 고민하는 사람들이 있다면 보류하길 바란다. 자신의 원하는 직무에 맞는 실무경험을 쌓거나, 정말 해보고 싶은 일을 하거나, 남들과 다른 경험을 찾아보는 것은 어떨까?

삼성, 현대, SK는 스펙보다 경험 우선, LG는 여전히 모범생을 좋아해!

삼성, 현대, SK, LG는 대학생들이 들어가고 싶어하는 4대 회사다.

삼성은 국제무대에서 그룹의 위상이 높아짐에 따라 글로벌인재 양성에 관심이 많다. 실제로 해외경험이 많은 지원자에게 특전이 주어지기도 하니 참고하자.

현대자동차는 스펙보다 독특한 이력의 지원자에게 기회가 많다. 만약 학벌, 학점, 스펙 등이 떨어지지만 인생의 다채로운 경험을 소유한 사람이라면 적합할 것이다.

LG의 경우 인화(人和)가 주요 인재상이라고 말하지만, 최근 2등 기업 이미지에서 벗어나고자 다소 공격적인 행보를 보여주고 있다. 그에 따라 자율과 창의를 모토로 인재를 모집 중이다. 하지만 여전히 학업에 충실한 모범생 타입을 선호하고 있으니, 학점관리를 잘한 지원자는 기대를 걸어볼 만하다.

SK는 졸업이 늦더라도 다양한 경험을 가진 '너클볼형 인재'를 선호한다. 창업사관학교 경험을 가진 위 지원자의 경우 환영받을 듯하다.

평소 돈관리는 어떻게 하는가?

기출 기업 LG디스플레이, 모건스탠리코리아, 유진투자증권, 캐세이패시픽항공

답변사례

고정지출 통장과 용돈 통장으로 구분해서 관리합니다

대학 등록금이 1년에 1,000만원 정도 되다 보니 대학생활은 낭만이 아니라 전쟁입니다. 대학에 올라가면 생활비는 제 힘으로 해결하려고 했기 때문에 빚이 늘어나지 않도록 목표를 두었습니다. 적은 소득이라도 1달치 돈관리를 하는 게 정말 쉽지는 않습니다. 과외, 카페 아르바이트를 함께 했지만 비정규직이라 수입이 들쭉날쭉하기 때문입니다. 그래서 저는 통장을 고정지출 통장과 용돈 통장으로 나누었습니다. 아르바이트비가 통장에 들어오면 품목별로 쪼개서 입금해놓습니다. 그러다 보면 월급을 받는 순간 돈이 많아 보여서 펑펑 쓰는 일은 자제하게 됩니다.

전문가의 조언
★★☆

 ### 계획성 있게 자금관리를 하는가 엿보는 질문

자기관리 능력 중 돈관리 능력은 특히 중요하다. 겉보기에는 사람이 좋아 보여도 돈을 꾸고 안 갚거나 과소비를 한다면 인간관계가 안 좋아질 뿐 아니라 신뢰감도 떨어져 일도 제대로 해내기 어렵다.

위 지원자는 통장을 2개로 나누어 활용하고 있다. 학자금을 벌지는 못하지만 생활비는 스스로 해결하고 있다는 점 역시 기특하다. 계획성 있게 자금관리를 하고 있으므로, 회사일을 맡겨도 크게 엇나가지 않고 안심이 될 것 같다.

하지만 왠지 이 지원자의 답변을 듣다 보니, 일은 잘하지만 투덜거리며 할 것 같다는 느낌이 들었다. 등록금 폭탄에, 치솟는 실업률에, 고단한 것은 알겠지만 면접장에서는 그런 얘기를 군이 할 필요가 없다. 돈관리를 묻는 면접관의 질문에 결론부터 짧게 얘기하면 더 좋았을 것이다.

회사의 사업구성에 관해
아는 대로 얘기해보라

기출 기업 CJ제일제당, JW중외제약, KT&G, LG생활건강, LG이노텍, 두산글로벌BG, 삼양사, 서울주택도시공사, 우성사료, 유진투자증권, 현대모비스

답변사례

3가지 사업부로 구성되어 있고, 가족 모두 귀사 제품의 애용자입니다

제가 꼭 입사하고 싶은 LG생활건강은 생활용품 사업부와 화장품 사업부, 기타 사업부로 나뉩니다. 총 매출규모는 4조원이며, 생활용품 사업부는 치약, 세제, 샴푸 등을 생산합니다. 화장품 사업부는 오휘, 더후, 이자녹스 등 1,000억이 넘는 메가브랜드를 보유하고 있다고 들었습니다. 또한 기타 사업부에는 해태음료, 종로학원이 있습니다. 사실 해태음료와 종로학원이 있다는 것은 이번 기회에 처음 알았습니다.

3가지 사업부 중 화장품 사업부가 매출이 가장 크지만, 30%대로 골고루 점유율을 나눠갖고 있을 뿐 아니라, 생필품 중심이어서 사업 포트폴리오가 안정적이라고 생각합니다.

저희 아버지는 수십년간 LG생활건강에서 나온 치약을 쓰고 계십니다. 전신인 럭키치약을 시작으로 최근에는 죽염치약까지, 샴푸도 물론 LG생활건강 제품입니다. 저희 어머니는 오휘, 저는 더페이스샵 애용자입니다. 그런 인연으로 가족들도 생필품 최고 회사인 LG생활건강 입사를 응원하고 계십니다.

전문가의 조언
★★★★★

 ## 지원한 회사에 대한 관심은 기본, 애정은 보너스!

이 질문의 포인트는 2가지다. 첫 번째로 지원자가 입사하려는 곳의 사업구성을 전략적으로 제대로 인지하고 있는지, 두 번째로 이 산업의 수많은 회사 중 왜 자기 회사에 지원했는지가 궁금해서다.

위 지원자는 지원하려는 회사의 현황과 사업구성에 대해 성실히 조사하고 답변했다. 만약 이대로 끝났다면 사실 밋밋했을 것이다. 이런 내용은 인터넷검색을 하면 쉽게 나올 수 있는 내용이니까. 하지만 구체적인 브랜드와 상품을 언급하며 자신의 가족 모두가 LG생활건강 애용자임을 전달했다. 제품이 좋으니 회사에 들어오고 싶다며 입사의지를 명확히 표현한 것이다.

모든 면접의 핵심은 쌍방간 호감이다. 나에게 관심이 있는 상대에게 자연스레 관심이 가게 마련이다. 들어가고 싶은 회사가 있다면 공부하고 애정을 가지도록 하자. 그것이 합격의 지름길이다.

자신의 비전에 대해 말해보라

기출 기업 DB메탈, 공무원(경기도행정 9급), 풀무원, 한국금융연수원, 한국수력원자력, 한국증권금융, 한국화이자제약, 한진중공업

답변사례

국내 최고 강연기획 전문가가 되는 것입니다

저의 비전은 국내 최고 강연기획 전문가가 되는 것입니다. 저는 신한은행 인턴 경험이 있으며, 자격증 발급기관의 강사로 근무한 경험도 있습니다. 강사로 근무하면서 강연만 잘하는 것에 그치지 않고 좋은 강사를 발굴하고 좋은 강의를 기획해서 보다 많은 사람들의 성공과 비전 달성에 도움을 주고 싶다는 생각을 하게 되었습니다. 그래서 저의 비전에 딱 맞는 회사를 찾은 끝에 귀사에 지원하게 되었습니다.

전문가의 조언
★★★★★

 먼저 비전에 대한 개념을 명확히 알자

이 질문은 "5년 후 혹은 10년 후 당신의 비전은 무엇인가?"라는 형태로도 자주 등장한다. '비전'이란 단어가 들어간 질문을 받게 되면, 비전이 뭐지 하며 동문서답식으로 답하는 지원자가 의외로 많다. 예를 들면 "저의 비전은 회사와 함께 성장하는 것입니다", "저의 비전은 고객의 니즈를 먼저 캐치하는 것입니다" 같은 대답이다.

비전을 알려면 미션을 함께 알아야 한다. 보통 미션은 '존재의 이유'로, 회사에서 절대로 변하지 않는 최고의 목적, 가치를 말한다. 피터 드러커는 기업의 미션을 "고객을 창출하는 것"이라고 말했다. 미션에 따라 구체적으로 달성할 미래의 목표가 있는데, 이를 비전이라고 한다. 말 그대로 눈에 보이는 것이다. 예를 들면 '세계 No.1의 모바일 포털회사' 같은 게 비전이 될 수 있다. 비전이 정해지면 나름의 방법이 필요하고, 이를 전략이라고 말한다. 즉 미션 〉 비전 〉 전략의 순으로 정렬된다.

이런 개념이 머리에 들어 있어야 비전에 대한 답을 명확히 할 수 있다. 위 지원자는 한국금융연수원을 목표로 두었다. 비전에 대해 "국내 최고 강연기획 전문가"라고 구체적으로 답했으며, 조직의 비전과 개인의 비전이 연결되어 있음을 알렸다. 조직의 비전과 개인의 비전이 일치할수록 합격률은 높아진다. 비전이 일치하고 구체적일수록 장기근속도 하고, 성과도 내고, 만족도도 높아지기 때문이다.

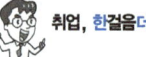
애플, 자포스 등 톡톡 튀는 회사의 비전 공유

미국의 온라인쇼핑몰 업체인 자포스(Zappos.com)는 신입사원
을 뽑을 때 4주간 교육을 시킨 후 자포스가 개인적 비전과 가치에
일치하는 조직인지, 계속 이 회사에서 일하면 조직의 비전과 가
치를 위해 열정적으로 일할 수 있는지 냉정하게 평가해달라고 요
청한다. 만약 비전이 일치하지 않아서 회사를 그만두는 경우 1달
급여를 준다고 한다. 이는 비전이 달라서 중도퇴사할 경우 신입
사원 교육비용, 조직이 받는 타격 때문에 미리 궁합을 맞춰보기
위한 노력일 것이다. 이렇게 걸러진 신입사원들의 중도퇴사율은
아주 낮다. 직원 입장에서 보면 1달치 월급을 포기할 정도로 조
직의 비전과 가치를 소중하게 생각하는 터라 주인의식이 높아지
기 때문이다.

스티브 잡스가 생존하던 시절 애플 홈페이지에는 비전과 조직의
핵심가치가 없었다고 한다. 그는 그런 행위에 극도로 거부감을
가졌으며, "비전과 핵심가치는 실천의 대상이다. 그 자체가 조직
구성원이 공유하는 조직문화이자 DNA가 되어야지, 홈페이지에
올리는 홍보문구가 되어서는 안된다"고 말했다.

경제성장과 사회복지 중
어느 쪽을 우선해야 하는가?

기출 기업 서울주택도시공사, 중소기업진흥공단, 한국은행

답변사례

경제성장이 우선이지만, 아이들을 위한 복지도 필요합니다

경제성장 없이는 사회복지를 이뤄낼 수가 없습니다. 경제성장과 사회복지는 따로 생각하면 안됩니다. 하지만 자본이 있어야 배분을 할 수 있기에 경제성장이 우선되어야 한다고 생각합니다.

그러나 요즘 우리나라는 경제성장도 주춤하고 있고 사회복지도 사각지대가 많아지고 있어서 문제입니다. 다른 것은 몰라도, 대한민국 성장동력을 위해 아이들과 학생들을 위한 복지는 우선되어야 한다고 생각합니다.

전문가의 조언
★★★☆

일반기업이라면 경제성장에 방점을 찍은 대답이 유리

이 질문은 요즘 화두가 되고 있는 성장과 복지, 경제민주화 키워드에 걸리는 것이다. 딜레마 상황에서 지원자가 어떤 관점을 가지고 논거를 펼치는지 살펴보는 측면과, 장기적 관점에서 어떻게 문제를 바라보고 있으며 해결방식은 어떤지 알아보기 위한 것이다.

우선 위 지원자는 경제성장을 우선으로 한다는 개인적 의견을 표명했다. 성장도 중요하고 복지도 중요하다며 애매한 답변을 하는 사람이 있는데, 자칫 생각이 없거나 우유부단하게 보일 수 있으니 주의하자. 되도록 관점을 명확하게 한 후 보완설명을 하는 게 좋다. 위 지원자 답변 중 학생들 복지를 우선시하자는 말도 있는데, 그러면 노인복지는 어떻게 하느냐는 꼬리질문이 들어올 수 있으니 적절히 대응하자.

면접장은 실업률이 높은 현재 상황에서 기업이 우선권을 가지고 있는 곳이다. 공기업과 달리 일반기업은 사회복지보다 경제성장을 우선시한다. 따라서 사회복지보다는 경제성장에 방점을 찍고 대답하는 게 좋다.

세계경제가 불안정한 이유는?
우리나라는 앞으로 어떨까?

**기출
기업**　LG전자, 삼성전자, 중소기업진흥공단, 한국MSD, 한국무역보험공사, 현대상선

답 변 사 례

환율, 유가, 인플레이션 때문에 세계경제가 불안정합니다

경상수지

경상수지는 외국과 무역이나 서비스 거래를 통해 번 돈에서 지출한 금액을 뺀 것을 말한다. 돈과 별개로 해외여행, 유학, 운수서비스 등의 수입에 따라 지출을 합쳐 계산한다. 경상수지가 흑자라면 외국과 거래에서 번 돈이 많다는 뜻이다.

세계경제가 불안정한 이유는 크게 환율 문제, 유가 문제, 각국의 화폐 양적완화로 인한 인플레이션 문제 때문입니다. 가깝게는 2008년 미국의 서브프라임 타격이 아직까지 남아 있기 때문입니다. 지금 세계는 말 그대로 '지구촌'입니다. 각 나라들이 독립되어 있지 않고 점점 긴밀해졌기 때문에 한 국가가 휘청거리면 전세계가 힘들어집니다.

2012년 한국 경상수지* 흑자액이 432억달러, 역대 최고치를 기록했습니다. 내수부진으로 수입이 감소한 것이 원인이지만 한류붐, 전자·자동차 수출호조로 흑자폭이 커졌습니다. 저는 수많은 전쟁을 이겨내고 성장해온 한국이 요즘 같은 경제적 여러움 속에서도 살아남아 기술적·문화적 소프트웨어 강국이 될 것으로 믿습니다.

전문가의 조언
★★★☆

 취업 외에 대외적 문제에 관심이 있는지

이 질문은 대외수출입과 연관된 회사일수록 자주 등장한다. 취업 외에도 세상 돌아가는 데 관심이 있는지 여부를 살펴보기 위한 것도 있다. 위 지원자는 한국무역보험공사를 목표로 준비하고 있었다. 평소에 금융 관련 이슈를 꼬박꼬박 챙겨보았고, 면접 직전 구체적인 경상수지 흑자액도 외워두는 센스를 발휘했다. 모든 기업은 거시적인 경제문제에 관심을 가질 수밖에 없다. 모두 생존과 긴밀히 연관되어 있기 때문이다. 따라서 기업은 지원자 역시 세계경제 동향에 귀를 기울이며 관심을 갖는 사람이기를 원한다. 점점 세상은 좁아지고 있고 하나가 되어가고 있기 때문이다.

GDP란? 우리나라 GDP는 얼마이고, 세계 몇 위인가?

기출
기업   미래에셋대우, 한국금융연수원, 한국무역보험공사, 한국에너지기술연구원

답변사례

2012년 1조달러가 넘었으며, 세계 15위입니다

GDP는 Gross Domestic Product의 줄임말입니다. GDP는 우리나라 영토 안에서, 국내인이든 외국인이든 거주한 사람들이 생산한 활동에서 나온 액수입니다. 우리나라 2012년 기준 GDP는 1조달러가 넘는 것으로 알고 있습니다. 그리고 세계 15위입니다.

전문가의 조언
★★★☆

수출입 연관 회사에서 자주 등장하는 질문

이 질문은 역시 수출입과 연관된 회사일수록 자주 등장한다. 금융 관련 공기업에서 물어보는 질문이니, 면접 전 GDP는 물론 GNP, GNI 등도 챙겨서 들어가길 바란다. 추가로 에너지 관련 질문도 함께 나오기도 한다. 유가, 그린에너지, 셰일가스 등이 주요 이슈이니 알아두길 바란다.

- **GNP(Gross National Product)** : 국민총생산. 한 나라의 국민이 생산한 것을 모두 합한 금액으로, 우리나라 국민이 외국에 진출해서 생산한 것도 포함한다. GDP가 영토에 국한된 개념이라면, GNP는 영토와 상관없이 자국국민이 벌어들인 돈을 의미한다.

- **GNI(Gross National Income)** : 가계, 기업, 정부 등 한 나라의 모든 경제주체가 일정기간 생산한 총부가가치를 시장가격으로 평가해 합산한 소득지표다. 온 국민이 생산활동에 참여한 대가로 받은 소득의 합계이며, 해외국민 소득은 포함되지만 국내거주 외국인에게 지급한 소득은 제외된다.

사회양극화가 심해지고 있다.
어떻게 해소할까?

한국자산관리공사, 한국전력공사, 현대중공업

답 변 사 례

복지 사각지대에 일자리와 장학금 혜택을 주어야 합니다

최근 한 신문이 설문조사한 것에 따르면, 직장인 66%가 사회양극화를 가장 먼저 해소해야 된다고 답했습니다. 중산층이 사라지고 있고, 국민 대다수가 불안감을 느끼고 있습니다. 따라서 복지 사각지대에 있는 분들에게 재정지원도 좋지만, 스스로 자립할 수 있도록 사회적 약자에게 일자리나 장학금 혜택을 주는 게 최우선이라고 생각합니다.

전문가의 조언
★★★☆

논리적 근거를 제시하고 주장을 덧붙인다

개인과 사회는 떨어져 생각할 수 없다. 기업도 마찬가지다. 시사경제 관련 질문은 사회 이슈를 주제로 지원자가 얼마나 관심을 갖고 있는지, 그래서 자신의 일과 진로에 어떤 안목을 가지고 있는지 살펴보기 위해 묻는다. 되도록 뉴스에서 언급한 사실 중심으로 말문을 연 후(논리적 근거 제시), 자신의 생각을 간단히 덧붙이면(주장) 무난할 것이다.

몇 년 전 한 대기업 자회사에서 대졸 신입사원을 채용할 때 일이다. 신입사원 50명을 채용하는데 청와대, 국회, 국세청 등 인사청탁이 100건을 넘었다고 한다. 이 회사는 권력층 직계비속만 배려하는 쪽으로 방향을 잡았더니 청탁 건수가 1/3로 줄었다고 한다. 이런 얘기를 들으면 참 암울해진다. 취업도 양극화가 이루어지고 있기 때문이다. 하지만 어쩌랴, 남아 있는 2/3 자리를 얻기 위해 이 책을 보고 있지 않은가?

최근 삼성그룹은 소외계층과 어려운 여건의 학생들에게 기회를 넓혀주는 차원에서 100명을 추가해 700명을 선발했다. 전체 학생의 15% 수준인 이들은 농어촌지역, 편부모, 보육원 출신 등으로, 어려운 환경을 적극적인 노력으로 극복한 학생들이라고 한다.

여러 기업에서도 양극화 해소를 위해 비슷한 노력을 기울이고 있으니, 지원할 기업의 상황을 챙긴 후 면접장에 들어가자. "귀사는 사회양극화 해소를 위해 소외계층에게 취업문을 열어놓고 있으며, 이를 통해 사회에 기여하고 있다고 생각합니다"란 얘기를 마지막으로 덧붙인다면 면접관에게 확실히 눈도장을 받을 수 있을 것이다.

10년 후
유망직종은 무엇일까?

SK플래닛, 네이버주식회사, 유진투자증권, 중소기업진흥공단, 현대산업개발

답변사례

서비스, 환경에너지 분야가 유망할 듯합니다

컴퓨터나 기계가 대신하는 기술 직종은 사라지고 의료복지서비스 분야와 환경에너지 분야 전문가가 살아남을 것 같습니다. 얼마 전 제레미 리프킨의 《3차 산업혁명》을 읽어보니, 10년을 주기로 직업의 80%는 사라진다고 합니다. 그래서 지속적으로 배우고 공부해야 한다고 생각합니다. 특히 IT 관련 산업의 흐름에 따라 유망직종도 다양하게 달라지기 때문에 여러 산업군에서 주시해야 할 것 같습니다.

전문가의 조언
★★★☆

지원자가 어떤 안목을 가지고 직종을 선택했는가

이 질문은 빠르게 변하는 현대사회에서 지원자가 전략적 안목을 갖고 직업을 선택했는지 파악하기 위한 것이다. 위 지원자는 신문이나 책에서 언급한 내용을 토대로 무난하게 답변했다. 하지만 "그래서 지금 선택한 직종이 유망직종이냐, 아니냐?"며 꼬리질문이 들어올 것이다. 자신이 선택한 직종이 어떤 비전을 가지고 있는지 적절히 설명할 줄 알아야 한다.

대부분 전문가들은 10년 뒤 유망직종을 따로 답할 수는 없다고 말한다. 과학기술의 진보, 사회경제적 변화 등에 따라 수시로 바뀌기 때문이다. 최근 소셜네트워크서비스가 중요해지면서 관련 전문가들에게 러브콜이 쏟아지는 것만 봐도 격세지감을 느끼게 된다.

그러므로 어떤 비전을 가지고 있는지에 따라 유망직종은 새롭게 조명될 수 있다. 여러분은 자신이 선택한 직종을 어떤 안목을 가지고 선택했는가? 보상을 중심으로 선택했는가? 적성을 중심으로 선택했는가? 치열한 고민 끝에 답을 찾았다면 면접장에서 어떤 질문이 들어와도 자신감 있게 답할 수 있을 것이다.

10년 후 유망직업 vs. 비유망직업

다음은 한국직업능력개발원이 전망한 10년 후 전망 좋은 직업과 전망이 좋지 않은 직업 분류다. 고용현황을 기준으로 한 것이다. 사실 보상, 고용현황, 고용안정, 발전가능성, 근무여건, 직업전문성, 고용평등 등 영역에 따라 유망직업은 달라질 수 있다. 급변하는 사회변화 속에서 기준 역시 자주 바뀐다는 것도 염두에 두자.

▶ 10년 후 유망직업 vs. 비유망직업(자료 : 한국직업능력개발원)

10년 후 전망 좋은 직업	10년 후 전망 좋지 않은 직업
간호사, 생명과학연구원	초등학교 교사, 대학교수
간병인, 응용소프트웨어 개발자	우편물집배원
자동조립라인, 산업용로봇 조작원	중고등학교 교사
식품공학기술자	이용사, 임상병리사, 성직자
웹 · 멀티미디어 디자이너	아나운서, 리포터
텔레마케터, 광고홍보 전문가, 피부미용 · 체형관리사	항공기 객실승무원, 촬영기사

고유가시대의 해결책은 무엇인가?

답변사례

대체에너지를 찾고, 에너지 생산국가가 되어야 합니다

석유소비량은 높아지고 있고 석유매장량은 줄고 있습니다. 에너지 수입국인 우리나라도 대체에너지를 찾고 생산해야 문제를 해결할 수 있을 것입니다. 최근 셰일가스, 즉 천연가스가 각국의 주목을 받고 있다고 들었습니다. 석유보다 20% 비용이 적게 들기에 에너지 사용이 많은 화학, 철강업은 물론 전자, 자동차산업의 경쟁력도 높일 수 있다고 합니다. 중국 주재원으로 일하고 계신 선배님이 셰일가스 보유국인 미국과 중국에 비해 우리나라의 관심이 저조하다며 우려 섞인 얘기를 하는 것을 언뜻 들었습니다. 우리나라는 에너지를 90% 이상 수입합니다. 하지만 대체에너지에 대한 관심이 저조합니다. 관련 기술을 개발하고 에너지 주권국가로서 기회를 엿보는 게 필요합니다.

전문가의 조언
★★★☆

 ## 에너지 관련 공기업에서 자주 등장하는 질문

이 질문은 에너지와 관련된 공기업에서 항상 나온다. 또한 공장을 가동하는 제조업 기반 수출기업에서도 자주 나오는 질문이니 꼭 챙겨서 정리하도록 하자.

위 지원자는 대체에너지를 찾아야 한다고 답했다. 이 정도는 누구나 말할 수 있는 내용이다. 하지만 여기서 더 나아가 직접적으로 셰일가스를 언급하며 구체적인 대안을 제시했다. 두루뭉술한 답보다 구체적인 예시, 근거를 제시하는 지원자에게 관심이 갈 수밖에 없다. 대체에너지에 대한 구체적인 재질문이 들어올 수 있으니 확실히 준비해서 합격에 다가갈 수 있도록 하자.

공기업은 일반기업에 비해 채용규모는 작지만 정년보장 등 안정성 때문에 경쟁이 치열하다. 특히 논술시험을 치르는 공기업은 한자를 사용하면 가산점을 주기도 한다. 고유가 관련 질문과 토론에 대해 꼼꼼히 준비해보자. 일반기업을 준비하는 지원자들도 고유가 관련 이슈는 단골로 등장하니, 자신이 지원한 기업에 맞게 전문성 있게 답할 술 있도록 노력하자.

우리 회사 비전에 대해 아는가?
어떻게 생각하는가?

KT&G, LG엔시스, LG전자, 삼천리, 삼천리자전거, 한국환경공단, 한독

답 변 사 례

자전거는 친환경적인 운송수단입니다

귀사는 신용 있는 회사, 노력하는 회사, 꿈을 가진 회사입니다. 기아자동차 설립자이신 고 김철호 회장님이 최초로 자전거를 개발하셨다고 들었습니다. 최초의 자전거회사가 지금까지 최고의 자전거회사로 살아남았다는 사실 자체가 큰 믿음을 주고 있으며, 큰 노력을 해왔다고 생각합니다. 에너지가 고갈되어가는 시대에 자전거만큼 친환경적인 운송수단은 없습니다. 또한 건강을 선물로 줍니다. 이런 점이 성장가능성이며 꿈이 보이는 회사라고 생각합니다.

전문가의 조언
★★★★☆

전공과 연계된 회사에 맞춰 꾸준히 노력

위 지원자는 삼천리자전거에 지원했으며, 홈페이지에 있는 회사의 비전 "신용 있는 회사, 노력하는 회사, 꿈을 가진 회사"를 자신의 생각과 맞게 풀어서 설명했다. 비전을 명확히 말한 것 자체로 회사에 대한 열정이 있으며, 전략에 대한 폭넓은 관점을 공유하고 있다고 생각된다.

이 지원자는 지방대 산업경영공학과를 졸업한 후 전공과 연계된 회사를 찾다가 삼천리

삼천리자전거 홈페이지

자전거에 품질 부서가 있다는 것을 알게 되었다. 이를 위해 품질기사 공부와 6시그마 공부를 했다. 품질 부서가 중국에 있다는 점도, 어릴 때부터 공부한 중국어를 활용할 수 있는 기회여서 중국어로 면접을 준비했다. 지원자는 1년간 삼천리자전거 입사를 위해 준비했으며, 그 결실로 최종합격자 명단에 올라 입사가 확정되었다.

사회적기업이란? 우리 회사의
사회적공헌에 대해 알고 있는가?

IBK기업은행, 금호석유화학, 삼성전자, 서울주택도시공사, 현대자동차

답변사례

사회적기업이란 비영리조직과 기업의 중간 형태입니다

사회적기업이란 비영리조직과 기업의 중간 형태입니다. 취약계층에게 일자리를 제공하고 이익창출을 하기도 합니다. '아름다운가게', '빅이슈' 등이 예가 될 수 있습니다. 기업의 사회적공헌이란 이윤추구 외에도 소비자인 국민들을 위해 사회적책임을 다하는 것을 말합니다. 그만큼 기업의 사회적 위치가 커졌기 때문이라고 생각됩니다.

삼성은 사회공헌활동을 전담하는 삼성사회봉사단을 별도로 두고 글로벌투게더, 희망네트워크 등 기업을 자체 운영 중이라고 들었습니다. 연간 투자비용도 꽤 되는 것으로 알고 있습니다.

전문가의 조언
★★★☆

최근 기업의 사회적공헌이 활발하다

최근 중소기업과 중산층이 흔들리면서 대기업의 이익편중은 가속화되고 있다. 공공서비스에 가까운 금융권의 경우, 정부에서 사회적공헌을 강제하기 위해 '사회적책임 평가제도'라는 것도 만들고 있다. 사회적공헌을 많이 한 기업에 세제감면 등 혜택을 주는 것이 주된 내용이다. 2013년 주요 대기업 총수들이 유독 사회적책임을 강조했으며, 지금까지도 꾸준히 강조되고 있으니 참고하자.

위 지원자는 삼성전자에 지원했다. 양극화, 경제민주화 등이 화두인 상황에서 사회적기업 관련 질문이 나오는 것은 당연하다. 이를 위해 삼성전자의 사회적공헌을 꼼꼼히 조사한 후 면접장에 들어갔다. 기업 입장에서는 사회적공헌이 수익사업은 아니지만, 대국민 투자지원사업이므로, 내용 자체를 알아준다는 게 좋았을 것이다. 이런 분위기에서 삼성의 구체적 사회공헌 액수(5,000억)까지 말했더라면 완벽했으리라고 생각된다.

하지만 대부분 기업의 속사정을 살펴보면, 저성장 분위기에서 사회공헌에 대한 압박이 정부나 비정부기구에서 들어오니, 내심 불만이 있을 것이다. 따라서 기업의 사회적공헌이 부족하다고 말하거나 더 열심히 해야 한다는 식의 내용은 자제하고, 잘하고 있으니 앞으로도 응원하겠다고 말하면 좋을 것이다.

노령화 문제와 해결책은 무엇인가?

답변사례

노령화 문제를 해결하려면 출산율을 높이는 수밖에 없습니다

의학발달로 수명은 길어지지만 저출산 때문에 노인을 부양할 젊은이는 줄어들고 있습니다. 생산성도 떨어지고 활력도 떨어져서 경제성장 속도가 뒤처질 것입니다. 노령화 문제를 해결하려면 출산율을 높이는 수밖에 없습니다. 이를 위해 프랑스처럼 해야 한다고 생각합니다. 프랑스는 임신수당과 출산·육아수당 등 단기적인 출산보조 정책도 제공했지만, 장기적인 가족친화 정책에 초점을 맞추었습니다. 그 결과 유럽에서 가장 출산율이 높은 나라로 변모했습니다.

전문가의 조언
★★★★☆

 ## 벼락치기로 해결할 수 없는 사회이슈, 평소에 정리해두자

노령화 문제는 단골로 나오는 면접장 이슈다. 최근 사회문제로 대두되고 있으며, 정치권은 물론 기업까지 각종 수당, 휴가 등과 맞물려 있어 최대쟁점이기도 하다.

지원자는 노령화 문제를 저출산과 연결시켜 잘 풀어냈다. 또한 해결책으로 프랑스식 출산보조 정책과 가족친화 정책까지 함께 얘기해 사회전반적으로 폭넓은 관점을 가지고 있으며 해당 이슈에 대해 장기적 영향과 효과, 전략 등을 파악할 줄 안다는 느낌이 들었다.

사회·시사·경제이슈를 평상시 꼼꼼히 챙겨보도록 하자. 이런 질문은 면접 전날 벼락치기로 해결할 수 없다. 항상 뉴스를 확인하고 자신의 견해를 정리하는 습관이 중요하다.

우리 회사 제품군을 아는 대로 말해보라. 개선할 점은?

기출 기업   LF, 네이버, 오리온, 유진투자증권

답변사례

귀사는 국내 브랜드와 국외 브랜드로 나뉩니다

LF 제품군은 크게 국내 브랜드와 국외 브랜드로 나뉩니다. 대표 국내 브랜드는 닥스, 마에스트로, TNGT, 헤지스, 라푸마, 모그 등이 있고, 대표 수입 브랜드로는 질스튜어트, 조셉, 바네사브루노, 헌터, 막스마라, 이자벨마랑 등이 있습니다.

사실 예전에는 20대 초중반을 타깃으로 한 브랜드가 취약하다고 생각했습니다. 하지만 2008년 이자벨마랑을 수입한 이후 LF이 인수한 외국계 브랜드의 포트폴리오가 20대에게 어필하고 있고, 다시 국내 브랜드인 TNGT에 활력을 불어넣고 있어서, 한편으로는 놀랐고 신선한 충격이었습니다. 저는 귀사에 입사한다면 LF의 트렌디하고 심플한 브랜드 방향성을 20대 초중반에게 어필하게끔 새로운 브랜드로 만들어보고 싶습니다.

전문가의 조언
★★★★☆

 ## 소비재판매 기업에서 모니터링 겸 자주 나오는 질문

이런 질문은 B2B* 기업보다 B2C* 기업에서 자주 들어온다. 일반소비자를 대상으로 판매하는 제품군이 많을 때 면접관들은 지원자를 소비자로 인식하고 자사 제품에 대한 평가를 경청한다. 따라서 무조건 칭찬하기보다는 근거를 가지고 제품분석을 하되, 애정을 갖고 있는 모습을 보여주는 것이 좋다. 뿐만 아니라 자신이 생각하고 있는 제품기획, 비전에 대해 함께 얘기하면 금상첨화일 것이다.

위 지원자의 경우 제품분석은 물론 회사에 입사할 경우 비전까지 함께 얘기한 좋은 사례로 생각된다.

B2B(Business to Business)
기업과 기업끼리 상품 혹은 서비스를 판매하는 전자상거래를 말한다.

B2C(Business to Customer)
기업과 소비자 간에 상품 혹은 서비스를 판매하는 전자상거래를 말한다. 참고로, C2C(Customer to Customer)는 소비자끼리 거래, 즉 인터넷경매 등을 의미한다.

향후 우리 회사가 속한
산업의 전망은?

기출기업　동부건설, 삼성물산, 오리온, 한국지엠

답 변 사 례

건설사도 해외로 눈을 돌리면 가능성이 있습니다

저는 건설산업의 미래가 그렇게 암울하다고 생각하지 않습니다. 우리나라에서는 주택시장이 안 좋아서 건설회사들이 부진을 면치 못하고 있지만, 해외로 눈을 돌려 진출한다면 충분히 기회가 있을 것이라고 생각합니다.

전문가의 조언
★★

변화가 잦거나 비관적 전망이 강한 업종에서 묻는 질문

이런 질문은 변화속도가 빠른 전자통신 업계와 비관적 전망이 강한 출판이나 건설 관련 업계에서 주로 하는 질문이다. 외부환경이 어려운 상황인데 지원자는 어떤 비전과 전망을 가지고 지원했는지 물어보기 위한 것이다.

위 지원자는 토목공학과를 졸업하고 건설회사 취업을 희망한다. 위 답변으로 봤을 때 국내 건설경기는 안 좋지만 해외로 눈을 돌리면 가능성이 있다고 답변해 무난하다고 생각된다. 하지만 다른 지원자와 딱히 차별화되지는 못할 것 같다.

다음은 위 지원자와 비슷한 스펙을 가졌지만 삼성물산에 합격한 지원자의 답변이다. 산업분석이 보다 구체적으로 되어 있으며, 자신의 비전도 회사의 비전에 잘 맞춘 케이스다. 참고하길 바란다.

"저는 귀사가 화력발전산업에 눈을 돌리고 있다는 것을 알고 대단하다고 생각했습니다. 불황일수록 새로운 성장동력을 찾아나서는 점을 보며 입사하면 많이 배우고 성장할 수 있는 조직이라고 생각했습니다. 이렇게 건설사들이 장기적으로 발전소 운영에 대한 노하우까지 확보한다면 국내뿐 아니라 해외경쟁력도 갖추리라고 생각합니다. 개발, 설계, 시공에 이어 운영노하우까지 확보하면 독자적 사업추진도 가능하리라고 예상합니다."

우리 회사 인재상을 알고 있는가?

STX, 동부건설, 삼성물산, 오리온, 포스코, 한국지엠

답변사례

포스코의 인재상은 실행인, 창조인, 세계인입니다

포스코의 인재상은 크게 3가지입니다. 하나, 사회규범을 지키며 더불어 살아가는 실행인, 둘, 목표달성을 위해 도전하고 혁신적인 아이디어를 제시하는 창조인, 셋, 글로벌 경쟁환경에 능동적으로 대처하고 고객의 목소리를 듣는 세계인입니다. 제 생각으로 포스코는 치열한 환경 속에서 생존하기 위해 문제해결 능력과 통찰력을 가진 사람을 필요로 한다고 느꼈습니다.

전문가의 조언
★★★☆

조금씩 차이가 나는 기업별 인재상을 파악하자

기업이 신입사원에게 원하는 것은 비슷하다. 하지만 요즘은 기업별로 조금씩 차이가 난다. 글로벌한 사람을 원하는 회사는 금호아시아나, 롯데, STX, 현대중공업, 동부, 대림산업 등이고, 다양성 추구는 포스코와 KT, 회사 문화에 적합한 사람을 원하는 곳은 대한항공, 두산, LS이며 창의성은 SK, CJ, 현대자동차, 도전정신은 한화, 전문성은 GS 정도로 요약된다.

기업 중에서 눈길을 끄는 곳은 포스코와 KT다. 이들 기업은 복잡한 경영환경에서 창의적 문제해결을 할 수 있는 통섭형 인재가 중요하다고 파악했다. 이를 위해 포스코는 신입사원 채용에서 주전공 외에 다른 계열 전공을 이수한 통섭역량을 갖춘 지원자에게 가산점을 주고 있다. KT 역시 인문학적 소양을 갖춘 인재에 관심을 두고 있다. 정보기술 분야를 기반으로 다양한 컨버전스 사업을 추진하기에 인문, 사회, 예술 등 다양한 식견을 가진 인재를 중시하니, 스펙은 부족해도 다양한 경험을 갖춘 사람이라면 도전해볼 만하다.

인재상은 조금씩 달라질 수 있으니, 기업 홈페이지에서 확인하고 면접장에서 정확하게 답변하도록 하자. 이에 추가로 기업이 주력하는 신제품 광고를 함께 분석하면 좋을 것이다. 왜 이 제품을 출시하게 되었는지, 라이벌 회사하고는 어떤 차이가 나는지, 브랜드 콘셉트는 어떤지 꼼꼼하게 확인한다면 금상첨화다. 위 지원자는 기업의 인재상을 있는 그대로 말하고 말미에 자신의 해석을 덧붙였다. 이런 방식은 무난하다고 생각된다.

취업, 한걸음더!

삼성, 현대, SK 빅3의 인재상

재계 1위 삼성의 인재상은 '창의혁신, 열정, 인간미·도덕성'이다. 삼성은 오랫동안 모범생 인재를 채용해왔다. 삼성맨이 1등 신랑감인 이유는 잘생겨서란 말도 있다. 실제로 외모적 측면도 반영될 만큼 준수한 사람들이 많은 조직이다.

재계 2위 현대자동차는 고 정주영 회장의 스타일대로 기업 이미지가 굳어진 측면이 있다. 강한 추진력으로 안되는 게 어디 있느냐는 문화다. 따라서 끝까지 이뤄낼 줄 아는 끈기와 인내가 필요하다. 인간미가 넘치고 인성까지 갖췄다면 높은 점수를 기대해볼 만한 곳이다. 현대의 인재상은 지역별(유럽, 중동아프리카, 아시아, 북미, 남미)로 차별화해 제시하고 있으니 주의하자. 자신이 근무하려는 해외지역을 목표로 구체적인 비전을 제시한다면 합격률이 높아진다.

재계 3위 SK는 주력 분야가 통신인 만큼 내부소통이 자유롭고 젊다는 느낌이 강하다. 따라서 면접에서도 답답하고 고루한 느낌을 주면 안된다. SK의 인재상은 'SK Values, Success Potential'이다.

 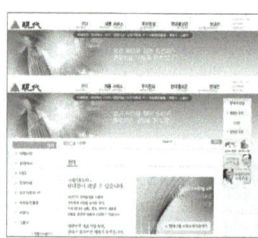 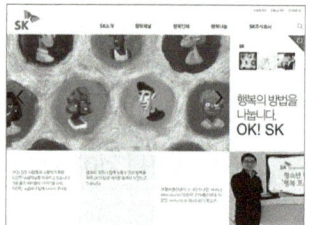

236

회사의 비전과 개인의 비전을 연결시켜보라

기출 기업 GS칼텍스, 홈플러스, 효성그룹

답변사례 | ## 저도 회사도 성장과 나눔이라는 두 얼굴을 가졌습니다

홈플러스는 두 얼굴을 가진 회사입니다. 하나는 성장의 얼굴, 또 하나는 나눔의 얼굴입니다. 지속가능한 경영을 위해 두 얼굴은 모두 중요합니다. 홈플러스를 볼 때마다 저와 생각이 닮았다는 느낌이 듭니다. 저 역시 성장하고자 교내 토론대회 운영팀장, 공모전 우수상 수상, 미국 탐방을 다녀왔으며, 나누고자 인도 해외봉사활동, 헌혈 30회를 하고 있기 때문입니다. 홈플러스와 함께한다면 저의 큰 꿈을 이룰 수 있으리라고 생각됩니다.

전문가의 조언
 ★★★☆ | ## 기업의 비전과 개인의 비전이 맞아야 상생할 수 있다

기업의 비전과 개인의 비전이 같은 방향으로 위치해야 모두가 상생할 수 있다. 짐 콜린스는 "조직이 무엇을 할지 결정하기 전에, 어디로 갈지와 버스에 누구를 태울 것인지 결정해야 한다"고 말했다. 조직의 비전에 공감하지 못하고 다른 방향에 서 있는 지원자를 버스에 태운다면 그 버스는 결국 방향을 잃게 될 것이며, 지원자 역시 자기가 원하던 곳과 다른 곳에서 내리게 될 것이다.

따라서 기업에 지원하기 전에 먼저 다음과 같은 질문에 답해야 할 것이다.

1. 이 버스에 왜 오르고 싶은가?
2. 이 버스의 종착지는 내가 가려는 방향이 맞는가?
3. 이 버스에 오른 다른 사람들은 마음에 드는가?
4. 나는 이 버스가 종착지에 무사히 갈 수 있도록 최선을 다해 도울 것인가?

홈런타자와 3할타자 중
1명을 내보내야 한다면?

홈플러스

답 변 사 례

저는 야구를 잘 모릅니다, 죄송합니다

사실 저는 야구를 잘 모릅니다. 그래서 어떤 답을 내야 할지 감이 안 잡힙니다. 이럴 줄 알았으면 야구에 대해 알아두는 건데, 후회가 됩니다. 죄송합니다.

전문가의 조언
★★★

 ## 모르는 내용이면 솔직하게 모른다고 답할 것

면접장에서 모르는데 아는 척하다간 오히려 점수가 깎이므로, 야구에 대해 잘 모른다면 위 지원자처럼 답하는 게 차라리 낫다. 야구를 모른다고 떨어뜨리지는 않을 것이기 때문이다.

위 질문의 의도는, 지원자가 감독이라면 야구선수라는 자원을 어떻게 활용할 것인지 전략적 안목을 살펴보기 위한 것이다. 따라서 여러 상황을 가정한 후 그에 따른 용병술을 답하면 된다.

예를 들어 더이상 물러날 수 없는 상황이라면 홈런타자를 내세워야 할 것이다. 즉 벼랑 끝에서 모든 것을 걸어야 하는 것이다. 하지만 또다른 카드가 있는 상황이라면 나중을 도

모하기 위해 안타를 칠 확률이 높은 3할타자를 기용해야 할 것이다. 한걸음씩 앞으로 나가는 전략이 이길 확률을 높이기 때문이다. 이런 내용으로 위 질문에 답한다면 무난하다고 생각한다.

본인이 맡게 될 업무가
구체적으로 어떤 것인지 아는가?

노루페인트, 현대모비스

답변사례

인사부는 인적자원을 관리하는 부서입니다

제가 지원한 인사부는 인적자원 전부를 관리하는 부서입니다. 직원의 채용부터 교육, 퇴직까지 아우르는 행정 업무는 물론, 노사관계를 관리하는 업무도 한다고 들었습니다. 그리고 급여와 복리후생 관리도 인사부의 업무입니다.

전문가의 조언
★★★

직무이해도가 높은 지원자가 확실히 유리하다

최근 만난 면접관들에게 면접장에서 만나고 싶은 인재는 어떤 사람인지 물었다. 그랬더니 대부분 직무이해를 제대로 하고 있는 사람이라고 답했다. 이렇듯 직무에 대해 구체적으로 이해하지 못하고 있는 지원자는 면접관의 관심을 받기가 힘들다.

상당수의 입사지원자들이 본인의 직무에 대해 막연하게 알거나, 적성을 파악하지 못하고 인기에 따라 지원하는 경우가 많다. 회사는 실무경험이 많은 사람을 선호하지만, 사실 학생 입장에서는 경험을 쌓을 기회조차 얻기 힘든 게 현실이다. 따라서 회사별로 진행하는 채용·직무설명회에 참여해서 현직에 근무 중인 선배들에게 구체적인 상담을 받기를 추천한다. 이 과정에서 조직문화를 엿볼 수도 있고 직무를 바꾸거나 결심을 굳히는 등 취업 방향을 정확히 세우는 경우가 많기 때문이다. 직무에 대한 자세한 구분은 준비마당 4장에서 자세히 설명했으니 참고하길 바란다.

팔도는 근무할 지역을 직접 방문하고 체험하는 '현장면접'을 통해 직무이해도를 높이고 이직을 방지하려고 한다. 라면 시식도 겸해서 맛과 평가능력을 엿보기도 한다. SPC그룹의 경우 특이하게 관능평가, 즉 소금물 농도 5단계를 구분하는 평가를 한다고 한다. 식음료 종사자라면 당연히 갖추어야 할 능력이라고 한다. 샘표식품은 '요리면접'을 실시한다. 창의적인 요리 아이템을 만들어내는 사람에게 점수를 준다고 한다. 기업 역시 직무이해도를 높이기 위한 다양한 면접을 시행하고 있으니 참고하길 바란다.

제조원가와 매출원가의 차이점을 아는가?

기출 기업 롯데스위트랜드

답변사례 **제품을 팔아 돈이 들어왔을 때 제조원가가 매출원가로 바뀝니다**

제조원가는 과자를 100개 만들었을 때 100개를 생산한 비용을 말합니다. 매출원가는 100개 중 70개를 팔아서 70개를 판 돈이 들어왔을 경우 이 70개를 만드는 데 들어간 원가를 말합니다. 즉, 나머지 30개는 재고자산으로 인식되고 원가에 반영되지 않습니다. 생산한 과자를 팔아 돈이 들어왔을 때가 바로 제조원가가 매출원가로 바뀌는 순간입니다.

전문가의 조언
★★★☆

 직무에 관한 전문적인 내용은 확실하게 준비해야

위 지원자는 롯데스위트랜드 생산관리 직무에 지원했고, 생산 전반에 관한 질문을 받았다. 그중 제조원가와 매출원가에 대한 위 질문이 들어왔으며 무난하게 답변했다고 생각된다.

실무자 면접에서 지원자가 직무를 제대로 이해하고 있는지, 이해도 수준은 어떤지 알기 위해 던지는 질문이다. 지원한 직무마다 질문은 달라지고 깊이도 달라진다. 따라서 지원한 직무를 분석하고, 이에 따른 연관 경험도 얘기할 준비를 해야 할 것이다. 최근 실무 경험이 다양한 경력사원 같은 신입을 원하고 있는 추세라서, 직무와 연관된 공부는 최대한 많이 해두어야 합격의 가능성을 높일 수 있다. 다음 쪽에 주요 회사 면접에서 나온 직무별 기출질문들을 모아놓았다. 참고하길 바란다.

직무별 대기업 기출질문 정리

경영지원 직무

- 조선사업은 다품종소량생산인데, 이에 따른 특징을 말한다면? (**대우조선해양** / 경영지원)
- 현재 DSME가 주력하는 상품과 향후 주력해야 할 상품을 서술하시오. (**대우조선해양** / 경영지원)
- MBO, halo effect, BSC, 직무기술서, merit pay에 대해 서술하시오. (**오리온** / 인사)
- EVA에 있어 자기자본비용을 측정하려면? / WACC란? (**롯데건설** / 전략기획)
- STP 전략이란? / CAPM이란? / 제품수명주기 이론이란? / 환차익과 환차손을 설명하시오. (**SGI서울보증** / 경영)
- PL상품 문제점 파악과 개선방안은? / 국내시장 포화를 타개하기 위한 방안은? (**이마트** / 사무관리)
- ERP란? / 니치마켓이란? / CSR이란? / BCG매트릭스란? / 기회비용이란? / B2C, B2B 마케팅의 차이점은? (**포스코** / 경영지원)
- 재무비율분석의 단점은? / EVA란? / 출자총액제란? (**현대중공업** / 경영기획)
- HR 과거, 현재, 미래의 역할은? / 원가결정 과정, 매몰원가, 기회원가를 개념정리한다면? (**LG이노텍** / HR)

생산관리연구개발 직무

- 네이버 서비스 중 돋보이는 것은? / UCC 서비스 중 만들고 싶은 서비스는? (**네이버** / 연구개발)
- 생산, 해양플랜트, 풍력 등 각 제품을 생산하기 위한 효과적 레이아웃을 작성한다면? (**대우조선해양** / 생산관리)
- JIT, TOC란? / 식스시그마란? / 도료에 대해 아는 것을 모두 말한다면? / DSME 주력상품은? / 베르누이법칙은? / 캐비테이션은? / 그린에너지 사업이란? (**대우조선해양** / 생산관리)
- 토지거래허가제란? / 종합부동산세 인상, 인하에 대해 말한다면? (**대우건설** / 생산관리)
- 금형을 설명한다면? / CAD, CAM, CAE 비교설명하시오. (**동부대우전자** / 생산관리)
- 교량공법의 종류를 말한다면? / 공동도급의 정의, 공동운영방식과 분담운영방식의 차이는? (**삼성물산** / 건설)
- ey pattern과 Jitter란? / 화상통화시 배터리 소요시간을 계산하시오. / 집적회로의 장단점은? / 보안시스템, 메모리, 멀티캐스팅 문제를 정리하시오. (**삼성전자** / 연구개발)
- 컨테이너 선복량 방법 / 펌프 전력수두 구하는 문제 / 베이징올림픽 경기종목 중 물리적현상을 적용하는 종목은? / 열역학 1, 2, 3법칙에 대해 설명한다면? (**삼성중공업** / 생산관리)
- 포인터란? / C#과 C++의 차이점은? (**쌍용정보통신** / 연구개발)
- 관성모멘트, 베르누이방정식이란? / 유체의 기계적 성질은? / 치수공차란? / 안테나 종류는? / MIMO란? / CCD 장단점은? (**LG전자** / 연구개발)
- TFT-LCD는 무엇의 약자인가? / LCD 구동원리는? (**LG디스플레이** / 연구개발)

영업마케팅 직무

- IB 주요 직무는? / FTA 주요 쟁점은? / 주식과 채권의 차이는? / 수수료란? / EB와 CB의 차이점은? / 유가증권시장과 예금의 차이점은? (**미래에셋대우** / 영업)

- 재무제표 종류와 활용법을 아는가? / 투하자본수익률의 정의는? (**두산엔진** / 영업관리)
- 콘크리트포장과 토적곡선에 대해 설명하시오. (**롯데건설** / 영업관리)
- IFRS에 대해 말한다면? / BSC, KPI를 아는가? (**롯데백화점** / 영업관리)
- 2013년 경영전략을 수립한다면? / PER이란? PER 저평가 의미는? / 수출회사의 수출자금 헤징방법을 말한다면? (**미래에셋대우** / 영업관리)
- POS를 설명하시오. / 프렌차이즈 사업을 설명하시오. (**CU** / 영업유통관리)
- 보험사기 대처방안은? / 장기입원자에 대한 대처방안은? / 신인 FC 역량강화 방안은? (**삼성화재** / 영업관리)
- 방카슈랑스란? / 중국이 WTO 가입 후 교역량 증가할 듯한데 우리 주식시장에 끼치는 영향은? / 가치주 향방은? / 부동자금을 증시로 흡수하기 위한 방안은? (**유진투자증권** / 영업)
- 신한 MY car 대출 홍보방안은? / 은행 대형화에 대한 견해는? / 스마트폰으로 신한은행 애플리케이션을 만든다면? / 회사의 글로벌한 슬로건을 만든다면? / 미국의 양적완화 조치란? (**신한은행** / 영업마케팅)

프로와 아마추어의 차이는 무엇인가?

기출 기업 공무원(광주농림 7급), 아시아나항공, 한국오츠카제약

답 변 사 례

프로는 스스로 주인이 되어 일하는 사람입니다

프로는 불을 피우는 사람이고 아마추어는 불을 쬐는 사람입니다. 프로도 아마추어도 책임감 있게 일할 수 있습니다. 하지만 프로는 누가 시켜서가 아니라 스스로 주인이 되어 일하기 때문에 창조적 혁신을 해낼 수 있습니다. 저는 귀사에서 프로로 성장하고 싶습니다. 그래서 가치를 만드는 사람이 되고 싶습니다.

전문가의 조언
★★★★★

당신은 프로답게 일하고 싶은가, 아마추어로 만족하는가?

이 질문은 지원자가 일을 대할 때 어떤 수준을 목표를 잡고 있는지, 그리고 어떤 수준에 도달하고 싶은지 묻는 것이다. 일을 수행할 때는 누구나 적당 수준에서 타협하고 마무리하고 싶은 욕구가 생긴다. 하지만 이를 극복하고 목표한 수준 이상의 성과를 내려면 결국 프로의식이 필요하다.

위 지원자는 프로와 아마추어의 차이를 한 문장으로 정리한 후 부연설명을 해나갔다. 특히 프로도 아마추어도 책임감을 가질 수 있지만, 창조적 혁신을 해내는 프로가 되고 싶다는 답변은 이 지원자가 야심이 있구나 하는 인상을 준다. 그만큼 자신의 목표수준이 높다는 의미가 될 것이다.

다음은 프로와 아마추어의 차이에 대한 한줄정리니 참고하기 바란다.

- ▶ 프로는 함께 살자고 하고 아마추어는 함께 죽자고 한다.
- ▶ 프로는 자신에게 엄하지만 아마추어는 남에게 엄하다.
- ▶ 프로는 사람이 우선이고 아마추어는 돈이 우선이다.
- ▶ 프로는 산 정상에 있는 사람이고 아마추어는 능선에 있는 사람이다.
- ▶ 프로는 평생 공부하지만 아마추어는 한때 공부한다.
- ▶ 프로는 결과에 책임을 지지만 아마추어는 참여만으로 만족한다.
- ▶ 프로는 실수를 되풀이하지 않지만 아마추어는 실수를 배움이라고 생각하며 반복한다.

학부 때
전공과목 성적은 어땠는가?

기출 기업 공무원(광주농림 7급), 아시아나항공, 한국오츠카제약

답변사례

전공 성적은 낮지만 부전공 성적은 좋습니다

저는 수능점수에 맞춰 대학을 선택하고 공대에 들어갔습니다. 그러다 보니 성적이 좋지 않았고 평점이 2점대입니다. 2학년 1학기에 서둘러 입대했지만, 복학해보니 더 전공과목을 따라잡기가 힘들었습니다. 그러다가 경제학원론을 교양과목으로 수강했고, 흥미를 느끼게 되었습니다. 그래서 부전공으로 경제학을 선택했고, 공업수학을 적용하니 미시경제에 강점이 생기면서 흥미를 느끼기 시작했습니다. 그 결과 부전공인 경제학은 성적이 좋습니다.

전문가의 조언
★★★

학생의 충실도 평가는 학점, 직장인은 성과

학생이 생활을 충실하게 했는지 척도는 학점이고 직장인은 퍼포먼스, 즉 성과다. 성적이나 성과가 좋으려면 목표를 잡고 꾸준히 노력하는 것이 기본이다. 이 질문은 지원자의 학부 성적을 통해 업무충실성 여부를 파악하기 위한 것이다. 좋았다면 얼마만큼 좋았는지, 어떻게 관리했는지 재질문이 들어올 것이고, 안 좋았다면 다른 분야에 관심을 쏟았고 그 결과로 어떤 성과가 있었는지를 내용으로 답변해야 할 것이다. 안 좋은 경우는 압박질문처럼 들어올 수 있으니 평정심을 유지하며 성심껏 답변하는 게 중요하다.

대기업 입장에서는 계속 모범생 스타일로 잘해온 돌직구형 인재가 좋을지, 다양한 경험을 쌓은 너클볼형 인재가 좋을지 고민될 것이다. LG의 한 면접관은 다양한 경험을 통해 현장 돌아가는 원리를 아는 너클볼형 인재가 영업현장에서 필요하다고 말한다.

회사마다 전형적인 모범생을 좋아하는 곳도 있고, 다양한 경험을 존중하는 곳도 있으니 자신의 처지에 맞게 회사를 지원해 강점을 어필하는 게 중요하다.

과정과 결과 중
어느 쪽을 중시하는가?

기출 기업 SC제일은행, 신원그룹

답변사례

과정이 올바르지 못하면 결과도 올바르지 못합니다

"경기하는 자가 법대로 경기하지 아니하면 승리자의 관을 얻지 못할 것이며……." 이 말은 성경 디모데후서에 나오는 말입니다. 과정이 올바르지 못하면 결과도 올바르지 못하다는 뜻입니다. 저는 결과만을 위해 일을 한다면 단기적인 성과는 좋을지 모르지만 예상치 못한 부작용이 분명히 나타날 것이라고 생각합니다. 하지만 저에게 주어진 목표가 있다면 올바른 과정을 통해 원하는 결과를 내고 이를 위해 최선을 다하는 게 중요하다고 생각합니다.

전문가의 조언
★★★☆

원칙준수와 성실성을 엿보는 질문

기업은 수익을 최우선으로 생각한다. 그러다 보니 일을 하는 과정 중 불미스러운 일이 터지기도 하는 게 현실이다. 이 질문은 지원자의 원칙준수와 성실성을 엿보는 질문이니 과정과 결과 모두 중요하다고 말하되, 좋은 결과를 내려면 어떤 노력을 해야 하는지 개인적인 의견을 첨부하면 무난할 것이다.

위 지원자는 기독교회사인 신원그룹에 지원했다. 답변할 때도 성경 구절을 인용해 과정과 결과 모두 중요하다고 답했다. 비슷한 답이라 해도 기업의 특성에 맞게 명언 등을 인용한다면 돋보일 수 있다.

친구가 애인의 계좌번호를
조회해달라고 부탁한다면?

기출기업 신한은행

답변사례

사적인 부탁은 정중히 거절하겠습니다

이런 경우 개인적인 부탁이 들어와도 거절하는 게 맞다고 생각합니다. 친구에게 말할 때는 이해를 구할 것입니다. 회사 내부에서 개인적으로 전산망을 이용하는 것은 사칙에 어긋나며, 실제로 시스템에 조회기록이 남기 때문에 불가능하다고 말할 것 같습니다. 그리고 친구의 문제를 해결하는 데 도움을 주기 위해 사설 신용조회 서비스 사이트를 소개해줄 것 같습니다.

전문가의 조언
★★★★☆

 ## 은행원으로서 도덕성과 정직을 엿보는 질문

금융권에서는 직무 특성상 원칙준수와 도덕성, 정직이 몸에 밴 지원자를 원한다. 위 질문은 사적인 부탁에 은행원으로서 어떻게 대처하고 처신하는지 알아보기 위한 것이다.

친구를 기분 나쁘게 하지 않으면서도 은행원으로서 직업정신을 지킨다는 답변이 나오면 좋을 것이다. 위 지원자의 경우 친구 문제를 해결하기 위해 자신의 지위가 아닌 개인적 노력을 하겠다는 태도라 좋은 답변이라고 생각한다.

금융권 취업을 원하는 지원자들은, 가끔 소규모 금융회사에서 합격했다고 통보한 뒤 공인인증서나 보안카드 등을 요구하거나 예금계좌 신규개설 등을 요구하는 사기가 자주 등장한다고 하니 주의하길 바란다. 얼마 전 유명 증권회사가 정규직 전환을 구실로 인턴사원들에게 비상식적인 수준의 실적경쟁을 강요했다는 의혹이 일어 금감원이 검사에 착수한 일도 있다. 인턴의 가족과 지인을 동원해 돈을 채워넣거나 빚을 강요하는 경우도 있으니 금융권 취업을 준비하는 지원자들은 유의하길 바란다.

세일즈를
해본 경험이 있는가?

SK건설, SK증권, 삼성물산, 삼성증권, 아모레퍼시픽, 우리은행, 한국아스트라제네카, 한미약품

답변사례

화장품 매장에서 아르바이트 시작, 단골도 유치했습니다

저는 대학교 1학년 때 에뛰드하우스에서 세일즈 아르바이트를 시작했습니다. 제가 좋아하는 화장품이어서 기쁜 마음으로 시작했고, 나이 어린 사용자가 많은 제품이기에 친동생에게 추천하는 마음으로 열심히 했습니다. 처음에는 마트 내 입점한 매장에서 시작했습니다. 점장님도 친절하고 근무환경도 쾌적해서 만족도가 높았습니다.

이후 같은 회사 로드샵으로 옮겨 아르바이트를 계속했지만, 경쟁이 치열하고 직원분들의 스트레스가 심해서 그런지 분위기가 좀 험악했습니다. 하지만 저는 막내동생뻘이니 분위기를 띄우자 결심했습니다. 매장 직원분에게는 동생처럼, 고객에게는 맏언니처럼 그렇게 묵묵히 세일즈를 했습니다. 그랬더니 나중에 점장님을 비롯해 직원분들이 송별회를 열어주며 언제든 제가 오면 환영이라는 얘기를 해주셨습니다. 또한 저를 보고 지속적으로 방문하는 고객분들이 생겨서 세일즈의 기쁨을 느낀 계기가 되었습니다.

전문가의 조언
★★★★★

 ## 영업직에 지원한 사람이라면 꼭 준비해야 할 질문

이 질문은 고객응대가 주요 업무인 영업 분야에 지원한 사람에게 업무가 적성에 맞고 잘해낼 수 있는지 알아보려는 질문이다. 영업 외 다른 분야에서 이런 질문이 나올 경우에는 일관성 있게 일정수준으로 업무를 수행할 수 있는지 알아보는 질문이니 지원한 직무와 연관되는 사례를 들어 답변하면 좋다.

위 지원자는 아모레퍼시픽에 지원했다. 아모레퍼시픽에서 런칭한 에뛰드하우스는 10~20대를 공략하는 화장품 브랜드이며, 지원자는 자신이 지원한 회사에서 아르바이트를 경험했다. 이 사실 자체가 면접관에게 점수를 딸 수 있는 부분이다. 또한 그 과정에서 위기(매장 내 험악한 분위기)를 현명하게 넘겼으며, 단골까지 유치하는 성과를 냈다. 면접관은 이 지원자를 어리지만 어른스러운 사람이며, 조직 내에서 분위기메이커로 손색없다고 판단할 것이다.

하지만 아르바이트 경험 자체가 취업에 확정적인 변수는 아니다. 이후 질문에서 어떻게 자신이 회사가 원하는 인재인지 잘 연결시켜서 알려야 할 것이다.

영업직을 지원한다면? "준비된 사람이 되자"

삼성생명 SFP(Special Financial Planner)인 한 면접관은 주로 보험영업직을 뽑는다. 그는 스타벅스 하워드 슐츠 회장이 말한 "인생의 두 번째 행운을 가져다준 것은 세일즈 경험"이라고 말한 것을 언급하며, 세일즈의 중요성을 말하고 다니는 사람이다. 그런 그가 뽑은 지원자는 '세일즈 경험을 한 사람이 CEO 위치에 올라갈 수 있기 때문에 영업직을 지원했다'고 말한 사람이다. 정답을 얘기한 사람보다 준비된 사람을 뽑는다는 그, 지원자들도 귀기울여 들을 대목이다.

> 내 인생에 두 번째 행운을 가져다준 것은 세일즈 경험이다.

스타벅스 하워드 슐츠 회장

왜 영업직에 지원했는가?
영업을 잘하기 위해 필요한 역량은?

LG전자, 노루페인트, 대신증권, 대원제약, 롯데건설, 삼성물산, 삼성전자, 삼성화재, 아모레퍼시픽, 애경유화, 유한양행, 한국화이자제약, 한미약품

답변사례

적극적인 성격이라 사람 만나는 것을 좋아합니다

저는 직접 사람을 만나서 관계를 맺는 것을 좋아합니다. 성격도 적극적인 편입니다. 영업의 핵심 업무는 실제 현장에서 고객을 발굴하고 고객상담을 하고 제안하고 계약하는 일입니다. 따라서 영업을 잘하려면 고객만족을 최우선 가치로 삼고 열정과 승부근성을 가져야 한다고 생각합니다. 저는 숫자에 강하고 스트레스 상황에서 일하는 것 자체를 즐기는 편입니다. 이번에 귀사에서 일할 기회를 꼭 얻고 싶습니다.

전문가의 조언
★★★

 ## 신입사원 채용에서 가장 중시하는 역량이 직무능력

영업직이든, 일반 사무직이든, 개발직이든, 자신이 지원한 직무에 대해 잘 이해하고 있는지 파악하려는 질문이다. 지원자는 직무를 훌륭히 해낼 수 있는 자질이 있다는 것을 증명해보여야 할 것이다. 영업직의 경우 영업기획, 판매, 영업지원, 영업교육, 소비자관리 등 다양한 업무가 존재한다. 자신이 지원한 부서의 구체적인 업무를 인지하고 면접장에 들어가는 게 필요하다.

최근 신입사원을 뽑을 때 스펙보다 직무능력을 크게 보는 기업이 늘고 있다. 구직자들은 스펙 쌓느라 구슬땀을 흘리지만 자칫 물거품이 될 수도 있다. 채용시장에서 인사담당자들이 원하는 것은 스펙이 아니라 직무능력과 다양한 경험이다.

영업이란 직무를 지원자가 얼마나 잘 인식하고 있는지, 이 일에 자신이 얼마나 적합한지 어필해야 할 것이다. 이는 대한상공회의소가 수도권의 대기업과 중소기업 400곳을 조사한 결과에서도 확실하게 입증된다. 기업들은 신입사원 채용에서 가장 중시하는 역량으로 직무능력(39.1%)를 첫손에 꼽았다.

246

기업이 부서(공무원) 전체에
10만원씩 돌렸다. 어떻게 할 것인가?

**기출
기업**　　공무원(일반행정 7급), 부산항만공사

답변사례　　**국민을 위해 일하는 직업이므로 돌려주겠습니다**

공무원은 국민의 충복이라고 들었습니다. 공무원은 기업을 위해 일하는 게 아니라 국민을 위해 일하기 때문에 작은 돈이라도 받을 이유가 없다고 생각합니다. 그래서 저는 개인적으로 기업 관계자를 찾아뵙고 정중히 돌려드린 후 다음에도 받지 않겠다고 말할 것입니다.

전문가의 조언
★★★☆　　**공무원으로서 원칙준수와 청렴성을 살피기 위한 질문**

　이 질문은 공무원 면접 때 자주 등장하는 것이다. 공무원으로서 원칙준수와 청렴성을 알아보기 위한 질문이다. 기업에서도 "고객이 접대나 뇌물 등 부당한 것을 원한다면 어떻게 할 것인가?"란 질문으로 바뀌어 들어오기도 한다.

　위 지원자처럼 자신의 직무에 맞게 원칙적으로 처리하겠다고 답하는 게 무난하다. 뇌물을 받은 다른 직원들을 상부에 신고하겠느냐는 꼬리질문이 들어올 수 있다. 함께 뇌물을 받은 조직구성원들을 배려해 함께 설득해서 되돌려준다는 등의 내용을 전달하면 좋을 것이다.

공무원 면접시 나오는 뇌물
문제

고객은 누구라고 생각하는가?

기출 기업 | IBK기업은행, 한국공항공사, 한국수출입은행, 한국전력공사

답변사례

고객은 내부고객, 중간고객, 외부고객이 있습니다

고객은 내부고객, 중간고객, 외부고객이 존재합니다. 내부고객은 저를 중심으로 상사, 부하, 동료 등 회사 사람을 의미하고, 외부고객은 기업의 생산품을 구입해주는 소비자입니다. 중간고객은 기업의 거래처로, 기업을 입소문내 줄 수 있는 사람들을 말합니다. 기업마다 다르지만, 최우선적으로 서비스해야 할 대상은 외부고객이라고 생각합니 다. 기업의 생존을 유지시켜주기 때문입니다.

전문가의 조언
★★★☆

고객 종류, 고객감동 등 다양한 꼬리질문이 들어올 수 있다

이 질문은 업종에 상관없이 다양하게 등장한다. 고객 중에서 잠재고객*, 신규고객, 기 존고객, 휴면고객 등 꼬리질문이 다양하게 이어질 수 있으니 참고하자.

잠재고객

구매의사가 있지만 아직 구매까지 연결 되지 못한 고객. 1차 잠재고객은 구매 의사가 높은 고객, 2차 잠재고객은 구 매할 의사가 희박한 고객을 말한다.

위 지원자는 고객의 사전적 의미를 충실하게 잘 답변했다. 기업의 고객센 터 면접이나 마케팅 면접에서는 고객만족(CS) 관련 질문이 추가로 들어올 수 있다. 또는 "지원자 주위에서 지금 최고의 고객과 가장 중요한 고객은 누구 냐?"(한국공항공사)는 질문도 들어올 수 있으니 사전적 의미를 확장해 생활 속 고객이 누구인지 생각해보는 것도 도움이 될 듯하다.

업무실행 역량 ▼ 형식지 우수성 지향

컴퓨터 사용수준은 어떤가?

기출 기업 CJ제일제당, 동부대우전자

답 변 사 례

2년간 군대에서 전산병으로 근무했습니다

저는 해군 전산병에 지원했습니다. 4주간 교육사령부 내에 있는 정보통신학교에서 전산병이 되기 위한 병과교육을 받게 되었습니다. 이때 워드, 엑셀, 파워포인트 실무 사용법을 배웠을 뿐 아니라 컴퓨터 조립, 네트워크 설비 등도 배우게 되었습니다. 이후 2년간 자대에 배치되어 컴퓨터 사무기술을 전문적으로 활용하게 되었고, 부대 내 컴퓨터 수리 역시 능통하게 되었습니다.

....

전문가의 조언
★★★☆

컴퓨터 우수 사용자는 어디서든 환영받는다

컴퓨터 우수 사용자는 어디서든 환영받는다. 여러 스펙 가운데서 지금 당장 실무에 써먹을 수 있는 스펙이고, 특히 엑셀과 파워포인트가 능숙하면 보고서나 제안서를 쓸 때 유리하기 때문이다. 자기소개서에 컴퓨터 관련 자격증을 기입해두었어도 면접에서 실제 능숙도를 검증하고 싶어하는 면접관이 있으니 참고하자. 잘 다루는 분야와 취약한 분야를 함께 묻기도 한다.

위 지원자는 군대라는 조직에서 다방면으로 컴퓨터 사용 경험을 쌓았다. 스펙을 위해 취득한 컴퓨터 자격증 소유자보다 기업에서는 더 끌릴 만하다. 자신이 남들보다 특화된 컴퓨터 사용 경험이 있다면 자기소개서에 꼭 기입해두자. 컴퓨터 능숙자에게 점수를 주는 면접관이 꼭 있게 마련이다. 면접장에서 질문을 이끌어낸다면 좋은 점수를 받을 수 있을 것이다.

249

프로젝트의 완성도는 낮고 마감은 다가온다. 어떻게 할 것인가?

CJ제일제당

답변사례 **상사와 상의한 후 마감일정을 맞추도록 노력하겠습니다**

프로젝트가 중요하고 회사의 이익에 큰 영향을 미치는 상황이라면 상사분께 되도록 빨리 현재 상황을 보고하고, 마감을 늦출 것인지 여부를 상의드릴 것입니다. 만약 마감을 늦출 수 없다면 야근을 하든 밤을 새든 최고의 품질로 프로젝트를 완수할 수 있도록 최선을 다할 것입니다.

전문가의 조언
★★★☆

 수준 높은 목표를 달성할 의지가 있는가

조직 내에서 일을 하다 보면 혼자서 끙끙대며 해결하려고 하는 사람을 보게 된다. 그러다 보면 일도 못 끝내고 결과적으로 조직 전체에 피해를 주는 경우가 생긴다. 선의로 시작된 일이 안 좋게 끝나는 경우다.

위 지원자는 한정된 시간 안에 프로젝트를 끝내지 못할 때 어떻게 해결해나갈지 질문을 받았다. 이런 질문을 던지면 일정을 늦추더라도 프로젝트 완성도를 맞추겠다고 답하는 지원자가 있는데, 실무에서는 대부분 일정이 못박혀 있기 때문에 바람직한 대답은 아니다.

기업 입장에서는 무슨 일이 있더라도 마감을 맞추겠다고 답하는 지원자에게 더 눈길이 갈 수밖에 없다. 조건과 환경을 따져가며 일하는 기업은 없다. 수준 높은 목표를 어떻게 효율적으로 달성하는지가 관건이며, 이를 해낼 수 있는 인재를 뽑는 게 면접관의 역할이다.

상사와 먼저 상의한 후 결정하겠다는 답은 현명한 처사라고 생각된다. 때로는 일정보다 품질이 중요할 수도 있기 때문이다. 그런 다음 야근과 밤샘 작업을 통해 품질의 우수성을 담보하겠다는 대답은 좋았다고 생각된다. 이 지원자는 업무수행시 적당한 수준으로 타협하지 않고 일관성 있게 목표수준에 근접한 업무수행 기준을 가지고 있다고 생각된다.

공기업과 사기업의 차이는?
공기업을 선택한 이유는?

기출기업 정보통신산업진흥원, 코레일, 한국수력원자력, 한국은행, 한국전력공사, 한국주택금융공사, 한국환경공단

답 변 사 례

공공의 이익 추구, 기업의 이익 추구가 차이점입니다

공기업과 사기업은 어떤 이익을 중요시하는지에 따라 다릅니다. 공기업은 공공의 이익을 추구하며, 사기업은 민간이 소유한 기업의 이익, 즉 영리를 목적으로 추구합니다.

저희 아버지는 공무원이셨고, 나랏일을 하는 것을 항상 자랑스러워하셨습니다. 그 영향 탓인지 저 역시 공무원이 되거나, 공기업에 취직하고 싶었습니다. 저는 어렸을 때 만화 《토마스 기차》를 좋아했습니다. 그래서 철도인이 되기 위해 한국철도대를 지원했고, 5개월간 코레일 인턴을 거쳐 이번에 정규직에 지원하게 되었습니다.

전문가의 조언
★★★★☆

공기업도 준비된 지원자가 합격한다

공기업과 사기업의 차이점은 공무원이나 공기업에 지원한 사람이라면 꼭 받게 되는 질문이다. 위 지원자는 말 그대로 준비된 공기업 직원이다. 여러 공기업 중에서도 코레일로 타깃을 명확히 했으며, 학교 시절, 군대 시절부터 각종 자격증을 취득했고 인턴 경험까지, 코레일을 지원하는 데 전혀 부족함이 없다. 각각 8배수와 4배수인 서류전형, 인적성 검사를 통과한 후 차장급 이상 실무진과 면접을 봤으며, "철도와 본인을 관련지어 SWOT 분석*을 해보라"는 질문을 받았는데, 모든 경험이 철도와 연관된 것이라 자신 있게 대답했고, 그 결과 합격으로 이어질 수 있었다.

우리나라 공기업은 다양하다. 안정적이란 장점 덕분에 고스펙 보유자도 많이 지원하는 추세다. 하지만 이렇게 타깃을 명확히 한 사람과 붙는다고 생각해보자. 보다 철저한 준비가 필요하다.

SWOT 분석

SWOT 분석은 경영기법 중 하나로 폭넓게 적용된다. Strength(강점), Weakness(약점), Opportunity(기회), Treat(위협) 4가지 요인을 적용해 분석하고 해결방안을 도출한다. 362쪽 〈취업, 한걸음 데〉에 추가설명이 있다.

인생의 가장 큰 역경에서
어떻게 대처했는가?

기출 기업

CU, GS칼텍스, KEB하나은행, KT&G, SK건설, SK이노베이션, 교보증권, 노루페인트, 대우건설, 삼성물산, 삼성생명, 삼성에버랜드, 삼성증권, 포스코, 한국남동발전, 한국수력원자력, 한국전력공사, 한국정보화진흥원, 한화S&C, 한화무역, 현대백화점, 현대상선

답변사례

재수 때, 자신을 돌아보는 기회로 삼았습니다

저는 대학에 떨어져 재수를 할 때가 가장 힘들었습니다. 지금도 가끔 힘들면 그 시절 꿈을 꿉니다. 공부를 열심히 하는데도 성적은 오르지 않고, 기대가 큰 부모님을 뵙는 것도 힘들어서 방황을 많이 했습니다. 나보다 못한 친구들도 좋은 대학에 붙었는데 나는 왜 시험운이 없을까 자책하기도 하고, 친구들을 질시하기도 했습니다.

하지만 시간이 지나자 남 탓만 하고 있는 자신을 발견한 후 무엇이 문제인지 진지하게 고민했습니다. 문제점은 선택과 집중이 없는 방만한 공부법, 머리가 좋다는 근거 없는 자신감이었습니다. 나는 평범한 사람이며 남보다 더 노력해야 원하는 대학에 갈 수 있다는 사실을 알게 된 후, 마음이 오히려 편해지고 공부에 집중할 수 있게 되었습니다. 그 결과 원하는 대학에 가게 되었습니다.

재수 때 경험은 지금까지 제 인생을 지배하고 있습니다. 저는 평범한 사람입니다. 하지만 노력하는 사람입니다. 따라서 항상 성장할 수 있습니다.

전문가의 조언
★★★★

 평범하지만 자기성찰이 돋보이는 답변

과거의 삶을 살펴보면 현재와 미래를 볼 수 있다. 이 질문은 지원자의 의지력을 가늠해 볼 뿐 아니라 문제상황에 따른 분석력과 해결력을 살펴보기 위한 것이다. 사람들은 역경을 딛고 성공한 사람들을 지지한다. 면접관도 사람이기에 어릴 적 부모님이 돌아가셨다거나, 아버지 사업이 망하는 등 큰일을 겪고 이겨낸 지원자에게 점수를 줄 수밖에 없다.

위 지원자를 살펴보자. 지원자는 많은 사람들이 겪었을 법한 입시실패를 사례로 얘기하고 있다. 평범한 사례지만 머리가 좋다는 근거 없는 자신감이 문제였다는 자기고백은 눈길을 끈다. 자기성찰의 깊이가 엿보이기 때문이다. 이 일을 계기로 자신의 문제점을 파악하고 해결하기 위해 노력에 초점을 맞추었다는 말을 들으면서, 면접관은 이 사람에게 무난하게 일을 맡길 수 있겠다고 생각했을 것이다.

면접이란 기회를 통해 지금의 나를 돌아보자. 나 자신도 미처 알지 못했던 나를 탐구하는 계기가 되지 않을까?

"시련을 과장되게 표현하지 마라!"

면접관마다 공략하는 질문이 각기 다르다. 취향일 수도 있고 면접관끼리 합의한 것일 수도 있다. <u>SK이노베이션</u>의 한 면접관은 면접장에 들어가면 이렇게 질문한다고 한다. "지금까지 살아오면서 어떤 시련을 겪었고, 어떻게 해석했고, 어떤 걸 느꼈는지 1시간 동안 추궁한다. 이때 시련을 과장되게 표현하는 지원자는 무조건 추려낸다."

이 면접관의 질문은 지원자의 의지나 문제해결 능력을 보기 위한 것이 아니라, 신뢰도 측정을 위한 것이다. 이렇듯 면접 실전에 들어가면 하나의 질문에 하나의 의도만 있는 게 아니다. 면접관은 질문을 던져놓고 지원자의 삶 전체를 조망하며 어떤 사람인지 살펴본다. 모든 지원자가 어려운 삶을 산 것은 아닐 것이다. 없는 사실을 지어낼 수는 없다. 여러분도 주의하길 바란다.

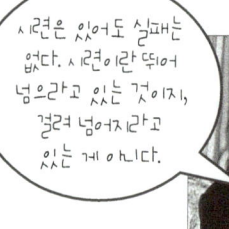

시련은 있어도 실패는 없다. 시련이란 뛰어넘으라고 있는 것이지, 걸려 넘어지라고 있는 게 아니다.

현대그룹 창업자 정주영 회장

상사와 의견충돌이 있었다. 어떻게 해결할 것인가?

기출 기업 SC제일은행, 국민체육진흥공단, 오리온, 우체국, 한국지엠

답 변 사 례

적극적으로 갈등을 풀기 위해 노력하겠습니다

저는 가장 중요시 여기는 것이 '더불어 함께' 살아가는 것입니다. 이를 위해서는 좋은 인간관계가 필수입니다. 만약 상사분과 갈등이 생긴다면 저는 먼저 적극적으로 다가가서 갈등을 풀기 위해 노력할 것 같습니다. 갈등의 원인이 무엇인지 분석해보고, 저 자신의 잘못을 돌이켜볼 것 같습니다. 그런 후 상사님을 따로 찾아뵙고 차나 맥주를 앞에 두고 진솔한 대화를 나눌 것입니다. 아무래도 경험이 부족하고 신입사원이기에 저의 잘못이 클 것입니다. 상사님이 충고해주시면 겸허히 받아들이고 단점을 고칠 수 있도록 최선을 다할 것입니다.

전문가의 조언
★★★★

갈등상황 해결에 적극적인 사람을 선호하는 추세

회사에서 일하는 간부급 사원들을 만나면 요즘 신입사원들은 갈등이 생기면 적극적으로 해결하기보다 회피하는 경우가 많다고 푸념한다. 잘못을 지적한 후 겉으로 봤을 때는 별문제 없어 보였는데, SNS를 통해 자신이 뒷담화 대상이 되어 있더라며, 신입사원을 뽑을 때는 되도록 갈등상황을 적극적으로 해결하려는 사람을 뽑고 싶어했다.

위 질문은 지원자가 갈등해결에 적극적인지, 문제 원인을 제대로 파악하려고 노력하는지 여부를 알기 위한 질문이다. 지원자는 자신의 잘못을 더 많이 돌아보고 상사와 문제해결을 위해 적극적으로 행동하겠다는 의지를 보였다. 이런 자세만으로도 문제해결의 소지가 보인다.

사내 뒷담화 수단이 된 메신저

일보다 사람이 힘들다고 하지 않던가. 일은 가르치면 되지만, 나를 힘들게 하는 사람은 내가 노력해도 해결이 안된다. 당신은 어떤 사람인가? 인간관계에 문제가 생기면 적극적으로 해결하는 사람인가, 오히려 상황을 악화시키는 사람인가? 이것부터 되돌아볼 필요가 있다.

인생에서 중요한 문제를 해결해본 경험은?

기출 기업 국세청, 대한항공, 포스코

답 변 사 례

게임중독에 빠진 학창 시절, 과감히 인터넷을 끊었습니다

저는 좋은 부모님을 만나 행복하게 자랐습니다. 딱히 역경이라 할 만한 것은 없지만, 저 나름대로 가장 힘든 문제는 게임중독이었습니다. 고등학교 때 학업에 지장을 줄 만큼 게임에 빠졌는데, 이러다가는 대학도 못할 것 같아서 과감히 핸드폰을 없애고 인터넷도 중지시켰습니다. 그리고 공부에 집중해서 대학에 들어왔습니다. 저는 이때 경험을 통해 주변환경을 개선해서 자신을 컨트롤할 수 있다는 자신감을 얻었습니다.

전문가의 조언
★★★★

큰 역경이 없었다 하더라도 자기만의 경험에서 얘기를 찾자

문제해결 능력은 창의력과도 연관된다. 출신 학교와 성적, 수상 경험이나 영어구사 능력 등 외형적인 스펙보다 실질적인 업무능력은 창의력에서 판가름나기 때문이다. 대기업에서는 PT(프레젠테이션)면접을 통해 문제해결 평가를 해왔다. NH농협은 아예 하나로클럽에서 돌발과제를 주고 현장에서 문제해결 능력을 시험하기도 한다. 즉흥적인 문제해결은 순발력과도 연결된다.

모든 지원자가 커다란 역경을 딛고 문제를 해결한 경험을 가질 수는 없다. 위 지원자처럼 생활 속 경험을 담담히 얘기하면 좋다. 그 안에서 구체적인 문제해결 경험을 얘기한다면 면접관이 좀더 당신을 아는 데 도움이 될 것이다.

우리 회사 홈페이지의 장단점과 보완할 점은?

 기출 기업 금호타이어, 센트랄, 한국정보화진흥원, 현대제철

답변사례

홍보 동영상이 자주 업데이트되면 좋을 듯합니다

GS 글로벌 홈페이지는 경영이념을 초기화면에서 전달하고 있으며 기본적으로 녹색을 사용해 GS 로고와 일치감을 보여줍니다. 경영이념 페이지 설명글에서도 제목은 녹색으로 맞추어 가독성 있게 편집했습니다. 이렇듯 기업 이미

지를 깔끔하게 전달한 점은 장점이라고 생각합니다. 무엇보다도 초기화면의 홍보 동영상이 인상적입니다. 자주 업데이트하고 동영상 품질을 개선한다면 더 좋은 인상을 줄 수 있을 것입니다.

하지만 회사소개 부분에서 회사의 업태를 한눈에 알 수 있도록 기획되었더라면 더 좋았을 것이란 아쉬움이 있습니다. 경영이념과 기업비전을 알려주는 부분도 사용자가 눌러보고 싶게끔 디자인했다면 많은 클릭수를 얻었을 것 같습니다.

전문가의 조언
★★★★

회사에 관심이 있는지, 분석력과 대안을 제시할 수 있는지

지원자가 회사에 대한 관심이 있는지, 그리고 회사 홈페이지를 살펴본 후 제대로 분석력을 발휘할 수 있는지 살펴보기 위한 질문이다. 더불어 대안까지 제시할 수 있다면 금상첨화일 것이다.

면접관들은 자기 회사 홈페이지이므로 어느 누구보다 장단점, 그리고 해결과제까지 이미 파악해둔 상태일 것이다. 지원자가 얼마만큼 성의가 있는지, 분석력이 있는지 단번에 살펴볼 수 있는 질문이다. 특히 IT 기업은 홈페이지의 UI*는 물론 수익구조, 홍보방향 등도 챙겨서 물어볼 것이다. 지원자들은 꼼꼼히 준비하길 바란다.

사용자 인터페이스. 157쪽 설명을 참고하라.

우리 회사 기업문화에 대해 얘기한다면? 장단점은?

금호타이어, 대한무역투자진흥공사, 대한항공, 아모레퍼시픽, 한국오츠카제약, 한국주택금융공사, 한국지엠

답변사례

혁신적인 기업문화를 보강할 필요가 있습니다

아모레퍼시픽은 문화를 사랑하고 상하간 격의가 없는 가족적인 기업이라고 알려져 있습니다. 얼마 전 문화재 지킴이 활동을 인정받아 대통령표창을 수상한 게 그 예입니다. 특히 아모레퍼시픽의 글로벌 비전인 '아시안 뷰티 크리에이터'는 설화수라는 한방 화장품을 탄생시켰고 8,000억 매출을 낳게 되었습니다. 뿐만 아니라 여성들이 일하기 좋은 곳으로 알려져 있으며, 사람을 소중하게 생각하는 기업문화를 가지고 있습니다.

하지만 우후죽순 생겨나는 신생 화장품 로드샵과 경쟁사인 LG생활건강의 약진으로 보다 공격적이고 혁신적인 기업문화를 보강할 필요가 있다고 생각합니다.

전문가의 조언
★★★★

🏃 한 회사를 점찍고 꾸준히 노력, 기업문화를 꿰고 있는 지원자

위 지원자는 오래전부터 아모레퍼시픽을 준비해왔다. 마케팅 분야를 지원했으며, 해외영업 분야는 외국어 능통자를 우대하는 탓에 영어 공부도 꾸준히 해왔다. 아모레퍼시픽은 재지원자가 많다. 직원들 중에서도 2번, 3번 떨어진 후 입사한 사람이 많다. 그만큼 업무환경이 좋고 여성들의 지원 열기가 세다. 남성과 여성 근무자는 대략 6:4 정도라고 한다.

이 지원자는 아모레퍼시픽의 기업문화는 제대로 챙겼다. 새로운 신문기사를 스크랩하고, 경쟁사를 분석하며, 장점과 단점을 업데이트하는 등 준비를 철저히 했다. 특히 경쟁

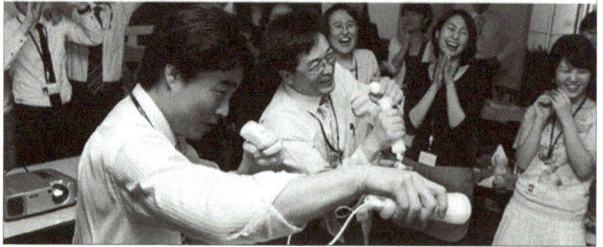

사를 의식하며 공격적인 기업문화를 요청한 점은 눈에 띈다. 지원하는 기업에 대한 애정이 있기 때문에 할 수 있는 얘기라고 생각한다.

아모레퍼시픽 기업문화 홍보 이미지

고객과 마찰이 있다면
어떻게 대처할 것인가?

KB국민은행, KT, 금호타이어, 롯데마트, 산림청, 신세계백화점, 신한은행, 하이카다이렉트, 홈플러스, 흥국생명

답변사례

원칙대로 해결하지만, 가능한 한 고객의 얘기를 들어주겠습니다

되도록 고객의 얘기를 들어주고, 회사가 정한 원칙대로 해결하려고 합니다. 저는 한 의류쇼핑몰에서 고객상담 아르바이트를 한 경험이 있습니다. 한 고객이 상품을 사놓고 몇 달 입다가 지퍼 밑부분이 하자라 바지에 보풀이 생긴다고 했습니다. 상품을 회수해 조사를 해보니 아무 문제 없었고, 원칙대로 환불과 반품을 해주지 못했습니다. 하지만 계속 클레임을 걸어와서 결국 반품을 해준 경험이 있습니다. 이런 분들은 자신은 항상 하자품만 구입한다고 생각하시는 것 같습니다. 아르바이트한 곳의 사장님이 이럴 경우는 그냥 반품을 해주는 게 낫다고 하셔서 예외적으로 처리한 경험이 있습니다.

전문가의 조언
★★★★

고객과 싸움이 벌어질 사람을 걸러내는 게 면접관의 임무

이 질문은 민원 업무가 많은 공무원 면접에 자주 등장하는 질문이다. 최근 펀드 하락 때문에 금융사들 객장에서 고객난동이 많았다. 그래서 금융권 면접시 등장하는 질문이기도 하다. 홈플러스의 경우 "개콘의 정마담 같은 진상고객을 어떻게 대할 것인가?"란 질문을 하기도 했다.

이런 상황에서 지원자가 보일 태도는 마무리보다 과정이다. 일단 고객의 입장을 헤아려 얘기를 다 들어주는 끈기가 중요하다. 답변하는 중에도 미소를 짓고 얘기하면 좋다. 지원자의 성격이 까칠해 보이거나 감정에 동요된다면 상대고객과 싸움이 벌이질 수 있고 문제는 일파만파 커진다. 면접관은 사전에 그런 사람을 걸러내야 하기 때문에 유심히 당신을 관찰할 것이다. 그런 다음 개인적으로는 도움을 드리고 싶지만 회사 규정을 확인해야 한다며 회사에 가서 최대한 고객의 입장을 잘 설명하겠다고 답한다면 무난할 것이다.

위 지원자는 자신의 아르바이트 경험을 예로 들면서 진상고객 대처 경험을 말했다. 원칙을 고수했으며 적절한 문제해결 능력을 보였다고 생각된다.

알아두면 좋은 진상고객 응대 프로세스

고객서비스 관련 직종을 선택한 지원자라면 다음의 불만고객 응대법을 참고하면 좋을 것이다. 무엇보다 서비스직이 자신과 맞는지 검토하는 게 필요하다. 감정노동을 견디며 타인에게 서비스를 제공하는 것에 기쁨을 느낀다면 직종을 바꾸지 않고 오래 일할 수 있을 것이다.

1. 끝까지 경청한다(Hear them out) : 고객이 불만사항을 다 털어놓을 수 있도록 기다리고, 말을 가로채지 않도록 노력한다.
2. 공감한다(Empathize) : 고객의 분노를 함께 느끼도록 한다. 중요한 사항은 메모해둔다.
3. 사과한다(Apologize) : 잘못된 부분은 구체적으로, 정중하게, 상냥한 말투로, 마음을 담아 사과한다.
4. 문제해결책을 검토한다(Take responsibility) : 자신이 파악한 문제의 원인이 맞는지 고객과 대화하며 확인해나간다. 고객이 이 부서 저 부서 떠돌지 않도록, 되도록이면 자신의 선에서 해결하도록 노력한다.

KT의 고객상담실

창의적 기획안을 상사가
받아들이지 않는다. 어떻게 할 것인가?

기출 기업 금융감독원, 금호타이어

답변사례
상사님을 설득하기 위해 노력하겠습니다

만약 제가 쓴 기획안이 회사에 도움이 되고 창의적인 기획안이라면 저 역시 포기하지 않고 상사님을 설득하기 위해 노력할 것입니다. 상사님의 경험과 지식도 옳을 것입니다. 하지만 저의 기획안에 상사님의 조언이 더해진다면 더 좋은 결과가 나올 것이라고 말씀드릴 것입니다.

전문가의 조언
★★★☆

업무라면 소신을, 조직문화라면 상사를 따르는 게 낫다

상사 관련 질문은 기업체마다 조금씩 차이가 있으니 답변할 때 참고하길 바란다. 만약 대기업, 공기업, 공무원 등 보수적 성격이 강한 경우 되도록 상사에 순종하겠다고 답하는 게 좋다. 하지만 무한경쟁 시대에 기업이 원하는 것은 직원의 충성만이 아니다. 창의성과 혁신을 중요시하는 회사의 경우 직원을 뽑더라도 조금은 다른 답을 내놓는 지원자를 원할 것이다.

한 설문조사에 따르면 상사와 충돌시 대응법으로 인사담당자들이 선택한 기대 답변은 '일단 따르되 소신은 굽히지 않음' > '상사에 반하더라도 본인의 명확한 소신 표현' > '상사의 의견이므로 부하직원으로서 따름' 순으로 나타났다.

단, 어떤 상황에 따른 의견충돌인지 명확히 가정하고 답변해야 함을 기억하자. 예를 들어 위와 같이 업무와 관련된 의견충돌은 소신을 밝히는 게 맞지만, 직장예절이나 조직문화 같은 것은 상사의 입장을 따르는 게 무난하다.

정보는 어떻게 수집하는가?
정보와 직감 중 어느 쪽으로 결정하나?

기출 기업 라이나생명, 한국지엠

답변사례

목적에 따라 정보를 수집하고, 정보에 근거해 결정을 내립니다

지피지기면 백전백승이란 말이 있습니다. 과제, 취업 등 정보가 필요한 목적을 정하고 그에 걸맞는 자료를 수집합니다. 팩트와 사람들의 견해를 함께 수집해서 함께 검토합니다. 요즘은 네이버, 구글 등에 많은 정보가 있습니다. 주로 검색을 활용합니다. 사람들의 의견은 주변에서 듣거나 온라인 커뮤니티를 활용합니다. 이렇게 수집한 정보를 근거로 제가 판단해서 최종결정을 내립니다. 직감보다는 정보를 수집한 후 합리적인 결정을 내리려고 합니다.

전문가의 조언
★★★

지원자가 평소에 문제를 어떻게 해결하는지 엿보는 질문

직장에서 일어나는 일은 문제해결의 연속이다. 문제를 해결하기 위한 가장 일반적인 방법은 정보를 수집한 다음 이에 근거해 최선의 결정을 내리는 것이다.

이 질문은 지원자가 평상시 생활할 때 주어진 미션을 어떻게 해결해나가는지 살펴보기 위한 것이다. 대다수 지원자들은 인터넷 등에서 검색한 후 최종결정을 내린다는 대답을 할 것이다. 하지만 면접관이 붙잡고 싶은 인재는 특별한 대답을 하는 사람이다. 복잡한 환경 속에서 생존을 위한 판단을 내릴 때 일반적인 결정은 오히려 도태되기 쉽다. 그래서 기업마다 창의력을 외치는 것이다.

말콤 글래드웰의 《블링크》란 책을 보면 "정보보다 통찰에 의존하라"는 말이 있다. 단순한 느낌이나 감이 아니라 체계적으로 쌓아온 무의식의 힘, 첫 2초가 오랜 시간에 걸쳐서 분석한 자료보다 더 큰 힘을 발휘하기도 한다는 내용이다. 위 지원자가 평상시 정보에 의거해서 결정을 내리지만 《블링크》처럼 순간적인 느낌, 직감이 왔을 경우 이에 따라 결정을 내린다는 말을 했다면 어땠을까? 비슷비슷한 답변을 하는 지원자들보다 훨씬 돋보였을 것이다.

한국은 왜 여성의 연봉이 남성보다 적을까?

LG이노텍, LG전자

답변사례

군필자인 남성을 우대하고, 육아부담 때문입니다

우선 군필자인 남성을 우대하기 때문에 그렇다고 생각합니다. 한국 여성들은 남성들에 비해 육아에 많은 하중이 실려 있습니다. 그래서 결혼하면 회사를 그만두기 때문에 회사 차원에서는 리스크가 큽니다. 따라서 그런 측면에서 연봉이 차이가 나는 것은 아닐까 생각합니다.

전문가의 조언
★★★

 ## 여성 지원자에게 하는 질문, 분석력과 해결의지 엿본다

이 질문은 여성 지원자에게 주로 들어온다. 현재 상황을 얼마만큼 객관적으로 분석할 수 있는지 가늠하기 위한 것이다. "입사동기인 남성보다 연봉을 적게 받는다면 어떻게 할 것인가?"라는 꼬리질문도 들어올 것이다.

이럴 때 우선 회사 규정에 따르겠지만, 자신은 남성에 비해 능력이나 업무에 대한 열정이 떨어지지 않을 자신이 있기 때문에 동등한 대우를 받을 경우 무척 감사할 것 같다고 말하는 것은 어떨까?

당신을 뽑는다면 여성이어서가 아니라 인재로서 가치가 있기 때문에 선택된 것이다. 당당하고 자신감 있는 지원자일수록 회사는 믿음이 간다. 물론 기업에 따라 순응적이고 상대적으로 적은 임금을 줘도 되는 여직원을 원할 수도 있으니 사전에 조사는 필요할 것이다.

세계적인 협상전문가 린다 뱁콕은 여자가 남자보다 연봉이 낮은 이유를 '요구의 부재' 때문이라고 말했다. 여성은 똑같이 열심히 일하고도 남자보다 낮은 임금을 받고, 낮은 직급에 만족하며 더 많은 가사노동에 시달리는데, 그것은 요구하지 않기 때문이라는 것이다. 남성들이 노동의 대가를 받기 위해 집요하게 요구하는 반면, 여성들은 원하는 것을 당당하게 말하지 못한다. 착하고 순종하는 것이 최고의 가치라고 학습한 여성들이 이유라는 말이다. 이런 임금체계를 바로잡기 위해서는 사회적 변화가 필요하지만, 우선 현실적으로 여성들이 자신이 원하는 것을 당당히 요구하는 것이 필요하다.

가족과 갈등이 있다면
어떻게 해결할 것인가?

SC제일은행

답변사례

할머님과 어머님의 고부갈등을 해결하기 위해 노력했습니다

저희 집은 할머니를 모시고 삽니다. 어머니와 할머니는 고부갈등으로 사이가 좋지 않았는데 최근에 더욱 심해졌습니다. 아버님이 중간에서 치이고 힘들어하시는 것을 보고 제가 나서서 중재를 하기 시작했습니다. 어머님에게 1년에 1달간 안식휴가를 드리고, 그동안 할머니는 작은아버지 댁에 다녀오시는 게 어떠시냐고 의견을 냈습니다. 서운해하실 할머님과 작은어머님께는 제가 취직을 하면 용돈을 두둑이 드리겠다는 말씀을 드렸습니다.

전문가의 조언
★★★★

 ## 가족은 1차 조직, 지원자의 원래 모습을 엿볼 수 있다

가족은 사회에서 가장 기본적인 조직이다. 그 안에서 지원자의 가감되지 않은 모습을 엿볼 수 있다. 그렇다고 개인적인 얘기를 구구절절 허심탄회하게 할 필요는 없다. 이 질문의 포인트는 조직 안에서 갈등이 있을 때 감정에 엉키지 않고 문제를 객관적으로 파악할 수 있는지, 또한 이를 해결하기 위해 어떤 노력을 구체적으로 할 수 있는지 살펴보기 위한 것이다.

부모님이니까, 가족이니까 양보하고 화해한다고 답하기보다, 객관적으로 바라보고 재발방지를 위해 어떻게 대안을 마련할 것인지 얘기하는 게 좋다. 위 지원자처럼 구체적인 자기 경험을 얘기하는 것도 좋을 것이다.

자신을
SWOT 분석해보라

기출 기업　코레일, 한국아스트라제네카

답변사례

저의 최강점은 디자이너지만 프로그래밍을 할 수 있다는 것입니다

저 자신을 SWOT 분석의 틀로 살펴보겠습니다. 먼저 강점은, 디자이너지만 프로그래밍을 할 수 있다는 것입니다. 약점은, 영어는 어느 정도 소화할 수 있지만 중국어는 못한다는 것입니다. 기회는, 형이 게임회사에 근무해서 직무 특성과 업계 분위기를 잘 알고 있다는 것입니다. 위협은, 뛰어난 경쟁자들이 많다는 것입니다.

S 디자이너지만 프로그래밍 가능	W 영어는 가능하지만 중국어는 못함
가족이 동종업계 근무, 업계 분위기 파악 용이　　　O	다수의 뛰어난 경쟁자 포진　　　T

전문가의 조언
★★★★

PT면접에 나오는 SWOT 분석, 개인 면접 때도 종종 등장

PT(프레젠테이션)면접에서 자사나 경쟁사를 분석할 때 SWOT 분석이 들어가는 경우가 종종 있는데, 개인 면접시 활용되는 경우도 있으니 준비하고 들어가자. SWOT 분석의 틀거리를 이용하면 개인의 목표와 진로를 좀더 명확히 할 수 있다. 코레일에서는 "철도와 본인을 관련지어 SWOT 분석을 해보라"는 식으로 변형된 질문이 들어오기도 했다.

개인 SWOT 분석은 사실 자기소개서에 내용이 대부분 들어가 있다. 자기소개서 내용을 강점(Strength), 약점(Weakness), 기회(Opportunity), 위협(Treat)별로 요약해보자. 다른 질문이 나오더라도 적절히 응용해 답할 수 있으므로 유익할 것이다.

▶ 강점(Strength) : 나의 강점은 무엇인가? 주변사람들이 생각하는 나의 강점은?

▶ 약점(Weakness) : 나의 약점은 무엇인가? 압도되지 않고 극복할 수 있는 방법은?

▶ 기회(Opportunity) : 외부요인 중 나에게 도움이 되는 것은?

▶ 위협(Treat) : 외부요인 중 나의 의지를 꺾는 것은?

취업, 한걸음 더!

나를 잘 알게 해주는 SWOT 분석

자신을 잘 알기 위해 MBTI나 애니어그램, DISC 등의 검사도구 등이 사용된다. 기업에서 운용 중인 인적성검사도 그중 하나일 것이다. 자신을 잘 아는 사람은 의외로 적다. 대부분의 사람들이 자신에겐 후하고 남에겐 박하다 하지 않는가. 객관적일 수 없는 게 사람이기 때문이다. 이럴 때 분석도구를 활용하면 나도 몰랐던 자신을 돌아볼 수 있다.

SWOT 분석은 원래 기업분석에서 사용한다. 기업의 내부적 환경과 외부적 환경을 분석해 전략을 세우는 데 쓰이고 있다. 하지만 기업을 나 자신으로 대치시켜보자. 어렵지 않게 자신을 들여다보고 미래전략을 세울 수 있을 것이다.

여기서 S, W는 내부적인 요소이고 O, T는 외부적인 요소로 본다. 종이에 아래처럼 빈 공간을 나눈 후, 자신에 대해 써 보자. 간단한 사례는 다음과 같다.

S	W
출중한 외모 사람을 사로잡는 화술 뛰어난 컴퓨터 실력	부족한 글쓰기 실력 저조한 학교 성적 외국어 실력
남아도는 시간 주변사람들의 믿음	자금부족 뛰어난 경쟁자들 경기침체
O	T

상사 부인이 보험설계사인데,
보험 가입을 종용한다면?

기출 기업   EBS, 동아출판, 두산엔진, 두산중공업, 신한은행, 우리은행, 한국MSD

답 변 사 례

보험이 필요하면 가입하겠습니다

제가 가입한 보험 중에서 추가로 필요한 것이 있는지 살펴본 후, 있다면 가입 여부를 상의할 것 같습니다. 만약 제가 추가로 가입할 보험이 없다면 주변 지인에게 물어봐서 보험 가입할 사람을 알아볼 것 같습니다. 보험이 필요한 사람이 있다면 상사 부인분께 연결시켜드리는 게 좋을 것 같습니다.

전문가의 조언
★★★★

기분 나쁘지 않게 거절하는 것도 문제해결 방법

이런 질문은 "상사가 무리한 부탁(혹은 심부름)을 하면 어떻게 할 것인가?"란 내용으로도 들어온다. 실제 이런 상황이 닥치면 무척 당황스러울 것이다. 이러지도 저러지도 못하는 상황에서 단호히 안된다고 답변하면 매정해 보이고(속마음은 그렇다 하더라도), 무조건 가입하겠다고 말하면 우유부단하거나 속없어 보인다.

상대방이 기분 나쁘지 않게 거절하는 것도 노하우다. 위 지원자처럼 필요하다면 가입하고 만약 필요하지 않다면 다른 사람을 소개해주겠다고 하는 게 무난하다. 감정에 동요되는 일 없이 여유 있게 답하도록 하자. 전반적으로 팀워크를 중심으로 답변하면 될 것이다.

비난받을 만한 행동을
했을 때 대처방법은?

**기출
기업** 금호타이어

답변사례 **정중히 사과하고 용서를 구하는 게 최선이라고 생각합니다**

우선 저 자신이 무엇을 잘못했는지 되돌아볼 것 같습니다. 비난받을 일을 했다면 정중히 사과하고 용서를 구하는 게 최선이라고 생각합니다. 만약 오해가 생겨서 그런 일이 벌어졌다면 오해를 풀기 위해 노력할 것이며, 그런 행동이 별 도움이 되지 않는다면 우선 불필요한 맞대응을 피하고 상대방의 감정이 가라앉기를 기다릴 것입니다.

전문가의 조언
★★★★   **성찰하는 사람이 많으면 분쟁도 적고 업무효율도 높아진다**

업무적으로 문제를 해결하는 것은 쉽다. 오히려 어려운 것은 인간관계다. 사람끼리 문제가 생겼을 때 분석과 해결이 필요한데, 이때 가장 중요한 것이 개개인의 '성찰'이다. 성찰은 잘못 여부를 논하기 전에 자기 마음을 반성하고 살피는 것이다. 성찰하는 사람들이 모여 있으면 분쟁도 적고 불필요한 감정소모도 줄어든다. 조직의 생산적 효율성이 느는 것이다.

따라서 면접관은 지원자가 분쟁을 지양하고 협력을 도모하는 사람인지 주의를 기울여 살펴보게 된다. 면접은 자신감과 진정성이 가장 중요하다. 면접관들은 수많은 지원자를 만났고 딱 보면 거짓인지 알 수 있다. 자신의 생각을 솔직하게 표현하는 게 면접에서 가장 중요하다.

간혹 시시비비를 가리며 자신을 변호하는 것에 중점을 두고 대답하는 지원자가 있다. 자신을 변명하기보다는 잘못했으면 시인하고 사과한다고 말하는 게 오히려 좋은 인상을 줄 수 있으니 참고하자.

우리 회사와 경쟁사를
비교한다면?

기출 기업 GS리테일, KB국민은행, LG상사, 대한항공, 락앤락, 롯데스위트랜드, 신영증권, 한섬

답변사례

신제품 기획에 박차를 가하면 2위와 격차를 넓힐 수 있습니다

락앤락은 용기 분야 점유율 1위 업체로, 브랜드 인지도가 경쟁사의 글라스락보다 높습니다. 내열유리인 락앤락글라스는 경쟁사 제품과 달리 오븐에서도 사용이 가능하다는 게 강점입니다. 하지만 글라스락은 삼광글라스 제품으로, 유리 전문회사로서 친환경제품을 선호하는 최근 소비자 트렌드에 큰 힘을 받았다고 생각합니다.

현재 귀사는 굳건한 1위 업체지만, 맹렬히 추격하는 삼광글라스와 격차를 넓힐 필요가 있습니다. 특히 중국에서 차통 삽입용기를 발빠르게 카피하는 등 기동성을 높이고 있습니다. 1등 업체로서 다양한 제품을 빠르게 기획한다면 더 큰 매출과 소비자 인지도를 가질 수 있을 것입니다.

전문가의 조언
★★★★

라이벌 회사의 단점을 노골적으로 비방하지는 마라

간혹 면접관이 라이벌 회사에 대한 생각을 물을 때 안 좋은 이미지만 부각시키는 지원자가 있는데, 어떤 경우라도 라이벌 회사의 부정적인 면이나 비방을 하지 않는 게 좋다. 그러면 면접관은 지원자가 입장만 바뀌면 언제든 상대방을 욕할 수 있는 사람으로 판단하기 때문이다. 되도록 장점을 중심으로 구체적인 데이터를 제시하며 비교하는 게 좋다.

그런데 위 지원자가 지원한 기업인 락앤락과 삼광글라스는 현재 밀폐용기 법정공방이 한창이다. 플라스틱 용기를 주로 생산하는 락앤락이 유리제품을 내놓았고, 삼광글라스는 글라스락이라는 유사 브랜드를 내놓았기 때문이다. 이런 상황에서는 지원한 회사에 충성도를 보여주는 차원에서 라이벌 회사의 단점 등을 좀 언급하는 것도 무방하리라고 생각된다. 단, 구체적인 사실과 상식적으로 공감하는 선에서 그쳐야 할 것이다.

 VS.

본인이 기여한 부분을 동료가 자신이 한 것처럼 말한다면?

답 변 사 례

공덕을 쌓는 마음으로 묵묵히 일하겠습니다

동료가 매번 그러는 게 아니라면 그냥 잊기 위해 노력할 것 같습니다. 그리고 회사는 큰 유기체입니다. 저 혼자만 잘한다고 되는 게 아닙니다. 동료의 노력도 분명히 들어갔을 것입니다. 섣불리 동료의 얄미운 행동을 지적하면 오히려 감정만 상할 수 있습니다. 동료의 행동을 바꿀 수는 없지만, 저 자신은 바꿀 수 있습니다. 저는 공덕을 쌓는 마음으로 묵묵히 일할 것입니다. 결국 그런 모습을 알아주는 사람들이 있을 거라고 생각합니다.

전문가의 조언
★★★★☆

사람의 진짜 모습은 시간이 지나면 다 드러난다

회사에서는 평가와 보상이라는 큰 축으로 조직이 굴러간다. 개인은 누구나 회사의 평가와 보상에 불만이 있을 수밖에 없다. 부당하다고 생각할 수도 있다. 사람마다 평가의 기준이 다르기 때문이다. 자신이 봤을 때 상사, 동료 등이 무능하더라도 회사에서는 그렇게 보지 않을 수도 있다. 부당하다고 생각될 때마다 시시비비를 가리며 문제제기를 하기보다는 묵묵히 자신의 전문성을 기르고 실력을 키우는 게 낫다.

조직은 몇몇이 이끄는 게 아니다. 다수의 구성원이 만들어간다. 회사는 이런 문제가 발생했을 때 뒤에서 묵묵히 일하는 사람을 오히려 주목한다. 위 지원자가 말하는 것처럼, 그런 모습을 알아봐주는 사람이 언젠가는 생긴다. 사람의 진짜 모습은 시간이 지나면 다 드러난다. 경영자 입장에 서서 생각해보자. 어떤 사람이 조직에서 꼭 필요한 사람일까?

살면서 가장 황당한 일은?
어떻게 대처했는가?

기출 기업 두산중공업, 신한은행

답변사례

고속도로 휴게소에서 노트북 사기를 당한 것입니다

대학교 3학년 때 고속도로에서 운전하다가 정체구간에서 있었던 일입니다. 옆에 있던 승용차 운전자가 저를 보더니, 자기가 어제 산 노트북이 있는데 현금을 주면 50%에 주겠다는 것입니다. 그래서 휴게실에서 돈을 주고 노트북을 샀습니다. 그런데 집에 와서 보니 본체는 없고 케이스만 있었습니다.

어이없게 사기를 당한 저 자신이 참 한심해 보였습니다. 그 이후 저는 어떤 결정을 내릴 때 3번 생각하는 습관을 가지게 되었습니다. 지금 당장 결정해야 하는 것인지, 더 좋은 결정은 없는지 등 신중하게 결정하는 습관을 가지게 되었습니다.

전문가의 조언
★★★☆

 예기치 못한 상황으로 인해 배운 교훈은 무엇인가

이런 질문은 예기치 못한 상황에서 어떻게 처신했고, 이로 인해 배운 교훈은 무엇인지 알아보는 것이다. 지원자의 문제해결 능력을 살펴보기 위한 것이니 대안과 해결책을 제시하면 좋을 것이다.

위 지원자의 노트북 사기 경험을 듣고 있노라면 순진하다, 어이없다는 느낌이 든다. 남의 말을 쉽게 믿는 사람이라는 인상도 든다. 이대로 끝났다면 함께 웃고 지나칠 에피소드를 들었구나 싶었을 것이다. 하지만 이후 결정을 내릴 때 3번 생각하는 습관을 가지게 되었다는 얘기를 들으니, 착한 심성을 가진 사람이 현명한 처사를 학습했구나 하는 생각이 들어 호감이 갔다. 이렇듯 면접장에서 어떤 문제에 직면했을 때 실패를 경험하더라도 그를 통해 성장하는 모습을 보여주는 게 좋을 것이다.

인터넷에서 정보를 찾을 때 장단점은?

답변사례

장점은 접근이 쉬운 점, 단점은 신뢰도가 떨어지는 점입니다

인터넷 정보의 장점은 남녀노소 상관없이 접근하기가 쉽고 또 다양한 정보가 널리 퍼져나갈 수 있다는 점입니다. 단점은 신뢰도를 확인하기 힘든 정보가 돌아다니는 것입니다. 루머, 가십 등으로 사람들이 상처를 받기도 하며, 잘못된 의학정보 때문에 건강이 악화되는 경우도 있습니다.

전문가의 조언
★★☆

 ### 이슈분석은 물론 대안제시까지 해보자

이 질문은 "인터넷 사용의 장단점은 무엇인가?"란 질문과 같은 것이다. 최근에는 모바일 사용에 관한 견해를 묻는 기업도 있으니 이와 연관시켜 이슈를 분석하고 자신의 관점을 정리해놓으면 좋을 듯하다.

위 지원자는 인터넷 정보교환의 장단점을 간단히 설명했다. 큰 문제는 없어 보인다. 하지만 특별한 점 역시 보이지 않는다. 인터넷 정보 중 지식, 상업(인터넷상거래), 유희적 측면(게임, 영화, 음악 등)을 나누어 설명해도 좋았을 것 같다. 단점에서는 개선될 점, 대안 등을 제시했다면 더욱 완성도 있는 답변이 되었으리라고 생각된다.

268

대학 등록금을 어떻게 해결했는가?

기출 기업   CJ헬스케어

답변사례

과외 아르바이트로 생활비, 학비를 충당했습니다

중고등학생 과외 아르바이트를 해서 학비, 생활비를 충당했습니다. 저는 지방에 계신 부모님과 떨어져서 자취를 해야 하는데다, 부모님 형편이 여유롭지 않아서 학비, 생활비를 스스로 해결해야 했습니다. 학기 중에는 2명 정도 했고, 방학 때는 좀 많이 했습니다. 학년이 올라가면서 나름 노하우가 생기고 학부모님들께 입소문도 퍼져서, 방학 때 집중적으로 아르바이트를 했습니다.

전문가의 조언
★★★☆

부모님에 대한 미안함과 감사를 담아서, 솔직한 경험을 얘기할 것!

위 지원자는 요즘 보기 드문 사례다. 많은 학생들이 각종 자격증에 어학연수 등을 하는데 부모님의 지원을 받고 있다. 면접관들도 생활비와 학비를 스스로 해결한 점이 대견해 결국 이 지원자를 신입사원으로 뽑았다. 자신의 인생을 독립적으로 꾸려나간다면 일도 잘 해낼 수 있으리라는 믿음 때문이었다.

하지만 이 사람은 신입사원임에도 정시에 퇴근하는 등 기대와는 다른 모습을 보여주었다. 나중에 알고 보니 짭짤한 고액과외 아르바이트를 직장과 병행했으며, 일이냐 돈이냐를 저울질하다 결국 회사를 퇴사하고 말았다.

이런 사례야 특별한 경우이니 논외로 치자. 어쨌든 이런 질문이 들어오면 솔직하게 자신의 경험을 얘기하자. 스스로 학비를 해결한 지원자라면 자신감 넘치고 당당할 것이다. 하지만 그렇지 못하더라도 부모님에 대한 죄송스러움, 감사하는 마음을 진정성 있게 표현하도록 하자.

열심히 노력해서
성공한 경험이 있는가?

**기출
기업**

CU, DB하이텍, GS칼텍스, IBK기업은행, LG화학, 공무원(일반행정 7급), 교보증권, 금호타이어, 롯데백화점, 신세계푸드, 한국수력원자력, 한국화이자제약, 현대상선

답변사례

1달간 인도 무전여행으로 자신감을 얻었습니다

저는 유네스코 봉사활동 중 인도에 관심이 많았습니다. 그래서 1달간 혼자 남아 인도 남부 여행을 목표로 삼았습니다. 당시 수중에는 집으로 돌아갈 비행기 티켓뿐이었습니다. 집에서는 어떻게 여자애가 그럴 수 있냐며 야단을 치셨지만, 전 멈출 수 없었습니다. 지금 생각하면 무모하기 짝이 없지만, 마음속 목표를 향해 나아갔습니다. 여행지에서 친구들을 사귀고, 빨래를 해주며 먹을 것을 얻고, 버스를 놓쳐서 노숙을 하는 등 온갖 고생을 다 했지만, 목표한 여행을 마치는 순간 제 안의 숙제를 해낸 느낌이었습니다. 어떤 사람은 산 정상에 올라가면 그런 느낌을 받는다고 하는데, 저는 인도 여행을 통해 그런 느낌을 받았습니다. 저 자신이 대견하고, 앞으로 무슨 일이 닥쳐도 무섭지 않을 것이라고 생각했습니다.

전문가의 조언
★★★☆

스펙보다 우위는 인간적 매력?

이런 질문을 던지면 대부분 공모전이나 프로젝트, 인턴 경험을 얘기하는데 위 지원자는 여자인데다 1달간 인도 무전여행을 마치고 무사귀환했다고 하니 면접관들의 주목을 끌었다. 이 지원자는 결국 IBK기업은행에 최종합격했다. 나중에 들어보니, 혼자서 1달간 인도 여행을 할 줄 아는 사람이라면 뭘 시켜도 해낼 것이란 생각에 뽑았다고 한다.

실무형 인재가 대세이긴 하지만, 이렇게 인생경험을 진하게 한 지원자도 종종 합격 소식을 전해온다. 기업이 원하는 스펙보다 우위에 있는 것은 인간적인 매력이 아닐까. 무엇보다 그 매력을 알아보는 면접관을 만나야 하겠지만 말이다.

우리 회사의 어떤 가치를 중점적으로 판매할 것인가?

기출 기업   풀무원

답 변 사 례

'안심'을 가치로 내걸고 판매하겠습니다

로하스(LOHAS)

Lifestyles Of Health And Sustainability의 줄임말로, 건강·환경·사회의 발전을 생각하는 소비자생활패턴을 말한다.

저는 귀사가 로하스* 기업을 표방한다는 점을 잘 알고 있습니다. 특히 박웅현 씨가 참여한 "풀무원은 유전자 콩을 사용하지 않습니다"란 광고는 소비자 마음을 가장 크게 울렸습니다. 저는 먹을 것을 가지고 소비자를 불안하지 않게 해주겠다는 '안심' 가치를 중심으로 귀사 제품을 적극적으로 판매하고 싶습니다.

전문가의 조언
★★★★☆

지원하는 회사에 대한 애정도를 보여줄 수 있는 질문

자신의 가치를 매출 1등으로 두는 기업도 있고, 제품 수준을 1등으로 두는 기업도 있다. 이런 질문은 지원자가 자사의 차별화된 가치를 인지하고 이를 분석, 응용할 수 있는지 알아보는 것이다.

위 지원자는 풀무원에 지원하면서 '바른 먹거리' 캠페인에 깊은 공감을 느끼고, 로하스 기업으로서 '고객가치와 사회가치를 우선에 둔다'는 대목을 홈페이지 등을 통해 인지했다. 또한 박웅현 씨가 참여한 광고를 언급하며 지원한 회사에 애정을 나타냈다.

특히 풀무원 같은 회사는 풀무원 제품에 대해 얼마나 알고 있는지, 실제 이벤트 상품에 대한 관심도는 어떤지, 자사에 대한 애정도, 실무경험, 인재상 인지 등을 중요하게 생각하기 때문에, 면접 때 이런 점을 어필한다면 좋은 점수를 얻을 것이다. 위 지원자는 로하스, 박웅현 광고 등을 종합해 자신의 단어인 '안심'을 내세워 답변했다. 논리적이고 자신감 있게 핵심단어를 언급했으므로 좋은 인상을 주었으리라 생각한다.

4P로 본인을 홍보한다면?

유니레버

답 변 사 례

저란 상품은 '즉시 실무 투입이 가능한 취업준비생'입니다

4P는 상품(Product), 홍보(Promotion), 장소(Place), 가격(Price)입니다. 저 자신을 4P를 기준으로 설명하겠습니다. 먼저 저란 상품은 '즉시 실무 투입이 가능한 취업준비생'이란 가치를 갖고 있습니다. 저는 지금 제가 원하는 귀사 면접장에서 홍보활동을 하고 있는 중입니다. 장소적 측면에서 봤을 때 저는 귀사가 서울에 발령을 내리든, 지방이나 해외에 발령을 내리든 OK입니다. 마지막으로 가격 측면에서 봤을 때, 귀사의 내규에 따라 연봉을 맞출 수 있습니다.

전문가의 조언
★★★★★

 ## 자신감 있게 자신의 단어로 답하라

마케팅용어 4P는 영업·마케팅 직무를 지원한 사람에게 자주 질문이 들어오는 키워드다. 하지만 마케팅은 직무를 뛰어넘어 모든 분야의 지원자가 갖고 있어야 하는 기본상식이므로, 이런 질문이 들어왔을 때 어려움 없이 답변할 수 있다면 자신의 분석능력을 어필할 좋은 계기가 될 것이다.

마케팅의 4P는 위 지원자가 답변했듯이 상품, 홍보, 장소, 가격이라는 4요소를 말한다. 마케팅의 4P를 정할 때는 세그먼트*와 포지셔닝*, 콘셉트*와 일관성을 지니며 유기적인 결합을 해야 한다. 면접장에서 봤을 때, 팔고자 하는 사람(지원자)과 사고자 하는 사람(면접관)의 가치가 균형을 이룰 때 물건이 팔리는(취업이 결정되는) 것이다.

위 지원자는 4P의 개념을 명확히 인지하고 있으며, 자신을 재치 있게 비틀어 홍보했다. 지금 이 글을 읽고 있는 여러분도 4P에 맞춰 자신을 정리해보면 어떨까? 면접도 준비하고, 자신을 객관적으로 돌아보는 기회도 될 것이다.

세그먼트(segment)
비슷한 수요를 지닌 고객을 묶어 시장을 세분화하는 것을 말한다.

포지셔닝(positioning)
자사의 상품이 경쟁사 상품보다 매력적이고 차별화될 수 있는 위치를 찾아내는 것을 말한다.

콘셉트(concept)
고객이 깨닫지 못하는 수요를 먼저 감지하고 여기에 새로운 요소나 차별화된 요소를 더해나가면서 상품의 골격을 완성하는 것을 말한다.

272

만약 배우자와 부모님 사이에 갈등이 생긴다면?

기출 기업   KT&G

답변 사례

아버님이 그런 경험을 가지고 계십니다

저희 어머님과 할머님은 함께 사시면서 고부갈등이 심했습니다. 가족 전체가 힘들었는데, 아버님이 한시적 분가를 결정하셨습니다. 전세기간 2년 동안 떨어져 살면서 시간을 두자고 하신 것입니다. 물론 아버님이 1주일에 1번씩 할머니를 찾아뵙는 등 많은 노력을 기울이셨고, 결국 두 분의 갈등이 좀 완화되었습니다. 지금은 주욱 분가를 하고 따로 살고 계십니다. 저 역시 아버님의 사례를 거울 삼아 적절히 처신하겠습니다.

전문가의 조언
★★★☆

회사생활은 진퇴양난 선택의 연속, 당신이라면?

대부분의 지원자들은 아직 결혼 전일 것이고, 위와 같은 질문에 적절히 답하기 힘들 것이다. 하지만 이런 질문은 정답이 없다. 다만 요점은, 이러지도 저러지도 못하는 진퇴양난에서 어떻게 문제를 현명하게 풀어나갈지 알아보는 것이다. 회사생활은 이와 같은 상황들의 연속이다. 여기서 문제를 더 만들지 않고 봉합하면서 최선의 해결책을 낼 줄 아는 사람이 회사에서 진정 필요한 인재라고 할 수 있다.

위 지원자는 자신의 아버지 사례를 예로 들며 해결책을 말했다. 뜬구름 잡는 얘기도 아니고 구체적인 사례를 든 것이라 무난하다고 생각된다. 하지만 누구나 자기 사례를 말할 수 있는 질문이 들어오는 것은 아니다. 나라면 이런 상황에서 어떻게 할까? 상대방을 만족시킬 수 있는 최선의 해결책은 무엇일까? 아니면 차선의 해결책은? 이런 식으로 사고실험을 하고 답변을 하는 것이 중요하다.

직원의 기술유출에 대한 해결책이 있다면?

기출 기업　SK증권, 서울반도체

답변사례　**몸수색을 철저히 하고, 해당 직원은 민형사처벌도 불사해야 합니다**

한 개인의 기술유출은 조직원 모두의 생존을 좌우합니다. 따라서 기술유출 가능성을 원천적으로 차단하기 위해 사무실 입구부터 신분을 확인하고 몸수색도 상호간 이해하에서 거쳐야 한다고 생각합니다. 만약 이런 일이 벌어질 경우 함께 일한 정을 볼모 삼아 온정적으로 넘어간다면 같은 일이 또 일어날 가능성이 높을 것입니다. 따라서 기술유출을 할 경우 해당 직원의 민형사처벌을 강행해야 재범률을 낮출 수 있을 것입니다.

전문가의 조언
★★★☆

기업마다 인성교육 필요성 절감, 단호한 태도를 보여주자

최근 기술유출 등 기업에 큰 피해를 주는 직원들이 있다. 특히 IT, 전자 부문 회사의 경우 비일비재한 편이다. 최근에도 삼성디스플레이의 한 직원이 조직운영 등을 두고 경영진과 마찰을 겪은 후 LG디스플레이로 옮기면서 기술유출 사건이 발생했다.

기업마다 인성교육의 필요성을 절감하고 있으며, 능력도 중요하지만 기업의 인재상에 걸맞는 지원자를 뽑는 게 급선무라고 판단하고 있다. 이런 추세를 반영해 이와 비슷한 질문이 등장하고 있다. 이런 이슈에 대해 답변의 기준은 명확하다. 불법이냐 아니냐를 기준으로 두고, 불법일 경우 지원자가 단호한 태도를 보여주는 게 필요하다.

인턴 경험이 있는가?
어떤 일을 했나?

DB손해보험, KT&G, 삼성물산, 삼성생명, 삼성중공업, 삼성증권, 신세계백화점, 유진투자증권, 포스코, 한국MSD, 한화생명, 현대자동차

답변사례

남해청 인턴 경험, 홍보 업무 진행하며 진로를 결정했습니다

저는 남해지방해양경찰청(남해청)의 홍보직 인턴으로 3개월간 일한 경험이 있습니다. 주요 업무는 해양경찰의 홍보영상을 기획, 촬영, 편집하고 언론에 공개하는 일이었습니다. 저는 인턴 계약기간이 만료되는 시점에 이르자 유종의 미를 거두어야겠다는 생각에 홍보 수기를 행정인턴제 주무부처인 행정안전부에 제출하기도 했습니다. 업무 중 제가 제작한 홍보 영상물이 남해청 홈페이지에 올라가고 부산시청 앞 전광판에 표출되는 영광도 누렸습니다.

글쓰기, 영상제작, 문화 등 다방면에 관심이 많았지만 딱히 진로를 결정하지 못한 상황이었는데, 인턴 경험을 하면서 제가 잘할 수 있는 일이 홍보 분야인 것을 재확인하게 되었습니다. 뿐만 아니라 제가 속한 조직의 장점을 많은 분에게 알렸고 인정을 받았다는 점에서 자신감과 긍지를 느끼게 되었습니다.

전문가의 조언
★★★★★

실무에 기반한 구체적인 인턴 경험, 면접관에게 어필

위 지원자는 신문방송학과를 나와 언론고시를 준비하던 졸업생이었다. 하지만 번번이 고배를 마시자, 과감히 진로를 바꿔 홍보 분야로 관심을 돌렸고 이 과정에서 홍보 업무를 수행하는 행정인턴에 지원했다. 이후 홍보마케팅 중심으로 구직활동을 했고, 인턴 업무가 끝나자마자 취업이 되었다.

요즘은 대부분 회사가 경력 같은 신입을 원한다. 회사도 여유가 없다 보니 일정기간 교육을 시켜 투자할 사람보다는 지금 당장 실무에 투입할 사람이 필요한 것이다. 따라서 인턴 경험이 있는 사람에게 가산점을 주는 추세이며, 수행한 업무가 구체적일수록 합격률이 높아진다. 이런 추세를 인지하고 많은 대학생들이 인턴을 필수 스펙처럼 생각하는 것 같다. 그리고 무조건 대기업, 관공서 중심으로 인턴을 지원하는 경향이 크다.

하지만 주의하자. 사실 대부분 인턴직은 사무보조에 그친다. 면접관도 이 사실을 잘 알고 있다. 따라서 인턴을 경험했다고 무조건 가산점이 주어질 것이라고 생각하지 말자. 위 지원자처럼 자신의 진로를 명확히 결정하고 그에 따라 구체적 업무를 경험한 사람만이 최종 면접에서 가산점을 받을 수 있고 합격의 결실을 맛볼 수 있다. 인턴 경험이 기본 스펙으

로 인식되는 요즈음, 자신을 차별화하려면 구체적 경험을 할 수 있는 중소기업 인턴직에도 눈을 돌릴 필요가 있는 것이다. 지방대 출신이지만 진로를 결정하고 연관업무 인턴 경험을 쌓은 사람이 명문대 출신 고스펙자를 제치고 취업하는 경우도 종종 있다.

외국계회사는 면접관이 해외인턴 경험을 중요하게 생각하는 경우가 많으니 참고하길 바란다. 인턴 중에서 정규직을 뽑는 회사의 경우, 면접시 인턴 경험을 하며 느낀 문제점이나 건의사항 등을 묻는 경우가 많으니, 이 또한 미리 준비하도록 하자.

취업, 한걸음더!

100인 이상 기업체는 인턴 경험자 우대

100인 이상 주요 기업체는 직원을 채용할 때 면접과 함께 관련 분야 인턴 경험을 중시하는 것으로 나타났다.

21일 한국고용정보원이 종업원수 100인 이상 기업 1,656곳을 대상으로 벌인 '2011년 상반기 신규인력 수요 실태조사' 결과에 따르면, 기업들은 최종합격자를 결정할 때 면접(53.5%), 서류전형(38.6%) 순으로 비중을 두는 것으로 나타났다. 작년 하반기 조사 때에 비해 필기시험의 비중은 하락(6 → 4.5%)한 반면, 면접의 비중은 상승(51.6 → 53.5%)했다. 특히 300인 이상 기업체는 면접 비중이 높고, 300인 미만 기업체는 대기업보다 서류심사 비중이 높았다고 고용정보원은 전했다.

대부분의 기업은 이력서(98.0%)와 면접(1일 이내, 96.5%)을 통해 선발하며 자기소개서(73.9%)도 많이 활용했다. 추천서(26.4%), 1주일 이상 수습·인턴십(23.6%), 인적성검사(22.2%)를 활용하는 기업도 20% 이상으로 나타났다. 이력서 검토 때 가장 중요한 것은 '전공'이며 '관련 분야 인턴·아르바이트 경험', '면허·자격증'이 뒤를 이었다. 기업 유형별로 보면 외국계기업은 외국어회화 실력을 중시하고 법인과 단체는 면허나 자격증, 정부투자·출연기관 등은 외국어시험 성적을 중시했다.

면접 유형으로는 개별면접(88.6%) 비율이 가장 높았으며 집단면접(39.5%)이 뒤를 이었다. 면접 방식으로는 일반면접(98.8%)이 가장 많았으며 발표면접(9.7%), 영어면접(5.2%) 순이다. 300인 이상 기업에서 발표면접을 진행하는 기업은 19.9%에 달했으며, 영어면접을 하는 외국계기업은 30.4%로, 상대적으로 높았다.

LG화학의 인턴 모집 포스터

우리 회사의 채용공고는
어떻게 알게 되었나?

답 변 사 례

채용시즌에 귀사의 홈페이지를 방문해서 정보를 얻었습니다

저는 주요 포털의 취업커뮤니티 사이트에 가입한 상태이며, 구인구직 사이트에도 가입되어 있습니다. 학교 취업정보센터에도 자주 들르고 있으며, 대기업인 경우 정기적인 채용계획 정보를 친구들과 공유하고 있습니다. 귀사의 채용공고는 채용시즌이 임박할 무렵, 거의 매일 홈페이지를 방문해서 정보를 입수했습니다.

전문가의 조언
★★★

 채용과정은 기업의 홍보 일환, 적극적 의지를 보이는 지원자가 어필

이 질문은 지원자가 어떻게 채용정보를 입수하게 되었는지 지원자의 적극성을 파악하기 위한 것이다. 또한 채용과정은 회사 홍보의 기회이기도 하다. 압박면접으로 기업이 지원자를 당혹스럽게 하는 경우도 있지만, 최근에는 입사지원자들 역시 기업의 고객임을 감안해 되도록 좋은 회사 이미지를 심기 위해 노력하고 있다.

기업은 신문이나 온라인에 채용공고를 내는 등 비용도 투자했기에, 입사지원자가 어떤 경로로 알고 지원하게 되었는지 홍보 효과를 가늠하기 위해 이런 질문을 자주 한다. 위 지원자의 경우 다른 취업준비생과 별 다를 바 없이 정보수집을 하고 있다는 느낌을 준다.

평이한 질문이라 어떻게 답변하는지가 중요하다. 지원한 기업에 특별한 홍보방식이 있다면 언급해보자. 기업에 대한 관심과 열정이 남다르다는 것을 알려야 당신이 돋보일 수 있다.

건실한 일자리가 드문 요즘, 비공식 루트로 채용하는 방식이 성행하고 있다. 하지만 다행히 우리나라 대기업은 대규모 공개채용을 유지하고 있으니, 끊임없이 확인하고 구체적인 준비를 하는 게 필수다.

부모님 성함을
한자로 말해보라

녹십자, 미래에셋대우, 한국공항공사

답변사례

아버님, 어머님 성함을 한자로 말씀드리겠습니다

저희 아버님 성함은 김, 민 자, 성 자입니다. 성은 광산 김씨이고 온화할 민, 이룰 성 자를 쓰십니다. 어머님 성함은 이, 혜 자, 진 자입니다. 성은 전주 이씨고 은혜 혜, 참 진 자를 쓰고 계십니다.

전문가의 조언
★★★★

 ## 효를 중시하는 기업문화를 가진 기업에서 흔히 하는 질문

나이가 지긋한 임원이 동석하는 면접인 경우, 부모님 성함의 한자 뜻을 말하거나 한자로 직접 쓰라는 경우가 있다. 양가 할아버지, 할머니 성함까지 물어보기도 하니 면접 전에 알아두고 가는 게 좋을 것이다.

사람들이 부모님 성함을 얘기할 때 그냥 "김민성이십니다"라고 하거나 "김 자, 민 자 성 자입니다"라고 하는데, 이는 잘못된 것이다. 우리나라는 예로부터 이름을 귀하게 여겨 쉽게 말하지 않았다. 특히 부모님 이름을 말할 때는 '자'를 붙이되 이름에만 붙이면 된다. 성에는 붙이지 않으니 주의하자.

녹십자는 신입사원 중 부모님 성함의 한자조차 모르는 사람이 적지 않은 것을 발견하고, 한자능력시험 응시접수와 응시료를 회사가 전부 부담한다고 한다. 이는 개성상인 집안 출신의 창업자 허영섭 회장이 기본을 중시하고 내실을 강조하는 기업문화 때문이다. 회사마다 효를 중요시하는 사람을 좋게 보는 기업문화가 있으니, 이번 기회에 부모님 성함을 한자로 알아두면 어떨까? 취업도 준비하고 부모님도 되새기고 일석이조라고 생각하면 좋을 것이다.

우리 회사 광고를 아는가?
우리 회사 기사를 본 적은?

**기출
기업** KT&G, 국민연금공단, 한국수력원자력, 한국타이어

답 변 사 례

대중적으로 성공한 최고의 광고라고 생각합니다

얼마 전 한국타이어 제동 편 광고를 봤습니다. "자동차가 한계를 만날 때 타이어의 능력은 시작된다"란 카피가 가장
인상적이었습니다. 타이어는 대중소비재가 아니어서 광고하기가 애매한데, 이번 광고는 한국타이어란 회사를 대중
들 뇌리에 박히게 만든 광고가 아닐까 생각합니다.

최근 한국타이어의 주요 이슈는 회사분할입니다. 투자회사와 제조회사로 나뉘었는데, 회사 규모를 확대시키는 계
기가 될 것으로 생각합니다. 올해는 원화강세에 힘입어 영업이익률이 개선되었고 실적 개선이 기대된다는 뉴스를
봤습니다. 저는 조직개편과 자동차산업 수요증가로 재도약할 수 있는 회사라고 생각해서 지원하게 되었습니다.

전문가의 조언
★★★★

회사에 대한 지원자의 열정과 애정 체크

이 질문은 "채용공고를 어디서 보았는가?"란 질문에 이어서 나올 확률이 높다. 채용 자
체가 기업의 홍보과정 중 하나이고, 광고나 뉴스 역시 같은 맥락에서 생각하기 때문이다.

기업은 자신의 회사에 관심이 있는 지원자를 원한다. 열정과 애정이 클수록 적극적으로
기업을 알아볼 것이고, 그런 지원자야말로 이직이 낮고 충성도도 높을 것이다. 또한 기업분
석이 잘되어 있어 직무이해도도 높다고 생각할 것이다. 위 지원자처럼 구체적인 광고나 뉴스
를 예로 들고, 자신만의 해석과 관점을 얘기한다면 좋은 결과를 얻을 수 있을 것이다.

업무상 역량 ▼ 도전적 적극적 행동

우리 회사는 어떻게 알게 되었나?
첫인상과 이미지는?

기출기업 CJ헬스케어, 한국자산관리공사, 한국지엠, 한국화이자제약, 한화, 화학경제연구원

답변사례

채용설명회를 듣고 입사하고 싶은 회사가 정해졌습니다

저는 태권도학과 출신입니다. 2학년 때부터 금융에 관심이 생겨서 꾸준히 공부해왔습니다. 그러다가 친구 학교에 귀사의 채용설명회가 있다는 얘기를 듣고 직접 찾아가 듣게 되었습니다. 한화의 인재상이 신용과 의리입니다. 저는 어렸을 때부터 신용과 의리를 중요하게 생각했고, 한화생명은 리더십이 강하고 사회활동을 많이 경험한 사람을 원한다는 말에 제가 지원할 곳은 여기란 확신이 들었습니다. 한화의 첫인상은 우직하고 창공을 자유롭게 나는 독수리 같습니다. 프로야구 팀명도 '한화 이글스'인 것을 보고, 이미지를 제대로 표현했다는 느낌이 들었습니다.

전문가의 조언
★★★★

 ## 가고 싶은 회사 3곳을 말할 수 있다면 취업 1차 준비는 OK!

이 질문은 회사에 대해 얼마나 관심이 있는지, 열정이 있는지를 살펴보는 것이다. 최근에는 스펙이 합격을 판가름하는 변수가 아니다. 목표한 회사에 진짜 들어오고 싶은 사람은 지방대, 예체능 출신이라도 들어가는 분위기다. 대기업 인사담당자들은 자기소개서만 봐도 4학년 2학기가 되어서야 준비한 건지, Ctrl+c, Ctrl+v를 해서 붙여넣기 한 건지 알 수 있다고들 한다.

위 지원자는 2학년 때부터 차근차근 준비를 해왔고, 첫인상과 이미지를 지원한 회사의 프로야구 구단 이름과 연결짓는 센스까지 보여줬다.

취업을 하고 싶다면 지원하고자 하는 회사를 면밀히 검토하는 것이 중요하다. 가고 싶은 회사를 3곳만 뽑아보라는 질문에 제대로 답하는 학생이 의외로 드물다. 그만큼 선택과 집중이 안되어 있다는 반증이다. 무턱대고 취업을 준비하다 보면 이리저리 헤맨다. 좋아하는 회사가 생기면 자연스럽게 알아서 준비를 하게 마련이다. 무엇보다 위 지원자처럼 채용설명회를 꼭 들어보길 권한다. 인터넷으로 보는 것과 현장에서 직접 듣는 것은 천지 차이다. 해당 기업의 인재상, 핵심가치, 비전 등 골격을 접할 수 있는 자리가 바로 채용설명회다.

우리 회사
사훈을 알고 있는가?

포스코대우

답 변 사 례

'정직, 열정, 창의'입니다

CJ E&M의 사훈은 '정직, 열정, 창의'입니다. 저는 직업군인인 아버지 덕에 전학과 이사를 수없이 다녔습니다. 그래서 새로운 친구를 사귀기 위해 곰곰히 고민한 끝에 성대모사를 익히게 되었습니다. 제 나름대로 창의적인 해결책을 낸 셈입니다. 저의 성대모사를 친구들이 좋아해주니 열정적으로 열심히 했습니다. 그때부터 남에게 즐거움을 선사하고 싶다는 꿈을 키웠습니다. 저는 정직, 열정, 창의적인 사람입니다. 그리고 귀사의 비전 역시 저와 걸맞다고 생각해서 이렇게 지원하게 되었습니다.

전문가의 조언
★★★★

남들 다 답하는데 혼자만 몰라서는 감점

　회사의 인재상, 비전, 사훈 등 면접 전 지원하는 회사의 기본정보는 꼼꼼히 체크하고 들어가자. 언제 어떤 질문이 들어올지 모르는데, 메모라도 해놓고 알고 넘어가면 되는 것 아닌가? 이런 질문에 답하지 못한다고 떨어지지는 않겠지만, 남들 다 답하는데 본인만 못한다면 감점 요인이 될 수 있다.

　사훈을 물어보면서, 사훈과 지원자가 어떤 연관성이 있는지 꼬리질문이 들어오는 경우도 있으니 적절히 답변을 고민하자. 무엇보다 지원하려는 회사에 왜 들어오고 싶은지 깊이 있게 고민하자. 그 안에서 면접의 정답이 나올 수 있을 것이다.

280

회사의 매출액과 주가에 대해 알고 있는가?

기출 기업 대한항공, 롯데칠성음료, 아트라스BX, 현대모비스

답변사례

매출액은 4,500억 예상하고, 주가는 3만원 전후입니다

아트라스BX의 매출액은 아직 작년 4/4분기 결산이 안 나와서 최종액이 공시되지 않았지만 4,500억 이상이 될 것으로 예상됩니다. 아트라스BX는 매출 1조원을 목표로 전사가 질주하는 것으로 알고 있습니다. 주가는 3만원 전후로 움직이고 있습니다. 어제는 30,050원으로 마감되었습니다.

전문가의 조언
★★★★

정말 들어가고 싶은 기업이라면 이런 것들도 챙겨야

매출 드라이브가 걸린 기업일수록 지원자에게 이런 질문을 한다. 보통 매출액과 주가는 포털사이트에서 검색을 하면 나온다. 위 지원자는 해당 연도 총 매출액이 공고되지 않았지만 4/4분기 액수를 예측해 적절히 답변했다. 또한 1조 매출이 목표라는 것을 입수해 회사의 눈길을 끄는 데도 성공했다. 지원한 회사에 관심이 있다면 이런 정보도 입수해야 한다. 그래서 면접관의 관심과 호감을 이끌어내야 한다.

대한항공에서는 매출액을 비롯해 다음과 같은 질문이 면접장에서 나왔다.

- ▶ 대한항공의 사훈은?
- ▶ 대한항공이 보유하고 있는 총 비행기 대수는?
- ▶ 대한항공이 전세계적으로 취항하고 있는 나라 수와 도시 수는?
- ▶ 대한항공이 현재 사용하는 청사는?

회사별로 특화된 부분을 집중 조사하고 면접장에 들어가도록 하자. 디테일한 것도 놓치지 않는 것이 중요하다. 회사 입장에서는 지원자가 절실하게 들어오고 싶다면 이런 것도 챙겨서 알아둘 것이라고 생각한다. 특히 경쟁률이 치열하고 인기가 높은 회사일수록 회사 정보를 꼼꼼히 정리하는 게 필요하다.

서울에 연고가 없는데, 출퇴근이 가능한가?

기출 기업   LG디스플레이, 교통안전공단, 포스코

답변사례

입사하게 되면 회사 앞에 집을 구할 것입니다

이 회사는 제가 오랫동안 준비하고 꼭 들어오고 싶었던 곳입니다. 따라서 출근시간은 저에게 아무런 문제가 되지 않습니다. 만약 귀사가 저에게 입사를 허락하신다면, 당장 회사 바로 앞에 집을 얻고 출근준비를 할 것입니다.

전문가의 조언
★★★☆

적극적으로 어려움을 감내할 열정이 있는지 엿보는 질문

이 질문은 "서울에 연고가 있는가?"란 질문에 이어지는 것이다. 또는 지원자의 거주지가 출퇴근에 2시간 이상 걸릴 경우 자주 들어온다. 면접관이 지원자를 마음에 들어할 경우 이런 질문을 하기도 하고, 정말 자사에 근무하고 싶은 불 같은 열정이 있는지 확인하기 위해서 하기도 한다.

아무래도 집이 멀면 합격해도 입사를 포기하는 경우가 많고, 설사 포기하지 않아도 자주 지각을 할 가능성이 높다. 따라서 면접관은 지원자에게 이런 어려움을 적극적으로 감당할 자신이 있는지 엿보기 위해 집요하게 질문할 것이다. 이럴 때 지원자는 자신이 적극

적으로 감내할 의지가 있다는 것을 보여주면 좋다. 출퇴근이 오래 걸리면 대중교통을 이용하면서 영어 공부를 할 것이라든지 학습 기회로 삼겠다든지 하면 좋을 것이고, 만약 비슷한 환경에서 통학했거나 출퇴근한 경험이 있다면 얘기해도 좋을 것이다.

282

대표이사 이름을
알고 있는가?

기출
기업   LG CNS, 신세계푸드, 포스코

답 변 사 례   **제일모직 대표이사님은 박종우 사장님이십니다**

제일모직 대표이사님은 박종우 사장님이십니다. 제일모직은 케미칼, 전자재료, 패션 부문의 사업 포트폴리오를 가
지고 있습니다. 이를 총괄하는 분이 바로 박종우 사장님이십니다.

전문가의 조언
★★★☆

 회사 비전, 연혁, 매출과 별도로 조직체계도 챙기길

최근 대기업은 변화하는 환경에 기동성 있게 대처하기 위해 회사를 쪼개고 각 회사별로
대표이사를 두어 작은 조직을 지향하는 경우가 종종 있다. 최근 네이버주식회사가 네이
버, 한게임, 캠프모바일, 라인플러스 4개 사로 나뉜 것도 같은 맥락이다. 이 질문은 보수
적인 분위기의 회사에서 창업주의 이름뿐 아니라 현직 대표이사 이름도 아느냐고 확인하
는 것이기도 하지만, 분사가 결정된 회사인 경우 지원자가 회사 상황을 잘 인지하고 있는
지 확인하는 차원에서 던지기도 한다.

위 지원자는 제일모직에 입사하기 위해 오랜 기간 준비했다. 하지만 면접 직전 대표이
사 체제가 바뀐 것은 체크하지 못했다. 박종우 사장은 케미칼과 전자재료 부문을 맡고, 새
로 윤주화 사장이 부임해 패션 부문을 전담하게 되어 복수대표이사 체제로 바뀐 것이다.
현재 제일모직은 삼성물산과 합병되어 사라진 회사이다. 이렇듯 회사 상황은 늘 유동적이
니 어떤 회사든 비전, 연혁, 매출과 별도로 조직체계와 관련해서 정확한 정보를 갖고 면접
장에 들어가길 바란다.

외국인 인맥이 있는가?
어떻게 친분을 유지하는가?

기출 기업   한화케미칼

답변사례

게스트하우스에서 일한 덕분에 외국인 친구들이 있습니다

저희 사촌오빠가 홍대에서 외국인 대상으로 게스트하우스를 운영하고 있습니다. 주말마다 아르바이트를 했는데, 토종 한국인은 사촌오빠를 제외하고 저밖에 없었습니다. 자연스럽게 영어가 늘었고, 그중 장기투숙하는 외국인들과 친하게 지내게 되었습니다. 그들이 출국하고 나서 아직까지 페이스북을 통해 연락을 주고받고 있습니다. 대부분 저와 비슷한 학생들이라 취업, 음악, 미술 등 관심사가 비슷해서 많은 얘기를 나눕니다.

....

전문가의 조언
★★★☆

 ## 적극적으로 글로벌 네트워크를 구축했는지 엿보는 질문

글로벌 무한경쟁 시대에서 기업들은 국내시장에서 주목받는 인재의 차원을 넘어 국제시장에 대한 넓은 견문과 글로벌 네트워크가 강한 인재를 원하고 있다. 실제로 최근 직장인들 사이에서도 해외연수나 현지업무 경험을 통해 자신의 경쟁력을 높이는 경우가 많다. 하지만 기업은 이제 그런 능력을 이미 갖춘 신입사원을 원한다. 특히 수출, 무역 등 해외업무가 많은 회사는 더더욱 그럴 것이다.

해외연수나 외국유학 경험이 있다면 모를까, 평생 국내에서 생활한 지원자들은 절망하기 쉽지만 용기를 내자. 적극적인 의지만 있다면 당신도 외국인 인맥을 만들 수 있다. 면접관들도 해외연수를 1번도 안 갔지만 자력으로 다양한 경험을 통해 영어를 능숙히 할 줄 아는 지원자를 더 궁금해할 것이다.

284

국제화시대에 발맞추기 위해 한 일은?

기출 기업 금호타이어, 현대자동차

답변사례

중학교 때부터 글로벌리더 양성 프로그램에 참여했습니다

저는 중학교 때부터 서울시가 주관한 글로벌리더 양성 프로그램, 국제교류 기획캠프 등에 참여했습니다. 서울시교육청 주회 C40 모의 정상회의에도 2년 연속 참여했습니다. 영어 공부도 자연스럽게 하면서 지금은 웬만한 회화는 큰 문제 없이 가능합니다.

제가 중학교 때부터 이런 활동을 한 것은 반기문 총장님을 따라 UN에 들어가고 싶었기 때문입니다. 하지만 지금은 글로벌기업에 들어가 글로벌 산업역군이 되는 게 꿈입니다. 그 꿈을 귀사에서 이룰 수 있게 되기를 희망합니다.

···

전문가의 조언
★★★☆

 유학 등 부모 도움 없이 자력으로 노력한 점을 어필하자

이 질문은 글로벌기업을 지향하는 대기업에서 자주 하는 것이다. 지원자가 글로벌시대에 부응하는 전문성, 국제화교육을 받았는지 묻게 된다. 현대자동차 중국지사에는 공사, 기업 등의 중국 주재원 자녀들이 많이 합격했다. 어렸을 때부터 국제화 경험을 체득한 지원자에게 유리한 것이 사실이다.

하지만 위 지원자는 국내에서 학교를 다녔지만 다양한 국제화 경험을 했다. 요즘은 이렇게 군이 외국유학을 하지 않아도 적극적인 의지만 있다면 다양한 교육을 받을 수 있는 통로가 있다. 국제화시대에 적합한 환경은 아니었지만 자신의 노력으로 여기까지 왔다는 것을 적극적으로 어필하자.

물건을 직접 판매해본 경험이 있는가?

 기출기업 대한항공, 롯데마트, 삼성물산, 크라운해태제과

답 변 사 례

다양한 판매 아르바이트 경험이 있습니다

저는 여러 판매 아르바이트 경험이 있습니다. 제일 처음 시작한 것은 대학교 1학년 때 마트 식품매장에서였습니다. 처음에는 그냥 멀뚱히 서 있었는데, 매니저님의 지적을 받아서 열심히 소리도 내며 손님의 눈길을 끌기 시작했습니다. 이후 자신감을 얻어, 발렌타인데이 때 직접 초콜릿 꽃다발을 만들어 대학가에서 팔기도 했습니다.

저는 많은 아르바이트를 하면서 다양한 연령층의 사람들을 만났고, 그로 인해 사람들의 생각을 이해하고 트렌드를 알게 되었다고 생각합니다. 그렇기에 그들 각각에 맞는 전략을 내세울 수 있습니다.

전문가의 조언
★★★☆

유통, 서비스, 판매조직을 갖고 있는 기업에서 자주 등장

물건을 판매한 경험이 있는지 묻는 것은, 직접 소비자와 얼굴을 대면하고 그들의 욕구와 니즈를 파악해 적절한 응대를 할 수 있는지 여부를 알고자 하는 질문이다. 유통, 서비스, 판매조직을 갖고 있는 기업은 꼭 물어본다. 위 지원자처럼 개인적인 경험을 구체적으로 얘기하면 좋다. 경험을 통해 사람들의 생각을 이해하고 트렌드를 알게 되었다는 답변도 괜찮다.

유통, 판매, 서비스 직종을 지원하지 않았더라도 일반 사무직 지원자들에게도 이런 질문이 쏠쏠히 들어온다. 판매라는 게 소비자를 만날 수 있는 접점이고, 그래서 몇몇 기업은 일부러 현장감을 잃지 않기 위해 내근직 직원도 현장에 배치하는 경우가 많다. 모든 기업의 매출은 결국 사람에서 나온다. 각각의 접점에서 늘 사람을 만나고 상대해야 하는데, 물건을 판매해본 경험은 그 능력을 가늠할 수 있는 바로미터가 되는 질문이니 꼭 준비해 가면 좋을 것이다.

아무도 하지 않은 일에
도전해본 경험이 있는가?

기출기업 LG디스플레이, SK건설, 금호타이어, 현대자동차

답변사례

벽화 그리는 취미로, 전국의 많은 찜질방에 벽화를 그렸습니다

저는 취미로 벽화 그리는 것을 좋아합니다. 자원봉사로 지역아동센터 벽화를 그렸는데, 오며가며 제 그림을 보게 되어 기분이 좋았습니다. 그러던 어느 날 마침 아는 분이 찜질방 인테리어를 하시는데, 제가 벽화 그릴 사람 필요하지 않느냐고 먼저 말씀드렸습니다. 돈은 많이 안 주셔도 된다고 했는데, 이후 다른 찜질방 인테리어 시공할 때도 저를 부르셨습니다. 그래서 제주도까지 가서 찜질방 벽화를 그린 경험이 있습니다.

찜질방마다 주인이 원하는 그림풍이 있습니다. 저의 스타일을 고집하기보다 주인분의 마음에 들도록 여러 제안을 했습니다. 소비자의 니즈에 맞게 처신하는 법을, 많은 벽화를 그리면서 배우지 않았을까 생각합니다.

전문가의 조언
★★★☆

 ## 자기소개서에 쓴 내용 중 부족한 부분은 미리 준비해 가자

어느 기업이든 도전과 실패를 두려워하지 않으며 역경 속에서 위기를 기회로 만드는 인재를 선호한다. 특히 위와 같은 질문에 척척 답할 수 있는 지원자라면 면접관이 눈을 크게 뜨고 볼 가능성이 높다. 위 지원자는 찜질방 벽화라는 색다른 경험을 하면서 저마다 다른 요구사항을 반영했다고 말했다. 그래서 주문이 많이 들어왔다는 것은 소비자의 니즈를 파악할 줄 안다는 것이다. 개인의 특이한 경험만 자랑하다 면접장을 나오는 경우가 있는데, 반드시 어떤 경험이든 자신이 기업에서 필요한 인재임을 연결시키는 자세가 필요하다.

SK는 자기 분야에서 넘치는 끼와 열정을 바탕으로 새로운 도전을 즐기는 '바이킹형 인재'를 발굴하기 위해 홍대 앞에서 'SK 잡 페스티벌'이라는 채용방식을 시도했다. SK 임원과 신입사원의 특강, 멘토링 좌담회, 인사담당자 상담 등이 진행되었다. 입사 희망자들은 '블라인드 프레젠테이션* 방식으로 발표하는 시간을 가졌으며, 이 행사에서 실제로 우수인력을 선발, 이들 중 일부에게 서류전형 면제 혜택을 주기도 했다. 이 채용방식은 '바이킹 챌린지'라는 이름으로 계속 유지되고 있다.

블라인드 프레젠테이션
스펙을 가려놓고 모든 정보가 비공개된 상태에서 지원자를 평가하는 방식이다. 최근 공채시장 전반에서 두드러지는 특징은 스펙의 몰락이라고 할 수 있다. 이에 따른 새로운 면접방식이다.

우리 회사는 매달 고객 대상 이벤트를 한다. 지금 뭐 하는지 아나?

기출 기업 CU

답변사례

지난번 '소대 회식' 이벤트가 기억납니다

CU에 들어오고 싶어서 CU 매장에 매일 다니면서 이벤트도 관심 있게 보고 있는데, 이번 달 이벤트는 잘 기억나지 않습니다. 하지만 얼마 전 국방일보와 함께 한 '소대 회식' 이벤트는 기억합니다. 너무 기발한 아이디어였기 때문입니다. 군복무 중인 장병의 주소를 입력하면 추첨을 통해 상품권도 배달되고 국방일보에 게재된다는 내용이었습니다. 제대한 사람의 입장에서 봤을 때 근무 중인 장병들에게 호응이 컸을 것으로 생각됩니다.

전문가의 조언
★★★★

🏃 이벤트를 자주 기획하는 생활용품 제조회사나 유통회사

대다수 대중을 상대하는 화장품, 제과 등 생활용품 제조회사나 유통회사는 끊임없이 이벤트를 진행한다. 어떤 이벤트를 기획하는지에 따라 곧바로 매출이 달라지기 때문이다. 따라서 이런 회사에 지원하는 사람이라면 어떤 이벤트가 진행되는지 파악하는 게 중요하다. 이벤트를 중요하게 생각하는 회사 입장에서 이런 질문은 지원자의 입사의지를 확인하는 바로미터이기도 하다.

CU(구 보광훼미리마트)는 회장이 검사 출신으로, 정직과 솔직함을 강조한다. 만약 이벤트 정보를 모른다면 얼버무리지 말고 솔직하게 말하는 것이 좋다. 면접장에서도 인성 중심으로 사람을 뽑는 경향이 있다고 하니 참고하자.

위 지원자는 이번 달 행사는 모르지만 이전에 한 행사는 마침 기억하고 있었다. 꿩 대신 닭이지만 구체적으로 설명했고, 이벤트의 강점과 특징을 자세히 얘기해서 면접관에게도 좋은 인상을 주었을 것이다.

우리 객장(영업소)에
방문한 적이 있는가?

답 변 사 례

주거래은행이어서 자주 방문합니다

저는 주거래은행인 귀사의 객장에 자주 방문합니다. 제가 지원할 회사여서 그런지 지점에 들어온 순간부터 나갈 때까지 어떤 서비스를 받고 있는지 꼼꼼히 챙겨보는 편입니다. 예를 들어 객장정리, 다정한 인사, 고객지원 활동들을 봅니다. 참고로 은행의 분위기를 살리는 데는 객장 행원은 물론 처음 만나게 되는 청경의 역할도 중요하다고 생각합니다.

전문가의 조언
★★☆

객장 영업이 중요한 기업이라면 방문 경험은 필수!

이런 질문은 영업소 영업이 중요한 은행, 금융, 자동차 지점 등을 가진 기업에서 종종 물어본다. 적어도 자신이 지원한 기업의 객장에는 가보는 것이 당연하다. 만약 이런 방문 경험조차 없다고 말한다면 아마도 당신은 합격되기 힘들 것이다.

위 지원자는 주거래은행이어서 자주 방문하고 있다고 말하지만, 객장정리가 어땠는 지, 상품안내는 어떤지 등 구체적인 정황은 얘기하지 않아서 진짜 자주 방문하고 있는지 확인질문이 들어올 것 같다. 아니면 집단면접인 경우 면접관이 다른 지원자의 답변에 집 중하게 될 것 같다. 방문했을 때 느낀 점과 개선하면 좋을 점을 함께 얘기하도록 하자. 당 신이 꼭 들어가고 싶은 기업이라면 여러 가지가 보일 것이다.

영업할당량이 200인데
당신의 한계는 100이라면?

기출기업 아모레퍼시픽, 하나금융투자

답변사례

한계는 뛰어넘기 위해 존재합니다

한계는 뛰어넘기 위해 있습니다. 100이 한계지만 200을 목표로 달리다 보면 결국 달성하게 된다고 생각합니다. 만약 200까지 달성하지 못한다 해도 그 비슷하게 가게 됩니다. 따라서 자신의 한계를 미리 결정짓지 않고 200을 달성하기 위해 최선을 다할 것입니다. 그런 의미에서 영업은 자신의 한계를 깰 수 있는 업무라고 생각합니다.

전문가의 조언
★★★★☆

 ## 패기와 열정, 도전의식이 있는 지원자가 영업에 적합하다

최근 기업체 구인 규모를 보면 사무 분야보다 영업 분야 채용인력이 증가하고 있다. 불황에는 수익과 직결되는 영업직 채용을 늘린다. 실제로 대기업의 많은 CEO들이 영업통인 경우가 많다. 영업직은 크게 제약, 금융 같은 현장영업과 보험, 유통 같은 영업관리직으로 구분한다.

대부분의 회사가 마찬가지겠지만 신입사원에게는 많은 기대를 하지 않는다. 처음부터 가르친다고 생각하고 채용하는 경우가 대부분이다. 따라서 신입사원을 선발하는 데 가장 중요하게 생각하는 것은 패기와 열정, 그리고 해당 직무를 수행하는 데 필요한 기본역량들이다.

면접시 영업과 관련한 경험을 질문할 때는 실제로 영업직 경력이 있는지를 알아보기 위한 것이 아니다. 유사한 경험을 얘기하되, 어떻게 문제를 해결했는지 답변하면 된다. 만약 비슷한 경험이 없다면 해낼 수 있다는 의지를 강력히 표명하면 된다.

위 지원자는 한계는 뛰어넘기 위해 있다고 답하고, 영업을 자신의 한계를 깨기 위한 직무로 생각한다고 했다. 만약 자신의 한계를 깨고 성과를 낸 경험(성적, 세일즈, 창업 경험 등)을 얘기했다면 면접관의 눈도장을 확실히 찍는 답변이 되었을 것이다.

290

서울에 올라와 살면, 적은 월급으로 생활이 가능한가?

기출 기업   롯데카드

답 변 사 례   **서울에서 귀사에 취업하는 것이 제 꿈입니다**

저는 대학 입학 당시 아버님 사업이 부도가 나서 장학금을 받으며 집에서 가까운 대학에 다닐 수밖에 없었습니다. 하지만 저의 꿈은 서울에서 귀사와 같은 훌륭한 기업에 다니는 것입니다. 다행히 아버님 사업이 잘되어 집안은 경제적 안정을 되찾았습니다. 지금은 마음 편히 저 자신만 책임지면 됩니다. 따라서 서울에서 취업하고 싶은 제 꿈을 이룬다면 어떤 어려움도 극복할 자신이 있습니다.

전문가의 조언   ★★★★☆   **지방대 출신을 뽑는 면접관의 부담은 실제로 존재한다**

청년실업의 큰 피해를 받는 것은 지방대 4년제 졸업생이다. 그중에서도 여학생들이 가장 큰 피해자라고 할 수 있다. 지방대학교 출신들이 연고 없이 서울에서 회사를 다닌다면 하숙비라든지 기타 비용이 많이 들 수밖에 없다. 면접관들도 마음에 들어서 뽑았지만 높은 물가와 상대적으로 적은 임금 때문에 지방대 출신 신입사원들이 오래 견디지 못하고 그만두는 경우를 종종 경험한다. 따라서 이런 질문이 들어오는 것은 당연하다. 따라서 지원자는 자신이 어떤 상황에서도 이곳에 다닐 것이라는 의지를 확실히 보여줘야 할 것이다.

 취업, 한걸음더!

최근 대기업 신규채용 40%가 지방대 출신

지방대 출신 대기업 합격자가 자신의 경험을 얘기한 바에 따르면, 중소기업은 1번도 서류전형에 합격하지 못했는데 오히려 대기업은 서류전형 합격부터 면접 볼 기회까지 많았다고 한다. 그만큼 대기업이 지방대 출신을 채용하려는 의지가 많았기 때문이 아닐까 추측한다.

2012년 20대 대기업이 채용한 대졸 신입사원 10명 중 4명이 지방대 출신인 것으로 조사되었다. SK하이닉스는 포항공대와 카이스트를 제외한 지방대 출신이 44%였다. 5년 전부터 매년 지방대학 출신 인재 80명을 채용해온 결과다. SK하이닉스 인사그룹장은 지방대 학생들이 오히려 회사에 대한 충성도나 성실성 면에서 서울 출신 대학생보다 낫다는 평판이 있다며, 지방대여서 불이익을 주는 일은 점점 줄어들고 있다고 말했다.

만약 아버지가 피자가게를 물려준다면 무엇부터 할 것인가?

 기출 기업　한국씨티은행

답변사례

팀워크, 맛의 차별화, 마케팅을 위해 노력하겠습니다

가장 중요하게 생각하는 것은 일하는 사람들과의 화합과 단결이라고 생각합니다. 팀워크가 부족하면 무슨 일이든 앞으로 나갈 수 없습니다. 우선 팀워크를 다지기 위해 노력할 것입니다. 두 번째로, 차별된 맛을 내기 위해 노력할 것입니다. 이 역시 팀워크를 통해 차별화된 맛을 개발할 수 있으리라 생각합니다. 세 번째로는 마케팅입니다. 사람들에게 우리 가게 피자의 맛을 알리기 위해 최선을 다할 것입니다.

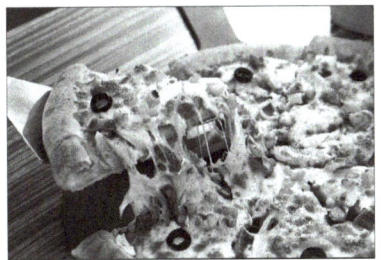

전문가의 조언
★★★☆

주도적으로 일을 처리할 수 있는지 살펴보는 질문

이 질문은 신속하게 의사결정할 수 있는 역량이 있는지, 어떤 역할이 주어졌을 때 주도적으로 일을 처리할 수 있는지 살펴보기 위한 것이다. 위 지원자의 답변은 순발력이 돋보인다. 갑작스러운 질문에도 정확하게 3단계로 나누어서 잘 정리했다. 그리고 그 단계에 맞춰 어떤 행동을 취할지도 적절히 답변했다고 생각된다.

우리 회사에 들어오기 위해
특별히 노력한 게 있다면?

LG전자, NH농협, 노루페인트, 한국타이어

답 변 사 례

NH농협에 들어오기 위해 4가지 노력을 했습니다

제가 NH농협에 들어오기 위해 노력한 것은 총 4가지입니다. 첫 번째로 대학생 농협홍보단인 NH 영서포터즈 활동을 했고, 두 번째로 NH농협 계약직 사원으로 일한 것입니다. 세 번째로 자격증에 큰 가산점을 주지 않는 NH농협이기에 NH농협에 대한 기초적인 공부, 즉 '신용·경제 분리작업'을 공부했습니다. 마지막으로 'NH농협을 준비하는 사람들의 모임'이라는 커뮤니티에서 활동했습니다. 주위 친구들은 NH농협 떨어지면 갈 데도 없다고 할 정도로 저는 NH농협에 들어오기 위한 준비만 해왔습니다.

전문가의 조언
★★★★★

스펙 쌓는 데 시간을 낭비하지 않고 경험을 쌓은 게 합격의 포인트

면접까지 올라온 지원자들은 대부분 실력과 인성이 대동소이하다. 이럴 때 자신을 돋보이게 하려면 얼마나 이 회사에 들어오고 싶은지 간절함과 열정을 전달하는 길밖에 없다. 여러 회사 중 1곳을 선택하려는 지원자와 오직 1곳만 바라본 지원자 중 면접관은 조금 역량이 떨어지더라도 후자를 선택할 가능성이 높다.

위 지원자는 주위 친구들이 NH농협 떨어지면 갈 데가 없다고 말할 만큼 해바라기처럼 입사준비를 해왔다. 계약직 경험도 1년이나 있어서 서류전형이 면제된다는 것도 이 지원자가 받은 혜택이다. 결국 이 지원자는 합격했다. 금융자격증이 있는 것도 아니고 상경계 전공자도 아니지만, 스펙 쌓는 데 시간을 낭비하지 않고 원하는 곳에 들어가기 위한 경험을 착실하게 쌓았다. 이것이 이 지원자의 합격비결이다.

지금 탁자 위 물건(종이컵이나 펜)을 팔아본다면?

SC제일은행, 풀무원

답변사례

지금 이 펜을 구입하면 수익의 50%가 불우아동에게 돌아갑니다

지금 이 펜을 구입하시면 수익의 50%가 불우아동에게 기부됩니다. 요즘 펜의 성능은 사실 비슷비슷합니다. 하지만 이 펜은 아동들이 직접 스티커를 붙이고 정성스럽게 포장해서 배달된 펜입니다. 펜을 쓰실 때마다 아동들을 생각하시고, 작은 돈이지만 기부한 경험을 떠올린다면 기분 좋은 하루를 보낼 수 있으리라고 생각합니다.

전문가의 조언
★★★★

기부를 활용해 소비자심리를 자극하는 마케팅 기법

이 질문에는 주의, 주장보다 행동으로 평가하겠다는 의도가 깔려 있다. 주로 영업 직종을 뽑을 때 들어오는 질문이다. "물건을 잘 팔 자신이 있는가?"란 질문과 함께 위 질문처럼 눈앞에 보이는 컵이나 펜, 또는 신발 100개를 줄 테니 면접관에게 팔아보라는 미션이 들어오기도 한다.

"옆 지원자를 객장에서 난동을 부리는 진상고객이라고 생각하고 대처하라"는 질문도 같은 맥락이다. 만약에 지원자가 영업에 대한 확실한 직무이해가 되었다면 순발력을 발휘해 나름의 논리적 근거를 가지고 대응할 것이라고 믿는다.

위 지원자는 '기부'를 활용해 소비자심리를 자극하는 마케팅 기법을 쓰고 있다. 역할극에 들어가기 전이나 끝난 후에 마케팅 기법을 소개한다면 지원자가 어떤 상황에서도 물건을 팔 수 있는 적극성이 있다고 판단할 것이다.

우리 회사에 대해 궁금한 점이 있다면?

기출 기업 금호타이어, 길벗출판그룹, 노바티스, 유니클로, 천재교육

답변사례

신입사원 교육체계가 궁금합니다

제가 만약 귀사의 기획편집부에 입사하면 어떤 일부터 시작하는지 궁금합니다. 학교 선배님에게 듣기로는 회사마다 신입사원 교육체계가 다른 것 같습니다. 면접관님께서 간단히 설명해주시면 감사하겠습니다.

전문가의 조언
★★★☆

 ## 연봉과 복지체계 질문은 되도록 안 하는 게 좋다

이 질문은 면접관이 지원자와의 면접을 마무리하기 위한 것이다. 뭐든지 다 질문하라고 하지만, 질문할 게 따로 없다면 그냥 넘어가도 된다. 가끔 연봉과 복지체계 등을 묻는 지원자가 있는데, 이는 안 하느니만 못한 질문이니 패스하길 바란다.

위 지원자의 경우 신입사원 교육에 대해 물었다. 회사마다 업무 특성이 있고, 이에 대한 궁금증이 있다는 것은 그만큼 업무에 대한 열정이 있다는 뜻이니, 면접관으로서는 긍정적으로 받아들일 것이다.

이렇듯 하고 싶은 질문이 있다면 업무와 연관해서 면접관이 얘기해주고 싶은 내용을 찾도록 하자. 지금까지 잘해왔는데 마지막까지 잘 마무리하길 바란다. 유종의 미를 거둬야 할 질문이다.

해외나 지방으로 발령받는다면?

기출 기업

CU, KEB하나은행, 노루페인트, 대한무역투자진흥공사, 롯데백화점, 미래에셋대우, 삼성증권, 한국수력원자력, 한국화이자제약, 현대자동차

답변사례

새로운 환경, 새로운 사람 만나는 것을 좋아합니다

저는 새로운 환경에서 일을 배우고 사람들을 만나는 것을 좋아합니다. 오히려 회사에서 지방이나 해외로 발령을 내주신다면 다양한 일을 배울 수 있는 계기라 생각하고 기뻐할 것 같습니다. 특히 영어에 관심이 많고 꾸준히 공부해왔기에 해외로 발령을 내주신다면 내심 기다려질 것 같습니다. 지방발령도 서울에서만 살아온 저에게 새로운 경험이 될 것 같습니다.

전문가의 조언
★★★★

 ## 적극적인 의사표현이 유리하다

위 답변을 들은 면접관들은 아무 고민 없이 회사 뜻대로 가겠다는 지원자가 무척 믿음직스러울 것 같다. 만약 지원자가 진심으로 이렇게 말했다면 큰 문제는 없다. 하지만 마음은 그렇지 않은데 취업을 위해 이렇게 말했다면?

면접관은 이 지원자를 해외나 지방으로 발령시킬 생각이 전혀 없을 수도 있다. 단지 지원자가 얼마만큼 회사에 들어오고 싶어하는지, 그 의지를 엿보고 싶었을 뿐인지도 모른다. 그런데 이렇게 적극적으로 나온다면 지원자는 신입사원 연수가 끝나고 진짜 지방으로 발령날 수도 있다. 만약 그렇다면 좀 억울하지 않을까?

하지만 속사정이야 알 수 없는 노릇이고, 이런 질문에 적극적으로 의사표현을 하는 사람과 그렇지 않은 사람을 놓고 저울질할 때 적극적으로 의사표현을 한 사람을 뽑을 수밖에 없을 테니 긍정적으로 답하자. 그리고 답변할 때 무조건 그냥 할 수 있다고 우격다짐식으로 말하면 면접관은 지원자를 별 생각 없는 사람, 소신 없는 사람으로 볼 수도 있으니 주의하자.

296

다른 회사에도 동시에 합격했다.
어떻게 할 것인가?

기출 기업 우성사료, 포스코, 한국무역보험공사, 한화생명

답변사례

이미 귀사 면접을 위해 다른 회사 면접을 포기했습니다

사실 저는 귀사의 면접을 위해 이미 다른 회사 면접을 포기하고 왔습니다. 선택의 갈림길에서 귀사가 최우선순위였기 때문에 주저함 없이 올 수 있었습니다. 만약 면접일이 달랐고 동시합격의 결과가 나왔다고 해도 같은 선택을 할 것입니다.

전문가의 조언
★★★☆

이 회사가 최우선순위라고, 이곳을 선택하겠다고 답변하는 것 외에는 없다

위와 같이 답변한 지원자는 물론 최종합격했다. 사실 이 질문은 면접 과정 중 마지막에 들어온다. 다 그런 것은 아니지만, 적어도 이 질문을 던진 면접관은 당신을 이미 점찍었을 가능성이 높다. 왠지 다른 회사에서 탐낼 것 같은 인재란 생각, 그런데 지원자는 얼마만큼 우리 회사에 들어오고 싶은지 확인하고 싶은 생각에 이런 질문을 던졌을 가능성이 높다.

지원자의 속마음이 어떻든, 이 질문의 답변은 정해져 있다. 이 회사가 우선순위라고, 이곳을 선택하겠노라고. 사실 이곳에 붙을지 저곳에 붙을지 알 수 없지 않은가? 면접관도 다 감안하고 묻는 질문이다. 하지만 최고의 의지를 내보이며 답변하도록 하자.

우리 회사에
아는 선배나 지인이 있는가?

신한은행, 삼성물산

답 변 사 례

멘토링 프로그램에서 만난 선배가 이 회사에 계십니다

학교에서 진행 중인 멘토링 프로그램이 있는데, 귀사에 근무 중인 선배님과 인
연이 되어 자주 뵙고 있습니다. 회사 분위기, 취업준비에 필요한 것 등을 자세
히 알려주시고 조언해주셔서 많은 도움을 받고 있습니다. 특히 선배님의 근무
부서인 경영지원 부서에 대해 많은 얘기를 듣고 보니, 자연스럽게 관심을 갖게
되었으며, 이렇게 지원까지 하게 되었습니다.

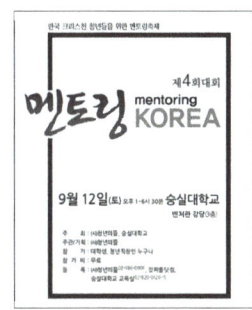

숭실대학교 멘토링 프로그램

전문가의 조언
★★★

 ### 자신의 평판을 좋게 얘기해줄 선배나 지인인가?

이 질문은 지원자가 회사에 들어오기 위해 어느 정도 다양한 정보를 수집했는지 여부와
지원자의 평판조회를 위한 것이다. 추가로 선배를 통해 들은 회사의 이미지는 어떠한지
면접관이 되물을 수도 있다.

평판조회를 하는 이유는 이 사람이 믿을 만한 사람인지 확인하기 위해서이며, 실제로
업무능력이 어떤지, 그밖에 선배와 친화력은 좋은지 확인하기 위해서다. 그러니 이러한
질문이 들어오면 신중하게 답하자. 자신의 평판을 좋게 얘기할 선배나 지인인지 확인하는
게 필수다.

우리 회사는 위험한 국가에 해외파견이 많다. 갈 수 있는가?

기출기업 LG전자, 한세실업, 현대중공업

답변사례

도전정신을 보여준 직원들의 모습을 배우고 싶습니다

얼마 전 귀사의 직원이 피랍되었다는 뉴스를 들은 적이 있습니다. 그밖에도 이전에 이라크에 파견된 기술자들이 게릴라 공격으로 사망했다는 소식도 접했습니다.

그분들은 생명의 위협을 감수하면서 불모지에 자원해서 갔습니다. 생명을 잃은 일은 뭐라 말할 수 없이 안타까운 일입니다. 하지만 이들이 개척정신을 가지고 위험을 무릅쓰며 자신이 필요한 곳으로 갔다는 것은 무척 고무적이며 존경받을 만한 일이라고 생각합니다. 저 역시 그런 자세로 귀사에 입사해 회사생활을 시작하고 싶습니다.

전문가의 조언
★★★★

개척정신과 적응력이 있는지 묻는 질문

최근에 현대중공업 직원이 나이지리아에서 피랍되었다. 남미나 인도네시아 현지에 공장을 둔 회사의 경우 실제로 무장괴한의 침입을 받는 경우도 있어 주의를 요한다.

따라서 지원자에게 이런 위험을 얘기해주고 각오가 되어 있는지 묻는 것은 당연하다. 지원자가 개척정신을 갖고 있는지, 이런 문제가 닥쳤을 때 슬기롭게 헤쳐나갈 수 있는지, 또한 새로운 세계에 적응할 능력이 있는지 면접관은 궁금할 것이다.

지원자는 무리하게 죽음을 무릅쓰면서 갈 수 있다고 얘기하지 않았다. 대신 그들의 도전정신을 높이 사며 자신도 그런 자세로 임하겠다고 답했다. 크게 무리 없는 답변이다.

나이지리아서 한국인 근로자 4명 피랍

타사에서 인턴을 했는데
왜 우리 회사에 지원했나?

 우리은행

답 변 사 례

큰 조직에서 일을 배우고 싶었습니다

저는 타사에서 인턴을 했습니다. 그리고 정규직으로 채용되어 신입사원 연수까지 받았지만, 그 회사에서 오랫동안 충성도 있게 일할 자신이 없어서 포기하고 귀사에 새로 지원하게 되었습니다. 그 이유는 귀사가 업계에서 최고 금융기업이고, 저 역시 좀더 큰 조직에서 일을 배우고 싶다는 생각 때문입니다.

....

전문가의 조언
★★★☆

타사 인턴 경험도 긍정적으로 보는 편이므로 솔직하게 이유를 말하자

대부분 기업은 자신의 회사에서 인턴 경험을 하든 타사에서 하든 인턴 경험이 있는 지원자를 눈여겨본다. 인턴 경험을 하면 회사가 어떤 곳인지 기본개념이 생기고 직장인들과 어울리는 데 무리가 없기 때문이다. 요즘은 대부분 회사가 인턴을 신중하게 채용하는데다 정직원으로 발탁하는 경우도 많기에 왜 타사에서 인턴을 하고서 자기네 회사에 입사지원했는지 묻는 경우가 종종 있다.

이럴 때는 인턴을 했지만 어학연수나 창업, 대학원 진학, 정직원 채용 기회가 없었다는 등 납득할 만한 사유를 말하면 좋다. 지원한 회사가 인턴을 정직원으로 대거 채용한 경우에는 면접관도 이미 정보를 인지한 상태이므로 정직원으로 채용되지 못해서 이 회사에 지원했다고 솔직하게 답하자. 그럴 경우 면접관은 지원자에게 어떤 문제가 있는지 살펴볼 수밖에 없다. 그렇다면 지원자는 면접관의 우려를 불식시키기 위해 자신의 단점을 되돌아볼 기회를 얻었으며, 그로 인해 강점을 키웠다고 답해야 할 것이다.

300

봉사활동이나 자격증이 없는데, 왜 그런가?

기출 기업 : 롯데백화점

답변사례

중학교 때부터 은평천사원에서 봉사하고 있습니다

요즘 여러 기관에서 일정기간 봉사하면 수료증을 줍니다. 스펙 때문에 봉사활동을 하는 게 양심에 꺼려져 일부러 그런 곳의 활동은 피했습니다. 대신 저희 집 근처에 은평천사원이란 복지시설이 있습니다. 중학교 때부터 교회에서 1달에 2번 갔던 곳이고, 지금도 꾸준히 방문해서 필요한 일들을 도와드리고 있습니다.

전문가의 조언
★★★☆

남들이 다 있는데 없다면 그 이유는 무엇인지

최근 대학과 기업은 주도적으로 봉사활동의 장을 열어놓고 있어서 대학생들의 참여도 높아졌다. 이렇듯 봉사활동의 양이나 질적인 면에서 다양해진 반면, 일부 학생들의 봉사활동은 취업 등의 스펙 쌓기 일환으로 인식되어 그 취지가 무색해지고 있다.

위 지원자처럼 아예 봉사활동 경력이 없는 게 특이하게 보일 정도다. 물론 열정이 없어서 자기소개서에 쓸 수 없었던 것일 수도 있다. 하지만 그런 지원자들은 서류전형에서조차 합격하기 힘들다.

스펙을 쌓기 위한 봉사활동이 많아지자 기업도 봉사활동을 특별한 경력으로 인정하지 않는 분위기다. 자격증 역시 마찬가지다. 펀드투자상담사, 증권투자상담사, 파생상품투자상담사 자격증은 금융3종 자격증이라고 인정받으며 많은 취업준비생들이 취득했다. 하지만 자격증 난이도가 높지 않은데다 자격증 소지자가 많아져서 변별력이 떨어지고 있다.

자신을 들여다보고 남들과 차별화된 점이 무엇인지 찾아볼 필요가 있다. 남들이 다 있는데 없다면 그 이유는 무엇인지, 남들이 다 없는데 있다면 그 이유는 무엇인지 당당히 답변할 수 있어야 할 것이다.

기출기업
찾아보기

* 기출질문이 출제된 기업을 찾아볼 수 있습니다.

  단, 페이지가 아니라 장번호를 표기했습니다.

특별
부록

직업적성검사
Self Test

직업적성검사 SELF TEST

이 검사는 자신의 역량을 세분화해 조사함으로써 직업적 흥미도와 성공 가능성을 알아보기 위한 것이다. 어떤 진로를 선택하는 것이 바람직한지 결정하는 데 도움을 주고자 하는 것으로, 각 문항에 대해 답변해가면서 자신에 대해 더 깊이 이해할 수 있을 것이다.

> **진단 방법**
> 1. 먼저 설문을 읽고 'yes', 'no', '?(어느 쪽이라 말할 수 없다)' 중 하나를 선택해 체크한다.
> 2. 'yes'는 3점, 'no'는 0점, '?(어느 쪽이라 말할 수 없다)'는 1점이다.
> 3. 모든 문항의 점수를 합산하고 결과(413쪽)를 찾아본다.

1. 직업적성검사 문항

번호	문항	답변 (yes 3 / no 0 / ? 1점)	점수
1	교제범위가 넓은 편이라 사람을 만나는 데 많은 시간을 소비한다.	yes ☐ no ☐ ? ☐	
2	손재주는 비교적 있는 편이다.	yes ☐ no ☐ ? ☐	
3	기획과 섭외 중 기획을 더 잘할 수 있을 것 같다.	yes ☐ no ☐ ? ☐	
4	도서실이나 자료실에서 책이나 문서를 정리하고 관리하는 일을 싫어하지 않는다.	yes ☐ no ☐ ? ☐	
5	선입견으로 판단하지 않고 이론적으로 판단하는 편이다.	yes ☐ no ☐ ? ☐	
6	예술제나 미술전 등에 관심이 많다.	yes ☐ no ☐ ? ☐	
7	행사의 사회나 방송 등 마이크를 사용하는 분야에 관심이 많다.	yes ☐ no ☐ ? ☐	
8	하루종일 방에 틀어박혀 연구하거나 몰두해야 하는 일은 싫다.	yes ☐ no ☐ ? ☐	
9	공상이나 상상을 많이 하는 편이다.	yes ☐ no ☐ ? ☐	
10	모르는 사람과도 마음이 맞으면 쉽게 마음을 터놓으며 바로 친해진다.	yes ☐ no ☐ ? ☐	
11	물건을 만들거나 도구를 사용하는 일이 싫지는 않다.	yes ☐ no ☐ ? ☐	
12	새로운 아이디어를 생각해내는 일이 좋다.	yes ☐ no ☐ ? ☐	
13	회의에서 사회나 서기를 맡는다면 서기 쪽이 맞을 것 같다.	yes ☐ no ☐ ? ☐	
14	사건의 뒤에 숨은 본질을 생각해보기 좋아한다.	yes ☐ no ☐ ? ☐	
15	색채감각이나 미적 센스는 풍부한 편이다.	yes ☐ no ☐ ? ☐	

번호	문항	답변 (yes 3 / no 0 / ? 1점)	점수
16	남의 눈에 띄는 것을 좋아하므로 남의 주목을 받는 것이 아무렇지 않다.	yes □ no □ ? □	
17	문화제 위원과 체육대회 위원 중 체육대회 위원을 하고 싶다.	yes □ no □ ? □	
18	보고 들은 것을 문장으로 옮기기를 좋아한다.	yes □ no □ ? □	
19	남에게 뭔가 가르쳐주는 일이 좋다.	yes □ no □ ? □	
20	많은 사람과 장시간 함께 있으면 피곤하다.	yes □ no □ ? □	
21	엉뚱한 일을 하기 좋아하고, 발상도 개성적이다.	yes □ no □ ? □	
22	전표의 숫자를 계산하거나 장부에 기입하는 일을 싫증내지 않고 할 수 있다.	yes □ no □ ? □	
23	책이나 신문을 열심히 읽는 편이다.	yes □ no □ ? □	
24	신경이 예민한 편이며, 감수성도 예민하다.	yes □ no □ ? □	
25	연회석에서 망설임 없이 노래를 부르거나 장기를 보이는 편이다.	yes □ no □ ? □	
26	운동을 하고 있을 때는 생기가 넘친다.	yes □ no □ ? □	
27	사보, 팸플릿 등의 기획이나 편집에 흥미가 있다.	yes □ no □ ? □	
28	남 앞에서 스스럼 없이 자기 소개를 한다.	yes □ no □ ? □	
29	과자나 빵을 판매하는 일보다 만드는 일이 나에게 맞을 것 같다.	yes □ no □ ? □	
30	즐거운 캠프를 위해 계획 세우기를 좋아한다.	yes □ no □ ? □	
31	데이터를 분류하거나 통계 내는 일을 좋아한다.	yes □ no □ ? □	
32	드라마나 소설 속 등장인물의 생활방식이나 사고방식에 흥미가 있다.	yes □ no □ ? □	
33	자신의 미적 표현력을 살리면 상당히 좋은 작품이 나올 것 같은 생각이 든다.	yes □ no □ ? □	
34	화려한 것을 좋아하며, 주위의 평판에 신경을 쓰는 편이다.	yes □ no □ ? □	
35	여럿이 여행할 기회가 있다면 즐겁게 참가한다.	yes □ no □ ? □	
36	여행소감을 쓰기 좋아한다.	yes □ no □ ? □	
37	상품전시회에서 상품설명을 한다면 잘할 수 있을 것 같다.	yes □ no □ ? □	
38	변화가 적고 손이 많이 가는 일도 꾸준히 계획하는 편이다.	yes □ no □ ? □	
39	신제품 홍보에 흥미가 있다.	yes □ no □ ? □	
40	열차시간표 1페이지 정도라면 정확하게 옮겨 쓸 자신이 있다.	yes □ no □ ? □	
41	자신의 장래에 대해 자주 생각해본다.	yes □ no □ ? □	

번호	문항	답변 (yes 3 / no 0 / ? 1점)	점수
42	상품을 고를 때 디자인과 색에 신경을 많이 쓴다.	yes □ no □ ? □	
43	극단이나 탤런트 양성소에서 공부해보고 싶다는 생각을 한 적이 있다.	yes □ no □ ? □	
44	외출할 때 날씨가 좋지 않아도 그다지 신경쓰지 않는다.	yes □ no □ ? □	
45	손님을 불러들이는 호객행위도 마음만 먹으면 할 수 있을 것 같다.	yes □ no □ ? □	
46	신중하고 주의 깊은 편이다.	yes □ no □ ? □	
47	하루종일 책상 앞에 앉아 있어도 지루해하지 않는 편이다.	yes □ no □ ? □	
48	알기 쉽게 요점을 정리한 다음 남에게 잘 설명하는 편이다.	yes □ no □ ? □	
49	생물시간보다는 미술시간에 흥미가 있다.	yes □ no □ ? □	
50	남이 자신에게 상담을 해오는 경우가 많다.	yes □ no □ ? □	
51	친목회나 송년회 등의 총무 역할을 좋아하는 편이다.	yes □ no □ ? □	
52	실패하거나 성공하거나 그 원인은 꼭 분석한다.	yes □ no □ ? □	
53	실내장식품이나 액세서리 등에 관심이 많다.	yes □ no □ ? □	
54	남에게 보이기 좋아하고 지기 싫어하는 편이다.	yes □ no □ ? □	
55	대자연 속에서 마음대로 몸을 움직이는 일이 좋다.	yes □ no □ ? □	
56	파티나 모임에서 자연스럽게 돌아다니며 인사하는 성격이다.	yes □ no □ ? □	
57	무슨 일에 쉽게 구애받는 편이며 장인의식도 강하다.	yes □ no □ ? □	
58	우리나라의 분재를 프랑스 파리에서 파는 방법을 생각해내는 일 등을 좋아한다.	yes □ no □ ? □	
59	거리를 하루종일 돌아다녀도 그다지 피곤을 느끼지 않는다.	yes □ no □ ? □	
60	컴퓨터의 키보드 조작도 연습하면 잘할 수 있을 것 같다.	yes □ no □ ? □	
61	자동차나 모터보트 등의 운전에 흥미를 갖고 있다.	yes □ no □ ? □	
62	인기 탤런트의 인기비결을 곧잘 생각해본다.	yes □ no □ ? □	

2. 직업적성검사 결과

앞에서 각 질문의 점수를 A~I 항목에 적는다. 이중 합이 가장 높게 나온 것이 직업적성검사 결과다. 타입별로 참고직종을 확인해보자.

A	B	C	D	E	F	G	H	I
1 ( )	2 ( )	3 ( )	4 ( )	5 ( )	6 ( )	7 ( )	8 ( )	9 ( )
10 ( )	11 ( )	12 ( )	13 ( )	14 ( )	15 ( )	16 ( )	17 ( )	13 ( )
19 ( )	20 ( )	21 ( )	22 ( )	23 ( )	21 ( )	25 ( )	26 ( )	14 ( )
28 ( )	29 ( )	30 ( )	31 ( )	32 ( )	24 ( )	28 ( )	35 ( )	18 ( )
37 ( )	38 ( )	39 ( )	38 ( )	41 ( )	33 ( )	34 ( )	44 ( )	23 ( )
45 ( )	46 ( )	45 ( )	40 ( )	48 ( )	42 ( )	43 ( )	55 ( )	27 ( )
50 ( )	57 ( )	51 ( )	46 ( )	52 ( )	49 ( )	45 ( )	59 ( )	36 ( )
56 ( )	60 ( )	58 ( )	47 ( )	62 ( )	53 ( )	54 ( )	61 ( )	47 ( )
↓	↓	↓	↓	↓	↓	↓	↓	↓
A	B	C	D	E	F	G	H	I

[A TYPE] 처음 만나는 사람과도 공통의 화제를 잘 만들고, 분위기를 잘 이끌어가며 교제의 범위가 넓고 사람이나 친구가 많은 사교적인 타입
[참고직종] 판매원, 접수, 안내, 영업직, 가이드, 스튜어디스, 나레이터 모델, 종업원, 교사, 보험모집원, 각종 강사, 회사 교육담당원, 행사요원, 직업상담원, 통역, 사회복지전문직 등

[B TYPE] 착실하고 판단이나 일을 처리하는 데 있어 주의 깊게 신경을 쓰는 편이며 느긋하게 몰두하는 강한 타입
[참고직종] 타이피스트, 키펀처, 오퍼레이터, 상품검사원, 실험원, 상품관리, 가공조립, 기능사, 운반기술자, 요리사, 정비사, 설비기술자, 무선종사자, 측량사, 치과위생사, 봉재사, 식품가공, 약사, 안경사 등

[C TYPE] 새롭고 재미있는 일을 생각하거나 시행하기 좋아하고 기발한 아이디어도 잘 생각해내는 타입
[참고직종] 상품기획, 광고, 홍보, 이벤트기획, 프로듀서, 레저기획, 여행기획, 도시개발, 유원지기획, 각종 전시회, 기획 등

[D TYPE] 주어진 일을 정확히 하며 성실한 생활태도가 느껴지는 타입
[참고직종] 비서, 회계원, 사무처리원, 관리직, 정보관리, 소설가 등

[E TYPE] 세상의 원리원칙에 흥미를 갖고 있으며 매우 분석적인 타입
[참고직종] 평론가, 학술연구원, 과학자, 의사, 연구원, 시장조사, 분석, 언론인, 법률가, 기술사, 변리사, 엔지니어 등

[F TYPE] 감수성이 풍부하고 예민한 타입
[참고직종] 화가, 각종 디자이너, 일러스트, 공예가, 사진작가, 조각가, 메이크업 아티스트, 패션 코디네이터, 애니메이터, 디스플레이어 등

[G TYPE] 주위의 관심을 끌어 많은 사람의 주목을 받고 싶어하는 사람
[참고직종] 이벤트사회자, 가수, 탤런트, 코미디언, 아나운서, 방송사회자, 성우, 악기연주, 무용, 모델, 나레이터 등

[H TYPE] 휴일을 집에서 보내기보다 외출을 좋아하는 활동파
[참고직종] 운동선수, 운동지도원, 캐디, 공원관리자, 레크레이션강사, 운전기사, 경마기수, 토목기술 중장비기사, 농업, 임업, 수산업, 목축종사자, 경비원 등

[I TYPE] 신경이 예민하고 민감해서 사물을 깊게 생각하고, 잘 파악하는 편으로 자신의 느낌이나 생각을 표현하기를 좋아하는 문필가 타입
[참고직종] 시인, 소설가, 작사가, 카피라이터, 방송작가, 스크립터, 기자, 편집자, 번역가 등

 감동 스펙

취업준비! 아직도 영어에만 올인하고 있습니까?
합격하기 전까지는 누구에게도 알려주지 않는 특급 비밀

성공 취업

입사희망 직군별 핵심직무 자격증 안내
국내최초 한국직업능력개발원 및 대기업 등록 자격증! 차별화된 취업 스펙!

국내 주요기업 입사 지원 시스템 자격증 등록 현황

교원 / 금호 / 농심 / 대웅 / 동양 / 동원 / 두산 / 삼성 / 세아 / 신원 / 엘지 / 일진 / 포스코 / 한화 / 현대 / 현대자동차 / CJ / GS / KT / LS / SK / STX 외 다수

남양유업 / 대우엔지니어링 / 르노삼성 / 보령제약 / 범한판토스 / 샘표식품 / 유한킴벌리 / 코오롱 / 풀무원 / 하이닉스 / 한국오츠카제약 / 한국BM / 한샘 / 한전KPS

KOTRA / KT&G / NHN / OCI / 교보생명 / 농협 / 대한주택보증 / 비씨카드 / 솔로몬투자증권 / 수출은행 / 신한 / 우리 / 현대스위스금융그룹 / IBK투자증권 외 다수

★ 자세한 내용은 한국커리어개발원 홈페이지 참조

부문	과정명	주요내용	취득자격증
문제해결	6시그마 GB 과정	논리적 과학적 문제해결능력	6시그마 프로젝트 GB
	6시그마 BB 과정	6시그마 전문가 과정 (심화과정)	6시그마 프로젝트 BB
	퍼실리테이터 과정	리더십, 문제해결, 회의스킬 향상	퍼실리테이터 1~3급
데이터 분석	엑셀데이터분석 과정	Excel을 이용한 통계적 데이터분석	엑셀통계분석사 1~3급
	비지니스엑셀실무 과정	엑셀을 이용한 데이터 활용능력 향상	엑셀실무 1~3급
기획능력	전략기획 과정	전략적 논리적 사고에 의한 기획능력	기획능력 1~3급
	프레젠테이션 과정	Powerful Speech & PT 스킬향상	프레젠테이션 1~3급
	프레지(Prezi) 실무 과정	스토리텔링과 시각적 프레젠테이션 스킬	PREZI 1~3급
재무금융	금융리스크관리 과정	상품분석과 기업가치평가/리스크관리	금융리스크 관리 1~3급
	재무회계 과정	재무회계 기초 및 원가계산/관리능력	재무회계 1~3급
영업 마케팅	세일즈매니저 과정	영업전략 및 영업제안, 세일즈스킬 향상	세일즈매니저 1~3급
	마케팅기획전문가 과정	상품컨셉개발 및 브랜드 마케팅 능력	마케팅기획전문가 1~3급
	마케팅조사분석사 과정	마케팅 정보분석, 예측, 의사결정 능력	마케팅조사분석사 1~3급
CS 서비스	서비스전문강사 양성 과정	커뮤니케이션, 고객응대, 강의 스킬 향상	서비스전문강사 1~3급
	서비스매니저과정	서비스마인드 및 MOT분석/개선 스킬	서비스매니저 1~3급
	프로페셔널비서 과정	비지니스매너, 화법 등 비서실무 스킬	프로페셔널 비서 1~3급

 한국커리어개발원
한국서비스평가원

[서울본사] 서울시 마포구 서교동 363-15 난초빌딩 4층 (홍대입구역 9번 출구)
[대구지사] 대구광역시 중구 포정동 63-3 중앙빌딩 3/5층 (중앙로역 3번 출구)
[부산지사] 부산광역시 연제구 거제동 1029-2 거제동원타워 9층 (종합운동장역 1번 출구)
네이버 카페 직무학습 커뮤니티 [6시그마아카데미] [서비스아카데미] [파랑새 취업동아리]

서울본사 (02)761-1470
대구지사 (053)424-1490
부산지사 (051)506-1460

www.ekcdi.com

먼저 다녀간 분들이
활짝 웃었습니다.

성공취업 전에는
누구에게도 알려주지 않는 Secret!!

비밀의 열쇠를 공개합니다.

 한국커리어개발원　　 한국서비스평가원

한국커리어개발원과 한국서비스평가원은 10여년간의 기업 컨설팅 경험을 바탕으로
기업이 요구하는 인재상 구현을 위하여 성공취업 모델을 선도하고 있습니다.